k-punk

k-punk

k-펑크

마크 피셔 선집

2004-2016

1 책
영화
텔레비전

저자 마크 피셔 지음

사이먼 레이놀즈 서문

대런 앰브로즈 엮음

박진철 임경수 옮김

리시올

감사의 말

아래의 분들께 진심을 담아 감사의 말을 전합니다.

타리크 고더드, 조시 터너, 타마르 슐라임, 조니 불(리피터 북스)
조이 피셔
시오반 매키언
사이먼 레이놀즈
존 도런(『콰이터스』)
팀 버로스와 샘 버크슨
토니 헤링턴(『와이어』)
조앤 로스(『비주얼 아티스츠 뉴스 시트』)
리처드 케이프스
발레리오 마누치
로원 윌슨

차례

2부 스크린, 꿈, 유령 ― 영화와 텔레비전

일러두기

1 이 책은 Mark Fisher, *k-punk: The Collected and Unpublished Writings of Mark Fisher (2004~2016)*, Edited by Darren Ambrose, Repeater Books, 2018의 「서문」과 「엮은이 서문」, 1~2부를 우리말로 옮긴 것입니다. 두 편의 「서문」과 1부는 임경수가, 2부는 박진철이 옮겼습니다. 한국어판 『k-펑크』는 총 네 권으로 출간될 예정입니다.

2 원서의 이탤릭체는 기울임체로, 대문자는 고딕체로 표시했습니다.

3 이해를 돕고자 작품명 옆에 연도를 병기했습니다.

4 본문에서 옮긴이가 첨가한 내용은 대괄호로 묶어 표시했습니다.

5 단행본, 영화, 텔레비전 프로그램, 앨범, 잡지, 신문, 회화에는 겹낫표를, 단행본의 장, 드라마의 화, 노래, 블로그 게시물, 논문, 기사, 단편 소설에는 낫표를 사용했습니다.

서문

얄궂게도 나는 실제로 마크를 만나기 전에 그의 정신과 마주친 적이 있다. 어찌 보면 나는 그에 *대해* 알기 전부터 그를 알았다.

설명할 기회를 주시길. 1994년에 나는 D-제너레이션을 다룬 글을 『멜로디 메이커』에 기고했다. 개념으로 무장한 이 맨체스터 그룹의 멤버 중 한 명이 바로 마크였다. 그런데 나는 다른 멤버인 사이먼 비델과 전화로 이야기를 나눴고, D-제너레이션의 발상들이 너무나 흥미로웠던 나머지 이 그룹에 또 누가 있는지 묻는 기초적인 저널리즘 절차를 깜빡하고 말았다. 10년이 지난 후에야 내가 사실상 마크에 *관해* 쓴 적이 있다는 것을 알게 되었다. 그가 한 이메일에서 쑥스러워하며 알려 준 덕분이었다. 아니나 다를까 스크랩해 둔 문서들을 헤집어 빛바랜 기사—D-제너레이션이 『멜로디 메이커』 「어드밴스」지면의 '이 주의 선택'으로 선정된—를 찾았더니 함께 실린 사진 정중앙에 마크가 보였다. 매드체스터 스타일을 희미하게 연상시키는 단발에 위협하듯 강렬한 시선으로 물끄러미 독자를 응시하는 그의 모습이.

D-제너레이션은 음악 잡지가 반길 만한, 특정 유형의 비평가에게는 캣닢 같은 그룹이었다. 개념적 뼈대는 신랄하고 도발적이었으며 사운드 자체보다 언변이 조금 더 두드러지는 편이었으니까. 내가 쓴 기사를 다시 읽고 D-제너레이션의 미니 앨범인 『영국의 엔트로피』Entropy in the UK를 오랜만에 듣고 있자니 마크의 서명과도 같은 여러 집착이 이미 이 시절부터 뚜렷이 형체를 드러내고 있다는 게 느껴져 새삼 매혹적이었다.[1] 그의 세계관에서 중심을 차지한 것은 펑크였다: 그리고 D-제너레이션은

자신들의 음악을 "펑크의 유령이 들린 테크노"로 묘사했다(「뮤작의
조건」에서 이들은 1978년 윈털랜드 라이브에서 조니 로튼이
내뱉은 마지막 말인 "속았다는 기분 든 적 없어?"를 샘플링해
쓰라림과 야유가 뒤섞인 그의 웃음을 하나의 리프로 삼았다).[2] 그는
잉글랜드다움에 애증을 느꼈다: 잉글랜드의 원기왕성함을, 이
나라의 비예술적이고 반지성적인 성격을 증오했고(「로팅 힐」은
영화판 『행운아 짐』Lucky Jim, 1957의 대사 "흥겨운 잉글랜드 되시라고?
잉글랜드는 흥겨웠던 적이 없어!"를 샘플링했다), 더 폴, 윈덤
루이스, 마이클 무어코크(셋 모두 D-제너레이션의 홍보 자료에
언급되었다)를 포함하는 어두운 예술적 일탈 전통을 사랑했다.
또 복고에 대한 야멸찬 경멸의 초기 증거도 있다:「73-93」에서
D-제너레이션은 자신들이 "향수 음모"라고 이름 붙인 것을
표적으로 삼는다. 나아가 21세기 음악과 사고와 감수성의 흐름으로
마크가 대단히 설득력 있게 역설한 유령론hauntology의 희미한
엑토플라즘적 전조들도 있다.

그런데 이런 세부를 넘어 계시적이고 예시豫示적인 것은
마주침의 구조 자체다. 발상들을 보유한 그룹을 게걸스럽게
찾아다니는 한 명의 음악 저널리스트(이 경우 나)가 있다. 그런
그룹(이 경우 D-제너레이션)을 찾은 이 저널리스트는 스스로를

---

1 〔옮긴이〕D-제너레이션의 『영국의 엔트로피』는 「73-93」, 「산산이
부서진 와이드 스크린」, 「뮤작의 조건」, 「로팅 힐」을 수록하고 있다. 이하에서
레이놀즈는 피셔를 오랫동안 사로잡았던 테마들의 흔적을 94년 발매된 이
앨범에서 찾고 있다.

2 〔옮긴이〕"속았다는 기분 든 적 없어? 좋은 밤 보내길"은 섹스
피스톨스의 첫 미국 투어 마지막 일정이었던 1978년 1월 14일 샌프란시스코
윈털랜드 공연을 마치면서 로튼이 청중을 향해 던진 말이다. 공연 후 홀로
뉴욕으로 건너간 로튼은 1월 18일 신문 인터뷰에서 섹스 피스톨스 해체를
공표했다.

비평가와 비슷하게 여기는 뮤지션들과 공생적인 동맹을 조직한다. 마크가〔뮤지션과 비평가라는〕분할의 다른 쪽으로 건너갔을 때 활약한 방식도 이러했다. 베리얼, 더 케어테이커, 주니어 보이즈를 비롯한 예술가들과 생산적인 관계를 맺음으로써 그는 음악 이론가와 음악 실천가가 서로를 강화하는 피드백 루프를 활성화했다. 이 두 활동 전선을 가르는 경계선이 사라졌다. 동등하게 신에 기여하는 가운데 비평가와 예술가는 전진, 역반응, 진로 변경, 충돌의 변증법을 거쳐 신을 계속 앞으로 밀어붙였다.

80년대 영국 음악 잡지(으뜸은 『NME』) 품에서 자랐고 그 접근법과 정신을 이어받은 90년대 잡지(으뜸은 『멜로디 메이커』와 『와이어』)에서 추가적인 영양분을 섭취한 마크 피셔는 사라져 가던 부류, 즉 예언자로서 음악 비평가 중 아마 마지막 인물일 것이다. 으뜸가는 소명은 최전선을 식별하고 이를 위한 개종 활동을 벌이는 한편, 부정성이라는 레이저 광선을 발사해 잘못된 경로를 격파하고 우리 시대의 참된 음악을 위한 빈터를 마련하는 것이었다. 나아가 메시아주의적인 비평가는 새롭고 급진적인 것에 무기화된 찬사를 바치는 동시에 음악에―또 청자와 독자에게―도전할 채비도 갖추어야 했다.

마크 피셔는 같은 세대 음악 저술가 중 으뜸이 되었다. 그런데 음악은 그가 성취를 거둔 여러 영역 가운데 하나일 뿐이다. 그는 대중 음악에 인접한 예술들, 즉 텔레비전, SF, 메인스트림 영화(특히 스펙트럼의 펄프 쪽 극단에 있는 영화들―CGI 범벅인 2005년의 『킹콩』 리메이크 같은 영화도 그가 정기적으로 살펴본다는 사실이 나는 늘 놀라웠다. 그런 작품에 구제할 만한 무언가가, 자신의 '펄프 모더니즘' 개념에 포함할 만한 무언가가 있을지도 모른다는 기대만으로 말이다)를 다룬 눈부신 글을 썼다. 또 마크가 고급 문화―시각 예술, 사진, 문학, 작가주의 영화―에 관해 쓴 글도

눈을 뗄 수 없을 만큼 흥미진진했다. 그리고 정치, 철학, 정신
건강, 인터넷, 소셜 미디어(디지털 삶의 현상학—접속된 외로움과
산만한 권태라는 그 삶 특유의 정동)에 관해 쓴 글은 정곡을 찔렀다.
가장 결정적으로 그의 글은 종종 이것들 다수—때로는 전부—를
한꺼번에 아우르곤 했다. 서로 멀리 떨어진 영역들을 연결하고,
미적 특수성들에 생생한 관심을 환기하고자 줌 인을 사용하는가
하면 가능한 한 가장 넓은 범위를 포괄하고자 다시 줌 아웃을
사용하면서 마크는 『사파이어 앤드 스틸』1979~1982 같은 텔레비전
쇼에서 형이상학을, 조이 디비전 노래에 잠복한 정신 분석학적
진실을, 베리얼 앨범이나 큐브릭 영화의 짜임새에 꿰매어진 정치적
반향을 찾아냈다. 그의 주제는 인간 삶의 모든 것이었다(그가
자신을 휴머니스트나 생기론자로 여기지는 않았겠지만). 야심은
드넓었고 시야는 총체적이었다.

　　마크의 글—블로그인 k-펑크에 게시한 글, 『와이어』, 『팩트』,
『프리즈』, 『뉴 휴머니스트』 같은 잡지에 기고한 글, 제로 북스와
리피터 북스에서 출간한 책—을 읽고 있으면 그가 어떤 여정에 나선
듯이 느껴져 짜릿했다. 발상들이 어디론가 향하고 있었고 생각으로
이루어진 거대한 건축물이 지어지는 중이었다. 우리는 마크가
하나의 체계를 세우고 있음을 감지하며 점점 더 경외감을 느꼈다.
또 그의 작업이 엄격하고 대단히 풍부한 한편 예상 독자라는
측면에서도, 전적으로 그 자체를 위한 활동이 아니라는 점에서도
학술적이지는 않음을 체감했다. 마크의 산문이 발하는 긴급함은
말이 정말로 사태를 바꿀 수 있다는 믿음에서 유래하는 것이었다.
그의 글은 모든 것에 더 많은 의미가 있다고, 의의가 들어차 있다고
느끼게 만들어 주었다. 마크 읽기는 쇄도하는 황홀감을 선사했다.
일종의 중독.

D-제너레이션과의 저 묘한 전적이지는-않은-마주침 이후 '마크 피셔'라는 이름을 처음 접한 것은 CCRU로 알려진 수수께끼 같은 집단이 발간한 정기 간행물들에서였다. 인상적인 디자인을 자랑하던 그 간행물들 표지에 마크의 이름이 있었다. CCRU에서 내게 자신들의 소책자를 보내 주었는지 우리 두 사람의 친구인 커두어 에슌 때문에 내가 관심을 가졌던 것인지는 기억나지 않는다. 처음부터 마크의 작업은 두각을 드러냈다. 워릭 대학 철학과와 느슨하게 결속된 준학술 조직인 사이버네틱 문화 연구회의 산출물 다수는 의도한 듯이 비의적이었으며 학술 논문보다 실험적인 허구에 가까웠다. 말 그대로 온몸을 비틀듯 써 내려간writhing 마크의 산문 역시 학술적이지 않기는 마찬가지였지만 그래도 그의 글은 늘 명료했다. 아참, 그는—저 시절엔 우리 모두 그랬지만—금언적인 신조어와 합성어를 편애했고, 묵시록적 냉철함과 어조의 긴급함 와중에 풍부한 언어 유희를 벌이곤 했다. 그렇지만—이것이 그가 작가로 쌓은 경력 전체의 특징일 텐데—마크는 필요 이상으로 장황하거나 난해한 글을 쓴 적이 거의 없다. 그는 진정한 소통가가 되길 열망했고, 자신이 고심 중인 발상이나 쟁점이 너무나 중요하므로 불명료하게 전달되어선 안 된다고 믿었다. 이해를 가로막는 장해물을 뭐 하러 설치하랴. 그 덕에 마크의 작업이 학자와 대학 졸업자로 구성된 협소한 장—그의 한층 불가사의하고 비밀스러운 관심사 일부는 이 장과 공명했겠지만—을 넘어 폭넓은 독자층을 확보할 수 있었다고 나는 확신한다. 그는 누구를 대하건 결코 깔보듯 말하지 않았고, 언제나 독자를 초대해 자신과 함께하도록 견인했다.

나는 1998년에 마크를 처음 만났다. CCRU와 그 동맹들— OD(오펀 드리프트O〔rphan〕d〔rift〉)처럼 학계의 배교자로 구성된—을 다루는 긴 글을 쓰고 싶다고 학술지 『링구아 프랑카』Lingua

Franca에 제안한 것이 계기였다.[3] 이 동맹들의 텍스트가 낯섦으로 독자를 어지럽힌 반면 CCRU의 텍스트들은 놀라울 정도로 온건했고, 뭐랄까, 영국적이었다. 그런데 역시나 마크는 CCRU의 동지들보다도 약간 더 두각을 드러냈다. 글에 담긴 순전한 강도라는 측면에서 그랬다. 그가 손짓을 섞어 가며 정글의 사이버펑크 미학에서 사회주의의 노쇠화에 이르는 모든 것에 관해 거침없이 의견을 내놓던 모습이 떠오른다. 말투는 조곤조곤했지만 이미 그때부터 그의 탁월한 공적 발화 솜씨가, 웅변가의 아우라가 형성되고 있었다.

그 뒤 마크와 나는 CCRU의 일원이자 코드9으로도 알려진 스티브 굿먼이 설립한 포스트레이브 음악 이론 사이트 하이퍼덥Hyperdub에 함께 글을 기고하면서 온라인 친구가 되었다. 하지만 우정이 진정으로 만개한 것은 2003년에 내가 블리스블로그Blissblog를 개설하고 몇 달 후 마크가 k-펑크를 시작해 블로그 경쟁에 뛰어들면서였다. 이로써 관록 있는 영국 음악 주간지에 맞먹는 무언가가, 놀라운 속도로, 온라인에 새로이 구성되었다. 나는 내 멋대로 이렇게 생각하곤 했다. 이것이 망명지의 음악 잡지며, 살아남은 잔여 인쇄 매체(『NME』와 월간지로는 『Q』가 대표하는)에서는 더 이상 발견할 수 없는 지난날의 모든 최상의 측면을 재활성화했노라고 말이다. 정녕 모든 측면이었다. 돈을 벌 수 없다는 점만 빼면. 그럼에도 황금기에 록 잡지—특권적인 지위를 차지한 건 음악이었지만 영화, 텔레비전, 소설, 정치도 뒤섞여 부글부글 끓어올랐다—가 자랑했던 포괄적인

---

3 〔옮긴이〕이 글은 레이놀즈의 블로그에 올라와 있다. "Renegade Academia: The Cybernetic Culture Research Unit", Energy Flash, 3 November 2009, http://energyflashbysimonreynolds.blogspot.com/2009/11/renegade-academia-cybernetic-culture.html.

관점이 2000년대 블로그 신에서 기적적이고도 예기치 않게 부활했다.

"거기서는 음악이 다가 아니었고 음악에서도 음악이 다가 아니었어요." 고급 문화에 제한적으로만 접근할 수 있었던 한 노동 계급 소년의 성장 과정에서 『NME』가 어떤 의미였는지를 회고하며 그는 이렇게 말했다. "그건 당신에게〔온갖 종류의 참고 자료를 섭렵해야 한다고〕요구하는 매체였어요."[4] 블로그 회로도 마찬가지였다고 할 수 있다. 독학자, 독립 연구자, (마크처럼) 환멸을 느끼고 탈마법화된 학자, 온갖 유형의 괴짜로 이루어진 이 회로의 주민들은 저마다 이론을 정립했고, 남용할 수 있는 개념 및 분석 도구를 발견하고자 저명한 사상가들의 작업을 뒤졌다. 생계에 보탬이 되지는 않았지만 그 보상으로 마음껏 의견을 표출할 수 있었던 블로그 플랫폼에는 다른 종류의 강점이 있었다. 반응 속도가 믿을 수 없을 정도로 빨랐고, 포맷은 유연했으며(생각을 정리한 장문도, 폭탄 같은 단평도 올릴 수 있었다), 이미지와 오디오, 비디오를 이용해 글을 예증할 수도 있었으니까. 그중에서도 으뜸은 음악 잡지에서는 (독자 편지란, 여러 주에 걸친 작가들의 논쟁, 맹렬한 팬진 출신 불평분자의 주기적인 영입을 통해) 맛만 볼 수 있었던 블로그 활동의 상호적이고 집단적인 측면이었다. 블로그 회로는 진정한 네트워크였다.

열띤 흥분으로 가득했던 k-펑크는 곧 이 공동체의 허브가 되었다. 일종의 발전기로 활약한 마크는 도발적인 제안과 발상을 쏟아 내며 참여를 요구했다. 그는 컬트 인사가 되었다. 하나의

4　〔옮긴이〕이는 2010년에 피셔가 아가타 피지크와 나눈 인터뷰의 한 대목으로, 전문을 온라인 음악 잡지 『콰이터스』 사이트에서 볼 수 있다. "Mark Fisher interviewed by Agata Pyzik, 2010", *Quietus*, 16 January 2017, https://thequietus.com/articles/21572-mark-fisher-rip-obituary-interview.

촉매. 또 그는 더할 나위 없는 주인장이었다. k-펑크 댓글난에 살롱 스타일의 에너지를 불어넣었고, (이런 공간이 으레 그렇듯) 분위기가 다소 신경질적으로 치달으면 논쟁에는 불을 붙이고 분란은 누그러뜨렸다. 이 온화하면서도 날 선 정신은 마크가 매슈 잉그럼(우리 공동체의 또 다른 허브였던 워봇Woebot 블로그를 운영한)과 공동으로 만든 메시지 보드 디센서스Dissensus에도 영향을 미쳤을 것이다. 어찌 보면 이런 댓글난과 메시지 보드 타래야말로 마크가 가장 자기다울 수 있는 공간이었다. 논쟁, 때로는 동의, 하지만 언제나 상대방의 논점에 기초해 대화를 더 먼 곳까지 이끌기. 그가 내놓은 최상의 통찰과 구절 일부는 이런 왕래에서 나왔다. 해당 순간의 담론적 덤불에서 골라내기 어려운 보석들, 그가 자신의 정신을 가장 활기차고 기쁘게 펼쳐 보일 수 있었던 수많은 짤막한 의견 교환과 상호 작용.

2000년대 초중반 내내 나는 기분 좋게 혼란스러운 상황을, 내가 영향을 준 누군가에게 나도 영향을 받는 그런 상황을 만끽했다. 아침마다 컴퓨터를 켜고 곧장 마크가 던져 놓은 발상-도전들을 확인하는 것이 너무나 짜릿했다. 그리고 나도 보조를 맞춰야겠다는 강한 충동을 느꼈다. 종종 우리는 (마크가 사는 런던과 내가 사는 뉴욕의 시차가 다섯 시간이었기 때문에) 장거리 콤비로 활약했다. 우리 중 한 명이 무언가를 언급하면 나중에 다른 한 명이 그에 관한 글을 썼다. 서로를 보완하는 (그리고 격려하는) 관계, 배턴을 주고받는 것과 비슷한 관계였지만 또 서로를 존중하는 가운데 꽤 자주 의견 충돌을 빚기도 했다. 물론 다른 이들도 이 관계에 합류했다. 모두가 자유롭게 참여할 수 있는 전방위 관계였다고나 할까.

이처럼 블로그 회로는, 특히 마크와 나의 대화는 협업 성격이 짙었다. 그렇지만 그 기저에는 경쟁 의식이 흐르고 있었다(당연히

다른 영역의 작가들도 그럴 것이다). 선수를 빼앗겼고 뒤처졌으며
계속 발전해야 한다는 나로선 익숙지 않은 감각. 의견을 나눌 때
마크는 사태를 더욱 냉정하게, 한층 이분법적으로 바라보는 강점을
지녔던 반면, 나는 회색 지대에 시선을 돌리려는 혹은 나와 견해가
대립하는 쪽에도 근거가 있음을 인정하려는 경향이 있었다. 이런
성향이 현실의 삶에서는 미덕일 수도 있겠지만 그런 태도로 글을
쓰다 보면 확실히 공격의 강도를 누그러뜨리게 된다.

마크는 '무화'nihilation의 폭넓은 자원들에 접근할 수 있었다.
무화는 다른 접근들을 거부하고 역사의 쓰레기통에 던져 버리고자
하는 비평가나 예술가의 가차 없는 충동을 일컫고자 그가 사용한
용어다(이런 일축이 그의 지면 페르소나가 지닌 한 특징이었음을
덧붙여야겠다. 개인적으로 대화할 때 그는 관대하고 개방적이었다).
즉흥 음악가 존 버처는 『와이어』와의 2008년 인터뷰에서 예술가의
관점으로 이런 사고 방식을 묘사한 적이 있다.

여기 이 음악은 다른 음악과 대립합니다. 이 둘은 결코 충돌 없이
공존하지 않아요. 제가 이걸 택했다는 사실은 당신이 저기서 하고
있는 그것에 가치를 부여하지 않겠다는 걸 함의하죠. 제 활동은
당신 활동의 가치를 의문에 붙입니다. 바로 이것이 우리의 음악적
사고와 의사 결정을 이끌고요.

피셔와 버처 모두에게 "대립"의 엄격한 고수는 진지함의
표식, 무언가에 내기가 걸려 있으며 차이들을 놓고 맞서
싸울 필요가 있음을 알리는 신호다. 그러니까 밍밍한
관용이나 만사형통하리라는 긍정이 아니라 바로 이 부정적인
역량—반대편을 격하하고 폐기하고자 하는 의지의 힘—덕분에
음악과 문화가 맹렬한 기세로 전진할 수 있는 것이다. 음악

만들기가 '능동적 비평'의 한 형태일 수 있는 것과 마찬가지로
비평도 사운드 없이 음악에 기여하는 것일 수 있었다.

　이 글을 쓰기 전에 생각을 모으고 머리도 비울 겸 산책을 나갔다.
2월에 접어든 남부 캘리포니아의 화창하고 아름다운 아침이
어딘가 잉글랜드를 연상시켰다. 하늘에는 거센 바람이 몰고 온
커다란 구름 무리가 미끄러지듯 움직였고 강한 햇살이 하얗고
몽글몽글한 구름을 뚫고 쏟아졌다. 그 모습을 보니 흐렸다 맑았다를
반복하는 영국의 여름 나날이 떠올라 감정을 주체하기 어려웠다.
마크에게 로스앤젤레스를 구경시켜 줄 수 있다면, 이 도시의 다른
측면 일부(그는 주로 마이클 만의 『히트』1995와 장 보드리야르의
『아메리카』에서 유래한 몇 가지 고정 관념으로 이 도시를
이해했다!)를 소개할 수 있다면 얼마나 좋을까. 그리고 나도 서퍽을,
마크가 사랑한 해안가 경관을 둘러볼 수 있다면 얼마나 좋을까.[5]

5　〔옮긴이〕「엮은이 서문」에서 대런 앰브로즈가 밝히고 있듯 피셔는
　　2007년에 연장 교육 학교를 그만두고 서퍽주의 우드브리지로
　　이사했다. 『k-펑크』 출간 후 온라인 대중 문화 잡지 『팝매터즈』와 나눈
　　인터뷰에서 앰브로즈와 레이놀즈 모두 우드브리지로 이사한 것과
　　아내인 조이와 결혼한 것이 피셔의 삶과 작업에서 중요한 전환점
　　중 하나였다는 의견을 피력한다. 앰브로즈의 설명에 따르면 피셔는
　　우드브리지에서 어린 시절 기억을 많이 회상했을 뿐 아니라 (서퍽을
　　소재로 한 유령 이야기를 여러 편 창작한) M. R. 제임스의 유령적인
　　풍경을 다시 발견했으며, 레이놀즈는 피셔가 이 지역을 자주 걸으면서
　　그곳의 텅 비어 있고 살짝 으스스한 아름다움을 느꼈다고 말한다.
　　"Combustible Hope: Critics Simon Reynolds and Darren Ambrose on
　　Mark Fisher's Works and Philosophy", *Popmatters*, 9 September 2019,
　　https://www.popmatters.com/combustible-hope-mark-fishers-
　　legacy-2639774766.html. 피셔 자신은 『기이한 것과 으스스한
　　것』(안현주 옮김, 구픽, 2019)에서 한 장을 할애해 서퍽을 배경으로 M.
　　R. 제임스와 브라이언 이노(우드브리지 출신인)를 함께 다루었으며,
　　서퍽에서 도보 여행을 했던 것이 으스스한 것에 대한 관심을 확인하는
　　발단이었다고 밝히기도 했다.

하지만 우리가 물리적으로 함께한 시간은 고통스러울 정도로
짧았다. 직접 만난 횟수는 열 번이 채 안 될 것이다. 서로를 알아 온
대부분의 기간에 우리는 다른 대륙에 살았다. 그 덕분에 우리의
우정은 일종의 순수함을 유지했고 거의 전적으로 글에 기반을
두었다. 이메일, 블로그를 통해 나눈 토론, 메시지 보드를 이용한
정신적 교감은 많았지만… 실제로 만나 많은 시간을 보내지는
못했다.

그러니 지금 내가 쓴 글은 공적 인물이자 한 명의 남자였던
마크의 부분적인 초상에 지나지 않는다. 우리는 주로 웹상의
동료이자 비공식적 협력자로 알고 지냈다(우리는 공동으로 집필한
적이 한 번도 없다. 하지만 하드코어 연속체hardcore continuum, 유령론,
포괄적인 반레트로 논쟁 같은 여러 합동 캠페인에서 연합 전선을
구축했다). 무엇보다 나는 한 명의 독자인 마크를 알았다(거듭
말하거니와 내 팬이었던 누군가의 팬이 되는 어리둥절한 경험).
그렇지만 다른 여러 마크 피셔가 있음도 안다. 교사 마크,
편집자 마크, 아들이자 배우자이자 아버지인 마크. 나는 거의
전적으로 아주 한정된 담론 영역—보통 어쩔 수 없이 과열되기
마련인—안에서 그를 만났고 평상시 일상에서 그가 어떤지는 잘
몰랐다. 이 다른 마크들—놀고 있는 마크, 웃고 있는 마크, 느긋한
시간을 보내는 마크, 가족과 함께 있는 마크—을 더 잘 알았다면
얼마나 좋을까.

마크를 마지막으로 만난 것은 2012년 9월에 네덜란드
틸뷔르흐에서 열린 인큐베이트Incubate 음악 페스티벌에서였다.
페스티벌의 주제는 '직접 해 봐'였다. 기조 발표를 맡은 나는 DIY
이데올로기의 일부 측면에 질문을 던지고 이 이데올로기가 하나의
문화적 이상으로 발휘하는 유용성을 넘어 살아남을 수 있을지
의구심을 표했다. 그다음에 마크의 발표가 이어졌는데 그는 원래

준비한 내용을 버리기로 결심하고 내 논의에 기반해 즉흥적으로 새로운 이야기를 꺼냈다. 현실 공간에서 실시간으로 진행되었다는 점만 빼면 저 예전의 블로그 시절로 돌아간 기분이었다. 나는 이따금 애드리브를 가미해 가며 미리 준비한 텍스트를 읽은 반면 마크는 아무런 사전 준비 없이, 머릿속에 저장된 가공할 만한 무기고에서 리프들을 끄집어내, 새로운 생각들을 생성하고 짜릿한 접속을 만들어 냈다. 그의 동료 관계와 정신적 민첩함 모두를 전형적으로 드러내 준 퍼포먼스였다. 나중에 그는 이를 스탠드업 쇼에 비유하면서 주최 측이나 개개인이 발표를 녹화해 유튜브에 올리는 것이 골치라고 덧붙였다. 자신의 소재가 사람들에게 너무 뻔해질 것이라면서 말이다. 하지만 나로선 그것이 정말로 문제가 되는 일은 상상조차 할 수 없다. 마크는 통찰력과 전체를 파악하는 능력이 마르지 않는 샘 같은 존재였으며, 신선한 지각력과 독창적인 접합, 잊을 수 없는 금언과 예리한 경구가 차고 넘쳤으니까. 마크에겐 말할 거리가 바닥나는 일이 결코 없었다.

하지만 시간은 바닥나 버리고 말았다.

나는 친구이자 동지, 무엇보다 한 명의 독자로 그의 부재를 뼈저리게 느낀다. 마크라면 이런저런 사안을 두고 뭐라 말했을지 궁금하게 여긴 날이 수없이 많다. 마크가 정기적으로 가져다준 놀라움과 도전에 내가 얼마나 의지했는지 이전에는 미처 깨닫지 못했다. 그의 글이 일으킨 자극과 번득임, 자신이 빛을 비춘 거의 모든 것에 부여한 그 명료함에 내가 얼마나 기대 왔는지 말이다. 나는 마크의 정신이 그립다. 이 그리움은 외로움이다.

사이먼 레이놀즈, 2018

엮은이 서문

"우리는 미래를 발명해야 해요."[1]

마크 피셔(k-펑크)는 인습적인 의미의 학술 작가, 이론가 혹은 비평가가 아니었고 그렇게 되길 원하지도 않았다. 그러기에 그의 글은 너무나도 통렬하고 논쟁적이고 명료하고 비감상적이고 사적이었으며 통찰과 설득력으로 가득했다. 그의 작업은 동시대 자본주의의 물리적, 심리적, 경제적, 문화적 귀결들을 더없이 날카롭게 이해하고 있었을 뿐 아니라 이에 머물지 않고 낙관과 전략적인 유효성도 담고 있었다. 다수의 글을 통해 그는 이제 너무나 뚜렷해진 포스트모던한 분리와 집단 소외에 있는 힘껏 대립했고, 우리의 공유된 현재가 빠져든 "지루한 디스토피아"라고 자신이 부른 것, 점점 더 깊이를 잃어 가는 새 천 년이라는 현재에 대응했다. 마크는 빈사 지경에 이른 우리 문화를 독창적이고 난폭하며 스타일리시하게 해부했으며, 생애 내내 자신에게 영향을 미친 대중 모더니즘 영화, 책, 텔레비전 프로그램, 음악이 어떤 모습으로 우리의 집단적 현재에 계속 '출몰'하는지를 지속적으로 관찰했다.

1990년대에 마크는 워릭 대학 철학과 박사 과정생이었고 1999년에는 『평탄선 구축물들: 고딕 유물론과 사이버네틱 이론—

---

1   Tim Burrows, "'We Have To Invent The Future': An Unseen Interview With Mark Fisher", *Quietus*, 22 January 2017, http://thequietus. com/articles/21616-mark-fisher-interview-capitalist-realism-sam-berkson. 〔옮긴이〕이 글은 이후에 번역 출간될 이 책 5부에 수록되어 있다.

허구』²라는 논문을 성공적으로 완성해 박사 학위를 받았다. 그와 더불어 워릭에서 그는 닉 랜드, 세이디 플랜트, 커두어 에슌, 스티브 굿먼(코드9), 로빈 매케이, 루치아나 파리시 등과 함께 사이버네틱 문화 연구회Cybernetic Culture Research Unit, CCRU의 창립 회원 중 한 명이었다. 몇 년이 지나 켄트의 한 연장 교육 학교에서 강의하던 시절에 그는 k-펑크 블로그를 시작했다. 블로그 문화 초기에 개설한 k-펑크는 곧장 신진 블로거로 구성된 공동체—음악 저널리스트 사이먼 레이놀즈, 이언 펜먼, 데이비드 스텁스, 철학자 니나 파워, 알렉스 윌리엄스, 라스 아이어, 애덤 코츠코, 조디 딘, 스티븐 샤비로, 작가이자 활동가인 리처드 시모어, 작가 시오반 매키언과 칼 네빌, 건축 비평가 오언 해설리 등이 포함된—의 중요한 일부가 되었다. 이 이른 시기에 k-펑크 블로그의 핵심 측면 하나는 재접속이라는 단순한 요소였다. 워릭과 CCRU, 박사 과정을 거친 뒤이자 아마 인생에서 가장 고립된 시기였을 그때 새로운 온라인 집단에 참여하고 있었기 때문이다. 2010년의 한 인터뷰에서 그는 이렇게 회상한다.

2　〔옮긴이〕flatline은 병실 등의 뇌전도 모니터에서 파동이 멈추고 직선만이 나타나는 상태를 뜻한다. 사후에 출간된 이 박사 논문에서 피셔는 질 들뢰즈에게서 이 표현을 차용해 flatline에 죽음을 넘어서는 의미를 부여한다. "고딕 유물론의 결정적인 개념 하나—아마도 가장 중요한 개념일—는 평탄선이다. 평탄선 개념에는 최소한 두 가지 의미가 있다. 첫째로 이 표현은 뇌전도상 뇌사를 표시하는 전문 용어다. 디지털 모니터에서 재현되는 무, 무활동. 그렇지만 고딕 유물론에서 평탄선은 모든 일이 벌어지는 곳, 반대쪽, (주체성의) 스크린 이면 혹은 너머, 정체성이 생산(되고 분해)되는 일차 과정의 현장이다. '외부의 선.' 평탄선 개념은 죽음의 선이 아니라 죽음과 삶을 감싸는, 하지만 궁극에는 둘 모두를 넘어서는 하나의 연속체를 가리킨다." Mark Fisher, *Flatline Constructs: Gothic Materialism and Cybernetic Theory-Fiction*, Exmilitary, 2018, p. 27.

블로그는 박사 학위를 받는 과정에서 겪은 트라우마적 경험 이후 글쓰기로 돌아오는 방편이었어요. 박사 논문을 쓰는 동안에는 어떤 주제에 관해 말하려면 가능한 한 그 주제를 다룬 권위 있는 작업을 모조리 읽어야 한다고 협박받는 기분이었거든요. 반면 블로그는 한층 비공식적인 공간, 저런 압박에서 자유로운 공간처럼 보였죠. 블로그 활동은 진지한 글쓰기로 돌아가기 위한 책략이었어요. '아무렇게나 써도 상관없어. 논문도 아니고 그냥 블로그 게시물이잖아'라고 생각하며 저 자신에게 농간을 부린 거죠. 그런데 지금은 오히려 학술 논문보다 블로그를 더 진지하게 대하고 있어요.[3]

그리고 블로그를 개설하고 정확히 1년 후에 올린 한 게시물에서 그는 다음과 같이 쓴다.

블로그는 내게 세계와의 유일한 접속처, 유일한 외선이었다…블로그 덕분에 수많은 것에 대한 열정에 다시 불을 지필 수 있었고 과거에는 결코 주의를 기울인 적 없는 것들에도 열정을 느끼게 되었다…[4]

처음 몇 년간 k-펑크에서는 강도 높음과 비공식성이 두드러졌다. 정기적으로 장문의 게시물이 올라왔으며 온갖 대화가

3　"'They Can Be Different in the Future Too': Interviewed by Rowan Wilson for *Ready Steady Book*", 2010. 〔옮긴이〕 이 글은 이후에 번역 출간될 이 책 5부에 수록되어 있다.

4　"One Year Later", k-punk, 17 May 2004, http://k-punk. abstractdynamics.org/archives/002926.html. 〔옮긴이〕 이 글은 이후에 번역 출간될 이 책 6부에 수록되어 있다.

오갔다. k-펑크 덕분에 주기적인 글쓰기의 긍정적인 효과를 확인한
마크는 자기 고유의 강박과 관심사 기저에 다가가고 자신만의
강력한 양식을 정련했다. 블로그가 점차 자리를 잡으면서 그는
일종의 주제적 리듬에 접속하기 시작했고, 수년에 걸쳐 유령론,
대중 모더니즘, 자본주의 리얼리즘 같은 주제를 중심으로 생각들이
덩어리를 이루었다. 그가 인정하듯 k-펑크는 학술 글쓰기에
강요되는 속박과 무의미한 제약에서 벗어나는 하나의 방편이었다.
밀도 높고 암시적이며 이론적으로 풍부하고 통렬한 게시물들은
개인적 강박과 외부 자극(비평해야 할 영화와 책과 앨범 혹은
맥락화하거나 이론화해야 할 사건)으로 이루어진 어떤 일관된
집합에 대한 반응으로 쓰였고, 많은 경우 현실적인 긴급함에
입각해, 혹은 전부터 이어진 대화에 참여할 필요에 따라, 아니면
스스로 부과한 마감일을 지키려는 목적으로 작성되었다. 이런
k-펑크 게시물들은 세계를 지적으로 성찰하는 어떤 순간을 압축해
보여 주었다: 이 글들은 반응적이고 즉각적이며, 정동으로 충전된
관점을 제공한다. 그는 의심의 여지 없이 까다로우며 누군가에게는
겁부터 안길 인물들―스피노자, 칸트, 니체, 마르쿠제, 아도르노,
알튀세르, 들뢰즈와 가타리, 보드리야르, 제임슨, 지젝, 주판치치,
베라르디, 바디우, 라캉―을 참조하고 인용하지만, 이론 인문학의
허다한 학술 글쓰기가 전시하곤 하는 열성스러운 현학은 결코 그의
인장이 아니다. 마크는 자기 독자의 지성과 합리성을, 생경함과
복잡함과 새로움의 도전에 응하는 그들의 역량을 신뢰한다. 그는
꿋꿋한 이론적, 실천적 입장을 고수하는 용기를 일관되게 내보인다.
그의 작업은 사태들을 평면화해 한심한 도구성과 공리주의적
어리석음 층위에 가둬 두고자 바득바득 애써 온 현재의 반지성주의
흐름을 거슬러 노를 젓는다.
　　k-펑크 블로그의 독자인 우리에게 그의 글은 늘 역경에 맞서

디스토피아적인 현재에 대한 대안을 계속 희망할 근거를 마련해 준다. 이는 그의 글에 제시된 특정 내용의 귀결일 뿐 아니라 그가 도발적이고 도전적인 목소리를 끈질기게 내면서 온전히 거기 있었다는 사실과도 깊이 관련되어 있다. 저 목소리—심기를 거스르는, 성난, 지적으로 치열한, 정교하고 열정적인, 진지하고 생명력 넘치는—는 그가 실제로 말할 때 내는 목소리와 비슷하다. 그의 글은 늘 진정한 내밀함을 담고 있고, 독특하고도 드문 재능을 보유한 그는 생각과 발상을 약화시키거나 누그러뜨리거나 축소하지 않고서 표명하는 법을 안다. 마크의 작업은 이 목소리를 보존하고 있으며 온라인에는 그의 작업이 보존되어 있다.

　이 책 서두에 배치한 k-펑크 게시물은 「왜 K인가?」와 「책 밈」이다. 2005년에 쓴 이 두 글을 통해 우리는 마크가 k-펑크라는 블로그로 활동하게 된 경위 및 운영상의 목표와 야심을 얼마간 파악할 수 있다.

　그런 목표와 야심 중 하나는 블로그 활동이라는 새로운 기술적 민주주의를 움켜쥐기만 하면 "대중 문화와 이론의 교류를 이어 가기 위한 일종의 도관"으로 활용할 수 있다는 지속적인 믿음이다. k-펑크는 아웃사이더 담론 형태들이 중요하다는 믿음을 거둔 적이 결코 없다. 그는 기성 제도의 공식 채널(학계나 주류 미디어를 경유한)이나 전통적인 출판 형태가 정당하게 대접하지 않은 일시적 담론들의 작전상 유효성을 일관되게 믿었다. 이것이 바로 k-펑크 초기에 그가 특별히 블로그와 결부시킨 무언가다.

　부족한 것은 오직 의지, 승인되거나 정당화되지 않은 것 안에서 생겨날 수 있는 무언가가 공식 채널을 통해 접하는 무언가만큼—혹은 그보다—중요할 수 있다는 믿음뿐이에요.[5]

또 다른 목표와 야심은 카프카와 스피노자의 발상들에 대한 충실성을 공표하는 것이었다. 나아가 그는 숱한 것—조이스, 버로스, 밸러드, 베케트, 셀비. 유년기에 접한 책, 음악, 텔레비전, 영화, 발상, 사건. 광원 파업, 포클랜드 전쟁, 대처주의, 블레어주의, 포스트펑크, 조이 디비전, 더 폴, 스크리티 폴리티, 매거진, 애시드 하우스, 정글, 골디, 들뢰즈와 가타리, 마르크스, 제임슨, 지젝, 푸코, 니체, CCRU, 크로넨버그, 애트우드, 프리스트, M. R. 제임스, 나이절 닐, 마르쿠제, 펜먼, 레이놀즈, 『배트맨』, 나중에는 『헝거 게임』, 베리얼, 슬리퍼드 모즈, 더 케어테이커, 러셀 브랜드—에 충성을 바쳤는데, 이들이 자신의 지각, 모더니즘적 감수성, 실존적 분리에 대한 사고, 대안적 가능성 및 관점을 〔자기보다 앞서〕 표명하고 확증해 준 덕분에 처음으로 일정 정도의 자기 인식에 다가갈 수 있었다고 느꼈기 때문이다. k-펑크 블로그의 수행성은 적어도 부분적으로는 개인적인 생존 전략의 일환으로, 즉 독창적인 발상으로 활력과 영감을 제공한 이것들에 대한 충실성을 되찾고 집요하게 재진술하려는 전략의 일환으로 시작되었다. 그 자신이 「책 밈」에서 이렇게 말하고 있다.

성인이 되고 가장 슬펐던 때는 청소년기에 조이스, 도스토옙스키, 버로스, 베케트, 셀비의 책에서 발견한 것들에 대한 충실성을 잃은 시절이었어요.[6]

이 충실성이 열쇠다. 왜냐하면 방대한 콜라주를 지탱하며

---

5 "Why K?", k-punk, 16 April 2005, http://k-punk.org/why-k/〔이 책 43쪽〕.

6 "Book Meme", k-punk, 28 June 2005, http://k-punk. abstractdynamics.org/archives/005771.html〔이 책 49쪽〕.

생기를 불어넣는 조직을 그런 충실성이 제공하기 때문이다. 그는 이 콜라주를 하나의 유효하고 가용한 세계관으로 종합했으며, 이 세계관은 대안적 가능성들을 점점 더 금지해 무에 가깝게 축소하는 경향에 그가 붙인 명칭인 '자본주의 리얼리즘'의 인정사정없는 논리가 통치하는 현재의 따분한 진부함에 대립각을 세운다.

그는 감식관에 맞먹는 주의력으로 텍스트, 음악, 영화, 텔레비전 프로그램에 남아 있지만 빈번히 간과되는 모더니즘의 흔적들을 탁월하게 찾아냈고, 재난에 가까운 현재의 폭정에 도전하는 데 필요한 문화적 연금술의 잃어버린 선언문을 이루는 단편적인 페이지들을 하나하나 이어 붙이듯 대중 문화에 대한 예리한 읽기를 거듭 실행했다. k-펑크는 유령론과 대항 문화의 비판적 중심지로 10년 넘게 기능하면서 상실되고 희미해진 채로 잠복해 있던 20세기 모더니즘의 급진적인 잠재성에 빛을 비추었다. 이 블로그는 새 천년 초기의 단조로운 직물에 거듭 신랄한 구멍을 내 현실의 장을 뒤틀었다. 또 차이의 조각들, 현재와 어긋난 채로 남아 있으며 우리 시대의 타성적 논리를 파열하는 과거의 요소들을 가지고 현재에 어깃장을 놓음으로써 현재에 중요하고 불편하며 독창적인 도전을 제기했다. 최상의 순간에 이 블로그는 시간이 자본과 동일시되는, 모든 것이 평면적인 상품이 되고 소화하기 쉬운 소모품이 되는 희뿌연 동질적인 현재가 사물들을 포섭하는 경향에 효과적으로 저항했다. 이는 그가 대안적 가능성들의 공간을 열어 둔 덕분, 중요한 것을 범속한 것, 진부한 것, 순전히 어리석은 것, 지루한 것으로 축소하기를 거부한 덕분이었다.

마지막으로 k-펑크 블로그는 포스트모던의 하이퍼아이러니한 가식, 따분할 정도로 만사 희망찬 자유주의적 좌파주의, 탈리비도화된 문화, 상층 계급의 교만, 뱀파이어 같은 트롤, 생기론적 긍정성, 〔일부〕 들뢰즈–창조주의에 피셔가 한결같이

드러낸 반감과 부정성을 늘 명징하게 드러냈다. 도전적이고 논쟁적인 2013년 글「뱀파이어 성에서 탈출하기」[7]에 나타나는 감성과 입장은 2004년의「새 댓글 정책」[8]과 2005년의「우리 교조주의자」[9] 같은 이전 게시물에서도 확인할 수 있다. 그의 사납고도 차가운 합리주의적 논쟁술은 k-펑크 기획의 생애 전체에 걸쳐 종종 전력으로 발휘되었다.「반자본으로서 노이즈」라는 글을 예로 들어 보자.

> **존엄이란 없다.** 노동 계급을 프롤레타리아트와 혼동하지 말자. 대처는 노동 계급에게 갚아야 하는 자금을 내주고 각자가 오이디팟을 소유할 수 있게 해 주겠다고 약속함으로써 이들을 매수했고 그렇게 프롤레타리아트의 출현을 억제했다. 노예의 안락함. 대처는 리플리컨트들에게 차폐 기억과 가족 사진을 제공했다. 그리하여 이제 이들은 자신이 공장식으로 사육된 인공적인 존재라는 것을, **자본-사물**Kapital-Thing의 자기 복제하는 인적 자원 풀로 기능하는 존재라는 것을 잊고 진정한 인간적 주체라고 믿는 중이다. 프롤레타리아트는 그런 주체성들의 연합이 아니라 지구화된 자본 공간에서 발생하는 주체성의 소멸이다. 신-지구nu-earth에서 살아가는 가상적인 인구.

---

7 Mark Fisher, "Exiting the Vampire Castle", *The North Star*, 22 November 2013, http://www.thenorthstar.info/?p=11299.〔옮긴이〕이 글은 이후에 번역 출간될 이 책 6부에 수록되어 있다.

8 "New Comments Policy", k-punk, 5 September 2004, http://k-punk. org/new-comments-policy/.〔옮긴이〕이 글은 이후에 번역 출간될 이 책 6부에 수록되어 있다.

9 "We Dogmatists", k-punk, 17 February 2005, http://k-punk. abstractdynamics.org/archives/005025.html.〔옮긴이〕이 글은 이후에 번역 출간될 이 책 6부에 수록되어 있다.

〔…〕프롤레타리아트의 영웅주의는 산업화 과정이 발생시킨 비유기체적 비인간성에 맞서는 존엄한 저항이 아니라 〔…〕자신의 몸을 비인간적이고 비유기체적인 구성주의 기계로 변이시키는 뒤샹적 변형에 있다.[10]

2007년 마크는 켄트의 강사 일자리를 그만두고 서퍽의 우드브리지로 이사했다. 거기서 그는 첫 책『자본주의 리얼리즘: 대안은 없는가』작업을 시작해 친구 타리크 고더드와 공동으로 설립한 대안 출판사 제로 북스에서 2009년에 출간했다.[11] k-펑크의 초기 게시물 중 가장 강력한 일부를 종합한『자본주의 리얼리즘』으로 마크는 중요한 동시대 이론가라는 명성을 확고히 다졌다. 블로그 커뮤니티가 파편화되기 시작하고 이전보다 훨씬 분파적이고 활동하기 곤란한 공간이 되던 바로 그 시점에 출간된『자본주의 리얼리즘』은 마크에게 새로운 형태의 집단적 접속을 구체화할 수 있게 해 주었다. 그 뒤로도 k-펑크 블로그를 운영하기는 했지만, 생계를 위해 자유 기고가로 쓴 글들에 더해 초청 강연, 대담, 질의 응답의 형태로 작업과 생각, 활동을 계속 이어 감에 따라 블로그 활동 빈도는 점점 줄었다. 블로그와 포럼 들이 취한 방향에 마크가 느낀 좌절감은 온라인 포럼들에서 확인할 수 있는 그의 수많은 개입뿐 아니라 댓글과 토론 에티켓에 관해 k-펑크 게시물에서 여러 차례 반복한 비판과 격론에서도 뚜렷이 드러난다.

자유 기고가로 불안정한 시기를 보낸 뒤 마크는 다시 교단에 올라 시티 릿City Lit〔런던에 위치한 성인 대상 대학〕과 이스트 런던

---

10 "Noise as Anti-Capital", k-punk, 21 November 2004, http://k-punk. abstractdynamics.org/archives/004441.html.〔옮긴이〕이 글은 이후에 번역 출간될 이 책 3부에 수록되어 있다.

11 이 책에 수록된「제로 북스 설립문」을 보라〔이 책 152~153쪽〕.

대학에서 철학을 가르쳤고 나중에는 골드스미스 대학의 정규직 교수가 되었다. 그는 두 권의 책을 더 냈는데 하나는 2014년에 제로 북스에서 출간한 『내 삶의 유령들』이고 다른 하나는 새로 차린 리피터 북스에서 2016년 말에 펴낸 『기이한 것과 으스스한 것』이다. 두 권 모두 k-펑크 게시물 및 『와이어』(2008년에 그는 이 잡지의 부편집장을 맡기도 했다)의 의뢰로 기고한 리뷰와 인터뷰를 추린 것이다. 또 이 시기에 그는 공저서의 장, 음악 평론, 영화 평론, 사설, 행동주의 관련 글 및 이론적 에세이 형태로 온라인과 인쇄 발행물에 많은 글을 발표했고 k-펑크 블로그에도 계속 게시물을 올렸다. 이런 글 상당수를 최초로 묶어 펴내는 것이 『k-펑크』의 목표다.

이 선집을 꾸리는 편집 과업은 때로 디지털 고고학과 메멘토 모리의 특이한 형태처럼 느껴졌다. 이 작업을 위해 십수 년간 쌓인 디지털 꺼풀을 파헤쳤고, 그 과정에서 종종 디지털 공백—온라인 파편들을 이용해 소실된 대화를, 사라져 버린 대화 상대방을 재구성하는 것이 필수적인—에 맞닥뜨리곤 했다. 가끔은 만료된 링크들이 유령처럼 들린 k-펑크 게시물을 앞에 두고 잃어버린 기억을 되살려야 했다. 마크가 유령론을 강조했음을 감안할 때 이상할 정도로 적절하게 느껴진 과업. 또 이 과업은 묘한 멜랑콜리를, 온라인 시대의 최초 꺼풀들에 의해 생겨난 덕분에 동시대적이며 나아가 우연히 발견한 사진, 다이어리에 적은 단장, 조각품, 동판화, 회화가 불러일으키는 과거 형태의 멜랑콜리나 기억과도 기이하게 공명하는 멜랑콜리를 동반했다. 지난 10년간의 k-펑크 게시물 다수가, 일단 끄집어 내면, 거부할 수 없는 시간 흐름과 더불어 무언가를 잃게 되는 것은 아닌지 걱정했음을 고백해야겠다. 하지만 그렇지 않다는 걸 곧바로 실감했다. 여전히 활기차고 매혹적이며 영감을 불어넣고 통찰을 자랑하는 그 글들 다수가 이 선집에 수합되어 있다.

어떤 글을 넣고 뺄지 결정하는 과정에는 불가피하게 어려움이 뒤따랐다. 곧바로 분명해진 사실은 그의 글이 널찍한 저수지를 이룬다는 것, 그 규모와 범위가 거의 압도적인 수준이라는 것이었다. 그런데 마찬가지로 분명해진 슬픈 사실은 그 저수지의 순전한 유한함이었다. 마크의 글을 독파하는 독자는 이것들이 전부며 앞으로도 전부일 것이라는 믿을 수 없이 슬픈 깨달음을 얻게 된다. 데이비드 스텁스가 『콰이터스』에 썼듯 마크의 사망은 "현대의 지적인 삶에 거대한 구멍을 남겨 놓았다".[12] 현재 상황에서 마크의 목소리를 잃은 것은 헤아릴 수 없는 손실이다. 그의 동료 관계, 동지애, 우정은 말할 것도 없고 말이다. 이하에서는 이 책의 짜임새를 좌우한 포함 기준을 간단히 언급하고자 한다.

우선 세 권의 책—『자본주의 리얼리즘』, 『내 삶의 유령들』, 『기이한 것과 으스스한 것』—에 포함된 내용 및 마이클 잭슨과 포스트펑크를 다루는 (공동) 편집서에 담긴 그의 에세이를 불필요하게 반복하지 않기로 했다.[13] 앞서 설명했듯 그는 k-펑크 게시물과 『와이어』 기고문을 토대로 이 책들을 집필했기에 그 내용 다수를 제외했다. 하지만 마크가 책에 수록하면서 많이 축약하거나 적잖이 수정한 일부 블로그 게시물은 원본을 수록할 필요가 있다고 느꼈다. 이런 글은 주석에 경위를 밝혀 두었다.

음악이나 영화 글만을 집중적으로 모으기보다는 2004~2016년에 그가 k-펑크에서 다룬 수많은 주제를 온전히

---

12 David Stubbs, "Remembering Mark Fisher", *Quietus*, 16 January 2017, http://thequietus.com/articles/21572-mark-fisher-rip-obituary-interview.

13 Mark Fisher ed., *The Resistable Demise of Michael Jackson*, Zer0, 2009; Mark Fisher, Kodwo Eshun and Gavin Butt eds., *Post-Punk Then and Now*, Repeater Books, 2016.

포괄할 필요가 있었다. 언제나 목표는 k-펑크 블로그의 생애 전체를 최대한 망라하는 그림을 제공하는 것이었다. 이를 위해 이 블로그의 특징인 내용의 **전방위성**, 이론적 **복수성**, 무엇보다 현저한 **일관성**을 반영하는 게시물을 선별했다. CCRU의 일원이던 시절을 포함해 k-펑크 이전 시기의 글은 이 책에 수록하지 않았다. 블로그를 시작한 이후에 쓴 글에만 주력하자는 결정을 내렸고, 그 이전 작업은 또 다른 책의 소재가 될 것이다. 초기 k-펑크 게시물 중 극소수, 가령 반출생주의antinatalism에 관한 글도 싣지 않았다. 이 글들이 마크의 전반적인 이론적, 정치적 발전과 심하게 어긋나 있으며 교조적인 이론적 인간 혐오에 대한 일시적 열광(나중에 그가 글과 삶에서 거부한)을 반영하고 있는 듯 보였기 때문이다. 또 마크의 여타 글—『와이어』, 『프리즈』, 『뉴 휴머니스트』, 『비주얼 아티스츠 뉴스 시트』, 『일렉트로닉 비츠』, 『가디언』 등에 기고한 글을 포함해 그가 자유 기고가로 쓴 평론, 의뢰받아 작성한 글, 행동주의—이 아우르는 넓은 범위를 재현할 필요도 있었다. 이런 글들이 k-펑크 게시물을 반향하거나 반영한 적도 있지만 블로그에서 논하지 않은 소재나 주제를 다루는 경우가 더 많았다.

이 선집에 수록될 글들은 한 권의 책에 담겨 출간되기에 적합한 분량과 깊이를 갖추어야 했다. 이런 이유로 k-펑크에 차고 넘치는 통찰력 가득한 한두 문단짜리 게시물을 부득이 제외했다. 진행 중이던 온라인 대화나 의견 교환에 대한 개입이건, 미디어나 온라인 혹은 일상에서 벌어진 사안에 대한 즉각적인 반응이건 이런 게시물은 주로 블로그 아키텍처 및 공동체라는 맥락 속에서 유효성을 발휘했다. 다만 수록하지 않는 것이 범죄나 다름없어 보이는 일부 게시물—주로 비판적 난폭함을 모범적으로 분출하거나 인정사정없는 논쟁술이 빛나는—은 예외로 삼았다.

한 권의 책으로 묶는 것이 목표였기에 어느 정도는 k-펑크 게시물을 오래전 블로그 공동체 및 아키텍처에서 추상해야 했지만, 그와 동시에 글로 맺어진 저 공동체의 특정한 분위기도 담아내고자 했다. 게시물을 추상하면서도 이 글들이 본디 블로그용으로 쓰였다는 사실을 완전히 삭제하지는 않는 것이, 즉각적이고 비공식적이며 협업적인 성질을 띠고서 계속 이어진 온라인 연속체의 일부였다는 감각을 유지하려 애쓰는 것이 중요했다. 이는 달성해야 할 섬세한 균형이었는데, 때로는 그의 블로그 대화 상대방 다수가 오랫동안 온라인에서 자취를 감추었거나 블로그를 그만둔 나머지 그 블로그들이 사이버 공간을 떠도는 유령선처럼 남겨졌다는 단순한 사실 때문에 그러했다. 이런 균형을 달성하기가 불가능하거나 어렵다고 판단한 글은 이 책에 수록하지 않았다. 이 책 같은 선집은 갖가지 쟁점과 주제에 대한 마크의 작업을 한곳에 거두어 독자들이 이 작업의 널찍한 범위에 접근할 수 있게 해 준다는 장점이 있다. 이로써 그의 작업이 지닌 순전한 규모와 깊이, 독창성의 진가를 간파할 수 있을 것이다. 하지만 나는 마크의 글을 이런 식으로 편집하는 작업 특유의 단점을 줄곧 의식했다. 대다수가 k-펑크 블로그 게시물이라 그의 작업을 블로그라는 매우 구체적인 맥락—즉각성, 대화적 본성, 하이퍼링크가 포함된 아키텍처, 하나의 전체론적 연속체라는 감각—에서 추출하고 추상해야 했기 때문이다. 그의 글을 이 선집에 옮기면서 나는 저 특수한 성격의 중요한 측면 일부를 살리려 각고의 노력을 기울였고, 가능한 경우에는 자신의 책에 싣기 위해 k-펑크 게시물을 추려 냈을 때 마크가 사용한 방법을 지침으로 삼았다. 이 책에 수록된 모든 글의 제목은 마크 자신이 지었거나 그가 글을 발표한 지면의 편집자가 붙인 것이다. 각 글에는 언제 어디에 처음 발표되었는지 알리는 주석을 달아 두었다. 일부 예외도 있지만 전체적으로 일관성을 갖출 수 있도록 철자와 구두점을 문법에 맞게 다듬었다.

모든 글을 단순히 시간순으로 배치하는 대신 주제별로
부를 나눈 다음〔해당 주제에 포함되는 글들을〕시간순으로
배치했다. 이 방식에는 주제 면에서 일관성을 확보할 수 있다는
뚜렷한 장점이 있다. 반면 k-펑크 게시물, 기사, 리뷰, 에세이를
인위적으로 분리하며, 그의 글 다수가 보유한 하이퍼링크적
특성을 파괴한다는 명백한 단점도 있다.〔예를 들어 공시적으로〕
이 글들을 가로질러 읽다 보면 2006년이나 2007년에 영화, 음악
혹은 정치적 행동주의를 대상으로 쓴 글들이 이론적으로 뚜렷이
서로를 반향하고 있음을 발견할 것이다. 그곳들에서 마크는
어느 특정 이론가가 제시한 발상과 일련의 원칙이 미친 작전상
영향력을 받아들여 폭넓은 쟁점과 주제를 고심한다. 이 책에서
그의 글을 주제별로 배치한 탓에 이런 특성을 다소 잃은 것은
사실이지만 가능한 곳에서는 주석을 달아 이를 최소화하고자
노력했다. 그렇지만 주제별로 배치했음에도 그의 작업이 여러
쟁점을 아우르며 보인 순전한 일관성은 절대적으로 명증하게
드러날 것이다. 여기에는 상이하고 도전적인 관점과 대안적인
서사를 제공하고 중요한 진실을 생산하기 위해 마크가 이론에
바친 지속적인 충실성이 포함된다. 또 그의 작업 전체를 읽어
나가다 보면 계급과 집단주의, 불안정과 불안전, 우울과 정신
질환, 교조주의와 목적이라는 주제에 대한 일관된 관심을,
포스트자본주의적인 욕망 형태들을 추적하려는 시도를, 현실
관리의 끔찍한 형태들을 폭로할 필요를, 집단 기억의 형태들, 대중
모더니즘에 대한 향수, 유령론과 잃어버린 미래들을 표현하려는
노력을 발견하게 될 것이다. 이와 관련된 전적인 명료함이 주제별
배치 때문에 약화되지는 않을 것이라고 나는 확신한다.

또 온라인 글쓰기의 가장 두드러진 특성 중 하나, 즉 참고
자료와 소스에 간단히 하이퍼링크를 다는 기능은 전통적인 형태로

출간되는 책에 구현하기가 완전히 불가능하지는 않더라도 다소 까다롭다. 그렇지만 가능한 곳에서는 최대한 노력해 k-펑크 게시물과 여타 온라인 글에 담긴 하이퍼링크를 모두 추적했고 만료되지 않은 링크는 주석에 표시해 놓았다.

마지막으로 미발표 작업도 포함할 필요가 있었다. 여기에는 2016년 미국 대선을 다룬 「마네킹 챌린지」(발표되지 않은 모든 글을 대표하며, 슬프게도 미완으로 남은 최후의 k-펑크 게시물), 2015년의 한 대담에 기초했으며 독일어로 번역되어 마테스 & 자이츠 출판사에서 펴낸 한 편집서에 수록되었고 이 책에서 처음 영어로 발표되는 「반치료」, 마크가 제안한 책으로 『애시드 공산주의』라 불리던 저작의 미완성 「서문」이 포함된다. 이 마지막 작업의 「서문」은 극도로 도발적이고 의미심장하다. 마크는 다수의 글을 프레드릭 제임슨, 특히 포스트모더니즘에 대한 제임슨의 작업(『포스트모더니즘, 혹은 후기 자본주의 문화 논리』와 『단일한 근대성』)에 응답하며 집필했다. 그는 1991년에 제임슨이 포스트모던 조건을 식별하고 분석하면서 보인 비범한 혜안을 거듭 언급한다.

제임슨에 따르면 그 결과는 깊이 없는 경험이니, 이 경험 속에서 과거는 어디에나 있는 동시에 역사적 감각으로서는 소멸한다. 우리는 "모든 역사성을 빼앗긴 사회"에서 살아가는데 이 사회는 그와 동시에 과거를 다시 데운 판본이 아닌 그 어떤 것도 제시하지 못한다.[14]

14　"Why I Want to Fuck Ronald Reagan", k-punk, 13 June 2004, http://k-punk.org/why-i-want-to-fuck-ronald-reagan/〔이 책 66쪽〕.

그리고

모더니즘에 대한 일종의 향수가 제임슨이 "향수 양식"이라 부른
것에 지배되는 문화의 유일한 대립물일 수 있을까?[15]

애시드 공산주의에 대한 그의 후기 작업에서 분명해지는 것은
마르쿠제의 문화 예외주의 혹은 문화 영역의 "반￦자율성"—
"존재자들의 실천적 세계 위에 있는 그것〔문화〕의, 건강하건 병들어
있건, 유령 같은, 그렇지만 유토피아적인 실존"—과 문화 영역의 이
반자율성이 "후기 자본주의의 논리에 의해 파괴되었는지"[16]라는
질문 사이에서 제임슨이 식별한 하나의 문제 설정에 그가 점점 더
끌림을 느꼈다는 것이다. 마크가 너무나 잘 알고 있었듯 제임슨에게
자율적인 문화 영역의 이 같은 용해는 그 영역의 사라짐을
함의하지 않는다. 오히려 이 용해는 "하나의 폭발이라는 견지에서
상상"되어야 한다.

사회 영역 전반에 걸쳐 문화가 놀라울 정도로 팽창했다. 우리의
사회적 삶과 관련된 모든 것—경제적 가치와 국가 권력부터
관행들과 정신 구조 자체에 이르기까지—이 독자적인, 하지만
아직 이론화되지 않았다는 의미에서의 '문화'가 되었다고
말할 수 있을 정도다. 〔…〕 거리 일반(특히 '비판적 거리')은
포스트모더니즘이라는 새로운 영역에서 정확히 무효화되어

---

15   Mark Fisher, "What is Hauntology?", *Film Quarterly*, Vol.66, No.1,
2012.

16   Fredric Jameson, *Postmodernism, or, The Cultural Logic of Late
Capitalism*, Verso, 1992, p.48〔『포스트모더니즘, 혹은 후기 자본주의 문화 논리』,
임경규 옮김, 문학과지성사, 2022, 117쪽〕.

왔다. 우리는 가득 채워진 상태로 번져 나가는 이 영역의 부피에
짓눌려 있다. 그리하여 우리의 새로운 포스트모던 신체는 공간적
좌표 설정 능력을 빼앗겼으며 거리 두기 능력을 실천적으로
(이론적으로는 말할 것도 없고) 상실했다.〔…〕포스트모더니즘의
'진실의 순간'을 이루는 것이 바로 이례적일 만큼 탈도덕화와
우울을 야기하는 이런 독자적인 새로운 글로벌 공간 전체다.[17]

　　그리고『애시드 공산주의』의 미완성「서문」에서 마크는
60년대의 유산인 유토피아적 비전이라는 쟁점을, 마르쿠제가
가르치고 여기서 제임슨이 제기한 이 쟁점을 재검토하자고
역설한다.

　　포스트모더니즘을 평가하는 문제의 궁극적인 정치적 좌표는
오늘날 다양한 포스트모던 형식에서 감지될 수 있는 유토피아적
충동들의 좌표다. 누군가는 모든 동시대 정치에서 유토피아적
비전을 재창안할 필요성을 매우 강하게 고수하길 원한다.
마르쿠제가 처음으로 가르친 이 교훈은 60년대가 남긴 유산의
일부로, 60년대 자체 및 이 시기와 우리의 관계를 어떻게
재평가하든 이 교훈을 결코 포기하지 말아야 한다.[18]

　　생애 막바지에 이른 시기에 쓴『애시드 공산주의』의 미완성
「서문」을 읽으며 우리는 마크가 "새로운 인간성, 새로운 시야,
새로운 사고, 새로운 사랑: 애시드 공산주의의 약속"에 손을
뻗었음을 발견한다.

17　Ibid., pp.48~49〔같은 책, 118~120쪽〕.
18　Ibid., p.159〔같은 책, 310쪽〕.

    10년 이상의 글쓰기를 망라하는 이 선집을 읽다 보면 마크의
안내로 근래의 문화적이고 정치적인 역사를 여행하는 것처럼
느껴질 것이다. 희망컨대 이 글들이, 기존에 출간된 그의 다른
책들과 짝을 이루어, 마크 고유의 유토피아적 비전을, k-펑크의
활력과 필수성, 짜릿함을, 대안들의 가능성에 대한 그의 충실성을,
또한 그저 우리 모두가 얼마나 많은 것을 잃었는지를 다시 한번
상기시키는 데 기여하길 바란다.

대런 앰브로즈

휘틀리 베이, 2018년 2월

왜 k인가?

그래, 『빌리지 보이스』에 가볍게 언급됐다고 이렇게 설레는 걸 보니 나는 여전히 한참 초짜인 모양이다.[1] 다만 내가 문화[컬트] 연구cult studs[2]에 느끼는 반감으로 악명 높다는 걸 감안할 때 k-펑크가 "문화 연구"라는 기타의 묘사는 아이러니한 데가 있다. 그럼에도 k-펑크가 문화 연구 블로그인 것은 사실이다. 늘 문화 연구가 실천되어야 한다고 생각해 왔으니까(문화 연구에 대한 내 적대감은 대부분 학계 문화 연구의 현실과 대면했을 때 받은 실망감에서 비롯한 것이다. 이 현실은 우울과 죄책감만 부추겼다). 여하튼 아래의 내용이 내가 기타에게 보낸 텍스트 전문이다:[3]

---

*   "Why K?", k-punk, 16 April 2005, http://k-punk.org/why-k/.

1   Geeta Dayal, "PH.Dotcom", *Village Voice*, 5 April 2005, https://www.villagevoice.com/2005/04/05/ph-dotcom/.

2   [옮긴이] cult studs는 문화 연구cultural studies를 축약한 표현인 한편, 기성 문화 연구가 비판적인 날카로움을 잃고 시장 다양성을 추종하는 흐름이 된 것을 '컬트'라는 단어로 조롱하기 위한 피셔의 조어이기도 하다. 잘 알려져 있듯 피셔는 기존 문화 연구의 안티테제로 지적인 삶을 시작했고 문화 연구와 양가적인 관계를 맺었다.

3   [옮긴이] 2005년 음악 비평가이자 저널리스트인 기타 다얄은 연구자들이 블로그 활동에 뛰어드는 추세를 조명한 기사를 『빌리지 보이스』에 기고했다. 다얄은 기사를 작성하는 과정에서 피셔에게도 인터뷰를 요청했고, 이하의 내용이 피셔가 그에게 보낸 답변 전문이라고 한다. 이 중 일부를 기사에 인용하면서 다얄은 k-펑크를 "배교자 문화 연구 블로그"로 소개했다. 원서에서는 이 첫 문단을 주석으로 처리했으나 혼동을 일으킬 수 있다고 판단해 본 번역서에서는 해당 게시물이 k-펑크 블로그에 올라온 형태를 따라 본문 첫 문단으로 옮겨 놓는다.

1. 제가 왜 블로그를 시작했을까요? 음악 잡지와 예술 학교가 개시했지만 그 뒤 빈사 지경에 이른 모종의 담론을 지속할 만한 공간—유일한 공간—처럼 보였기 때문입니다. 제 생각에 이런 담론의 소멸은 끔찍한 정치적, 문화적 결과를 초래했어요. 제가 이론에 관심을 품게 된 것은 거의 전적으로 이언 펜먼과 사이먼 레이놀즈 같은 작가들 덕분이었고, 따라서 제게 이론과 팝/영화는 언제나 강도 높게 접속해 있었습니다. 감상에 젖고 싶지는 않지만 저 같은 출신에게는 그런 관심을 가질 다른 경로가 거의 없었어요.

2. 이런 이유로 저는 학계가 늘, 음, 껄끄러웠습니다. 대다수 대학에서 경멸받는 방식으로—주로 대중 문화를 통해—이론을 이해했거든요. 학계를 맞대하다 보면 거의 언제나 문자 그대로— 임상적으로—우울이 밀려 왔어요.

3. CCRU는 적대적인 조건에서 대중 문화와 이론의 교류를 이어 가기 위한 일종의 도관으로 발전한 단체입니다. 〔CCRU에서 전개한〕 펄프 이론과 이론-허구 전체는 대중 문화 형식들에 '관해'서가 아니라 그 형식들을 경유해 이론을 하는 하나의 방식이었고 지금도 그래요. 주요 인물은 닉 랜드였어요. 그가 외부와의 접속을 가능케 하고자 전념한 한편 잠시나마 대학 철학과 '안'에 자리를 잡을 수 있었기 때문이죠. 커두어 에슌은 다른 방식으로—대중 문화에서 출발해 난해한 이론에 **이르는**—접속을 확립한 〔또 다른〕 주요 인물이고요. 하지만 우리 모두 동의했던 바는 정글 같은 무언가가 이미 강도 높게 이론적이라는 것이었습니다. 이 무언가는 심판하거나 거들먹거리며 한마디 거드는 학자를 요구하지 않았어요. 이론가에게 맡겨진 역할은 강화제였죠.

4. k-펑크라는 명칭은 CCRU에서 유래한 것입니다. k를 사용한 것은 캘리포니아와 『와이어드』에 포획된 '사이버'를 리비도적으로 더 낮게 대체하고 싶었기 때문이에요(사이버네틱스라는 단어의 어원은 그리스어 퀴베르kuber입니다).[4] CCRU는 사이버펑크를 (한때 유행한) 문학 장르가 아니라 새로운 테크놀로지들이 촉진한 하나의 분배적인 문화 경향으로 이해했어요. 마찬가지로 '펑크' 역시 특수한 음악 장르가 아니라 정당한 (혹은 정당화된) 공간 외부에 위치한 합류 지점을 가리키고요: 펑크에서는 팬진들이 음악보다 유의미했어요. 팬진 덕분에 완전히 다른 양식—중앙 집중화된 통제의 필요를 파괴하는—의 전염 활동을 벌일 수 있었고 실제로 팬진들이 그런 활동을 생산했으니까요.

5. 저렴하고 쉽게 이용할 수 있는 사운드 프로덕션 소프트웨어의 발달, 웹과 블로그의 등장이 뜻하는 바는 전례 없는 펑크 하부 구조가 가용해진다는 것입니다. 부족한 것은 오직 의지, 승인되거나 정당화되지 않은 것 안에서 생겨날 수 있는 무언가가 공식 채널을 통해 접하는 무언가만큼—혹은 그보다—중요할 수 있다는 믿음뿐이에요.

---

4 〔옮긴이〕사이버네틱스 개념을 창시한 노버트 위너는 이 개념을 그리스어 퀴베르네테스κυβερνήτης에서 따왔다. 그는 1948년에 출간한 『사이버네틱스』「서론」에서 자신을 포함한 일단의 연구자가 식별한 연구 영역의 미래 발전을 가리키기에는 기존 용어들이 편향되어 있다고 지적하면서 "우리는 기계와 관련해서든 동물과 관련해서든 제어 및 커뮤니케이션 이론의 장 전체를 사이버네틱스라고 부르기로 결정했다. 이 말은 그리스어 퀴베르네테스 혹은 조타수steersman에서 조어한 것이다"라고 덧붙인 바 있다. Norbert Wiener, *Cybernetics: Or Control and Communication in the Animal and the Machine*, second edition, MIT Press, 1961, p.11; 『사이버네틱스: 동물과 기계의 제어와 커뮤니케이션』, 김재영 옮김, 읻다, 2023, 61쪽.

6. 의지로 말하자면 1970년대의 펑크 이래 대폭
수축되었죠. 생산 수단들의 가용성이 스펙터클 권력의 보상적
재집권reassertion에 보조를 맞추는 듯이 보였습니다.

7. 학계 문제로 돌아가 볼까요. 대학들은 CCRU와 연고가
있는 모든 사람뿐 아니라 워릭 대학 출신 다수도 완전히
배척하거나 적어도 주변화해 왔어요. 스티브 '하이퍼덥' 굿먼과
루치아나 파리시는 역경을 딛고 대학에 자리를 확보한 CCRU
요원입니다. 하지만 우리는 대부분 대학 바깥 자리로 내몰렸어요.
어쩌면 병합되지('매수되지') 않은 덕분에 워릭 리좀에 속한
다수가 강도 높은 접속과 팔팔한 독립성을 유지할 수 있었던
것인지도 모르겠습니다. 최근 k-펑크는 니나 파워, 알베르토
토스카노, 레이 브래시어(작년에 미들섹스 대학에서 열린
노이즈이론노이즈NoiseTheoryNoise 학술 대회의 공동 조직자)와의
협업을 통해 이론적 움직임을 전개해 왔어요. 지젝이나 바디우 같은
철학자들이 점점 더 호응을 얻고 있다는 사실은 예기치 않았던 지지
흐름이, 주류에서 벗어나 있고 일시적이더라도, 현재 학계 내부에
형성되어 있음을 뜻합니다.

8. 저는 오핑턴 칼리지에서 철학, 종교 연구, 비판적 사고를
가르치고 있습니다. 이곳은 연장 교육 학교[5]며 이는 입학생이
주로 열여섯에서 열아홉 살 사이임을 뜻해요. 이들에게 이런
과목들을 가르치는 것은 까다롭고 도전적인 과제지만 학생들은

---

5 〔옮긴이〕영국 교육 제도에서 열여섯 살 전후로 중등 교육을 마친
학생 중 직업 자격 취득을 목표로 하는 이들은 연장 교육 학교Further Education
College에서, 대학 진학을 목표로 하는 이들은 A 레벨A-level 과정에서 2~3년간
공부한다.

대부분 탁월하며 토론에 참여하려는 의지도 학부생보다 훨씬 충만합니다. 그래서 저는 이 위치가 학계 내의 '적절한' 자리에 비해 부차적이거나 못하다고는 결코 생각하지 않아요.

1부

꿈꾸기 방법들

책

책 밈

적어도 두 명에게 이걸 해 달라는 얘길 들었다.
그래서—마침내—해 본다.

1) 가지고 있는 책이 얼마나 되나요?
알 도리가 없네요. 세기 어려울 정도로 많은 건 분명하고 셀
방법도 없어요.

2) 제일 최근에 산 책은 무엇인가요?
마리오 페르니올라의 『비유기체의 섹스 어필』[1]입니다.

3) 제일 최근에 읽은 책은 무엇인가요?
다 읽은 책은 마이클 브레이스웰의 『잉글랜드는 내 것』England is
Mine, 2005[2]이에요. 실망스럽고 불만족스러웠어요. 통찰이 번득이는
대목도 있지만 장 구성이 들쭉날쭉해요. 어느 부분에선 서사가
역사적이지만 다음 부분에선 주제 중심이고 그런 다음에는 또
지역을 다루는 식으로요. 단순히 사건들이 벌어진 시간에 접근하고

---

* "Book Meme", k-punk, 28 June 2005, http://k-punk.
abstractdynamics.org/archives/005771.html.

1 〔옮긴이〕 Mario Perniola, *The Sex Appeal of the Inorganic: Philosophies
of Desire in the Modern World*, trans. Massimo Verdicchio, Continuum, 2004를
가리키며 이탈리아어판 원서는 2000년에 출간되었다.

2 〔옮긴이〕 '잉글랜드는 내 것'은 더 스미스의 데뷔 앨범 수록곡 「여전히
아픈」Still Ill의 가사 일부다. 이 문구는 더 스미스의 보컬이었던 스티븐 패트릭
모리시의 청년기를 그린 전기 영화(마크 길 연출, 2017) 제목으로도 쓰였다.

있거나 그 시간을 그리워하고 있다는 인상을 주는 책이에요. 브레이스웰이 소재에 더 초점을 맞췄다면 나았겠다는 생각을 지우기 어렵네요. 그래서 올해 출간될 그의 록시 뮤직 책[3]을 여전히 기대하는 것이기도 하고요(그리고 이 책은 잉글랜드 문학에 너무 과하게 관심을 쏟고 있어요. 반면에 저는 예컨대 W. H. 보덤[4]에게 계속 아무 흥미도 느끼지 못할 거고요).

거의 다 읽어 가는 책은 미셸 우엘벡의 『소립자』1998예요. 과연 지젝이 좋아할 만한 책이더군요. 황량한 히피 쾌락주의와 그것의 한심하기 짝이 없는 유산인 뉴 에이지의 선 운운하는 헛소리를 이보다 무참히 난도질한 작품이 있을까요?

4) 각별한 책 다섯 권을 뽑아 주세요.

(저는 **가장 최근의 것**을 제일 윗자리에 올려놓는 최고의 영화/책/음반 설문을 싫어해요. 그래서 **적어도** 10년 이상 제게 의미 있었던 책만 골라 봤습니다.)

카프카: 『소송』과 『성』

열넷에서 열일곱 살 사이에 접했던 책과 앨범, 영화가 미친 충격을 커서 온전히 다시 느끼는 것이 가능할까요? 성인이 되고 가장 슬펐던 때는 청소년기에 조이스, 도스토옙스키, 버로스, 베케트, 셀비의 책에서 발견한 것들에 대한 충실성을 잃은 시절이었어요. 이들 중 누구를 골라도 이상하지 않지만

---

3 〔옮긴이〕Michael Bracewell, *Re-make/Re-model: Becoming Roxy Music*, Faber, 2007을 뜻한다.

4 〔옮긴이〕W. H. 오든W. H. Auden을 가리키는 게 아닌가 싶지만 피셔가 일부러 보덤Boredom이라고 썼는지 아니면 단순 오기인지는 확실치 않다. 실제로 브레이스웰은 『잉글랜드는 내 것』에서 오든을 언급한다.

카프카를 택하겠어요. 카프카야말로 가장 내밀하고 지속적인 동반자였거든요.

펭귄 출판사에서 낸 선집인 『프란츠 카프카 소설집』으로 그를 처음 접했어요. 문학에 문외한이던 부모님이 크리스마스 선물로 사 주셨죠. "네 취향일 것 같아서"라고 하셨는데 정말로 그랬어요.

카프카의 텍스트를 처음에 어떻게 받아들였는지는 기억하기가 어렵네요. 애초부터 즐겁게 읽었는지 아니면 불만족스러웠는지 잘 모르겠어요. 어쨌든 카프카는 훅 치고 들어오는 작가가 아니니까요. 그는 미묘하게, 서서히 침입하죠. 당시에 저는 실존주의적인 소외를 더 직설적으로 표현하는 작품을 원하고 기대했던 것 같아요. 그런데 카프카에게는 그런 면이 거의 없었죠. 형이상학적 과시의 세계가 아니라 지저분하고 좁아터진 굴 같았어요.[5] 그곳의 주된 정동은 영웅적인 소외가 아니라 스멀스멀한 당혹감이고요. 카프카의 허구에서 물리력은 거의 아무 역할도 맡지 않아요. 구불구불 전개되는 그의 비플롯을 움직이는 동력은 바로 사회적으로 수치를 겪을 항구적인 가능성이죠.

딱한 상황을 연출하는 『소송』 장면들을 떠올려 볼까요. K는 한 사무실 건물에 도착합니다. 법원으로 쓰이는 방을 찾고자 방마다 문을 두드리며 애처롭게 "여기에 목수가 살고 있나요?"라고 핑계를 대죠. 카프카가 천재적인 까닭은 이 상황의 부조리함을 평범한 것으로 만들기 때문이에요. 놀랍게도 우리의 모든 예상을 깨고 K의 심리가 정말로 건물의 한 방에서 열리니까요. 아무렴요. 그리고 그는 왜〔심리에〕지각하는 걸까요? 사태가 부조리하다고 K가 생각할수록 **법원**이나 **성**이 '돌아가는 방식'을 이해하는 데 실패했다는 당혹감도 커집니다. 그에게 복잡하게 뒤엉킨

5　〔옮긴이〕 '굴'은 카프카의 미완성 단편 제목이기도 하다.

관료주의는 터무니없고 좌절만 안기는 것으로 나타나지만 이는
그가 아직 '이해하지 못했기' 때문이죠.[6] 『성』을 여는 희극적인
장면들을 살펴봅시다. 전체주의보다는 콜 센터를 예견하는 이
대목에서 K는 전화기들이 "악기처럼 쓰인다"는 말을 들어요.[7]
얼마나 멍청하길래 그들 자리에 전화를 걸면 받을 거라고 기대하는
걸까요? 얼마나 물정 모르는 풋내기길래 그렇게 생각하는 걸까요?

당혹감의 계관 시인인 앨런 베넷[8]이 괜히 열렬한 카프카
찬미자인 게 아니에요. 지배 계급의 의례, 억양, 의복이 아무리
부조리해 보이더라도 그걸로 이 계급을 당혹감에 빠뜨릴 순 없다는
걸 베넷과 카프카 모두 이해하고 있어요. 이 계급만이 이해하는
특별한 코드가 있어서가 아니에요(확실히 해 두자면 코드 따위는
없습니다). *이들이 뭘 하든 괜찮기 때문이죠. 이들이 하는 거니까요.*
역으로 '특권 집단'의 일원이 아니라면 당신은 뭘 해도 **결코** 괜찮지
않아요. 선험적으로 유죄니까요.

\# 애트우드: 『고양이 눈』
얼마 전에 루크가 제게 '차가운 합리주의'cold rationalism 문학의
사례 하나만 들어 달라고 하더군요. 차가움으로 명성 자자한
애트우드가 확실한 정답입니다. 물론 모든 문학이 어느 정도는
차가운 합리주의 성격을 띠죠. 왜 그럴까요? 문학 덕분에 우리가

6　〔옮긴이〕이 에피소드는 『소송』에서 첫 심리를 다루는 3장에 나온다.

7　〔옮긴이〕이는 『성』 5장에서 촌장이 한 말이다. 촌장은 K에게 성에서
마을에 전화를 거는 일은 있는 반면 마을에서는 성에 전화 걸어 봤자 제대로
연결되는 경우가 없다고 말한다.

8　〔옮긴이〕1934년에 태어난 잉글랜드 극작가이자 소설가로 일상적인
소재를 이용해 영국의 계급 체계와 잉글랜드의 문화적 남북 분할을
냉담하고도 우스꽝스럽게 묘사하는 다수의 작품을 발표했다.

우리 자신을 인과 사슬로 이해할 수 있고 이를 통해 역설적이게도 얼마간 자유에 이르게 되니까요(스피노자를 숭배한 워즈워스도 시란 "평정 속에서 회상한 감정"이라고 묘사했어요. 일종의 디오니소스적 사정射精 속에서 표현된 날것의 감정이 아니라는 것이죠).

『고양이 눈』1988이 제일 좋아하는 애트우드 소설은 아니에요. 비할 바 없이 황량한 『떠오름』1972이 으뜸이겠죠. 하지만 제게 가장 의미 있는 소설은 『고양이 눈』입니다. 사실 플롯도 완전히 기억나지는 않아요. 그럼에도 10대의 '우정'에 담긴 냉혹한 홉스적 잔인함을 애트우드가 소름 끼칠 만큼 생생하게 묘사한 건 앞으로도 결코 잊지 못할 거예요. 그 애들은 당신 뒤를 졸졸 따라다니죠. *당신이 신은 신발을, 당신의 걸음걸이를 품평하려고… 당신에게 이 아이들은 최악의 적보다 더 최악이에요.* 길고 긴 하루하루, 아침 토스트를 베어 물었는데 그게 판지로 *바뀌치기되어* 있고, 극심한 불안이 끝없이 이어진 나머지 불안하다는 사실을 잊고 더는 의식조차 못 하는 나날.

당신의 가장 중요한 형성기는 유년기나 10대 초반이었나요? 20대 초에 『고양이 눈』을 읽은 경험이 제겐 일종의 자기 정신 분석이었어요. 덕분에 10대 시절의 유산이었던 인간 혐오, 억누른 분노, 내가 어디에도 부적합한 사람이라는 우주적인 감각에서 벗어날 수 있었죠. 얼음장 같은 애트우드의 분석은 저 시절에 느낀 굴욕감들이 10대가 맺는 관계의 구조적 효과임을 아름답게 증명해 주었어요. 저만의 유별난 경험이 결코 아니라는 것을요.

스피노자: 『윤리학』

스피노자는 모든 것을, 단 점진적으로, 변화시켜요. 스피노자주의에 '다마스쿠스로 가는 길' 따위의 회심은 없어요.

최초 가정들이 꾸준히, 하지만 엄격히 삭제될 따름이죠. 최고로
탁월한 철학이라면 응당 그렇듯『윤리학』읽기는 비디오드롬
테이프[9]를 틀어 놓는 것과 비슷합니다. 당신은 자신이 그걸
플레이하고 있다 생각하지만 결국 그것이 당신을 플레이하니까요.
당신이 생각하고 지각하는 방식을 점진적으로 변형하면서요.

학부생 시절부터 스피노자에게 매력을 느꼈지만 제대로 읽은
건 워릭 대학에 들어간 뒤였어요. 들뢰즈의 영향이었죠. 우린 읽기
모임을 조직해 1년 넘게『윤리학』에 빠져 살았어요. 무시무시하게
추상적인 동시에 곧바로 실천적인 철학이 거기 있었습니다. 상상
가능한 한에서 가장 포괄적인 우주적 범위와 정신의 가장 미세한
세부 양자를 아우르는 철학이었어요. 구조 분석과 실존주의를 잇는
'불가능한' 가교라 할까요.

밸러드:『잔혹 행위 전시회』
스피노자와 카프카가 서서히 효과를 발휘했다면 밸러드의
충격은 즉각적이었습니다. 그는 미디어 신호로 포화 상태인 어떤
무의식에 매개 없이 접속한 인물이에요.

밸러드가 제게 각별한 건 그의 작품을 실제로 읽기 오래전에
그와 마주친 경험이 있기 때문이기도 해요. 조이 디비전(사실
대부분의 가사보다는 해넷[10]의 사운드 덕분이었죠. 비통하게
애원하는 노래「잔혹 행위 전시회」는 밸러드의 무감정한

9　〔옮긴이〕이는 데이비드 크로넨버그의 영화『비디오드롬』1983보다는
이 영화에서 일종의 스너프 필름으로 제시되는 '비디오드롬'이라는 프로그램
자체를 지칭하는 듯하다.

10　〔옮긴이〕음악 프로듀서로「잔혹 행위 전시회」가 수록된
『클로저』1981를 포함해 조이 디비전의 앨범들을 제작한 마틴 해넷을
가리킨다.

냉정함과는 한참 거리가 있어요)을 통해, 울트라복스와〔이 밴드의
보컬리스트였던〕존 폭스를 통해, 카바레 볼테르를 통해, 매거진을
통해서요.

그의 재난 소설 중 최고는『물에 잠긴 세계』1962예요. 침수된
런던을 문자 그대로 초현실주의 풍경으로 묘사하죠. 콘래드가
환생하기라도 한 듯이 냉담하게요. 하지만 불가결한 작품은『잔혹
행위 전시회』1970입니다.『잔혹 행위 전시회』는 20세기의 자원들을
조립해 그 세기에 접근하는 데 필요한 개념적이고 방법론적인
레퍼토리를 제공해 주었어요. 더 유명한『크래시』1973보다 훨씬
많아요. 엄격하게 모더니즘적인 이 작품은 플롯이나 캐릭터에
거의 아무 자리도 내주지 않아요. 이야기보단 허구적인 조각물에,
강박적으로 반복되는 일련의 패턴에 가깝죠.

맞아요, 밸러드는 신문에 서평이 실리는 작가가 되었고
존경받는 원로가 되었습니다. 그렇더라도 그의 배경이
옥스브리지의 표준적인 문필가들과 얼마나 다른지 잊지 맙시다.
밸러드는 영국을 영문학에서, '품위 있는' 휴머니즘적 확신과
하품만 나오는 주말판 신문 부록에서 구출한 인물이에요.

그레일 마커스:『립스틱 자국들』

이 책이 제게 얼마나 중요한지는 지난번에도 쓴 적이 있어요.
학부 졸업 직후에 읽었죠. 계획이라곤 없었고, 대처주의의 경제적
현실 원칙에 저 자신을 끼워 맞춰야 하는—실패할 게 뻔한—암울한
미래만 남겨져 있었어요. 그때 마커스의 방대한 연결망이
탈출로를 열어 주었습니다. 이 책은 역사를 횡단하는 하나의
사건을, 재세례파, 상황주의자, 다다이스트, 초현실주의자, 펑크를
아우르는 어떤 돌발을 기술하고 있어요. 그와 같은 **사건**은 80년대의
대형 스펙터클들과, 즉 각본에 따라 연출되고 조직된 **비사건**들—그

진앙인 라이브 에이드를 필두로 전 세계 텔레비전에 방영된—과 정확히 대척점을 이루고 있었고요. 순간적이고 은밀했죠. (필연적으로) 엄청나게 집단적이었을 때조차도요.『립스틱 자국들』1989은 팝이 '그저 음악'이기를 그칠 때, 팝이 자본주의적 의회주의와 아무 관계도 없는 정치 및 학계와 아무 관계도 없는 철학과 공명할 때, 바로 그럴 때만 여하한 의의를 가질 수 있음을 입증해 주었어요.

　　『립스틱 자국들』을 읽는 최선의 방법은 펑크가 불러일으킨 충격을 그보다 10여 년 뒤에 기록하고자 시도한 텍스트적 리좀의 일부로 이 책을 이해하는 거예요. 여기에는 잡지 『베이그』Vague(CCRU식 사이버펑크 이론의 가장 강력한 기폭제 중 하나가 마크 다우넘의『베이그』기고문들입니다)와 존 새비지의 『잉글랜드의 꿈』England's Dreaming도 포함되고요(물론 이 조합은 『찢어 버리고 다시 시작해』Rip It Up and Start Aagin 출간으로 비로소 완성되었습니다).[11]

11　〔옮긴이〕『베이그』는 1979년 창간한 영국의 독립 잡지다. 포스트펑크를 주로 다루는 팬진으로 시작해 80년대 중반 이후에는 반경을 넓혀 상황주의, 사이버펑크, 음모 이론, 윌리엄 버로스, 컬트 영화 등 대항 문화 일반을 포괄하는 잡지가 되었다. 마크 다우넘은『베이그』의 필진으로 피셔는 한 블로그 게시물에서「비디오드롬: 101호의 그것」(『베이그』18/19호, 1987)과 「사이버펑크」(『베이그』21호, 1989)를 다우넘의 핵심 텍스트로 꼽은 바 있다. 한편『잉글랜드의 꿈』에서 섹스 피스톨즈를 비롯한 펑크 음악의 역사를 다룬 존 새비지도『베이그』와 관계를 맺고 있었으며 21호에는『잉글랜드의 꿈』을 주제로 한 그의 인터뷰도 실렸다(이는 책 발행 전에 이루어진 사전 인터뷰로『베이그』21호는 1989년에,『잉글랜드의 꿈』은 1991년에 출간되었다). 피셔가 공동 편집을 맡은『포스트펑크 그때와 지금』Post-Punk Then and Now, 2016 10장에는『베이그』의 역사와 각 호 내용에 관한 톰 베이그(이 잡지의 주력 편집자)의 강연 및 그와 피셔의 대담이 실려 있다. 마지막으로『찢어 버리고 다시 시작해: 포스트펑크 1978~1984』는 사이먼 레이놀즈의 2005년 저작으로(제목은 스코틀랜드 밴드 오렌지 주스의 82년 앨범『찢어 버려』와

5) 다섯 명을 태그해 주세요.

제가 아는 블로거는 이미 이걸 다 해 버려서 누굴 태그해야 할지 모르겠네요.

동명의 타이틀 곡에서 따왔다) 부제가 알려 주듯 1978년부터 1984년에 이르는 시기에 활동한 영국과 미국의 각종 포스트펑크 조류를 망라해 상세히 소개한 책이다.

공간, 시간, 빛, 필수적인 모든 것
J. G. 밸러드 시즌(BBC 4)에 대한 성찰들

자신의 찬미자인 장 보드리야르와 비슷하게[1] 밸러드는 오랫동안 악당 인공 지능을 닮아 있었다. 그는 동일한 몇 가지 주제를 무한히 재조합했으며, 자신이 집착하는 한정된 레퍼토리를 쇄신하고자 이따금 동시대적인 세부를 살짝 가미하곤 했다. 집착들, 적절한 집착들. 왜냐하면 결국 밸러드의 강박은⋯ 강박이기에.

BBC 4의 『프로필』[2]—여기에 새로운 것은 없으며 나이 지긋한 남자[밸러드]가 자신이 애호하는 리프들을 지치지도 않고 꿋꿋하게 다시 한번 검토한다—에서 밸러드는 잘 알려진, 하지만 여전히 냉철하기 그지없는 자신의 관찰 하나를 반복했다. 그가 말하길 사람들은 종종 그의 어린 시절이 너무나 극단적이었다며 이러쿵저러쿵한다. 그렇지만 이런 유년기—굶주림, 두려움, 전쟁, 항구적인 죽음의 위협에 포위당했던—는 극단적이긴커녕 이전 모든 세기뿐 아니라 지금도 이 행성에서 살아가는 대다수 인간 존재의 기본 조건이다. 서양 교외 거주자가 누리는 안락한 삶이야말로 어느 면에서나 행성 수준의 예외에 가깝다.

---

*   "Space, Time, Light, All the Essentials: Reflections on J. G. Ballard Season(BBC Four)", k-punk, 8 October 2003, http://k-punk. abstractdynamics.org/archives/000590.html.

1   Jean Baudrillard, *Simulacra and Simulation*, University of Michigan Press, 1994(『시뮬라시옹』, 하태환 옮김, 민음사, 2001)를 보라.

2   〔옮긴이〕BBC 4의 인터뷰 프로그램을 가리키는 듯한다. 본문에서 다루는 『집』은 2003년 10월 6일 밤 열 시에, 『프로필』 밸러드 편은 그에 이어 밤 열한 시에 방영되었다. 진행은 방송인 톰 서트클리프가 맡았다.

그리고 밸러드의 단편 「광활한 공간」The Enormous Space을
뛰어나게 각색한 BBC 4의 『집』.[3] 『집』은 BBC가 탁월함을 보여
온 유형의 작품이다. 견딜 수 없을 만큼, 끝까지 볼 수 없을 만큼
실험적이지는 않지만 진정한 기이함으로 불안을 유발하는 드라마.
물론 BBC 4와 소원했던 대중의 취향에 『집』이 어필할 가능성이 높아
보이지는 않는다. 시대의 한 징후.

　　『집』은 교외 지역의 비순응자를 그리는 시트콤의 도착적인
사촌쯤 되는 작품으로, 『더 굿 라이프』The Good Life[4]나 『레지널드
페린의 흥망』The Fall and Rise of Reginald Perrin[5]에 폴란스키의
『혐오』1965를 이어 붙인 꼴을 갖추고 있다(감독 리처드 커슨
스미스를 검색해 보면 전혀 놀랍지 않게도 폴란스키에게 영향을
받았다는 결과가 뜬다). 앤터니 셔가 근사하고도 설득력 있는
연기로 불안정한 제럴드 밸런타인을 연기하는데, 밸런타인은 교통
사고를 당하고 요양을 마친 뒤 일터에 복귀하는 대신 어떤 실험에
착수하기로 결심하는 인물이다. 물론 이 맥락에서 '결심'은 너무
능동적인 단어다. 어느 모로 보나 전형적인 밸러드 캐릭터인 제리는
무언가를 개시하기보다는 **발견**하며, 조사에 착수하도록 자신을
강제하는 **논리**에 빠져든다(여러 면에서 충실한 프로이트주의자인
밸러드는 강박이 언제나 하나의 논리를 갖는다고/하나의 논리라고

　　3　「광활한 공간」은 밸러드의 단편집 『전쟁 열병』1990에 수록되었다.
〔옮긴이〕이 단편이 처음 발표된 것은 1989년이다. 『집』은 유튜브에서 시청할
수 있다. https://www.youtube.com/watch?v=Kce94adFCMc&t=2596s.

　　4　〔옮긴이〕1975~1978년에 BBC 1에서 방영한 시트콤으로 일에 환멸을
느낀 톰 굿과 바버라 굿 부부가 교외 지역의 집에서 자급 자족하며 단순한 삶을
꾸리는 과정을 그렸다.

　　5　〔옮긴이〕1976~1979년에 BBC 1에서 방영한 시트콤으로 교외 지역에
거주하는 중년의 중간 관리자 레지널드 페린이 일의 무의미함을 깨닫고
기이한 행각을 벌이는 일화들을 담았다.

확신한다).

이 실험은 간단한 전제에 기초한 것으로 드러난다. 제리는 무한정 집 안에 머물면서 찬장과 냉동고를 가득 채운 식료품에 의지해 살아갈 것이다… 그런데 언제까지? 글쎄, 이를 알아보는 것이 저 실험의 목표다. 그는 '현관문을 무기 삼아' 살아남을 수 있을까? 명료하게 정의된 한 시퀀스[6]에 이어 전개되는 것은 밸러드가 『하이-라이즈』1975와 『콘크리트의 섬』1974 이래 탐험해 온 소용돌이로의 하강, 즉 인간적인 것의 바깥 가장자리들에 대한 탐색인데, 그 단계들을 어렵지 않게 다음과 같이 나열할 수 있다.

오래된 정체성을 떠나보내기. 정체성은 쉽게 포기된다. 이미 『물에 잠긴 세계』 때부터 밸러드는 재난 소설에 비틀림을 가했다. 파국을 통해 찾아온 새로운 조건에 인물들이 저항하기보다는 빠르게 받아들이니 말이다. 『하이-라이즈』부터는 한 걸음 더 나아가 인물들이 사실상 재난을 기회로 봉기를 개시하니, 이는 순응conformity에 맞선 저항보다는 에어컨 설치된 안락함air-conditioned comfort에 대한 반기에 가깝다. 『집』에서 제리는 편지와 사진을, 그런 다음에는 출생 증명서와 돈까지(내 프로테스탄트 영혼을 분개시킨 가장 신성 모독적인 행위) 모두 불태워 버린다.

문명의 손아귀에서 벗어나기(바타유 단계). 밸러드는 『문명 속의 불만』을 끝도 없이 고쳐 쓰고 있으며,[7] 그의 허구들은 생존이 곧 억압이 되는 상황—프로이트가 통렬한 비관주의로 세밀하게

---

6 〔옮긴이〕여기서 피셔가 사용한 a well-defined sequence라는 표현의 의미가 모호하다. 초반부에 제럴드 밸런타인이 비디오 카메라 앞에서 공책에 적어 둔 자신의 계획(절대 문밖으로 나가지 않을 것이며 집 안에 있는 것으로만 살아가겠다는)을 나열하는 장면이 나오는데 이를 가리키는 것 아닐까 싶다.

7 Sigmund Freud, *Civilisation and its Discontents*, 1930〔『문명 속의 불만』, 개정판, 김석희 옮김, 열린책들, 2020〕.

설명한—을 어떻게든 모면한 리비도적 유토피아를 상상하려는
시도다. 야만의 귀환은, 심지어 극도의 굶주림으로 인한 고통조차도
충동을 통제하고 정동을 중화하는 문명의 경향을 누그러뜨릴
기회로 만끽된다. 『집』에서 식료품이 바닥나자 제리는 먼저 정원에
핀 꽃에, 이어 이웃의 반려 동물에 눈을 돌린다. 자신의 강아지
'프레드 씨'와 아내의 고양이 혹시 못 봤냐고 이웃이 제리에게
묻는—중간 계급답게 아주 슬쩍 떠보는 식으로—장면은 소름
끼치는 코미디의 정수다. 그때까지 내내 거의 이해 불가능한
히스테리 상태였던 셔는 "둘이 같이 달아난 건지도 모르죠"라며
웅얼거린다. 그러곤 억누르지 못하고 터져 나오는 웃음. 코웃음
같기도 하고 흐느낌 같기도 한 야릇한 키득거림. 저 웃음은
무엇보다도 제럴드가 점잔 빼는 사회를 떠났고 다신 돌아오지 않을
것임을 알리는 신호다.

　초월론적인 저 너머를 탐험하기(칸트/블레이크 단계). 물론
나는 엄격히 칸트적인 의미로 '초월론적인'이라는 표현을 사용하고
있다. 밸러드는 이것이 내면 공간에 대한 탐험이라고 지칭하기를
즐기지만 나는 언제나 이 묘사가 심각한 오해를 초래한다고
생각했다. 밸러드의 교외 우주 비행사cosmonaut들이 조사하는
공간은 **경험** 공간에서 부유하는 우주 비행사astronaut들이 조사하는
공간보다 훨씬 '**외부**'다.[8] 이들이 대면하는 것이 모든 지각과 경험의
전제 조건인 시공간 **자체**요 이들의 탐험이 열어젖힌 것이 지각의
일반적인 한계 너머—외부—에 위치한 어떤 강도적인intensive

8　〔옮긴이〕cosmonaut과 astronaut은 모두 '우주 비행사'를 뜻하지만
통상 전자는 유리 가가린을 필두로 한 소련 및 이후 러시아의 비행사를,
후자는 미국의 비행사를 가리키는 표현으로 사용된다고 한다. 피셔가 어떤
차이를 나타내고 싶었는지 파악하기는 어렵지만 구분할 필요가 있다 생각해
원어를 병기했다.

구역이니 말이다. 그리하여『집』은『놀랍도록 줄어드는 남자』[9]의 일탈 판본이 된다. 현관문 너머의 세계—나는 이를 외부 세계라 부르지 않겠다—와 절연한 제리의 공간 감각은 망망하게 팽창한다. "방들이 점점 커지고 있어." 다락방은 남극처럼[10] "온통 하얀 세계", 냉동되어 변색된 텅 빈 광대함이 되고, 초월론적인 외부가 집의 경험적인 내부로 난입한다. 집 내부는 이제 하나의 우주cosmos가 되며 텍스처와 이전에는 알아차리지 못했던 세부로 충만해진다. "탐험가나 우주 비행사astronaut가 된 것만 같은데."

커슨 스미스가 비디오 일기 포맷을 사용한 덕분에『집』은 메슥거리는 친밀함 및 오늘날 팝 TV와의 적절히 운하임리히한 관계를 확보했다. "궁극의 집 수리"에 착수하는 제리의 마무리 대사가 이를 강조한다. 그렇다, 우리는 대부분의 공간을 이런 방법으로 마련한다.

머리가 팽창한 남자. "제럴드, 당신 약에 취했어요?"

그리고 극기, 굶주림, 교류 관계의 포기, 이 모두가 대단히 시사적이다. 지금 이 순간 데이비드 블레인의 머릿속에서도 제럴드와 비슷한 일이 벌어지고 있는지 궁금하다(그리고 그러길 희망한다).[11]

9　〔옮긴이〕원작은 리처드 매시슨의『줄어드는 남자』로 1956년에 출간되었고(한국어판은 조영학 옮김, 황금가지, 2007), 이듬해 잭 아널드가 연출을 맡아『놀랍도록 줄어드는 남자』라는 제목으로 영화화되었다.

10　〔옮긴이〕「광활한 공간」에서 밸러드는 "북극"이라고 쓴다.

11　미국 마술사 데이비드 블레인은 2003년 '아래쪽의 위에'Above the Below라는 공연을 선보였다. 지구력 스턴트인 이 공연에서 블레인은 런던 한 지역의 공중에 매달린 투명한 플렉시 유리 용기에 들어가 45일간 단식했다.

왜 나는 로널드 레이건과 섹스하길 원하는가

1980년에 샌프란시스코에서 열린 공화당 전당 대회[1]에서
일군의 훼방꾼이『잔혹 행위 전시회』의 한 장인「왜 나는 로널드
레이건과 섹스하길 원하는가」를 인쇄한 뒤 제목 대신 공화당
로고를 찍어 배포했다.[2] 밸러드는 이렇게 회고한다. "나는 이
글이〔배포자들의〕의도대로, 즉 반대파 싱크 탱크의 의뢰를 받아
대통령 후보의 잠재 의식적 호소력을 분석한 심리학적 성명서로
받아들여졌다고 들었다."[3]

전복을 지망한 이 신다다이즘 행위는 무엇을 말해 주는가?
어떤 의미에서 이는 완벽한 전복 행위로 칭송받아야 한다. 하지만
달리 보면 이 행위는 이제 전복이 불가능함을 드러내 준다.
유희적 개입 전통 전체―다다이즘에서 초현실주의와 상황주의로
이어진―의 운명이 위기에 처한 듯이 보인다. 한때 다다이스트와
그 계승자 들은 무대stage에 난입해 논리 폭탄으로 버로스―이
유산의 일부임이 더없이 명백한―가 "리얼리티 스튜디오"라
부른 것을 폭파하길 꿈꿀 수 있었지만 이제는 난입할 무대 자체가
없다(보드리야르라면 장면scene이 없다고 말할 것이다). 원인은 두

---

* "Why I Want to Fuck Ronald Reagan", k-punk, 13 June 2004, http://
k-punk.org/why-i-want-to-fuck-ronald-reagan/.

1 〔옮긴이〕피셔의 착각인 듯하다. 이 대회는 미시간주 디트로이트에서
개최되었다. 여기서 레이건이 대통령 후보로, 아버지 조지 W. H. 부시가
부통령 후보로 지명되었다.

2 J. G. Ballard, *The Atrocity Exhibition*, Jonathan Cape, 1970, Chap.14.

3 Ibid., p.170.

가지다. 하나는 하이퍼자본의 프런티어 지대들이 비합리적이고 비논리적인 것을 억압하기보다는 흡수하려 한다는 것이고 다른 하나는 무대와 무대 바깥의 구분이 〔양자를〕 무정하게 포함하는 하나의 허구 루프로 대체되어 왔다는 것이다. 요컨대 레이건의 경력은 그것을 유희적으로 풍자하려는 그 어떤 시도도 능가하며, 그리하여 실재〔현실〕the real[4]와 시뮬라시옹의 경계가 점점 더 유연해지고 있음을 증명한다. 보드리야르에 따르면 초현실주의자 같은 집단이 '리얼리티'에 가하는 바로 그 공격 덕분에 실재가 계속 유지될 수 있다(우화 같은 공상적인 꿈 세계를 실재에 제공함으로써. 표면에서 이 세계는 실재라는 일상 세계의 완전한 대안처럼 보이지만 실제로는 변증법적으로 공모한다). "초현실주의는 자신과 경합을 벌이던, 하지만 상상계 속에서 자신이 배가하고 파열했던 실재와 여전히 결속 관계를 맺고 있었다."[5] 3차 질서의 (그리고 4차 질서의) 시뮬라크르[6]라는 조건하에서 하이퍼리얼리티의 아찔한 현기증은

---

4 〔옮긴이〕 동일한 단어라 '실재'로 옮겼지만 정신 분석학에서 말하는 the real과 보드리야르적 의미의 the real을 구분할 필요가 있어 보인다. 전자가 상징화에 저항하는 층위를 뜻한다면 후자는 시뮬라시옹의 대상이 되는 원본으로 여겨지는 영역, 하지만 그 자체 역시 구성된 것이며 점점 더 불안정해지는 영역에 가깝다 할 수 있다.

5 Jean Baudrillard, *Symbolic Exchange and Death*, Sage, 2007, p.92.

6 〔옮긴이〕 피셔가 인용하고 있는 「시뮬라크르들의 질서」(『상징적 교환과 죽음』에 수록) 서두에서 보드리야르는 시뮬라크르의 질서를 연속적인 세 단계로 구분한다. 1차 질서는 르네상스 시기부터 산업 혁명에 이르는 고전적 시기에 우세했던 도식인 '모방'contrefaçon, 2차 질서는 산업 시대에 우세했던 도식인 '생산', 3차 질서는 코드 혹은 구조적 가치 법칙이 통치하는 최근 국면에 우세한 도식인 '시뮬라시옹'이며, 이 세 질서는 『시뮬라시옹』에서도 활용된다. 한편 『악의 투명성』1990을 비롯해 이후의 작업들에서 보드리야르는 우리가 4차 질서의 시뮬라크르에 진입하는 중이라는 관찰을 산발적으로 제시했다. 보드리야르 연구서를 펴낸 윌리엄 폴렛에 따르면 "4차 질서의 시뮬라크르와 더불어 모든 종별적인 등가성

무정한 환각적 환경을 평범한 것으로 만들면서 모든 리얼리티를 시뮬라시옹으로 흡수한다. 어디에나 허구가 있으며, 어떤 의미에서 허구는 구체적인 범주로서의 자격을 박탈당한다. 한때는 배우-대통령이라는 레이건의 역할이 '새로워' 보였다. 하지만 영화사의 순간들과 레이건이 특정 영화들에서 맡았던 역할이—레이건 자신의 흐릿한 기억과 미디어의 설명을 통해—몽타주된 나중에 이르자 유희the ludic는 터무니없음the ludicrous이 되었다.

공화당 위임단이 「왜 나는 로널드 레이건과 섹스하길 원하는가」를 진짜 보고서로 받아들인 듯했다는 사실은 충격적인 동시에 묘하게도 예측 가능하며, 실제로 두 반응 모두 밸러드의 허구가 발휘하는 힘을 증언한다. 이 힘은 사전에 실존하는 사회적 리얼리티를 모방적으로 반영하는 능력에서 비롯하는 것도, 상상력을 통해 그 리얼리티를 뒤집는 역량에서 생겨나는 것도 아니다. 오히려 밸러드가 성취한 것은 이언 해밀턴-그랜트가 "하이퍼리얼에 대한 리얼리즘"이라 부른 것, 즉 후기 자본주의에서 벌어지는 리얼리티의 미디어-사이버네틱화에 대한 동종 요법적 참여다.[7] 밸러드가 사용한 소재들을 떠올려 보자. 그것들의 급진적인 일탈성(처럼 보이는 것)에 어찌 경악하지 않으랴. 『잔혹 행위 전시회』의 여러 장, 특히 후반부 장들과 마찬가지로 「왜 나는

원칙 혹은 '가치 논리'가 사라지는데 이는 모든 것—소통, 이데올로기, 문화, 섹슈얼리티, 몸, 자본—이 기호로서 무차별하게 교환될 수 있기 때문이다". William Pawlett, *Jean Baudrillard: Against Banality*, Routledge, 2007, pp.107~132 참조.

7 〔옮긴이〕피셔가 언급하는 글은 "LA 2019: Demopathy and Xenogenesis(Some Realist Notes on Bladerunner and the Postmodern Condition)", 1996으로, Robin Mackay and Armen Avanessian eds., *#Accelerate: The Accelerationist Reader*, Urbanomic, 2014, pp.275~302에 재수록되었다.

로널드 레이건과 섹스하길 원하는가」는 사전 준비된 미디어 자극에 피험자들이 어떻게 반응했는지를 기록한 실험 보고서로 제시된다.

로널드 레이건과 가설적 자동차 재난. 말기 부전 마비(마비성 치매G.P.I.) 환자들을 대상으로 수많은 실험이 실시되었다. 일련의 자동차 충돌, 예를 들어 다중 충돌, 정면 충돌, 자동차 퍼레이드 저격(대통령 암살이라는 환상이 여전히 사람들의 머릿속을 사로잡고 있었고, 피험자들은 전면 유리와 후면 트렁크 부품에 현저한 다형성 고착을 보였다)을 시뮬레이션하고 거기에 레이건을 대입해 본 것이다. 항문-사디즘이 특징인 강한 에로틱 환상들이 대통령 후보의 이미지를 둘러싸고 있었다.[8]

한데 이 충격은 밸러드가 구상한 시뮬라시옹〔시뮬레이션〕들의 무정한 우아함에서 생겨나는 예측 가능성이라는 감각으로 상쇄된다. 밸러드 글의 기술적 어조—몰인격적이며 감정적 굴곡을 결여한—는 표면적으로는 받아들이기 어려운 소재를 중화하거나 정상화하는 기능을 수행한다. 하이퍼통제 기관들의 작전에 대한 이 시뮬라시옹은 그런 기관들을 풍자하고 있는 걸까? 아니면 이 기관들의 활동—그리고 그 기관들이 한 부분을 차지하는 문화적 장면 전체—이 이제 풍자 자체를 불가능한 것으로 만드는가? 무엇보다 풍자와 시뮬라시옹은 어떤 관계인가? 이 질문에 대답하기 시작하려면 밸러드 텍스트를 한층 확고하게 '풍자적인' 텍스트들과 비교할 필요가 있다. 그런데 그에 앞서 혼성 모방pastiche이 부상해 패러디가 저물었다는 제임슨의 언급도 유념해야 한다. 이를 먼저 가볍게 검토해 보자.

---

8   Ballard, *The Atrocity Exhibition*, p.165.

여기는 패러디와 풍자의 차이를 따져 묻는 자리가 아니다.
따라서 패러디와 풍자 사이에 어떤 차이가 있든 제임슨의 분석에
함께 적용할 만큼 충분히 많은 특징을 이 둘이 공유한다는 전제하에
논의를 진행할 것이다. 제임슨이 논하길 패러디는 모더니즘이
이용할 수 있었지만 이제는 소멸한 일련의 자원 전체에 의존했다.
그런 자원은 다음과 같다. 개인이라는 주체(제임슨이 비꼬는
투로 말하듯 이 주체 특유의 양식을 이루는 '모방 불가능함'은
정확히 모방될 수 있는 것이었다), 강한 역사 감각(이는 진정으로
동시대적인 표현 수단들이 존재한다는 확신을 필수적인 대응물로
갖는다), 집단적 기획에 대한 헌신(이로써 글쓰기가 동기와 정치적
목적을 부여받을 수 있었다). 제임슨은 이것들이 사라지면서
패러디의 공간도 사라졌다고 시사한다. 진보에 대한 믿음과 새로운
시대를 새로운 용어로 묘사할 수 있다는 신념이 사그라든 것처럼
개별적인 양식은 "하나의 규범이 존재하지 않는 양식적이고
담론적인 이질성의 장"에 자리를 내주고는 "죽은 양식을 모방하기,
새로운 글로벌 문화의 상상적 박물관들에 보관된 온갖 가면과
목소리로 말하기"로 대체되었다. 그러는 사이 후기 자본주의의
"포스트문해력"은 "모든 거대한 집단적 기획의 부재"를 지시하게
되었다. 제임슨에 따르면 그 결과는 깊이 없는 경험이니, 이 경험
속에서 과거는 어디에나 있는 동시에 역사적 감각으로서는
소멸한다. 우리는 "모든 역사성을 빼앗긴 사회"에서 살아가는데
이 사회는 그와 동시에 과거를 다시 데운 판본이 아닌 그 어떤 것도
제시하지 못한다. 혼성 모방이 패러디를 대체한다.

이런 상황에서 패러디는 소명 잃은 처지가 된다. 한때 패러디라는
것이 살았지만 저 낯설고 새로운 혼성 모방이 그 자리를 차지한다.
패러디와 유사하게 혼성 모방도 고유하거나 유일한 어떤 특유의

양식을 모방하는 것, 언어적 가면을 착용하는 것, 죽은 언어로 말하는 것이다. 그렇지만 혼성 모방은 그런 흉내의 중립적 실천이다. 패러디와 달리 이면에 품은 동기라곤 없는 혼성 모방은 풍자적 충동을 잘라 냈으며 웃음을, 그리고 잠시 빌려 왔을 뿐인 비정상적인 말 옆에 건강한 언어적 정상성이 여전히 실존한다는 확신을 결여한다. 그러므로 혼성 모방은 텅 빈 패러디, 앞을 보지 못하는 조각상이다.[9]

제임슨 자신이 밸러드에 관해 쓴 바에도 불구하고[10] 밸러드 텍스트와 제임슨이 묘사한 혼성 모방의 중요한 차이 하나는 전자에 '향수'나 '향수 양식'—제임슨이 보여 주듯 여타 포스트모던 SF 텍스트에 고집스레 현존하는—이 부재한다는 것이다. 실제로 밸러드는 현저한 텍스트적 혁신에 열중했고—『잔혹 행위 전시회』에서 페이지들 자체의 레이 아웃이 이를 입증한다—이로써 그는 제임슨의 규정을 벗어나는 하나의 별종이 된다. 그리고 적어도 이런 의미에서 밸러드는 제임슨이 이해한 모더니즘과 연속적인 듯이 보인다. 반면 다른 일부 측면에서—구체적으로 개인 주관성의 와해와 집단적 정치 행동의 실패라는 면에서—밸러드는 제임슨이 제시한 포스트모더니티의 전형과도 같다. 하지만 제임슨이 설명하는 혼성 모방과 달리 밸러드는 "고유하거나 유일한 어떤 특유의 양식"을 모방하지 않는다. 「왜 나는 로널드 레이건과

---

9 Fredric Jameson, *Postmodernism, or, The Cultural Logic of Late Capitalism*, Verso, 1991, p.17〔『포스트모더니즘, 혹은 후기 자본주의 문화 논리』, 임경규 옮김, 문학과지성사, 2022, 64~65쪽〕.

10 Ibid., pp.155~180〔같은 책, 302~345쪽〕과 Jameson, *Archaeologies of the Future: The Desire Called Utopia and Other Science Fiction*, Verso, 2005를 보라.

섹스하길 원하는가」에서 밸러드가 모사하는simulate 양식—『잔혹
행위 전시회』전체가 이 양식을 향하는 경향이 있다—은 어떤
개인성도 결여하고 있다. 달리 말해 여기에 특유함이라는 것이
존재한다면 그것은 어떤 개별 주체의 성격이 아니라 (가짜) 과학
르포르타주의 기술적 등기부에 속한다. 텍스트가 한 명의 정치
지도자를 다룬다는 사실은 밸러드의 글이 명시적인—혹은 풍자나
패러디를 논할 때는 그보다 더 중요한 암묵적인—정치 신학을
완전히 결여하고 있음을 환기한다. 바로 이런 의미에서 제임슨의
혼성 모방과 마찬가지로「왜 나는 로널드 레이건과 섹스하길
원하는가」에는 "이면에 품은 동기라곤" 없다.

　확실히 이것이 스위프트의『겸손한 제안』1729 같은 고전적인
풍자 작품과「왜 나는 로널드 레이건과 섹스하길 원하는가」의
커다란 차이 하나다.『겸손한 제안』은 제임스 조이스가 '동적'kinetic
예술[11]이라 부른 것의 패러다임 격 작품으로, 이런 예술 작품은
특수한 정치적, 문화적 정황에서 특수한 목표 아래 생산되어
감상자를 동요시키고 행동을 이끌어 내려 한다. 스위프트의 정치적
목적—아일랜드 감자 기근에 잉글랜드인들이 보인 특정 반응의
잔인함에 경멸을 표하는 것—이 특정한 양식적이고 주제적인
과잉(텍스트를 문자 그대로 받아들였을 자신의 일부 독자 전체를
무시한 것으로 유명한 과잉)으로 특징지어지는 반면 밸러드의

11　〔옮긴이〕조이스가『젊은 예술가의 초상』1916에서 사용한 표현이다.
여기서 등장 인물 스티븐은 비극적인 예술이 일으키는 정적인 감정과
부적절한 예술이 야기하는 동적인 감정을 대비한다. 그에 따르면 동적인
감정에는 욕망이나 혐오감이 있는데 "욕망은 우리를 부추겨 무언가를
소유하게 하거나 그 무언가를 향해 나아가도록 하고, 혐오감은 우리를 부추겨
무언가를 포기하게 하거나 그 무언가로부터 멀어지게 한"다. 제임스 조이스,
『젊은 예술가의 초상』, 진선주 옮김, 문학동네, 2017, 340쪽.

텍스트―스위프트의 텍스트 못지않게 매우 특수한 사회문화적 상황에서 등장한―는 평평함으로 정의될 수 있다. 이는 (심지어) 버로스에게서(도) 한 걸음 더 나아간 것이다. 그 모든 언어적 창의성에도 불구하고『불안에서 벗어난 완벽한 모든 미국인』[12] 같은 버로스의 유머러스한 '루틴들'[13]은 과장을 사용하고 정치 의제를 뚜렷하게 설정함으로써 고전적인 풍자 전통을 잇는다. 요컨대 버로스는 일련의 과장된 비유를 사용해 미국 기술―과학의 비도덕적 관행을 조롱한다. 대조적으로 밸러드 텍스트는 독자를 어찌하겠다는 명확한 설계도, 제임슨이 말하는 "이면에 품은 동기"도 "결여"하고 있다. 무언가를 패러디하는 텍스트는 언제나 제 배후에 있는 패러디 작가에게, 암묵적이면서도 표 나는 그의 태도와 의견에 핵심적인 중요성을 부여하지만『왜 나는 로널드 레이건과 섹스하길 원하는가』는 모방 대상이 되는 텍스트들과 마찬가지로 냉담할 정도로 익명적이다. "불안에서 벗어난 완벽한 모든 미국인"이라는 구절에서 우리는 과학자들의 부조리한 과잉에 대고 낄낄거리는 버로스의 웃음 소리를 들을 수 있다. 반면 자신이 모사한 것과 비슷한 작업을 실제로 수행했던 과학자들에게 밸러드가 어떤 반응을 보였는지는〔그의 작품만으로는〕읽어 낼 수 없다. '밸러드'는 독자가 어떤 기분을 느끼길 원할까? 역겨움? 재미? 그가 원하는 바는 불분명하며 보드리야르가『크래시』를 두고

---

12   이는『네이키드 런치』1959의「기술적 정신 의학 국제 학술 대회」 장에 나온다. 여기서 '손가락' 섀퍼 박사는 "제 필생의 대작을 소개합니다. 『불안에서 벗어난 완벽한 모든 미국인』…"이라고 말한다〔『네이키드 런치』, 전세재 옮김, 책세상, 2005, 201쪽〕.

13   〔옮긴이〕버로스는 짧막한 풍자적 단편들을 작품에 포함하곤 했다. 주로 앨런 긴즈버그에게 보낸 편지에 쓴 이 단편들을 그는 '루틴'이라 불렀다. 즉흥적이며 재조합 가능한 루틴들은 버로스 양식의 주된 특징 하나로 꼽히며, 루틴으로 구성된 가장 유명한 작품이『네이키드 런치』다.

논하듯[14] 자신의 텍스트들을 "경고"(『크래시』「서문」)라는 완전히 전통적인 인습—그의 텍스트들 자체는 분명하게 피하는—으로 과잉 코드화하는 것이 저자로서 밸러드의 다소 의뭉스러운 점이다. 「왜 나는 로널드 레이건과 섹스하길 원하는가」에서 밸러드가 채택한 양식은 (풍자적) 과장이 아니라 일종의 (모사된) 외삽이다. 보드리야르가 보여 주듯 여론 조사나 설문이라는 장르 자체가 질문을 대답 불가능한 것으로, 결정 불가능한 것으로 만든다.

밸러드 자신이 시사한 바(위를 보라)에도 불구하고 관건은 「왜 나는 로널드 레이건과 섹스하길 원하는가」와 (가능한) 보고서들 간의 (가능한) 유사성보다는 그런 보고서들이 이미 기여하고 있는 시뮬라시옹의 순환이다. 혼성 모방에 관해 쓰면서 제임슨은 시뮬라시옹이라는 개념을 떠올리지만—적어도 거기서는—보드리야르의 재발명을 언급하기보다는 그것을 플라톤에게 귀속시킨다. 그럼에도 혼성 모방과 시뮬라시옹의 관계에 관한 제임슨의 직관은 중요하다. 어쩌면 보드리야르가 말한 3차 질서의 시뮬라크르가 한편으로 제임슨의 혼성 모방과, 다른 한편으로 밸러드의 텍스트와 맺고 있는 상호 연관을 제안할 수 있을지도 모르겠다. 앞서 반복해 주장했듯 3차 질서의 시뮬라크르는 시뮬라시옹과 모사된 것의 거리 붕괴를 수반한다. 그리고 고전적인 의미의 풍자는 '1차 질서의 시뮬라크르'—원본을 닮은, 하지만 선연한 특정 차이를 간직한 시뮬라시옹—의 일부로 자리매김될 수 있을 것이다. 밸러드는 (여론 조사와 설문 같은) 시뮬라시옹〔시뮬레이션〕을 모사한다.

---

14 Ballard, *Crash*, Jonathan Cape, 1973〔『크래시』, 개정판, 김미정 옮김, 그책, 2013〕; Baudrillard, *Simulacra and Simulation*, University of Michigan Press, 1994, pp.111~120〔『시뮬라시옹』, 하태환 옮김, 민음사, 2001, 185~197쪽〕.

어느 축제의 알록달록한 그네들

사랑의 병리학을 말할 때「이 시시한 것들」These Foolish
Things(커버 곡으로 채운 첫 솔로 앨범에서 브라이언 페리가
의미심장하게도 타이틀 트랙으로 삼은)[1] 가사보다 훌륭한 예시가
있을까?

잃어버린 정동들을 나열하는("일 킬로에 단돈 칠 프랑인
산딸기〔…〕텅 빈 역에 세워진 심야 기차의 한숨 소리〔…〕어느
축제의 알록달록한 그네들") 이 노래의 매혹은 연인이 일련의
부재로("립스틱 자국 묻은 담배〔…〕베개에 밴 가드니아 향수
내음") 등장할 뿐 결코 직접 언급되지 않는다는 사실에서
비롯한다. 물론 그 이유는 '사랑받는 대상 자체'란 존재하지 않기
때문이다. 사랑받는 건 소문자 *대상* a로 이는 어떤 특수한 대상이
아니라 본연의 대상, "하나의 요구에 전제된 공백"이다.[2] 연인의
물리적이고 심리적인 '현전'은 정동들의 집합을 응집하는 외관상의
중심으로서만 요구된다. 결국 연인은 기억과 연상의 콜라주가

---

* "A Fairground's Painted Swings", k-punk, 24 February 2005, http://
k-punk.org/a-fairgrounds-painted-swings/.

1 〔옮긴이〕록시 뮤직의 리더이자 보컬리스트였던 브라이언 페리가
1973년에 발매한 앨범『이 시시한 것들』의 동명 수록곡이다. 원곡은 잭
스트레이치 작곡, 에릭 매시위츠 작사로 1935년에 발표되었으며, 페리 외에도
냇 킹 콜, 빌리 홀리데이, 엘라 피츠제럴드, 샘 쿠크, 세라 본, 에타 제임스,
프랭크 시나트라, 제임스 브라운, 밥 딜런 등이 이 노래를 불렀다.

2 〔옮긴이〕이는 자크 라캉이『세미나』20권에서 사용한 표현이다.
뒤에서 알렌카 주판치치를 인용하고 있는 것으로 미루어 주판치치의 책에서
재인용한 것이 아닐까 추측된다.『실재의 윤리: 칸트와 라캉』, 이성민 옮김,
도서출판b, 2004, 43쪽.

배열되는 공간이자 캔버스일 따름이다.

그런데 연인인 '그녀 자체'가 욕망의 대상이 아니더라도 완전히 생략되어선 안 된다. 그러면 곧바로 물신주의에 빠져들게 될 테니 말이다. 지젝은 『현기증』1958의 한 장면을 예로 들어 '정상적인' 병리와 물신주의의 차이를 설명한다. 이 부분에서 스코티는 매들린으로 (다시) 꾸민 주디를 껴안는다. 두 사람이 키스하는 장면이 이어지는 와중에 카메라가 회전해 불안한 표정으로 주디의 머리칼이 여전히 금발인지 확인하는 스코티의 모습을 잡는다. 그런데 이것은 물신주의가 아니다. 물신주의자라면 여자를 완전히 생략하고 머리칼 자체에서 향유를 얻어 낼 것이기 때문이다.

『현기증』의 공포는 욕망의 인공성을 대놓고 드러낸다는 데 있다. 스코티는 자신의 요구에 전제된 공백을 들여다볼 수 있으며, 그로테스크하게도 그러는 동시에 여전히 요구를 제기할 수 있다. 이것이 『현기증』과 이 영화가 준거하고 논평하며 능가하는 많은 필름 누아르의 차이다. 결과적으로 스코티는 어느 팜 파탈에게 기만당하고 있지 않다. 속아 넘어가 그 여자가 그녀 아닌 다른 누군가라고 믿는 것이 아니다. 도리어 매들린이라는 사람은 없다는 것을 그도 뻔히 안다. 하지만 앎은 아무것도 아니며, 주판치치는 유령조차 아닌 매들린에게 스코티가 계속 집착하는 까닭을 설명한 바 있다. 이 설명에 따를 때 제 대상을 포기하게 되면 스코티는 자신도 포기해 버릴 것이다. 죽고 말리라는 것이다.

『현기증』이 드러내는 관계가 구체적으로 남성이 소문자 대상 a와 맺는 관계라는 데는 의심의 여지가 없다. 이는 지젝에 이어 얼마 전에 I.T.[3]가 던진 질문에 얼마간 답변해 준다. 왜 남자들은 섹스 상대로 원숭이와 로봇 중에서 골라야 할 때마다 로봇을 택할까? 더

---

3 니나 파워의 블로그인 인피니트 소트Infinite Thought를 뜻한다.

거북한 생각은 남자들이 실제 여자보다도 로봇을 선호하리라는 것이다. 그리고 이것이 『스텝퍼드 와이브즈』[4]의 리비도 경제학이, 이 작품에 나오는 기술의 실현 가능성은 아직 그렇지 않을지라도, 공포스러울 정도로 그럴싸한 이유다.

이 같은 남성의 욕망 메커니즘을 가장 명시적으로 까발린 텍스트는 『현기증』과 『스텝퍼드 와이브즈』뿐 아니라 『메트로폴리스』1927와 『블레이드 러너』1982도 선취한 오귀스트 빌리에 드 릴-아당의 『미래의 이브』1886다.

이 이야기는 어느 방종한 퇴폐주의자를 그린다. 그는 연인인 알리시아의 외모에 매료되어 있지만 알리시아의 성품은 천박하고 얄팍하다며 혐오한다. 그런데 발명가이자 조언자인 인물(일부 판본에서는 놀랍게도 당시 생존 중이던 토머스 에디슨의 이름으로 등장하는)이 연인의 인조 인간을 만들어 주겠다고 제안한다. 그는 이 인조 인간이 모든 면에서 연인의 완벽한 복제품일 것이라며 주인공을 설득한다. 활력을 주는 반려자로 설계되었다는 점만 빼면 말이다.

'에디슨'은 더할 나위 없이 솔직하게, 지극히 탈신비화하는 방식으로, 누구보다 라캉적으로 이렇게 말한다.

당신이 사랑하고 있으며 당신에게 **유일한 현실**인 창조물은 이 덧없는 인간 형상에 구현된 창조물이 결코 아닙니다. 당신 욕망의 창조물이죠.〔…〕알리시아의 공허함이 끔찍하고 치명적이며

---

4 〔옮긴이〕아이라 레빈의 1972년 풍자 소설로 남편과 함께 뉴욕에서 스텝퍼드라는 가상의 소도시로 이사 온 여성이 그곳 아내들이 유난히 순종적인stepford 것에 의심을 품는 이야기다. 결말에 이르러 남자들이 아내를 로봇으로 바꿔치기했음이 드러나며, 1975년과 2004년에 두 차례 영화화되었다.

타인을 위축시킴에도 당신은 연인의 존재 속에서 어떻게든 이 가상만은 **살려 내려** 애쓰고 있습니다. 당신은 이 **환영**만을 사랑합니다. 당신은 이 환영을 위해 죽길 원합니다. 당신은 이 환영만을 무조건적인 **실재**로 인식합니다. 요컨대 당신이 저 살아 있는 여자 안에서 요청하고 감지하며 **창조한** 것은 당신 자신의 정신을 투영한 이 대상이며, *이는 당신의 정신이 그 여자 안에서 복제된 것과 다름없습니다.*[5]

물론 사랑하는 대상에 진정으로 생명을 불어넣는 '창조'력은 낭만주의적 상상력의 자유로운 유희가 아니라 확고한 무의식 메커니즘이다. **당신은 이 환영을 위해 죽길 원한다.** 하지만 그런 '죽음'이 뜻하는 바는 세계에 의미를 부여하는 욕망 틀은 살아남으리라는 것이다. 유일한 진짜 죽음은 틀 전체가 파괴되는, 주체가 순수 잠재성의 '백색 공간'에 직면하게 되는 죽음일 것이다.

이것이 바로 쾌락 원칙의 노예가 된 주체가 어떤 대가를 치르고서라도 피해야 하는 것이다. 잘 알려진 사드적 욕망의 지루함은 이 교착 상태에 솔직하게 직면할 때 불가피하게 야기되는 결과다. 지젝이 말하듯 사드적 욕망의 대상이 완전히 죽지는 않은 채로 영원히 아름다움을 간직하는 희생자, 온갖 고초를 겪더라도 마법에 걸린 듯 영구히 재생될 수 있는 희생자라면, 버로스가 제대로 알고 있었듯 이 욕망의 주체는 뱀파이어-정키다. 뱀파이어-정키는 만족이라곤 몰라야 하며 **자기 파괴 지점에 다다를 때까지**

5　Auguste Villiers de l'Isle-Adam, *L'Eve Future*, translated as *Tomorrow's Eve*, University of Illinois Press, 1982, p.68(『미래의 이브』, 고혜선 옮김, 시공사, 2012, 155~156쪽. 알리시아와 똑같은 겉모습에 고귀한 정신까지 갖춘 인조 인간을 만들어 주겠다는 제안에 주인공 에왈드 경이 주저하자 에디슨이 그를 설득하는 대목이다).

제 욕망을 추구해야 하지만 절대로 무화에 이르는 선을 넘어선 안 된다.

경험 서사에 따르면 정키는 점진적으로 중독에 '빠져들며' 화학적 필요에 이끌려 의존 상태가 된다. 하지만 분명 정키는 중독을 **선택**한다. '돈'이 도박꾼이 누리는 향유의 공식 알리바이에 불과하듯 취하고 싶다는 욕망도 충동의 표면적인 동기일 따름이다.

그러므로 사랑을 중독과 나란히 두는 버로스는 결코 냉소적으로 과장하고 있지 않다. 사랑이 중독이라면("치료제가 있더라도 난 원하지 않아") 중독 또한 사랑의 한 형태임을("내 아내wife이자 내 삶life 자체") 버로스는 확실히 이해하고 있었다.[6] 알코올 중독에 관한 논고에서 그레고리 베이트슨이 발견했듯 처리해야 할 *메타* 중독이 언제나 있다. 중독 자체에 대한 중독.[7] 이것이야말로 버로스의 '통제 중독자'인 브래들리 마틴이 빠져든 것이다. "저는 일개 중독자가 아닙니다. 저는 중독자 그 **자체**예요."[8]

버로스의 글—특히 난해하고 지루하다는 합의하에 일축된

---

6 〔옮긴이〕뒤의 인용은 벨벳 언더그라운드의 1967년 노래인「헤로인」 가사 일부며, 앞의 인용은 확실치는 않지만 다이애나 로스의 1975년 노래 「러브 행오버」의 가사 일부인 듯하다.

7 Gregory Bateson, "The Cybernetics of 'Self': A Theory of Alocoholism", *Steps to an Ecology of Mind: Collected Essays in Anthropology, Psychiatry, Evolution and Epistemology*, University of Chicago Press, 2000, pp.309~337(「'자아'의 사이버네틱스: 알코올 중독 이론」,『마음의 생태학』, 박대식 옮김, 책세상, 2006, 480~523쪽). 온라인에서도 이 글을 읽을 수 있다. http://ift-malta.com/wp-content/uploads/2012/07/Thecybernetics-of-self-A-theory-of-alcoholism.pdf.

8 〔옮긴이〕버로스가 1963년에 발표한 짤막한 글인「시작은 또한 끝이다」The Beginning is also The End를 여는 문장이다. 가상의 인터뷰 형식을 취한 이 글에서 위의 인용문을 말하는 인터뷰이가 '마틴 씨'로 나온다. 브래들리 마틴(정확히 말하면 두 개의 이름과 성격을 가진 한 명의 인물인 '브래들리 씨-마틴 씨'Mr. Bradley-Mr. Martin)은 버로스가 창조한 인물 이름이기도 하다.

초기 컷 업 소설들[9]—이 보유한 서정적인 힘은 자주 간과된다. 하지만 그의 글이 풍기는 기계적인 멜랑콜리아 다수는 욕망의 '시시한 것들'을, 즉 기차가 내는 기적 소리, 라디오 시엠송, 빌보드 이미지, 성적 접촉 등의 헤로인스러움heroin-haecceity을 내보이는 과정에서 생겨난다. 처음에는 무작위적일지라도 기억과 욕망에 의해 반복되고 리믹스될 때 이 정동-콜라주들은 필수적인 것이 된다. 그러므로 오직 매들린이 입은 수트의 저 푸른 색조만이, 담배 꽁초에 묻은 저 립스틱 자국만이 그리할 것이다.

그래, 욕망의 잔인한 축제, 그곳의 알록달록한 그네들…

---

9 〔옮긴이〕 버로스가 자신이나 타인의 단장을 가위로 자르고 임의로 이어 붙인 작품들을 가리킨다. 버로스는 컷 업 기법을 언어에 의한 정신의 통제에서 벗어나는 방법으로 제시하기도 했으며, 그의 60년대 작품인 '노바Nova 3부작'이 컷 업 3부작으로 불리곤 한다.

권태의 정치란 무엇인가? (밸러드 2003 리믹스)

> 풍요로운 교외는 역사의 최종 상태 중 하나였다. 일단 확립되면
> 전염병, 홍수 혹은 핵 전쟁만이 그 손아귀를 늦출 수 있었다.
> — J. G. 밸러드, 『밀레니엄 피플』[1]

'J. G. 밸러드'는 어떤 반복의 이름이다.

이는 밸러드가 본인을 반복한다는 말과 한참 다르다. 반대로
밸러드의 형식주의, 몇몇 개념과 집착—재난, 비행사, 무작위적인
폭력, 미디어화, 이미지에 의한 무의식의 총체적 식민화—의
재조합이 그의 이름을 특정한 자아에 선뜻 귀속하지 못하게
가로막는다.

밸러드의 관심사와 방법론에 묻어 나는 강박성은 그가 초기부터
영감의 원천이었던 정신 분석학과 초현실주의에 대한 믿음을 결코
잃은 적이 없음을 드러내는 하나의 징후다. 이 둘 덕분에 그는 인격
형성을 엄격히 탈인격적으로 설명하는 법을 발견했다. 이에 따르면
이른바 내면은 노출되어 외부화될 수 있는 하나의 논리를 갖는다.

밸러드는 경력 내내 프로이트의 두 텍스트 즉 『문명 속의
불만』과 『쾌락 원칙을 넘어서』를 거듭 다시 써 왔다 할 수 있다.
초기 소설들(『물에 잠긴 세계』, 『불타 버린 세계』1964, 『크리스털
세계』1966)에서 인물들은 환경 파국을 기회로, 정체된 사회의

---

* "What Are the Politics of Boredom?(Ballard 2003 Remix)", k-punk, 8
March 2005, http://k-punk.abstractdynamics.org/archives/005135.html.

1 J. G. Ballard, *Millenium People*, Fourth Estate, 2003(『밀레니엄 피플』,
조호근 옮김, 현대문학, 2022, 149쪽).

따분한 일상과 규약에서 벗어날 가능성으로 환영한다. 60년대 중반부터 어느 정도는 최근까지 이어진 둘째 단계 작품들은 이 논리를 끝까지 밀어붙이며, 그리하여 인물들은 자신을 괴롭히는 파국과 잔혹 행위를 능동적으로 욕구한다(아니면 인간들이 반복을 통해 제 존재의 원초적 트라우마를 관리하려는 걸까?). 오늘날의 재난은 미디어 풍경—인간이 살아가는 일차적인 공간이자 인간의 욕망과 충동에 의해 형성되는 동시에 그것들을 재료 삼아 제조되는 공간—의 재난이다. 그런데 다시 한번 우리는 인간 존재가 욕망과 충동의 '소유주'가 아니라는 추가 관찰을 단서로 달아야 한다. 인간은 욕망과 충동을 '갖지' 않는다. 오히려 인간 존재는 이런 충동들의 펼쳐짐, 트라우마가 등록되기 위한 도구다.

1975년의 『하이-라이즈』 이래 밸러드는 주로 닫힌 공동체 안에서 지루함을 느끼며 살아가는 초부유층 주민에게 관심을 기울였다. 그가 이 인구 집단의 행태를 다루는 방식이 점점 시시해졌을지도 모르지만 최근작이자 이 주제에 대한 최상의 연출인 『밀레니엄 피플』에서는 신선함을 되찾았다.

『밀레니엄 피플』의 세계는 "역사상 최초로"(밸러드 작품에서는 최초가 아니지만) "악랄한 권태"의 지배하에 있으며 "무의미한 폭력 행위가 그 사이를 비집고 들어온다". 처음에 이 소설은 한참 전에 폭발했어도 이상하지 않았을 중간 계급의 흉포한 공격을 그리고 있는 듯 보이며, 독자는 부르주아지의 성우sacred cow들이 무자비하게 파괴되는 모습을 즐길 수 있다. 테이트 모던… 프레타 망제[2]… 국립 영화 극장… 밸러드의 **부르주아 테러**는 이 모두를 불태운다.

---

2 〔옮긴이〕샌드위치가 주 메뉴인 영국의 패스트 푸드 체인.

"저는 왕립 미술원의 모금 행사를 조직해요. 거저먹는 일이죠. CEO들은 하나같이 예술이 제 영혼의 양식이라고 믿거든요."

"아닌가요?"

"예술은 그들의 뇌를 부패시켜요. 테이트 모던, 왕립 미술원, 헤이워드… 죄다 중간 계급을 위한 월트 디즈니죠."[3]

초반에 중간 계급 반란자들은 단순히 억울함을 호소하는 불평분자처럼 보인다. 양육비와 교육비가 치솟고 있다고, 딱히 호화롭지도 않은 아파트 월세가 너무 비싸 '불공평'하다고 투덜거려 미디어 칼럼의 단골 소재로 등장하는 사람들 있지 않은가. 한 인물은 4년 전의 휘발유 시설 봉쇄petrol blockades[4]를 상기시키고 2005년의 이케아 폭동[5]을 예견하면서 "두고 봐요, 다음 혁명은 주차 때문에 터질 테니까"라고 공언한다.[6] 하지만 일단 불만이 고조되자 이 전직 전문직 집단은 덜 구체적이고 덜 도구주의적인 목표를 세우게 된다.

밸러드가 지어낸 첼시 마리나[7]의 반란자들은 상황주의자들이 그랬듯 "20세기를 파괴"하길 원한다.

"저는 20세기가 갔다고 생각했는데요."

---

3 Ibid., p.61〔같은 책, 49쪽〕.

4 〔옮긴이〕휘발유 및 경유 가격 상승으로 2000년에 벌어진 연료 시위를 가리킨다.

5 〔옮긴이〕2005년 런던 북부 에드먼턴에 새로운 이케아 매장이 개장하는 날 예상을 훨씬 웃도는 6,000명가량이 밀려들어 혼란이 빚어지고 다섯 명이 부상을 입은 사건을 말한다. 부실한 안전 관리가 지적되기도 했다.

6 Ibid〔같은 책, 109쪽〕.

7 〔옮긴이〕『밀레니엄 피플』에서 봉기한 중간 계급이 거주하는 가상의 동네.

"20세기는 아직 끝나지 않았어요. 여전히 우리가 하는 모든
일, 우리가 생각하는 방식을 형성하죠. 〔…〕 대학살을 일으킨
전쟁들이 벌어지고 세계 절반이 극빈 상태로 전락했어요. 나머지
절반은 뇌사로 인한 몽유병 신세고요. 쓰레기나 다름없는
20세기의 꿈들을 사들인 바람에 우리는 잠에서 깨지 못하는
처지가 되고 말았죠."[8]

여러 면에서『밀레니엄 피플』은『파이트 클럽』1996에 대한
영국의 대답이다(영국이『밀레니엄 피플』을 약간이라도 정당히
대하려면 이 책을 영화화해야겠지만 말할 필요도 없이 그럴 기미는
조금도 보이지 않는다. 이는 정확히 영국 영화 산업이 이 책의 공격
대상인 전투적으로 현실에 안주하는 징징이들의 통제 아래 있기
때문이다).『파이트 클럽』처럼 이 소설도 할 일 목록을 정리하고
브랜드 컨설팅을 받는 현대 전문직 삶의 하이퍼순응에 대한 분노로
시작하며, 마지막에 모습을 드러내는 것은 초파시즘surfascism이다.
　이와 관련해 가장 중요한 인물은 리처드 굴드로, 밸러드 작품의
대다수 등장 인물과 비슷하게 그도 저자의 이론을 대변한다(물론
이는 좋은 일이다. 우리에겐 더 '섬세한 문장들'만이 아니라 더 '조형된
인물들'도 필요하니까. 아늑한 자리에서 우울에 침잠해 있는 여타
표적과 마찬가지로 UEA의 영문학 마피아[9]도 방화광 같은 밸러드
산문의 제물로 제격이다).
　본질적으로 굴드는 니체, 모스, 바타유, 다다, 초현실주의,
상황주의 이론, 레트리즘, 보드리야르, 리오타르가 시도한 바

8　Ibid., p.63〔같은 책, 105쪽〕.
9　〔옮긴이〕영국 이스트 앵글리아 대학의 영문학을 가리키는 듯하다.
이언 매큐언과 가즈오 이시구로 등 여러 저명 작가가 학위를 받았고, 이곳
출신 작가들이 "창조적인 마피아"라 불리기도 했다고 한다.

있는 동시대 안전 문화의 '에어컨 설치된 전체주의'에 대한 공격을 되풀이한다.

> 우리는 과거의 수감자 세대가 지은 부드러운 감옥 체제에 살고 있어요. 무슨 수를 써서든 탈옥해야죠. 2001년에 세계 무역 센터에 가해진 공격은 미국을 20세기에서 자유롭게 만들려는 용감한 시도였어요. 사망자가 발생한 건 비극이지만 그것 말고는 무의미한 행동이었죠. 바로 이게 핵심이에요. 국립 영화 극장에 대한 공격이 그렇듯이요.[10]

굴드는 인간 존재에게 잔인함, 위험, 도전이 필요하지만 문명은 인간에게 안전을 제공한다는 니체적 주장을 재진술한다. 그런데 굴드는 니체 자신뿐 아니라 문명에 대한 니체의 불만을 되풀이하는 프랜시스 후쿠야마도 상기시키는 인물이다.

오늘날과 가장 공명하는 니체는 후쿠야마의 니체, 단조로운 평등주의와 공허한 포용성에 채찍을 날리는 니체다. 대중이 관리된 안전을 숭배한다고 맹비난하면서 니체가 퍼붓는 섬뜩한 욕설(이 숭배는 너무나 허약하고 무미건조해 제 진정한 구호인 '범인들이여 영원하라!'를 입 밖에 꺼내지조차 못한다)을 읽다 보면 블레어와 밀레니엄 돔[11]을 떠올리지 않을 수 없다. 밀레니엄 돔의 창백하고 역설적으로 자기 비하적인 거만함이 니체가 사랑한 비극적이고 영웅적인 귀족 사회에서 건립된 기념물들의 잔인한 화려함과

---

10   Ibid., p.140[같은 책, 229~230쪽].

11   [옮긴이] 셋째 밀레니엄을 기념하며 런던 남동쪽 그리니치 페닌설러에 지어진 건축물이다. 건축가 리처드 로저스가 설계했으며 세계에서 여덟 번째로 큰 건물로 알려져 있다. 1999년에 완공되었고 2007년에는 The O2로 이름을 바꾸고 복합 아레나로 사용되고 있다.

불행할 정도로 대비를 이루니 말이다.

후쿠야마는 『역사의 종말과 최후의 인간』에서 이렇게 쓴다.

민주주의 사회에서는 모든 생활 양식과 가치가 평등하다는
믿음이 쉽게 조장된다. 이 사회는 시민에게 어떻게 살아야 하는지
혹은 어떻게 하면 행복과 미덕, 위대함을 얻을 수 있는지 말해 주지
않는다. 대신 이 사회는 관용이라는 가치를 주된 미덕으로 삼아
함양하고자 한다. 만약 어떤 특수한 삶의 방식이 다른 방식보다
우월함을 긍정할 수 없으면 사람들은 삶 자체만을, 즉 육체와
그것의 필요, 두려움만을 긍정하는 데까지 퇴보할 것이다. 모든
영혼이 동등하게 미덕을 갖추고 있지는 않은 반면 모든 육체는
〔동일하게〕 고통에 처할 수 있다. 따라서 민주주의 사회는 육체의
고통을 예방하는 데 공감을 표하고 일차적인 관심사로 삼는
경향을 보일 것이다. 민주주의 사회의 인간이 물질적인 이익에
집착하는 것, 육체가 요구하는 무수한 작은 필요에 몰두하는 경제
세계에서 살아가는 것은 우연이 아니다. 니체에 따르면 최후의
인간은 "온기를 구하고자 살기 어려운 지역을 떠난다".[12]

"우린 앞뒤가 안 맞는 표적을 고를 필요가 있어요."[13]
『잔혹 행위 전시회』의 인물들이 미디어 60년대를 정초한
트라우마적 순간—케네디 암살—을 다시 무대에 올리길
원했다면 굴드와 동맹들은 미디어 00년대를 정초한 트라우마적
순간—9/11—을 다시 무대에 올리길 원한다. 그런데 트래븐/

---

12   Francis Fukuyama, *The End of History and the Last Man*, Penguin,
1993, p.305(『역사의 종말』, 이상훈 옮김, 한마음사, 1997, 412~413쪽).

13   Ballard, *Millenium People*, p.175(『밀레니엄 피플』, 287쪽).

탤리스/트래비스[14]가 "하지만 이번에는 앞뒤가 맞는 방식으로" 케네디를 다시 살해하길 원하는 반면 굴드는 앞뒤가 맞지 **않는** 방식으로 9/11이 다시 발발하길 원한다.

굴드가 보기에 (포스트)모던 세계는 **감각**의 넘침에, **의미**의 과잉에 억압당해 있다. "정치인을 살해하면 방아쇠를 당긴 동기에 발목이 잡히죠. 오즈월드와 케네디, 프린치프와 페르디난트 대공을 떠올려 보세요. 하지만 무작위로 누군가를 살해하면, 맥도날드에서 리볼버를 쏘면 온 우주가 뒤로 물러나 숨을 죽일 겁니다. 더 좋은 건 무작위로 열다섯 명을 살해하는 거고요."[15] 그러므로 질 댄도의 피살[16]은 굴드의 반정치적 반란에 있어 9월 11일보다 더 좋은 본보기다. 9/11은 (여전히) 너무나 동기에 얽매여 있고 너무나 의미로 가득 차 있었기 때문이다. 반면 댄도의 피살—잔혹하고 무의미하며 그 어떤 뚜렷한 동기도 없는—은 BBC의 "온건함과 상식 체제"[17] 및 이 방송국이 보호하는 "의무의 성채"[18]를 정면으로 공격한 행동이었다. 동기라는 개념 자체를 공격하는 것이 유일한 동기인 이 같은 행동은 "우리가 진정한 경외감으로 바라볼 수 있는 텅 빈 공간"을 열어젖힌다. "무감각하고 불가해하며 그랜드 캐니언처럼 불가사의한 공간 말이죠."[19]

---

14 〔옮긴이〕『잔혹 행위 전시회』의 주인공 이름으로 이처럼 『잔혹 행위 전시회』에서는 장별로 주인공 이름이 미세하게 바뀐다.

15 Ibid., p.176〔같은 책, 289쪽〕.

16 〔옮긴이〕질 댄도는 영국의 방송인으로 미제 사건을 추적하는 BBC의 『크라임 워치』를 진행하던 1999년에 살해당했다. 범인은 아직 밝혀지지 않았다. 『밀레니엄 피플』 말미에 수록된 인터뷰에서 밸러드가 질 댄도의 피살을 언급하고 있기도 하다.

17 Ibid., p.149〔같은 책, 244쪽〕.

18 Ibid., p.166〔같은 책, 272쪽〕.

19 Ibid., p.249〔같은 책, 407쪽〕.

굴드는 들뢰즈-가타리가 말한 "소멸의 선"line of abolition을, 궁극에는 자기 파괴 충동인 파시즘적 파괴 충동을 우아하고 유창하게 판매하는 세일즈맨이다. 손쉬운 도덕화를 결단코 거부하는 작가로 칭송받아 마땅한 밸러드는 분명 이 규정에 반대할 것이다. 왜냐하면 어떤 식으로건 굴드를 비난하거나 규탄해 봤자 그가 침식하고자 하는 바로 그 안전[치안] 통치securocratic를 확증하는 꼴이 될 것이기 때문이다.

하지만 정치적으로 볼 때 『밀레니엄 피플』에서 가장 눈길을 끄는 측면은 폭력을 비의미화한다는 것(여러 면에서 친숙할 따름인)이 아니라 계급 봉기에 대한 펑크 이론을 제시한다는 것이다.

"트위크넘[20]은 잉글랜드 계급 체계의 마지노선이죠. 이곳만 뚫으면 모든 게 함락될 겁니다."
"그럼 계급 체계가 표적인 거군요. 그것들은 보편적이지 않나요? 미국에서도, 러시아에서도…"
"물론이죠. 하지만 계급 체계가 정치 통제의 한 수단으로 이용되는 곳은 여기뿐이에요. 이 체계의 진짜 목적은 프롤레타리아트를 억압하는 게 아니라 중간 계급을 억제해 이들이 고분고분하게 굴종하도록 만드는 것이죠."[21]

밸러드의 "새로운 프롤레타리아트"("BMW를 몰고 자녀를 사립 학교에 보내는")가 진정한 정치 행위자가 되는 순간은 이들이 더는 자기 계급의 이해 관계를 추구하지 않을 때다. 오직 그때만

20　〔옮긴이〕런던 남서부의 교외지. 세계 최대 규모의 럭비 경기장으로 유명하며 『밀레니엄 피플』에서도 "럭비의 메카"(137쪽)로 묘사된다.
21　Ibid., p.85〔같은 책, 140쪽〕.

이들은 부르주아지의 계급 이해 관계가 다른 누구의 이해 관계에도 부합하지 않는다는 마르크스주의적 계시에 이를 수 있다.

> "이 사람들은 사립 학교가 자기 아이들을 세뇌해 고분고분하게 만든다고 생각해요. 소비 자본주의를 꾸려 갈 전문가 계급으로 만든다는 거죠."
> "사악한 우두머리가 그렇게 한다는 건가요?"
> "그런 우두머리는 존재하지 않아요. 체계가 스스로 관리하죠. 우리가 시민으로 느끼는 책임감에 의존하면서요. 이 책임감이 사라지면 사회는 무너질 겁니다. 사실 무너지기 시작한 건지도 모르죠."[22]

블레어주의는 홍보가 펑크를, 예의 바름이 적대를, 중간 계급의 실용성이 프롤레타리아 예술을 제압하고 거의 총체적인 승리를 거두도록 보장함으로써 대처주의의 이데올로기적 소득을 강화했을 뿐 아니라 능가하기까지 했다. 블레어주의는 모든 것을 도구성으로 환원하는 동시에 모든 자원을 아무짝에도 쓸모없는 문화적 인공물을 생산하는 데 투입하는 교묘한 이데올로기적 책략을 수립했다. 마야 고사본Mayan codex들부터 사명문Mission Statement들까지… 스핀[23]은 어떤 무의미함을 낳으니, 부식성 니힐리즘을 통해 필연적으로 진부함을 초래하는 이 무의미함과

---

22 Ibid., p.104〔같은 책, 171~172쪽〕.

23 〔옮긴이〕 spin은 (빠른) '회전' 외에 홍보나 정치 영역에서 여론에 영향을 미치고자 사건이나 캠페인 등에 대한 편향된 해석을 제시하는 선전 기법도 뜻한다. 몇몇 k-펑크 게시물에서 피셔는 홍보와 감정 연출에 집착하는 토니 블레어를 특징짓기 위해 (통상 대립하는 것으로 여겨지는) 스핀과 진실함sincerity을 합성한 '스핀서리티'spincerity라는 조어를 사용한 바 있다.

비교하면 비의미화하는 파열이라는 굴드의 장엄한 시학은
예스러운 향수처럼 보인다.

블레어는 중간 계급의 안전을 모든 열망의 지평으로 만들었다.
이 영혼 사무실—24시간 내내 불이 꺼지지 않는 과잉 의식적이고
과도하게 밝은—에서는 어이없게도 비즈니스야말로 리비도에
의해 생명력을 부여받는 무언가에 가장 가까운 것이 된다. 이 정동
감옥에서 탈출하려면 부르주아 문화가 여전히 이상으로 투사할
수 있는 '근사한 집, 근사한 가족'이라는 그림에 대한 명시적인
탈카섹시스를 동반해야 한다는 것을 밸러드는 알고 있다.

펑크의 역사에서 중간 계급이 맡은 역할은 많이 회자되었지만
이 계급이 보인 저 특수한 종류의 거부가 수행한 결정적인 촉매
역할은 여전히 제대로 사고되지 못하고 있다. 중간 계급이 재생산
중심 미래주의reproductive futurism[24]에서 이탈해 〔집단의〕 표식
새기기scarification와 부족화tribalisation로 옮겨 간 현상은 명백한
사실—이 계급이 확보한 경력과 특권이 공허하고 지긋지긋하며
불안을 초래한다는—을 표명한 것에 불과하지만, 그 어느 때보다
지금 표명될 수 없는 것이 바로 이 명백함이다.

24　〔옮긴이〕퀴어 이론가 리 에덜먼이 2004년 저서『미래 없음』No
Future에서 제시한 개념이다. 재생산 중심 미래주의는 이성애 가족과 아이를
미래 지평으로 삼는 규범으로, 이에 따를 때 재생산이 가능하지 않은 퀴어들은
죽음 충동으로 환원된다. 그런데 에덜먼은 이 논리를 뒤집어 퀴어들에게
재생산 중심 미래주의에 동화되기보다는 오히려 미래 없음과 죽음 충동을
받아들이자고 요청한다. 에덜먼의 주장 및 한층 포괄적인 퀴어 부정성 논의를
살펴보려면 전혜은,「동성애 부정성과 퀴어 부정성」,『퀴어 이론 산책하기』,
여이연, 2021, 383~448쪽 참조. 한편 이 책 20쪽에서 언급한『팝매터즈』와의
인터뷰에서 사이먼 레이놀즈는 피셔가 이 시기에『미래 없음』으로부터 큰
영향을 받았다고 말한다. 그러고는 이후 결혼해 아이를 낳고 양육한 과정,
또 서펄으로 이사해 이 지역의 경관을 거닌 경험을 통해 반출생주의, 자연,
재생산 등을 달리 생각하게 된 것 같다고 덧붙인다.

그 사람들이 자기 자신에 맞서 저항하고 있다는 게 흥미로운 점이야. 저 바깥에 적이 있는 게 아니거든. 이들은 자기가 적이라는 걸 알고 있어.[25]

---

25 Ibid., p.109(같은 책, 179~180쪽).

내가 네 환상이 되게 해 줘

밸러드, 라캉, 버로스의 공통점은 인간 섹슈얼리티가
본질적으로 포르노그래피적임을 간파하고 있다는 것이다. 셋
모두에게 인간 섹슈얼리티는 생물학적 흥분으로 환원될 수 없다.
환각적인 것과 환상적인 것[1]을 벗겨 내면 그와 함께 섹슈얼리티도
사라진다. 레나타 살레츨이 『사랑과 증오의 도착들』에서 논하듯
인간이 **상징적인 것**을 일부러 잊고 동물성에 이르는 것보다는
동물이 **상징적 질서**에 진입하는 편이 더 수월하다.[2] 어느
오랑우탄에게 포르노그래피를 보여 주었더니 동족에게는 성적
관심을 일체 보이지 않고 종일 자위하며 보냈다는 뉴스가 이 관찰을
확증해 준다. 모든 인간 섹슈얼리티가 의존하는 '비인간 파트너',
환상적 보충물이 이 오랑우탄을 인간 섹슈얼리티로 인도한 것이다.

그렇다면 문제는 포르노그래피**냐 아니냐**가 아니라 **어떤**
포르노그래피냐.

버로스에게 포르노 섹슈얼리티는 언제나 하나의 비참한 반복,

＊　"Let Me Be Your Fantasy", k-punk, 27 August 2006, http://k-punk.
abstractdynamics.org/archives/008304.html.

1　〔옮긴이〕 피셔는 fantasy의 형용사형으로 fantasmatic을 자주
사용한다. 이를 감안하면 '환상적'으로 옮길 수 있겠지만 이 말이 '매우 좋다'는
의미를 담고 있기도 해 오해를 일으킬 때가 있다. 대안으로 맥락에 따라
fantasmatic을 '환상이 불러일으키는'이나 '환상을 야기하는' 정도로 조금 더
구체화해 옮기는 방안도 있으나 이 경우 일관성과 경제성이 손실되곤 한다.
그래서 어색함을 무릅쓰고 대부분 '환상적'으로 번역했다.

2　Renata Salecl, *(Per)Versions of Love and Hate*, Verso, 2000(『사랑과
증오의 도착들』, 이성민 옮김, 도서출판b, 2003).

녹슨 채 축제 공원에 선 욕망의 대관람차가 황량한 원을 그리며 끝없이 회전하는 히에로니무스 보스풍의 부정적 카니발일 것이다. 하지만 밸러드에게서 그리고 밸러드의 원작을 크로넨버그가 각색한『크래시』1996에서는 긍정적인, 심지어는 유토피아적인 판본의 포르노그래피를 발견할 수 있다.

크로넨버그의 작업은 보드리야르가『유혹에 대하여』에서 제기했던 도전에 대한 응답이라 할 만하다.[3] 후기 자본주의에 출몰한 하드코어 포르노그래피는 탈신비화되고 탈가상화되었다고 여겨지는 '리얼리티'의 암호로 기능한다. "탁월한 포르노그래피 문화: 모든 시간과 장소에서 실재의 작동을 뒤쫓기." 여기서 하드코어는 섹스의 리얼리티며 섹스는 나머지 모든 것의 리얼리티다. 하드코어는 일종의 독실한 직해주의literalism를, 경험적으로 명시 가능한 '그것'—곧 실재 속의/실재로서의 섹스—이 있다는 믿음을 이용한다. 보드리야르가 비꼬는 투로 지적했듯 경험주의적인 이 생물 논리는 일종의 기술적 충실성에 대한 집착이다. 즉 포르노그래피 영화는 노골적이고 육욕적인 섹스 메커니즘(이라 가정된 것)을 있는 그대로 묘사해야 한다. 하지만 그렇더라도 기호와 의례에서 벗어날 수는 없다. 하드코어, 특히 붓카케에서 정액은 결국 본질상 기호학적으로 기능한다. 기호들 없이는 섹스도 없다. 이미지 해상도가 높을수록, 인체 기관을 더 가까이서 볼수록 '그것'은 시야에서 더욱 사라진다. 보드리야르가 『유혹에 대하여』의 '포르노-스테레오' 절에서 기술한 "질이 주연을 맡은 일본의 무대 드라마"[4]보다 이 "리얼리즘의 난교"에 어울리는

3　Jean Baudrillard, *Seduction*, St Martins Press, 1991〔『유혹에 대하여』, 배영달 옮김, 백의, 1996.『유혹에 대하여』중 피셔가 인용하는「섹스의 황도」 부분은『섹스의 황도』, 정연복 옮김, 솔, 1993에도 번역되어 있다〕.

이미지가 있을까. "무대 한쪽 끝에 앉은 매춘부들이 허벅지를 벌리면 와이셔츠 차림의 일본 노동자들은〔…〕허락을 구해 여자의 질 내부에 코와 눈을 갖다 댄다. 보기 위해, 더 잘 보기 위해—그런데 무엇을?" "왜 생식기에 집착하는가?" 보드리야르는 묻는다. "따로 떼어져 시각적으로 부각된 점막과 평활근 들에서 무언가 깊은 쾌락을 발견할지도 모른다는 기대에."[5]

크로넨버그의 초기 작업—『파편들』1975과 『열외 인간』1977부터 『비디오드롬』까지—은 바로 이 질문에 대한 답변이다. 이 영화들에서 크로넨버그는 널리 알려진 자신의 질문을 던진다. "왜 몸 내부에서 미인 대회가 벌어지지 않는가?" 그리고 『파편들』과 『열외 인간』은 바디 호러와 에로티시즘의 등가성을 확립한다. 두 영화 모두 표면적으로는 파국으로 끝나지만—사회 구조의 총체적인 퇴보로 인해 벌어지는 격렬하고 비유기체적인 난교—이 파국은 양가적으로 기능한다. 유기체적 온전함의 와해, 다세포 생물 이전 조건으로의 회귀는 프로이트의 『문명 속의 불만』에 대한 일종의 패러디-유토피아적 응수다. 이것이 함의하는 바는 속박에서 풀려난 리비도와 문명이 양립 불가능하다면〔둘 중〕 문명에 훨씬 나쁘다는 것이다. 넋 나간 섹스 좀비들이 아파트 건물을 장악하는 『파편들』의 종반부는 해방된 성이라는 60년대의 꿈이 실현된 형국이다…

4　〔옮긴이〕 "일본의 무대 드라마"의 프랑스어 원문은 scénodrame (vaginal) japonais고 『유혹에 대하여』 영어판은 이를 Japanese (vaginal) cyclorama로 옮겼다(피셔도 영어판을 따르고 있다). 큰 차이는 없을 수도 있지만 scénodrame에 조금 더 가깝게 '사이클로라마' 대신 '무대 드라마'로 옮겼다. scénodrame은 『시뮬라시옹』에도 한 차례 쓰이는 표현으로(거기서 보드리야르는 이 표현을 '멜로 드라마'와 대비한다) 『시뮬라시옹』 영어판은 scenodrama라고 옮기고 있다.

5　Ibid., p.31~32〔같은 책, 45~46쪽〕.

이 모든 것에서 냉철하게 한 발짝 물러서는『크래시』는 새로운 기계-마조히즘적 포르노그래피 양식의 모델이라 할 만한 작품이다. 이제는 이른바 몸 내부가 아니라 표면—옷으로 치장하고 흉터가 남아 있으며 기술적인 기계에 의해 구멍이 뚫린—으로서의 몸이 관건이 된다.『파편들』에서 생체 코드를 교환하려는 무분별한 열정에 사로잡힌 섹스 전염병 희생자들은 동물성을 벗어던지고 말하자면 광적인 박테리아 복제 매개체가 된다. 그와 확연히 대비되는『크래시』는 폴 델보가 그린 꿈 그림만큼이나 열정이라곤 내비치지 않는다. 섹스는 문화와 언어에 완전히 식민화된다. 모든 섹스 장면은 회화처럼 세심하게 구성되어 있으며 환원 불가능하게 환상적인데 이는 이 장면들이 '비실재'여서가 아니라 그것들의 연출과 일관성이 환상에 의존하기 때문이다. 캐서린 밸러드가 격납고에 있는 첫 장면은 환상적인 시나리오를 연출한 것임이 꽤 분명해 보인다. 잠시 후에는 이 장면을 설명하는 장면이 나오는데, 이렇게 설명을 경유함으로써 첫 장면은 우리가 영화에서 처음으로 보게 되는 캐서린과 제임스의 성적 접촉의 환상적 보충물로도 기능한다. 섹스의 '그것'이란 없으며, '그것'이 생겨나는 육욕적이고 적나라하며 정의 가능한 순간도 없고, (역설적이게도) 팽창한 동시에 연기된 하나의 고원〔안정 상태〕plateau이 있을 뿐이다. 여기서는 어떤 삽입보다도 말과 기억이 더 강력하게 반향을 일으킨다.

『크래시』는 헬무트 뉴턴에게 크게 빚지고 있다. 종종 뉴턴의 이미지들에 숨을 불어넣어 그것들이 스스로 움직이게 만든 것처럼 보일 정도다. 아니,『크래시』의 몸들이 뉴턴의 산 마네킹들이 간직한 무생물에 가까운 고요함에 도달해 있다고 말하는 편이 더 나을지도 모르겠다. 밸러드가 뉴턴을 "우리의 가장 위대한 시각 예술가"로,[6] 미술계에서 공식적으로 활동하고 있는 범부들을 부끄럽게 만드는 시각을 보유한 초현실주의적 이미지 메이커로 여겼다는 점에서 크로넨버그가 뉴턴의 영향을 드러낸 것은 실로 적절하다. 밸러드가 쓰길 "뉴턴의 작품에서 우리는 도시 존재라는 새로운 종을 본다. 이들은 새로운 인간적 프런티어에서 살아가는데 이 프런티어는 모든 열정이 지출되고 모든 야심이 충분히 충족되는 곳, 또 가장 깊숙한 감정들이 마리엥바드보다도 더 수수께끼 같은 영토로 옮겨 가는 것처럼 보이는 곳이다".[7]

크로넨버그는 『크래시』에 등장하는 "도시 존재라는 새로운 종"의 미래 섹슈얼리티를 부정적으로 언급하곤 한다.

『크래시』가 난해하거나 당황스러울지도 몰라요. 그런 인상을 받게 되는 원인 가운데 일부는, 즉 이 작품의 SF스러움은 미래의 병리적 심리를 밸러드가 선취했다는 사실에서 유래합니다. 그 심리는 현재 발달 중이지만 밸러드는 그것을 선취해 과거—즉 현재—로 가져왔고 그것이 이미 완전한 상태로 실존하는 듯이 활용했어요.

따라서 밸러드 부부의 결혼 생활은 애초부터 기능 문제를 안고 있었다고 이해해야 한다.

검토 중이던 몇몇 배급사에서 말하더군요. "시작 부분에선 부부가 더 정상인이어야 해요. 그래야 이들이 어디서부터 잘못되는지

---

6 1999년의 한 인터뷰에서 밸러드는 이렇게 말한다. "그는 극히 풍부한 상상력으로 이 세계를 창조했습니다. 제가 생각하기엔 지구상의 그 어떤 다른 구상 미술가도 그에게 견줄 수 없어요. 저는 뉴턴이 오늘날 활동 중인 구상 미술가 중 가장 훌륭하다고 생각합니다. 그가 달성한 창조적 업적에 조금이라도 근접한 사람은 아무도, 그 어디에도 없다고 봐요."

7 Ballard, "The Lucid Dreamer", Bookforum, 1999.

우리가 알 수 있으니까요." 달리 말하면 『위험한 정사』1987
같아야 한다는 뜻이었어요. 반려 강아지와 토끼를 기를 수도
있고 아이 하나를 키우고 있을지도 모르는 더없이 행복한 커플이
주인공인데 뜻밖의 자동차 사고로 끔찍한 인간들과 부대끼게
되면서 어딘가 잘못되어야 한다는 거죠. 저는 말했습니다.
"그러면 안 되죠. 이 부부에게는 바로 *지금* 끔찍한 무언가가
있거든요. 이들이 이어지는 상황에 쉬이 빠져드는 것도 이
때문이고요."[8]

그렇지만 『크래시』에서 밸러드 부부의 "병리"는 묘하게
건강하며, 이들의 결혼 관계는 적절히 적응한 도착성의 모델로도
손색없다. 이들의 섹슈얼리티는 유토피아적인 섹슈얼리티로,
성적 접촉에서 모든 감성을 제거하고 재생산이라는 준거를
아예 벗겨 내며 그 어떤 죄책감도 수반하지 않는다. 밸러드
부부의 결혼 관계가 대면 섹스를 결여하고 있는 것은—다시
한번 말하지만 크로넨버그는 이를 부정적으로 언급하는 경향이
있다. 파트너들이 조화롭게 하나가 되는 건전한 대면 섹스의
일탈이라는 듯이 말이다—성적 관계란 존재하지 않는다는 사실을
이들이 인식하고 있음을 가리킨다. 하지만 직접적 관계의 결여,
그 어떤 성적 접촉이건 환상을 경유해야 한다는 점에 대한 인정은
밸러드 부부의 결혼 관계가 봉착한 난관이긴커녕 이들이 벌이는
에로틱한 모험 전체의 기초다. 밸러드 부부의 결혼 관계를 『아이즈
와이드 셧』1999에 나오는 하퍼드 부부의 관계와 비교해 보자.
하퍼드 부부의 관계는 교착 상태에 빠져 있다. 앨리스의 환상을

---

8   Chris Rodley ed., *Cronenberg on Cronenberg*, Faber and Faber, 1997,
p.194를 보라.

유지하거나 그 환상에 대처하는 데 빌이 실패하니 말이다. 그리고 이는 타인들과의 성적 접촉을 저희의—무감정하고 평온하며 몽상적인—섹스를 위한 자극제로 활용하는 밸러드 부부와 선명하게 대비된다. 앨리스가 자신의 환상들을 상세히 밝히자 빌이 분개한 반면, 밸러드 부부의 결혼에서 섹스는 말하고자 하는 '여성적' 충동에 좌우된다. 이야기로 만들어 자세히 설명하기 위해 그 모든 물리적 접촉이 필요한 것처럼 보일 지경이다.

『크래시』에서 가장 도발적인 부분은 세차장 장면이다. 제임스는 백미러로—크로넨버그의 각본에서 묘사되길—"크롬 재질의 침실에서 성 관계를 맺는 두 반금속 미래 인간에 가까운" 캐서린과 본을 바라본다. 영화의 진정한 스타인 데버라 엉거가 이 대목에서 특히 인상적이다. 일종의 고양잇과 자동 장치인 그는 "머리칼로, 자잘한 몸짓으로, 고갯짓으로 연기하면서 미세한 감정들의 변화를 고지한다".[9]

여기서 누가 누굴 이용하고 있는가? 세 인물 모두 서로를 이용한다. 캐서린과 본의 접촉은 제임스를 자극한다. 마찬가지로 자신과 본을 제임스가 지켜보고 있다는 생각이 캐서린을 자극한다. 본은 커플을 제 리비도 실험의 대상으로 이용하는 반면 밸러드 부부는 결혼 관계의 셋째 인물로 본을 이용한다. 욕망의 미장 아빔…

이는 상호 지배라는 악몽이긴커녕 크로넨버그/밸러드의 성적 유토피아, 칸트가 제시한 목적들의 왕국에 대한 도착적 대응물이다. 칸트는 모든 사람이 그 자체 목적으로 대우받는 이 왕국을 이상적인 윤리 공동체로 여겼다. 그는 자신의 윤리학에서 출발해 섹스에는 내재적으로 문제가 있다고 추론한다. 성교를 맺으면 타인을 이용

---

9   Iain Sinclair, *Crash*, BFI Film Classics, 1999.

대상으로 대하게 되기 때문이다. 섹스가 정언 명령—그 한 판본은 타자를 결코 목적을 위한 수단으로 대하지 말라고 주장한다—과 합치되려면 결혼 관계가 전제되어야 한다. 결혼 관계에서는 쌍방이 상대의 신체 기관을 이용하기로 계약 맺으니 말이다.

여기서 욕망은 단순 전유의 견지에서 이해된다(이 등가성은 칸트가 사드와 조화를 이루는 또 다른 지점이다). 하지만 칸트—그리고 그를 따르면서 '대상화'를 이유로 포르노그래피를 규탄하는 이들—는 우리의 가장 깊은 욕망이 한 명의 타자를 소유하는 것이 아니라 타자들에게 대상화되는 것임을, 그들의 환상 속에서/환상으로서 이용되는 것임을 알아차리는 데 실패한다. '욕망은 타자의 욕망'이라는 유명한 라캉적 정식의 의미 하나가 바로 이것이다. 완벽한 에로틱 상황은 타자에 대한 지배도, 타자와의 융합도 수반하지 않을 것이다. 차라리 그 상황은 내가 대상화하길 원하는 누군가에게 또한 대상화되는 것으로 구성되리라.

당연하게도『크래시』는 섹스에서 성기 중심성을 탈각함으로써 자허-마조흐와 뉴턴을 따른다. 미장센 차원에서 리비도는 고기에 투자되는데, 고기의 매력은 고상한 비유기체와—자동차만큼이나 옷과—인접해 있다는 사실에서 거의 전적으로 비롯한다. 겉모습을 차갑고 잔인하게 세련화하는 글램을 실재에 열정을 바치는 하드코어와 차별화해 주는 것이 바로 옷이다. 수트, 드레스, 신발이 없다면, 모피, 가죽, 나일론이 없다면 포르노그래피는 정육점 창문 너머로 보이는 고기나 다름없을 것이다. 뉴턴은 밸러드에게 "크로넨버그의『크래시』를 사랑"하지만 하나가 거슬렸다고 말했다. 그가 속삭이길 "드레스들이 끔찍했어요". 나는 이 말이 데니스 크로넨버그의 우아한 의상 선정에 지나치게 모질다는 인상을 받았다(반면 조너선 와이스 판『잔혹 행위 전시회』1998의 주된 문제

하나는 정확히 의상이 형편없다는 것이다).『크래시』는 고급 패션 잡지들에서 힌트를 얻었다. 사치스럽도록 예술연하기로는 순수 미술보다 한 수 위며 일탈적인 에로티시즘으로 가득하기로는 하드코어 포르노도 저리 가라 할 정도인 잡지들 말이다. 자허– 마조흐나 밸러드—최고로 글래머러스한 패션 사진 못지않게 예술적으로 연출된 환상을 지녔던 두 사람—에 비견할 만한 오늘날 누군가가 각본을 쓰고 디올이나 샤넬의 후원을 받는 포르노그래피를 제작하기란 불가능한 일일까?

환상 키트들
스티븐 마이즐의 「비상 사태」

몇 주 전에 나는 "자허-마조흐나 밸러드—최고로 글래머러스한 패션 사진 못지않게 예술적으로 연출된 환상을 지녔던 두 사람—에 비견할 만한 오늘날 누군가가 각본을 쓰고 디올이나 샤넬의 후원을 받는 포르노그래피를 제작"하는 것이 가능하겠냐는 질문을 던졌다.[1] 『보그』에 발표한 스티븐 마이즐의 사진은,[2] 마이크 피기스가 찍은 서글플 정도로 밋밋한 아장 프로보카퇴르〔영국의 란제리 기업〕홍보 영상보다 훨씬 더, 그런 포르노그래피가 구상 가능하다고 제안한다.

「비상 사태」는 미술이 버리다시피 한 역할을 고급 패션이 이어받고 있음을 다시 한번 보여 준다. 많은 순수 미술이 '실재에 대한 열정'에 무릎 꿇은 반면 고급 패션은 **겉모습과 환상**의 최후 보루로 남아 있다.

리얼리티 미술이 소재로 이용하는 쓰고 난 탐폰과 유리 탱크에 잠긴 동물은 끽해야 경험적인 것의 트레이싱을 제공할 따름이다. 그런 작품들의 별난 전기주의biographism는 무의식이라곤 드러내지

＊　"Fantasy Kits: Steven Meisel's 'State of Emergency'", Guest post on Ballardian, 25 September 2006, http://www.ballardian.com/fantasy-kits-steven-meisels-state-of-emergency.

1　"Let Me Be Your Fantasy", k-punk, 27 August 2006, http://k-punk. abstractdynamics.org/archives/008304.html〔이 책 88~96쪽〕.

2　"State Of Emergency" editorial, *Vogue* Italia, September 2006. Photographer: Steven Meisel. Model: Hilary Rhoda & Iselin Steiro, https://trendland.com/state-of-emergency-by-steven-meisel/.

않는다. 반면 우아하게 연출된 마이즐의 사진은 최상의 초현실주의 회화 작품에 견줄 만한 양가성으로 가득하다. 그것들은 불편함을 야기하지만 또 그만큼 자극을 불러일으키는데 그 까닭은 서로 갈등을 빚는 우리의 태도들, 인정되지 않는 우리의 리비도적 공모들을 되비추기 때문이다(이런 측면에서 이 사진들은 아메리칸 익스프레스 레드 캠페인[3] 전면에 활용되는 한없이 착취적인 이미지와 선명한 대비를 형성한다. 이 캠페인은 최근에 우세한 이데올로기 성좌의 좌표들에 속 편히 의미의 닻을 내리고 있을 따름이다).

미술 작품으로 재분류되면 마이즐의 『보그』 사진들은 필시 "폭력과 테러 같은 **관념들과 벌이는 협상**"—미술 비평에서 너무나 낯익은 뮤작muzak[4] 표현—으로 묘사될 것이다. 하지만 고급 패션을 찍은 탓에 이 사진들은 마찬가지로 너무나 낯익은 자유주의적 비난에 맞닥뜨린다. 조애나 버크는 『가디언』 기고문에서 "보안 요원들이 남성도 아니고 무슬림은 더더욱 아닌 한 개인에게서 우리를 보호한다는 식으로 연출된 것은 결코 우연이 아니다"라고 불평한다.[5] 이미지들에 **정말로** 무슬림 남자가 등장했다면, 그랬다면 버크는 그편을 더 선호했을까?

이어 버크는 이렇게 말한다.

3　"My Card: My Life: Comments on the AMEX Red Campaign", k-punk, 4 September 2006, http://www.any-body.org/anybody_vent/2006/9/4/ my-cardmy-life-your-comments.html을 보라. 〔옮긴이〕이 글은 이후에 번역 출간될 이 책 4부에 수록되어 있다.

4　〔옮긴이〕뮤작은 상점이나 백화점, 호텔 등의 공간에서 틀어 놓는 음악을 가리킨다. 자극이나 관심을 끌지 않고 공간에 들어선 사람에게 편안함을 주는 것이 주된 기능이다.

5　Joanna Bourke, "A Taste for Torture?", *Guardian*, 13 September 2006, https://www.theguardian.com/artanddesign/2006/sep/13/photography. pressandpublishing.

대신에 테러 위협을 가하는 건 비현실적인 어느 여자다. 보안
요원과 대비를 이루도록 묘사될 때 이 여자는 인간적인 것의 영역
너머에 자리 잡는다. 피부는 플라스틱 마네킹 같으며 몸매도
너무나 완벽하다. 고통스러워하며 찡그릴 때조차도 그렇다.
공격자로 묘사될 때 이 여자 모델은 허다한 사춘기 소년의
몽정에 등장하는 남근적인 여자 주인dominatrix에 지나지 않는다.
어느 경우든 사진의 아름다움은 폭력과 굴욕 행위를 에로틱한
가능성으로 변형한다.

다시 묻자. 버크는 뭘 선호할까? 보안 요원이 '진짜처럼 보이는'
여자들을 거칠게 대하는 모조 스너프? 환상적인 것에 버크가
보이는 적개심은 보안 요원들이 "비현실적인" 여자들에게 가하는
공격에 의해 기이하게 배가된다. 그리고 "비현실적인 여자"를
너무나 현실적인 무슬림 남성으로 대체하는 것에 대관절 무슨
의미가 있을까? 존재론적 층위들의 뒤섞임—현실의 행위자들을
한스 벨머의 인형 작품 같은 패션 모델의 밀랍형 인공성과 결합하는
것—은 우리에게 무엇을 말해 주는가? 이 사진들이 우리를
매혹하는 동시에 불안하게 만드는 까닭은 이런 질문들에 시원하게
답할 길이 없기 때문이다.
말할 것도 없이 마이즐의 사진은 폭력과 굴욕에서 에로틱한
가능성을 정말로 찾아내지만 이는 "변형"보다는 재발견에 가깝다.
사드 이후 200년, 바타유와 자허-마조흐 이후 100년이 지났지만
에로티시즘이 폭력이나 굴욕과 분리 불가능함을 공개적으로
인정하는 무엇이든 그 어느 때보다 더 용인되지 못하는 것처럼
보인다. 쟁점은 어찌해야 '건전한' 섹슈얼리티에서 폭력을 몰아낼
수 있는지가 아니라 어찌해야 섹슈얼리티에 내재하는 폭력을
승화할 수 있는지다. 마이즐의 사진들—주 독자층이 '사춘기

남성'이 아니라 여자인 잡지에 발표되었음을 기억하자―은 그런 승화를 일으키는 '환상 키트들'로, 시나리오, 역할극의 배역, 잠재적인 환상적 동일시를 제공해 준다.

「비상 사태」는 『잔혹 행위 전시회』가 충격을 가하는 역량을 유지하고 있을 뿐 아니라 그 어느 때보다 불온함을 증명한다. 포스트모던 이미지 문화의 공공연한 성애화와 강제적인 음탕함은 이 문화가 에로틱한 것을 연출하는 방식이 본질적으로 고루하다는 사실을 놓치게 만든다. 『유혹에 대하여』에서 보드리야르가 논하듯 오늘날 문화의 현실 원칙으로 기능하는 것은 생물학화된 섹스다. 이제 모든 것이 섹스로 환원 가능하며 섹스는 단순히 고기 역학meat mechanics의 문제다. 우리 시대는 냉소주의와 경건함의 시대로, 사이먼이 「비상 사태」에 대한 자신의 첫 글에서 시사했듯[6] 이 시대는 밸러드가 탐사한 바 있는 에로티시즘, 폭력, 셀러브리티의 등가성에 점잔 빼면서도 음탕하게 저항한다.

전시회장에 들어선 트래비스는 베트남과 콩고에서 자행된 잔혹 행위가 엘리자베스 테일러의 '대안적인' 죽음에서 모방되는 것을 본다. 그는 죽어 가는 영화 스타를 유심히 살피고는 바람이 과하게 들이닥치는 런던 힐튼 호텔 베란다들을 떠올리며 테일러의 구멍 뚫린 기관지를 에로틱한 상상의 대상으로 삼는다.[7] 그는 새들의 군주인 막스 에른스트 꿈을 꾼다.[8]

---

6 Simon Sellars, "JGB's Sinister Marriage", Ballardian, 14 September 2006, http://www.ballardian.com/jgbs-sinister-arriage.

7 〔옮긴이〕 엘리자베스 테일러는 1961년 중증 폐렴에 걸려 기관 절개술을 받았다. 1990년에 출간한 『잔혹 행위 전시회』 개정판(이에 관해서는 106쪽 주 8 참조)의 한 주석에서 밸러드는 테일러가 폐렴에 걸린 시기에 『클레오파트라』 촬영 중이었고 힐튼 호텔에서 지냈다는 사실을 언급한다.

9월 11일과 아부 그라이브의 잔혹 행위가 패리스 힐튼의 대안적인 죽음에서 모방되는 것을 상상하기란 훨씬 용인되기 어렵다는 인상을 준다. 왜냐하면 오늘날의 경건함은 60년대는 할 수 없었던 방식으로 제 잔혹 행위들을 신성화해 왔기 때문이다. 『잔혹 행위 전시회』에서 네이선 박사가 상기한 것, 즉 무의식의 층위에서 "케이프 케네디와 베트남의 비극들은〔…〕우리가 그것들에 할당한 것과는 매우 다른 역할을 수행할지도 모른다"는 지적은 극도로 시의적절하다(버로스가 『잔혹 행위 전시회』「서문」에서 우리에게 말해 주었듯 "설문 조사들은 몽정이 많은 경우 명시적인 성적 내용과 관계가 없는 반면 명시적인 성적 내용을 담고 있는 꿈은 많은 경우 오르가슴으로 이어지지 않음을 보여 준다"). 끔찍한 아부 그라이브 사진들이 *이미* 강도 높게 에로틱화되어 연출되었으며 그 시나리오가 싸구려 미국 포르노그래피에서 파생되었다는 데는 의심의 여지가 없다. 사랑과 네이팜, 미국의 수출품.[9] 정말이지 그렇다. 아부 그라이브 이미지들이 깊은 갈등을 겪고 있는 미국 문화—종교적 도덕주의를 과잉 성애화된 상업과 결합하며, 대규모 폭력 취향을 통해서만 단결을 이루는—에 그토록 큰 트라우마를 남긴 부분적인 이유는 그것들이 공식 문화가 의존하는 동시에

8　J. G. Ballard, *The Atrocity Exhibition*, Jonathan Cape, 1970, p.12.

9　〔옮긴이〕『사랑과 네이팜: 미국의 수출품』Love and Napalm: Export USA은 『잔혹 행위 전시회』의 미국판 제목이다. 『잔혹 행위 전시회』 미국판은 영국판과 마찬가지로 1970년에 출간될 계획이었고 출판사는 더블데이Doubleday였다. 하지만 더블데이는 이 책이 일으킬 논란(특히 로널드 레이건 관련 내용)을 우려해 인쇄까지 마친 뒤 전량을 폐기했다. 그러다 검열에 대한 투쟁으로 명성 높던 그로브Grove 출판사가 1972년에 이 책을 출간했고, 그 과정에서 출판사의 제안을 따라 제목을 『사랑과 네이팜: 미국의 수출품』으로 바꾸었다. 밸러드 자신은 제목 변경을 원하지 않았다고 한다. 이 미국판에는 윌리엄 버로스의 「서문」도 수록되었다(음란물 혐의로 법정 공방까지 간 버로스의 『네이키드 런치』를 펴낸 출판사도 그로브였다).

반드시 억압해야 하는 군사적 개입과 성적 굴욕의 동일함을
폭로했기 때문이다.

『잔혹 행위 전시회』나「비상 사태」와 흥미로운 비교 대상이 될
만한 작품으로 마사 로슬러의 콜라주 시리즈인「전쟁을 집으로
불러들이기」Bringin the War Home, 1967~1972가 있다.[10] "60년대
도상학: LBJ〔린든 B. 존슨〕의 음경 포피 같은 코, 추락한 헬리콥터들,
랠프 네이더의 외음부, 드랙 차림의 아이히만, 뉴욕에서 벌어진
어느 해프닝의 클라이맥스 즉 죽은 아이." 전형적으로 『잔혹 행위
전시회』양식인 이 문단은 가정을 찍은 장면들 사이에 전쟁과 잔혹
행위 장면이 불쑥 끼어드는 로슬러의 이미지들에 붙인 주석이라
할 만하다. 하지만 밸러드와 달리 로슬러는 논쟁을 일으킨다는
뚜렷한 목표에 입각해 초현실주의적인 병치를 시도했다.「비상
사태」와 유사하게 『잔혹 행위 전시회』에는 해독 가능한 의도라곤
없다. 밸러드와 마이즐의 작업에서 몽환적인 병치들은 미디어화된
무의식이 만들어 내는 대체와 생략 들에 대한 중립적 재–현으로
이해되어야 하는 것처럼 보인다.

마이즐의 환상 키트들, 암시적이고 불가사의한 것으로 남는 이
키트들의 서사는 밸러드가 미래에 어떻게 각색될지를 시사해 준다.
조너선 와이스가 영화로 각색한 『잔혹 행위 전시회』의 문제 하나는
소설의 파편적인 양식을 장편 영화의 지속—체험된 시간—에
종속시킨다는 것이다.[11] 아마 영화에서 가장 성공한 부분은 정지한

---

10   MOMA profile of Martha Rosler, https://www.moma.org/artists/6
832?=undefined&page=1&direction=를 보라.

11   와이스 영화에 대한 밸러디언의 리뷰를 보라, http://www.
ballardian.com/weissatrocity-exhibition-review.〔옮긴이〕'밸러디언'은
밸러드 전문가인 사이먼 셀러스가 만든 밸러드 관련 블로그다. 이 블로그는
2021년에 운영을 중단했고 셀러스는 자신의 홈페이지를 따로 운영 중이다.

이미지들 위에 밸러드 텍스트가 읊조리듯 낭독되며 깔리는 처음 몇 순간일 것이다. 크리스 마커의 『환송대』1962(당연히 밸러드가 흠모한 영화)를 연상시키는 이 부분이 성공적이라고 볼 수 있는 부분적인 이유는 『잔혹 행위 전시회』의 박자를 결정한 것이 이 소설이 묘사하고 전유한 초현실주의 회화들의 깊은 고요함—이 회화들에서 볼 수 있는 시간이 제거된 해변—이기 때문이다. 『잔혹 행위 전시회』의 가장 성공적인 각색은, 정확히, 하나의 전시회가 될 것이다. 사진만이 아니라 뉴스 영화 장면, 남성용 샌들, 다이어그램, 회화와 공책으로 구성된 전시. 그리하여 관람자-참여자는 이 환상 키트들을 가지고 저만의 서사를 조립해야 할 것이다.

J. G. 밸러드의 암살

그들은 밸러드를 다시 살해하길 원한다. 다만 이번에는 앞뒤가 맞는 방식으로.[1] 영국인은 무언가를 살해하는 최고의 방법을 안다. 때로는 동화assimilation가 가장 효과적인 암살assassination 방법이다.[2]

"이것들로 암살 무기를 만든다는 건가요?"[3]

하여 여기 그들이 돌아왔다. 온갖 낯익은 프로필, 온갖 오래된 일상. 밸러드의 글과 그의 라이프 스타일 및 페르소나 사이의 차이라고 가정된 것들을 두고 지겹도록 반복된 온갖 사색. 겸양 떠는 척하지만 실은 우월감을 표명하는 센트럴 런던의 온갖 전문가. 그들은 이렇게 말한다. 그는 셰퍼턴에 살았고[4] 타이를 매고 진을 마셨지만 이런 착상들을 떠올릴 줄 알았지—*상상해 봐*.

---

* "The Assassination of J.G. Ballard", Ballardian, 28 April 2009, http://www.ballardian.com/rip-jgb-tributes-from-theballardosphere-part-4.

1 〔옮긴이〕 이는 『잔혹 행위 전시회』의 셋째 글 「암살 무기」The Assassination Weapon에 나오는 문장에서 '케네디'를 '밸러드'로 바꾼 것이다.

2 〔옮긴이〕 밸러드는 2009년 4월 19일에 사망했고, 25일에는 소설가 마틴 에이미스가 밸러드를 회고한 「외부 우주에서 내면 공간으로」를 『가디언』에 기고했다. 28일에 사이먼 셀러스의 '밸러디언'에 올라온 피셔의 이 글은 에이미스의 기고문을 겨냥하고 있는 것 같다. 『가디언』 글에서 에이미스는 밸러드의 작품 세계를 개괄하는 한편 그가 교외 지역에서 꾸린 (생활인 및 아버지로서의) 평범한 삶을 조명하는데, 이하에서 피셔가 비판하는 대목들이 이와 관련되어 있다. 그러므로 다음 문단에 등장하는 "그들"은 밸러드 같은 작가의 전복성을 영국 문학에 "동화"시키고자 하는, 그럼으로써 "효과적인 암살"을 기도하는 일군의 영국 문학인을 가리킨다고 볼 수 있다.

3 〔옮긴이〕 이 역시 「암살 무기」의 문장이다.

잉글랜드 교외 지역이 초현실주의로 들끓고 있는 것이 명백한
사실이 아니라는 듯이.『물에 잠긴 세계』나『잔혹 행위 전시회』를
청바지 차림의 누군가가 지었다고 잠시나마 생각할 수 있다는 듯이.
밸러드는 또 다른 미국의, 또 다른 1960년대의 지도를 그렸고,
로큰롤과 그 치장들의 쾌락 원칙을 넘어서 있었다(포스트펑크가
로큰롤을 의도적으로 잊고 전자 음악이 록의 격정 체제를 벗어나 한층
차가운 기계-에로틱함을 추구했을 때 밸러드가 그토록 필수적일
수밖에 없었던 이유 중 하나가 바로 이것이다). 밸러드의 작업이
여느 부르주아의 작업과 별반 다르지 않다고 착각해도 무방하다는
듯이―밸러드는 작업을 통해 자신의 계급, 늘 얼마간 거리를 둔
덕분에 특별한 통찰력을 보일 수 있었던 이 계급의 정신 병리들에
스스럼없이 집착해 왔다(그러므로 여기에 키스 탤런트[5]는 없으며
정도를 벗어난 전문가의 장광설만이 있다).

당신: 코마: 다이애나 세자빈[6]

문화적 인물을 이른바 영향력이나 유산을 기준으로 평가하는
것은 지독히 포스트모던한 틱이다―클랙슨스[7]에게 영감을 준 게

---

4 〔옮긴이〕밸러드는 1930년에 상하이에서 태어나 1946년에 영국에
왔고, 1956년에 런던으로 옮긴 뒤 1960년에 셰퍼턴에 정착해 사망할 때까지
거의 50년간 그곳에 살았다. '셰퍼턴의 선지자'로도 불리며 그의 셰퍼턴
이주를 런던 문학계에 대한 전복 혹은 도착의 은유적 표현으로 해석하는
경우도 있다. 한편 도시에 적대적이면서도 매혹을 느꼈던 밸러드 자신은
런던이 기본적으로 19세기 도시며 교외 지역이 훨씬 흥미롭다는 의견을
피력한 바 있다.

5 〔옮긴이〕마틴 에이미스의 소설『런던 필즈』등장 인물 중 하나.
좀스러운 사기를 치며 살아가는 노동 계급으로 다트에 소질이 있음을
알아차리고 다트 챔피언을 꿈꾼다.

6 〔옮긴이〕이는『잔혹 행위 전시회』의 넷째 글「당신: 코마: 메릴린
먼로」에서 '메릴린 먼로'를 '다이애나 세자빈'으로 바꾼 것이다.

대단한 공적이라도 된다는 듯이. 밸러드가 중요한 까닭은 최근
상황에서 그의 작업에 견줄 만한 것이 등장할 수 있으리라고는
상상조차 할 수 없기 때문이다. 자신의 가장 중요한 작품인『잔혹
행위 전시회』에 붙인 1989년의 '주석' 하나에서 분명히 밝혔듯[8]
밸러드는 팝 시대의 메타 심리학자였고, 그의 감성은 셀러브리티와
과잉 진부함을 평평하게 융합하는 **리얼리티** 시대와 어울리지
않았다.

1960년대에 사적 환상과 공적 환상이 유례없는 충돌을 빚었고,
그런 충돌이 반복되는 것을 보려면(그런 날이 온다면) 몇 년을
기다려야 할지도 모른다. 할리우드라는 공적 꿈이 처음으로 과잉
자극된 TV 시청자의 사적 상상과 통합되었다.『잔혹 행위 전시회』
후속작을 쓰라고 권한 사람도 있지만 우리가 유명함을 지각하는
방식이 바뀌어 버렸다—나는 메릴 스트립이나 다이애나
세자빈을 다루는 글을 상상할 수 없고, 마거릿 대처의 의심할 바
없는 불가사의함은 그가 스스로 구축한 페르소나의 설계 결함을
반영하는 듯이 보인다. 세 사람을 소재 삼아 기계적으로 성적
환상을 만들 수도 있겠지만 그런 상상력은 곧 시들고 말 것이다.
〔엘리자베스—피셔〕테일러와 달리 이들은 아무런 빛도 발하지
않는다.〔…〕셀러브리티의 진부화라 할 만한 현상이 발생한

---

7 〔옮긴이〕잉글랜드 밴드 클랙슨스는 2007년에『근미래의
신화들』이라는 데뷔 앨범을 발매했다. 이 제목은 동명의 밸러드 단편에서
가져온 것이며, 그 외에도 이들은 일부 노래 제목과 가사에서 밸러드, 버로스,
핀천 등의 구절을 인용했다.

8 〔옮긴이〕『잔혹 행위 전시회』는 1970년에 초판이 출간되었으며
1990년에 일러스트를 더하고 각 장 말미에 주석annotation들을 덧붙인
개정판이 나왔다. 1989년이라는 피셔의 언급은 착오 아닐까 싶다.

것이다. 이제 우리 앞에 있는 것은 즉석 명성이다. 딱 즉석 조리 수프만큼 영양가 있는 명성.[9]

밸러드의 60년대를 개시한 사건은 케네디 암살이었다. 지금 우리가 살아가는 미디어 환경—밸러드가 말한 정동의 사망이 합의적 감성consensual sentimentality에 의해 오랫동안 은폐된—을 정초한 사건은 1997년 자동차 추돌로 인한 다이애나 세자빈의 사망이었다. 나중 소설들에서 밸러드는 이케아 정신병과 쇼핑 채널 카리스마파로 이루어진 이 몰 세계mall-world를 파악하려 시도했지만, 이 소설들은 엘리자베스 테일러와 로널드 레이건으로 대표되는 60년대 텔레비전-영화적 아케이드들과 그의 마주침에 비견할 만한 전율을 결코 생산하지 못했다. 이 시기에 그는 소설보다 인터뷰와 여타 글에서 예리함을 발휘했다. 소설들에서 그는 쇼핑 센터와 익명의 비장소 들이 21세기의 본래적인 풍경임을 알아차렸지만, 브루탈리즘 양식으로 지어진 60~70년대의〔역이나 공항 등의〕중앙 홀과 고층 건물을 자신이 신화화했던 것과 동일한 방식으로 이 과잉 진부함의 지형을 시적으로 형상화하지는 못했다.

펄프 모더니스트 마구스

무언가를 파괴하고 싶을 때 마틴 에이미스를 파견해 찬양하도록 주문하는 것보다 좋은 방법이 있을까? 에이미스와 세련된 영국 문학계에 속한 그의 추종자 및 벗 무리가 수공예품처럼 조탁한 문장으로, 섬세하게 조형된 인물로, 우려 섞인 사회적 논평으로 '좋은 작가' 반열에 오른 반면 밸러드는 결코 그런 식의 좋은 작가가

---

9   J. G. Ballard, *The Atrocity Exhibition: Annotated Edition*, Flamingo, 1993, p.17.

아니었다. 『잔혹 행위 전시회』의 의의는 그가 1964년에 쓴 버로스 프로필에서 이미 제기한 바 있는 이 범속함 기계를 노후화했다는 데 있다.

> 전통적인 구술 소설의 양식적 관습들을 사용하는 것—순차적인 서사, '중심에 위치한' 인물들, 잇따른 사건, '그는 말했다'와 '그녀는 말했다'에 덧붙는 대화 풍선—은 콘래드식으로 위대한 도전을 제기한 시기나 과도하게 형식화된〔헨리〕제임스적인 사회에 이상적으로 들어맞는 일련의 관습을 영속화하는 것이다. 그렇지만 이제 이런 관습은 잠자리에서 읽는 이야기나 우화 정도의 가치밖에 없다.[10]

그런데 최상의 작품들에서 밸러드가 구사한 전략은 그를 찬미한 동시에 전유한 이언 싱클레어의 전략과도 달랐다. 싱클레어가 대중 문화에서 가져온 소재를 불투명하고 모호하며 밀폐된 무언가로 변형한 반면 밸러드는 일종의 펄프 모더니즘을 혁신했다. 고급 모더니즘의 기법과 대중 소설의 리프가 서로를 강화하게 함으로써 그는 고급 문화의 반계몽주의와 중간 문학의 포퓰리즘을 동시에 피할 수 있었다. 밸러드는 콜라주가 20세기의 위대한 미술 형식이었으며 미디어화된 무의식이 일종의 콜라주 미술가임을 이해했다. 그렇다면 과연 어디에 밸러드의 21세기 계승자들이, 그가 60년대에 조립한 허구–키트들을 새로운 유형의 허구를 위한 다이어그램과 청사진으로 이용할 수 있는 이들이 있을까?

---

10   Ballard, "Myth-Maker of the 20th Century", *New Worlds*, 142, 1964.

잘 시간이 없다. 일해야 하니까.

언제나 환한.

창문에 댄 이마, 떠오르는 해—

아래에선 병력이 거리에 모이고 있었다. 낭랑한 목소리의 홍위병:

구사대, 구사대, 구사대—

사우스 요크셔 사회주의 공화국의 새벽 코러스.

커피 한 잔 더, 아스피린 한 알 더

― 데이비드 피스, 『GB84』[1]

데이비드 피스의 『GB84』는 줄지어 고속 도로 휴게소를 밝히는 형광등만큼이나 삭막하고 비정한 산문으로 타이핑되었다.

그가 '레드 라이딩 4부작'으로 연마한 가혹한 표현주의 리얼리즘은 『GB84』의 소재인 1984~1985년 광원 파업과 완벽하게 어울리는 도구다. 앞으로 셈해 나가는—1974, 1977, 1980, 1983—4부작은 운명의 날에 점점 접근하는 듯 보이지만 『GB84』의 제목이 나타내는 그날에 결코 도달하지 못한다.[2] 그리고 여기서 우리는 뒤로 셈해 돌아간다. 『GB84』는 "역순으로 구상한 전후 3부작의 마지막 권이다. 이 3부작에는 윌슨 타도 음모와 그에 이은

＊ "A World of Dread and Fear", k-punk, 13 September 2005, http://k-punk.org/a-world-of-dread-and-fear/.

1　David Peace, *GB84*, Faber & Faber, 2004.

2　〔옮긴이〕레드 라이딩 4부작의 첫 두 권인 『1974』와 『1977』은 번역되어 있다(김시현 옮김, 문학동네, 2020).

대처의 부상을 다룬 『UKDK』와 아마도 애틀리 내각을 다루게 될 다른 한 권이 포함될 것이다".[3] 고딕 범죄에서 **정치적** 고딕으로…[4]

지독히 당파적인 이 소설은 주문으로 끝난다. "영년이다." 하지만 파업과 책 모두를 종결하는 1985년은 무언가가 시작한 해 혹은 소설의 '우리'가 가능성을 확보한 해와는 거리가 한참 멀었다(사실 저 '우리' 즉 집단적인 프롤레타리아 주체의 실존 자체가 그때 의문의 대상이 되었다. 하지만 그와 동시에 『GB84』는 피스의 소설 중 처음으로 어떤 식으로든 집단 주체의 가능성을 제시한 작품이다. 반면 인물들은 그의 다른 소설과 비슷하다. 이들은 유아론적으로 홀로고, 오직 폭력으로만 연결되며, 이들이 유일하게 공유하는 기획은 위장이다). 반대로 파국적인 참패를 경험한 해였고, 패배의 규모를 가늠하는 데는 10년이 넘게 걸렸다(이 패배가 등록되고 최종적으로 분명해진 건 아마 12년 후의 신노동당 선거였을 것이다).

지금 우리는—그렇다고 해서 소설의 현재적 긴장〔현재 시제〕에 들어설 수는 없지만—당시의 파업이 실패한 프롤레타리아화와 관련된 것이었음을 안다. 소설이 기술하는 사건들 이후 닥쳐온 것은 파편화, 소수만이 누린 새로운 기회, 다수가 겪은 실업과 불완전 고용이었다. 60년대 말에서 70년대 초에 아서 스카길이 대단히 성공적으로 도입한 (그리고〔보수당 출신〕에드워드 히스 행정부에

---

3 〔옮긴이〕해럴드 윌슨(노동당)은 1964~1970년과 1974~1976년에, 마거릿 대처(보수당)는 1979~1990년에, 클레멘트 애틀리(노동당)는 1945~1951년에 영국 총리를 지냈다. 피스가 계획한 이 3부작 중 나머지 두 권은 아직 실현되지 않았다.

4 *London Review of Books*, Vol.26, No.18, 23 September 2004에 발표된 앤디 베켓의 『GB84』서평을 보라. https://www.lrb.co.uk/v26/n18/andy-beckett/political-gothic.〔옮긴이〕앤디 베켓의 서평 제목이 「정치적 고딕」이다.

굴욕과 몰락을 선사한) 플라잉 피케팅[5] 전술은 보수당이 여전히 야당이던 시절에 설계한 포괄적인 전략들(MI5Military Intelligence Section 5가 획책한 고도로 조직된 반전복 작전을 포함해)의 공격을 받았다. 목표는 광원의 연대를 파편화하고 이들에게 동조한 다른 산업 부문 노동자의 지원을 차단하는 것이었다. 노동 광원 위원회Working Miners Committee와 민주 광업 노동자 조합Union of Democratic Mineworkers 설립이 결정적이었을 것이다. 자본은 탈영토화—"이전에는 지구였고 물질 세계였던 곳 전체에 걸쳐 하나의 마디점에서 또 다른 마디점으로 즉각 이동하는 메시지들"로 자본이 변형되는 현상[6]—되었지만 그와 상보적인 노동의 탈영토화가 뒤따라선 곤란했다. 광원들은 감언이설에 넘어가 산업 전체가 아니라 자기 *자신*의 영토와 스스로를 동일시했다. 그리하여 노팅엄셔와 더비셔의 광원들은 일터에 복귀했다. 자신의 미래를 보호하고 있다 믿으면서 말이다. 하지만 이들이 만족감만 줄 따름인 아이러니 속에서 깨달은 바는 자신의 처지가 다른 탄전 노동자들과 다를 바 없다는 것이었다. 10년이 채 지나기 전에 이 산업은 영국에서 거의 문을 닫았고, UDM 조합원이 일자리를 지킬 가능성은 전국 광업 노동자 조합National Union of Mineworkers의 조합원과 별반 차이가 없었다.[7]

---

5 〔옮긴이〕핵심 파업 지점 근처에 있는 수많은 사람이 그 지점에 모여 파업을 돕는 전술을 뜻한다. 20세기 중후반의 대표적인 노동 운동가이자 1980년대에 전국 광업 노동자 조합의 위원장을 지낸 아서 스카길의 업적 중 하나로 인정받고 있다.

6 Fredric Jameson, "Culture and Finance Capital", *The Cultural Turn: Selected Writings on Postmodernism, 1983~1998*, Verso, 2009, p.154.

7 〔옮긴이〕아서 스카길이 위원장으로 있던 전통적인 강성 노조인 전국 광업 노동자 조합NUM이 파업에 돌입한 1984~1985년에 스카길의 리더십에 의심을 품고 파업에 반대하던 노동자들이 민주 광업 노동자 조합UDM을

그래, 지금 우리는 이 모든 걸 안다. 하지만 피스는 우리가 사후에 알게 된 그 어떤 지식도 배제함으로써 드라마를 복원한다. 사건들은 마치 처음 벌어지고 있는 듯이, 진정제 역할을 하는 전지한 작가의 목소리라는 방패 없이 엄습해 온다. 『래디컬 필로소피』 최근 호에서 조지프 브루커가 장문의 글로 입증했듯 『GB84』에는 매개하는 메타 언어가 전무하다.[8] 첫 장면들부터 발현되는 소설의 비극적인 성격은 파업이 취하게 될 궁극적인 경로—당연히 주인공들은 알 길이 없는—를 독자인 우리가 안다는 사실에서 비롯한다.

반사실적 조건문은 주로 반동 우파의 전유물이고 피스는 사실들을 바꾸라는 유혹을 사양한다. 그는 기록된 사실, 외삽, 추론, 추측 사이의 공간들에서 회고–사변적 허구를 쓴다. 그렇지만 독자로서는 이 질문을 던지지 않을 도리가 없다. 광원들이 승리**했다면** 어떤 사태가 벌어졌을까(이는 흥분을 더하는 질문인데 왜냐하면 이후에 밝혀진 바에 따르면 당시 짐작보다 정부가 훨씬 패배에 가까웠기 때문이다)? 이 파업을 흡수한 오늘날의 서사—통용되는 유일한 서사, **글로벌 자본의 이야기**—는 그것이 조직된 노동 계급의 반란이 점차 쇠퇴하던 경향의 일부였다고 주장한다. 패배는 불가피했으며 포드주의에서

설립했다. 주된 조합원은 노팅엄셔와 사우스 더비셔의 광원이었고 이들은 파업에 불참했다. 이런 이유로 이들은 스캡scab(파업 파괴자 혹은 구사대) 노조로 불리기도 하며 실제로 나중에는 지도부가 대처 내각과 유착 관계를 맺고 있었다는 사실이 밝혀지기도 했다. NUM은 여전히 활동 중이지만 1981년에 17만 명에 달했던 조합원 수가 현재는 몇백 명에 불과할 만큼 규모가 줄었다. UDM은 2022년 해산했다.

8 Joseph Brooker, "Orgreave revisited: David Peace's *GB84* and the return to the 1980s", *Radical Philosophy*, Vol.133, https://www.radicalphilosophy.com/article/orgreave-revisited를 보라.

포스트포드주의로의 역사적 이행에 포함될 운명이었다고 말이다.
또 선제 공격에 직면한 강성 좌파가 과거를 기치로 내걸어 "광원의
역사. 광원의 전통. 아버지의 유산과 아버지의 아버지의 유산"을
지키고자 싸웠다고 말이다.[9]

하지만 이런 서사화는 선결 문제 요구의 오류를 범하는 짓이다.
이 이야기의 신뢰성 자체가 파업에서 사건들이 실제로 전개된
과정에 의존하고 있기 때문이다. 그렇게 전개되지 않았다면 어찌
되었을까? 영원성의 관점에서는 모든 것이 불가피하며 우리는
모두 스피노자주의자다. 하지만 삶은 '앞으로' 살아가야 하는
것이며 그렇게 우리는 사르트르주의자가 된다. 지금 이 책을 읽으며
우리는 불가피하게 이 두 입장 사이의, 모든 일이 이미 일어났음을
아는 것과 마치 그런 일들이 벌어지지 않은 양 행동하는 것 사이의
긴장을 극화하게 된다.

한 무리의 도플갱어 즉 준사본들이 "사실에 기초한 허구"인
『GB84』지면에 출몰한다. 피스는 근과거의 시뮬라시옹을
구축함으로써 현재의 숨겨진(오컬트화된) 역사occulted history[10]를
쓴다. 인물들은 대응하는 현실의 인물과 이름이 다르다. 때로는
아예 이름 없이 위원장, 의장, 장관처럼 구조상의 역할로 지칭되며,
때로는 현실 세계의 이름이 살짝 바뀐 채로 등장한다. 예를 들어

---

9   Peace, *GB84*, p.7.

10   (옮긴이) occult history는 피스가 2004년에 BBC 라디오 방송
인터뷰에서 사용한 표현이라고 한다. 그에 따르면 여기서 형용사 occult는
숨겨진 상태를 뜻하며, 이 작품과 관련해선 영국 현대 정치사의 감춰진
요소, 전해지지 않은 이야기 정도를 가리킨다. 한편 Matthew Hart, "The
Third English Civil War: David Peace's "Occult History" of Thatcherism",
Contemporary Literature, vol.49, No.4, 2008은 이를 넘어 피스의 서술
전략에서 작동하는 그로테스크함과 잔인함, 비리얼리즘의 함의를 occult라는
표현에 덧붙이고 있다.

NUM의 최고 책임자였던 로저 윈저는 『GB84』에서 불운한 테리 윈터스가 된다. 이 시뮬라시옹들은 현실의 대응물과 복잡한 관계를 맺는다. 위원장은 스카길이 아니다. 그렇다고 스카길이 아닌 것도 아니다. 피스가 소송을 피하려 이름들을 바꾼 것은 분명하지만, 억지로 실제 전기에 충실하고자 애쓰지는 않은 덕분에 창의적인 자유를 추가로 확보할 수 있었고 이로써 묘하게도 인물들이 한층 강한 현실성을 획득한다. 피스는 이들의 머리를 열고 그 안을 들여다본다. 현실의 전기적인 개인들을 다루었다면 그럴 수 없었을 것이다.

가장 논쟁적인 인물은 스티븐 스위트다. 전문 파업 파괴자로 그려지는 그는 파업 기간에 대처의 오른팔 역할을 맡았던 데이비드 하트에 기초한 인물이다. 하트는 배후에서 노동 광원 위원회와 UDM 설립을 추진했고, 소설에서 스위트는 오그리브의 코크스 공장에서 경찰과 피켓 시위자 간에 벌어진 결정적인 전투를 계획한 인물로 나온다(지금은 모든 자원을 오그리브에 투입한 것이 NUM의 주된 전략 오류였다고 여겨진다). 스위트는 소설 내내 '유대인'으로 불린다. 이런 지칭이 불편한 것은 사실이지만—피스는 이 불편함을 의도했다고 말한 바 있다—소설을 면밀히 읽으면 반유대주의라는 혐의를 곧바로 논박할 수 있다. 우리는 스위트의 기사-잡역부인 닐 폰테인의 시선으로만 그를 알게 된다(이 같은 거리 두기가 의미심장한 까닭은 스위트의 무게감과 거만함이 아주 설득력 있게 다가오지는 않기 때문이다. 인물을 설득력 있게 묘사하는 데 필요한 공감을 피스는 이 인물에게서 발견하지 못한 것 같다. 다른 한편 하트는 약간 우스꽝스러운 인물이었던 모양이고 피스도 스위트를 그렇게 그린다. 피스는 스위트를 자기 의식적인 악한으로 묘사하는 실수를 범하지 않는다. 오히려 스위트는 자신의 노력을 메시아주의적 견지에서 이해한다).

노동 계급 출신이지만 안보 기관을 위해 일하는 듯이 보이는
폰테인은 빈 서판 같은 인물, 기능으로 환원된 남자다(소설에서
그는 과거엔 분명 노동자들의 동맹이었지만 이후 적대자가
된 데이비드 존슨, 일명 '기계공'에 의해 이중화된다). 우파와
제휴하지만 열정은 딱히 없는 이 남자가 스위트를 끊임없이
'유대인'으로 보는 것이다. 유대인이라는 묘사는 대처가 구축한
정치 동맹의 잠정적 성격을 전면에 드러낸다. 대처의 프로그램은
어떻게든 파시스트가 유대인과 어울리도록, 민족주의자가 다민족
자본주의의 대리인과 공통의 대의를 발견하도록 만들려 했으니
말이다.

폰테인은 또 『GB84』에서 국가가 수행하는 명시적인 반'전복'
작전과 은밀한 작전을 잇는 연결 고리다. 일련의 과정에서 MI5가
맡은 역할을 파헤치는 피스는 고질적인 부패와 배신의 영역에,
레드 라이딩 4부작에서 그토록 본능적인 감각으로 잠복 감시한 그
영역에 들어선다. 구제 불능으로 부패한 권력 꼭두각시들의 입장을
능숙하게 헤아릴 줄 아는 (그리하여 우리도 헤아리도록 이끄는)
피스의 소설로는 이례적이게도 『GB84』의 주요 인물 중에는 경찰이
없다. 하지만 폰테인과 존슨 같은 국가의 종복들이 있으며, 그뿐
아니라 가장 생생한 인물인 맬컴 모리스가 있다. 하나의 그림자,
하나의 암호, 전문 전화 도청자인 남자, 프랜시스 베이컨적인
섬망에 빠져 제 귀에서 늘 피가 흐르고 있다 공상하는…

『GB84』에서는 MI5가 무분별함으로 장관을 이루었던 테리
윈터스의 리비아 방문을 조직한 핵심 플레이어로 나온다. 로저
윈저가 카다피의 텐트에서 그와 뺨을 맞대는 모습을 방영한
텔레비전 이미지를 누가 잊을 수 있겠는가?[11] 윈터스/윈저의
리비아 방문—경찰관 이본 플레처가 리비아 요원들에게 살해당한
지 몇 달이 채 지나지 않은 시점에 단행된—은 NUM이 맛본 중대한,

어쩌면 결정적인 홍보상의 패배로 판명났다(파업에서 리비아의 실제 역할은 다소 달랐다. 대처 행정부는 정전의 위험을 차단하고자 이 소위 탈법 체제로부터 위법적으로 석유 수입량을 늘렸다).[11] 피스는 윈저/윈터스와 안보 기관이 얼마나 공모했는지를 일부러 불분명하게 놓아둔다. 그는 소설이 파업 자체만큼이나 '혼란'하길 원했다.

소설은 주된 허구적 줄기에 파업을 설명하는 두 광원 마틴과 피터의 일기 내용이 끼어드는 형식을 취한다. 이 구조 때문에 역사적 사실이 이중화된다. 피스가 대단히 능숙하게 요크셔 방언으로 채록한 마틴과 피터의 설명은 피스 왈 "허구화되지 않은 것이다". 일기에는 스카길, 맥그리거, 대처, 맥개히, 히스필드가 제 이름으로 등장한다. 파업의 쓰라린 고통과 동지애를 기록하는 일인칭 설명은 소설의 중심 서사인 야바위, 부패, 수뇌부 회담과 대비를 형성한다.

피스는 자신이 우선 과거를 샅샅이 뒤지고 그런 다음 과거를 상상한다고 말한 바 있다. 메소드 글쓰기 혹은 시간 여행이라 할 만하다. 그는 과거로 돌아가 복원하는 술책들을 시도하고 시험해 왔다. 빛바랜 신문지와 도서도 활용하지만 무엇보다 의지하는 것은 팝이다. 당시부터 지금까지 꾸준히 즐겨 들었을 법한 노래가 아니라 그때는 어디서나 들려왔지만 이제는 잊힌 노래들이

11　〔옮긴이〕NUM의 최고 책임자였던 로저 윈저는 파업이 한창이던 1984년 10월 영국의 적국인 리비아를 방문해 무아마르 카다피를 만났다. 영국에 석유를 제공하지 말 것과 자금을 지원해 줄 것을 요청하기 위해서였다. 비밀 만남이었지만 윈저와 카다피가 포옹하며 서로의 뺨을 맞대는 장면이 찍혀 영국 텔레비전에 방영되었고 이로 인해 NUM은 여론의 비난에 시달렸다. 이후 로저 윈저가 MI5의 요원이었다는 혐의가 제기되기도 했지만, 파업 당시 MI5의 국장이었던 스텔라 리밍턴은 윈저가 "요원"이었던 적이 결코 없다고 부인했다.

그의 소설에서 오디오-마들렌으로 기능한다. 벼룩 시장에 나온 84~85년의 팝 음악 잔해들을 파헤치는 피스는 버려진 포스트-뉴 팝의 윤기 없는 광택 아래 비밀스레 숨겨진 암호화된 파업사를 발견한다. 『GB84』는 네나의 형편없는 노래 「빨간 풍선 99개」로 시작한다. 여기서 이 노래는 묵시록적인 카니발 분위기를 풍기며 온갖 희망을 부풀리지만, 이 모든 희망은 험난하고도 길고 긴 소설 속 행진 말미에 이르면 바람이 빠지고 만다. 경찰과 광원이 대치하는 다음 국면에 사운드트랙으로 쓰이는 노래는〔프랭키 고즈 투 할리우드의〕「두 부족」이다(두 노래 모두 당연히 당시의 냉전 불안을 이용했다. 1984년이 지금과는 완전히 다른 세계였음을 드러내는 또 다른 상기물. 이 소설에는 그 밖에도 여러 상기물이 등장한다). 철저한 대치, **우리**와 **그들**의 구분이 유발하는 들뜸과 흥분이 사그라들고 의심이 그 자리를 차지한다(우리 편은 누구고 우리 적은 누군가?). "「두 부족」─앞으로 몇 주 동안 하루에 열 번씩 이 피투성이 노래를 들어야만 해. 이걸 국가로 삼아야 해. 숀이 말했다."[12] 피스가 파업 최종 국면을 묘사하기 위해 찾아낸 노래는〔왬의〕「경솔한 속삭임」("죄를 범한 다리는 리듬을 맞출 수 없으니까")이고, 춥긴 했으나 충분히 춥지는 않았던─그래서 정전이 일어나지 않았던─84~85년 겨울을 묘사할 때는 밴드 에이드의 「크리스마스인 걸 그들도 알까요」를 이용한다. 등장 인물들은 밴드 에이드가 광원의 역경이 관심을 얻지 못하도록 정부가 후원한 책략이라고 추측하며, 피스가 샘플로 가져오는 대목은 당연히 "당신 창문 밖에도 세계가 있어요, 무섭고 두려운 세계가"다.

정말이지 '샘플링'이라는 표현이 꼭 들어맞는데, 왜냐하면

---

12   Ibid., p.176.

피스에게는 팝이야말로—문학, 영화, 텔레비전(피스는 마지막 둘을 강하게 불신한다)보다 훨씬 많이—자신의 인장인 반복과 후렴을 단어들에 주입하는 방법론을 공급해 주기 때문이다. 피스의 전매특허 양식은 반복이다. 파업이 몹시 반복적이었으며 자신의 산문이 이를 반영할 것이라고 그가 말했다는 사실은 잘 알려져 있다. 하지만 반복은 피스의 글쓰기 전체에서 플롯과 인물 모두를 대체하는 것이다. 그의 범죄 소설들은 독자가 플롯상의 음모나 수수께끼에 흥미를 느끼게 만들려 애쓰지 않는다. 한편『GB84』의 플롯은 일종의 레디 메이드로 미리 주어져 있다. 그리고 피스의 글에는 곧바로 눈에 띄지는 않는 야릇한 성질이 하나 있는데, 그것은 그의 글이 유난히 내밀함에도 불구하고—그의 소설을 읽고 있으면 늘 누군가의 가장 비밀스러운 공간을 뒤지는 듯한 기분에 빠져든다—인물에게는 보통 말하는 '내적 삶'이 결여되어 있다는 것이다. 반성적인 생명력보다는 죽음-충동 반복, 리프, 모방, 습관- 형태가 이들에게 정체성을 부여한다.

그리하여『GB84』는 대다수 시보다 시적이다. 이 작품은 자연스레 모든 서정성을 벗겨 낸 시, 지독한 불협화음을 빚는 단어-음악이 된다. 피스는 소리에 예민하게 귀 기울일 줄 아는 작가다. 밤새 경계를 늦추지 않는 국가 권력은 전화 도청의 "클릭, 클릭" 소리로, 경찰이 빽빽이 늘어선 모습은 곤봉과 부츠가 방패에 부딪칠 때 나는 "크륵, 크륵"Krk, Krk 소리로 표현되며, 두 소리 모두 너무나 자주 반복되는 나머지 일종의 배경 소음이, 편집증으로 가득한 배경의 일부가 된다.『텔레그래프』에 게재된 서평은 이 점을 제대로 지적하고 있다. "이 소설을 읽다 보면 고막에서 웅웅거리는 소리가 들리는 것만 같다. 스로빙 그리슬이나 카바레 볼테르 같은 1970년대 후반 북부 밴드들의 문학적 등가물처럼 느껴진다." 〔하지만〕그보다 훨씬 더 긴밀한 것은 파업에 응답한 두 장의 위대한

포스트펑크 앨범, 즉 마크 스튜어트의 『민주주의의 겉치장이
사라지기 시작할 때』Veneer of Democracy Starts to Fade(키스 르블랑은
싱글 「디 에너미 위딘」The Enemy Within도 프로듀스했다)[13]와 테스트
디파트먼트의 『자유의 받아들일 수 없는 얼굴』The Unacceptable
Face of Freedom, 1986이다. 『GB84』에서 포스트펑크가 명시적으로
언급되지 않는 것도 아마 이 때문이리라. 포스트펑크 노래는
『1983』의 장 제목으로 쓰인 바 있다. 「미스 더 걸」Miss the Girl(더
크리처스)과 「구경꾼은 없다」There are No Spectators(더 팝 그룹)라는
제목으로. 『GB84』의 어조는 모든 의미에서 『1983』의 종장 제목에
예시되어 있다. '마음의 개기 일식'Total Eclipse of the Heart.[14]

　　1985년이 팝 역사상 최악의 해처럼 보이는 부분적인 이유는
그것이 복고의 시작이었기 때문이다. 1984년까지 영국 대중
문화와 정치 문화는 여전히 하나의 전장이었다. 1985년은 라이브
에이드의 해, 글로벌 자본의 문화 표현인 가짜 합의가 시작된 해다.
라이브 에이드가 벌어진 비사건이었다면 파업은 벌어지지 않은
사건이었다.

　　칼과 방패, 채찍과 돌, 말과 개, 피와 뼈—
　　마지막 전투를 위해 잠에서 깨 일어선 망자들의 부대.

　　13　〔옮긴이〕마크 스튜어트는 잉글랜드 브리스틀 출신 밴드 더 팝
그룹의 리더로 1985년에 두 번째 솔로 앨범인 『민주주의의 겉치장이
사라지기 시작할 때』를 발매했다. 키스 르블랑은 미국 출신의 드러머이자
프로듀서로 전술한 마크 스튜어트의 앨범에 참여했으며, 1984년에는 (마크
스튜어트의 앨범에 함께 참여한) 키보디스트 에이드리언 셔우드와 '디 에너미
위딘'이라는 이름으로 광원 파업을 지지하는 싱글 「광원들을 지지하며」Support
the Miners를 발표하기도 했다. '디 에너미 위딘'이 싱글이라는 피셔의 언급은
착오인 듯하다.
　　14　〔옮긴이〕웨일스 출신 뮤지션 보니 타일러의 1983년 노래 제목.

거대한 폭발로 환히 빛나는 포드 그라나다의 전면 유리.

도로, 산울타리, 나무—

밤을 빛내는 불길. 이제는 연기가 된 안개. 푸른 빛과 붉은 빛—

테리가 빌의 팔을 흔들었다. 흔들고 또 흔들고. 빌이 눈을 떴다—

"우리 지금 어디에 있는 겁니까?" 테리가 외쳤다. "여기가

어디요?"

"이 모든 게 시작되고 끝난 곳이죠", 빌이 말했다. "브램프턴

비어로의 코튼우드잖아요."[15]

"그런데 무슨 일인 거요?" 테리 윈터스가 소리쳤다. "무슨 일이

벌어지는 겁니까? 이게 뭐죠?"

"세계의 종말이에요", 빌 리드가 웃었다. "우리 세계 전체의

종말이요."[16]

---

15 〔옮긴이〕사우스 요크셔 지역에 위치한 브램프턴 비어로는 탄광
도시였으며, 이곳의 코튼우드 탄광 폐쇄가 광원 파업을 촉발한 계기 중
하나였다.

16 Ibid., p.320.

리플리의 글램

그는 다시 토머스 리플리가 되는 게 싫었다. 아무것도 아닌
존재가 되는 게 싫었고 오래된 습관들을 다시 몸에 걸치는 게,
사람들이 자신을 깔보고 있으며 자신이 광대처럼 굴지 않으면
금방 지루해한다고 느끼는 게 싫었다. 몇 분 정도 재간을 부리는 것
말고는 할 줄 아는 것도 할 수 있는 것도 없다고 느끼는 게 싫었다.
— 퍼트리샤 하이스미스, 『재능 있는 리플리』[1]

『재능 있는 리플리』의 이 대목에서 우리는 글램 충동에 관해
많은 것을 배울 수 있다.

의미심장하게도 하이스미스는 리플리 연작의 첫 작품을
1955년에 쓴 뒤 1970년에야 이 인물에게로 돌아왔다.[2] 톰 리플리는
10대의 욕망, 사회의 파열, 디오니소스적 과잉을 강조하는
로큰롤 시대에 어울리는 인물이 아니었다. 반면 그의 '쾌락주의적
보수주의', 우월 의식 및 감춤과 변장에 능숙한 재능은 글램의
마리엥바드풍[3] 전원 저택에서 더없이 편안함을 느낀다. 60년대

---

* "Ripley's Glam", k-punk, 1 July 2006, http://k-punk.org/ripleys-glam/.

1 Patricia Highsmith, *The Talented Mr. Ripley*, Vintage, 1999, p.164
〔『재능 있는 리플리』, 홍성영 옮김, 그책, 2012, 204쪽〕.

2 〔옮긴이〕하이스미스는 리플리 시리즈의 첫 권인『재능 있는
리플리』를 1955년에, 둘째 권인『지하의 리플리』를 1970년에 발표했다.

3 〔옮긴이〕마리엥바드로 많이 알려진 체코의 도시 마리안스케
라즈네를 가리킨다. 체코의 휴양 도시 중 하나며 바로크 양식의 건축물로
유명해 19세기 말에서 20세기 초에 유럽 왕족과 유명 인사가 방문하곤 했다.

록이 한편으로는 **대타자**에 대한 항의(사회 변화 그리고/혹은 더 많은 쾌락에 대한 요구)로, 다른 한편으로는 **상징적** 질서 자체의 실존에 대한 거부(사이키델리아)로 특징지어졌다면 글램은 우선 **대타자와의** 과장법적이고 패러디적인 동일시로—**기호들**과 지위의, 지위를 나타내는 **기호들**의 귀환으로—정의되었다.

위에 인용한 문장에서 두드러지는 건 두 명의 톰이 있다는 사실이다. 수행된 사회적 역할인 '토머스 리플리'와 그 역할을 수행하는 톰, 말하는 주체인 톰과 진술의 대상인 톰.『재능 있는 리플리』초반에 두 톰은 모두 "아무것도 아닌 존재"다—말하는 주체라면 누구나 그렇듯 한 명의 말하는 주체로서 톰은 존재론적으로 무이며, 진술의 대상으로서 톰은 *사회적*으로 무다. 이 단계에서 톰은 나중과 달리 무심하고 태연한 인물이 전혀 아니다. 그는 **다른** 사람의 역할을 맡을 때만 자신감을 가장할 수 있다. 톰은 지위를 결여한 것이 아니다. 사회 위계에서 어떤 자리도 점하고 있지 않을 따름이다. 그의 지위는 낮은 것**조차** 아니다. 그의 사회적 출신이 불분명하며 그가 흉내와 위조(그가 사기꾼으로 쌓은 반反경력을 떠받치는 기술들)에 뛰어나다는 설정은 그가 어디에도 어울리지 않음을 (혹은 어디에나 어울림을) 뜻한다. 이 아무것도 아님을 고전적인 실존주의 차원에서 경험하는 톰은 자신이 미완성이라고, 즉 정해지지 않고 실현되지 않은 하나의 공백이라고 느낀다.

하지만 결말에 이르러 소설은 일종의 실존주의적 피카레스크가 된다. 이제 톰은 자신이 싫어하지 않을 토머스 리플리를 창조할 (재정) 수단을 보유하고 있다. 후속작인『지하의 리플리』는 시작 부분부터 톰이 그런 인물을 창조했다는 혹은 그런 인물이 되었다는 것을 분명하게 드러낸다. 톰은 제 최고 위조품을 제작하는 데 성공했다. 도움이 필요 없을 정도로 부유하고 파리 교외 지역의

우아한 집을 소유하고 있으며 아름답고 쾌락주의적인 상속인과
결혼한 토머스 리플리라는 인물을. 여기서부터 리플리의 불안들은
정체성 확립이 아니라 자신이 획득한 지위의 보존 및 방어와
결부된다.

　리플리의 행적은 브라이언 페리의 행적과 언캐니하게 궤를
같이한다. 원래 말투와 매너를 잊고 다시 배우기를 연습하는『록시
뮤직』1972과『당신의 쾌락을 위해』1973는『재능 있는 리플리』에
대한 팝의 등가물이다.[4] 의상과 몸가짐, 목소리가 위조되지만
아직 완벽하지는 않다. 여전히 뿌리가 드러나 있으며, 나 아닌 다른
무언가가 되는 고통스러운 드라마에는 실존적 무게가 얹힌다.
반면『좌초한』1973과 후속 앨범들은 이후 소설의 등가물이다.
성공은 이미 전제되어 있다. 고상하지만 진부한 목가성을
위협하는 것은 권태감, 만족이 불러일으키는 모종의 불편함
그리고―가장 불길하게는―과거가 돌아올 위험이다. 록시가
『아발론』1982―페리가 어느 상속인과 결혼하고 전원 저택에 살
때 녹음한―에서 들려주는 맥빠진 전원시는 리플리가『하퍼스
앤드 퀸』에 나올 법한 꿈의 집인 벨 옹브르Belle Ombre에서 아내인
엘로이즈와 보내는 한량 생활의 완벽한 사운드 트랙이다.[5]

　리플리가 무언가가 되는 첫 단계는 디키 그린리프의 정체성을
뱀파이어처럼 빨아들이는 것으로 판명난다. '판명난다'turn

　4　〔옮긴이〕록시 뮤직의 멤버였던 브라이언 페리는 노동 계급 출신이다.
보수당을 지지하는 것으로도 잘 알려져 있다.

　5　〔옮긴이〕『하퍼스 앤드 퀸』은 영국판『하퍼스』와 영국 잡지『퀸』이
합병되어 1970년부터 발행된 잡지다. 주로 상류층의 생활 양식에 초점을
맞췄고, 2006년에『하퍼스 바자 UK』로 이름을 바꾸고 계속 발행 중이다. 한편
리플리 연작의 2권인『지하의 리플리』부터 리플리는 프랑스의 백만장자 자크
플리송의 딸인 엘로이즈와 결혼해 빌페르스라는 허구의 지역에 거주하는
것으로 나오며 리플리와 엘로이즈의 집터가 벨 옹브르라 불린다.

out라고 말한 까닭은 앤서니 밍겔라의 영화가 함의하는 바와 달리 애초에 디키를 망가뜨리겠다고 마음먹고서 톰이 유럽에 간 것은 아님이 명백하기 때문이다. 리플리는 계획가가 아니라 탁월한 즉흥 연주자다. 그는 단기 계획만 세우며 이 계획들은 문제를 해결하기보다는 더 많은 문제를 초래하곤 한다. 그리고 리플리는 엉망진창인 상태를 애초부터 피하는 것보다는 깨끗이 청소하는 데서 향유를 끌어낸다.

처음에 톰은 디키에게 양가적인 태도를 보이며 그를 노골적으로 이용해 먹으려 들지도 않는다. 그는 공격적이고 시기심이 많지만 또한 다정하기도 하다. 톰이 하나의 무, 정해지지 않은 목적들이 초래하는 혼란, 수치와 부적합함이 일으키는 소동이라면 디키는 정말로 무언가, 정해져 있고 현실적인 하나의 대상이며 '바위 같은 단단함'을 보유하고 있다. 디키의 자리를 빼앗음으로써 리플리는 자기 자신이라는 이유로 느끼는, 하나의 자아로서 느끼는 고통, 불안, 거북함에서 벗어나게 된다. 하나의 대상이 되는 것, 주체성의 압력들에서 해방되어 그 어떤 내면성의 방해도 받지 않는 것, 그야말로 글램의 중심 환상 가운데 하나 아닌가.

지젝은 앤서니 밍겔라의 영화가 톰과 디키의 관계를 성애화하는 실책을 범했다고 올바르게 지적한다. 하지만 지젝의 해석도 완전히 적절치는 않다. 지젝에 따르면

톰에게 디키는 욕망의 대상이 아니라 이상적인 욕망하는 주체, '욕망하는 법을 안다고 가정된' 전이적transferential 주체다. 요약하면 톰에게 디키는 이상적 자아가, 상상적 동일시의 형상이 된다. 톰은 탐내는 시선으로 디키를 거듭 곁눈질하지만 이는 그와 성 관계를 맺고 싶다는 에로틱한 욕망, 즉 디키를 가지고 싶다는 욕망이 아니라 디키처럼 되고 싶다는 욕망을 누설한다.[6]

지젝의 분석은 디키가 적절한 이상적 자아로 기능하는 데 *실패하는* 방식을 놓친다. 리플리가 더는 디키와의 동일시라는 환상을 유지할 수 없는 순간이 소설의 전환점을 이룬다. 디키의 눈을 바라보며 자신이 동일시할 수 있는 영혼의 창이 아니라 타성적이고 백치 같은 인형의 생기 없는 유리 표면 같다고 느낀 순간 톰은 극심한 실존적 메스꺼움과 현기증에 (다시) 빠져들고는 아득한 우주적 혐오와 비참한 어긋남을 경험한다.

톰은 여전히 잔뜩 찡그린 디키의 눈을 들여다보았다. 눈썹은 햇빛에 바래 하얗고 반짝거리는 눈은 텅 비어 있었다. 가운데 검은 점이 찍힌 파란 젤리 같았다. 눈을 들여다보면 그 사람의 영혼을 볼 수 있고 사랑을 볼 수 있어야 한다. 눈은 다른 사람의 존재와 내면을 볼 수 있는 장소이건만 톰은 디키의 눈에서 아무것도 볼 수 없었다. 딱딱하고 핏기 없는 거울 표면을 보는 것만 같았다. 쓰라린 고통이 가슴에 차올라 손으로 얼굴을 감쌌다. 갑자기 디키를 빼앗긴 기분이었다. 둘은 친구가 아니었다. 둘은 서로를 몰랐다. 톰은 그 소름 끼치는 진실에 정신이 번쩍 들었다. 항상 그랬다. 자신이 과거에 알았던 사람들도 그랬고 미래에 알게 될 사람들도 그럴 것이었다. 자신에게 사람들이 나타날 때마다 자신이 그들을 절대 알지 못할 것임을 그는 거듭 알게 될 것이었다. 최악은 자신이 그들을 안다는, 그들과 완벽히 조화를 이루는 동류라는 미망에 언제나 한동안 빠지리라는 것이었다. 말로는 표현할 길 없는 충격적인 사실을 깨닫자 도저히 참을 수 없을 것 같았다. 발작을 일으켜 바닥에 쓰러질 것 같았다.[7]

---

6   Slavoj Žižek, "When Straight Means Weird and Psychosis is Normal", http://www.lacan.com/ripley.html.

의심의 여지 없이 이 대목은 디키가 톰을 거부했다는 사실을 기록하고 있다. 하지만 이는 또 톰이 디키에게 느끼는 역겨움도 표현한다. 톰이 "빼앗긴" 것은 단순히 디키 '자신'이 아니라 디키에 대한 **환상**이다. 톰은 이제 (그 자신에게) 디키가 정말로 한 명의 그저 그런 개인이 아닌 척 시능할 수 없게 된 것처럼 보인다. 처음으로 디키의 적나라하고 어리석은 물리성을 마주친 것처럼, 그를 행복하게 해 주고 싶다는 환상의 스크린/광택screen/sheen을 거치지 않고 정면으로 디키를 본 듯이.

앞선 장면―톰이 자기 옷을 입고 거울 앞에서 자기 흉내를 내는 모습을 디키가 발견하는 지독히도 고통스러운 장면―이후 톰이 디키와 절연하는 것은 피할 수 없는 일이 된다. 연기 중인 자신을 디키가 발견했다는 사실에 톰이 엄청난 굴욕감을 느끼듯(당신의 자아 이상을 환상화하는 모습을 그 사람에게 들키는 것보다 수치스러운 일이 뭐가 있겠는가?) 디키는 톰의 흉내에 역겨움과 분노를 느낀다(다른 누군가의 이상적 자아가 되는 것보다 소름 끼치는 일이 뭐가 있겠는가?). 의미심장하게도 디키는 밍겔라와 똑같은 오류를 범한다. 톰의 행동을 성적 강박이라는 측면에서 (잘못) 해석하고, 이 순간을 빌미 삼아 '퀴어'라는 이유로 톰을 매몰차게 내치니 말이다. 하지만 톰은 디키를 *가지기*보다는 디키가 **되기**를 원하며, 후자가 전자보다 훨씬 외설적이고 훨씬 치명적이며 훨씬 버로스적이다.

톰이 더는 디키와의 환상적 동일시를 유지할 수 없게 되자 그의 정신 이상 논리는 디키를 살해함으로써만 실존적 위기―**존재의 결여**―를 해소할 수 있다고 고집한다. 부분적으로 이는 디키가 리플리의 마음속에서 이미 죽었기 때문이다. 이제 그는 부와

7　Highsmith, *The Talented Mr. Ripley*, p.78(『재능 있는 리플리』, 79쪽).

사회적 지위를 부당하게 누리는 영혼 없는 껍데기에 불과하며, 톰은 한층 고상하고 세련된 자신이야말로 이것을 거머쥘 자격이 있다고 느낀다. 톰은 자신이 디키보다도 더 나은 디키가 될 수 있다고, 디키는 자신의 일생일대 걸작 즉 새로운 토머스 리플리를 빚기 위한 기초 반죽일 것이라고 확신한다. 또 디키의 살해는 톰이 비생산적인 유한 계급의 자리를 '차지'한다는 의미도 지닌다. 유한 계급으로 올라서기 전부터 톰은 '노역'에 대한 이 계급의 업신여김을 공유한다. 좀도둑이자 사기꾼인 톰과 엘리트 유한 계급의 일원인 톰의 차이는 성공적인 폭력 행위다. 베블런은 "유한 계급 사회"가 *착취*—"다른 행위자가 이전에 다른 목적을 위해 쏟았던 에너지를 자신의 목적을 위해 전환하는 것"—와 *생산*(혹은 노역)—"새로운 ('날것의') 소재로 새로운 사물을 창조하기 위해 노력하는 것"—이라는 "야만 시대의" 구분에 토대를 두고 있다고 논한다.[8] 주인들은 결코 생산하지 않고 언제나 뱀파이어처럼 타인의 피를 빨아들여야 한다.

> 생산적인 노동의 수행이나 개인에게 봉사하기 위한 고용도 똑같은 이유로 똑같이 멸시받는다. 그리하여 착취 및 약탈에 따른 취득과 산업적 고용이 부당하게 구분된다. 이렇게 모멸적인 평가를 받게 된 노동은 지루한 것으로 여겨지게 된다.[9]

사냥은 늘 엘리트 유한 계급이 자부심을 느껴 온 활동이었으며 리플리는 더할 나위 없는 사냥꾼이다(『리플리의 게임』의 의미 중

---

8 Thornstein Veblen, *The Theory of the Leisure Class*, Dover, 1994, p.13 〔『유한 계급론』, 이종인 옮김, 현대지성, 2018, 22쪽〕.

9 Ibid., p.10〔같은 책, 26쪽〕.

하나가 바로 **먹잇감**이다).

특권의 입지를 획득하고 보호하고자 살인이라는 폭력을
휘두르는 것은 일탈과는 한참 거리가 있으며, 강도질을 일삼는
현실의 지배 엘리트가 그렇듯 톰이 정의의 심판을 받을 성싶지는
않다(우리 세계에 정의가 눈에 띄게 부재하듯 하이스미스도 자기
소설들에 정의를 도입하기를 거부하는데 이것이 그의 인물 묘사에서
가장 전복적인 측면 중 하나다). 톰이 병적이라면 그의 병리는 한
계급의 병리다. 오직 그의 피해자들이 흘린 피의 신선함(그리고
그 피를 자기 몸에 주입하려는 그의 적극적인 의지)만이 리플리의
착취를 새 동료들의 착취와 구분한다. 하지만 리플리는 살인을
향유하는 **슬래셔**가 아니다. 반대로 그가 소름 끼치는 까닭은
실존적이거나 정동적인 부담을 전혀 느끼지 않은 채 살인을
실용적인 과제로 대하기 때문이다. 리플리의 살인들은 차갑기
그지없으며 잔인함을 **결여**하고 있다는 점에서 두드러진다. 잘
알려져 있듯 리플리는 향유가 아니라 필요 때문에 살인한다. 차가운
공리주의 논리에 근거해 살인을 저지르는 리플리는 자기가 가는
길을 가로막거나 정체를 폭로할 위험이 있는 이들을 제거한다.
다시 말하거니와 폭력적이고 외설적인 이면과 단조롭고 공식적인
표면의 구분을 세심하게 유지하는 것은 권력과 특권의 정상적인
실천이며 일탈과는 한참 거리가 있다. 리플리의 동기(그는 아무
동기도 없는 것으로 악명 높다)는 도덕적인 양심의 가책이 아니라
굴욕에 대한 두려움이다. 줄리 워커가 논하듯

> 톰은 가면이 벗겨질까 봐 두려워한다. 단순히 디키라는 가면이나
> 심지어는 살인자라는 가면이 아니라 진정한 자아의 결여라는,
> 그리하여 타인들과 대면할 때마다 자각하게 되는 자신의
> 부적합함이라는 가면이 벗겨질까 봐 두려워하는 것이다. 세금

사기 행각이 발견되리라는 두려움과 살인들이 발견되리라는 두려움 사이에는 대단한 차이가 없다. 그가 가장 두려워하는 건 사회적 기준을 온전히 충족하지 못하는 것이다.

리플리를 (포스트)모던하게 만드는 것이 바로 이런 식의 몰도덕성 연출이다. 고전적인 정신 이상은 **실재**와 **상징계**의 혼동으로 구성되었다(신의 목소리를 들었노라는 것이 가장 명백한 사례이리라). 하지만 리플리의 정신 이상은 **오직 대타자**만이 실존한다는 그의 확신에서 비롯한다. 톰은 자신이 저지른 범죄들이 **상징적**으로 기입되기 전까지는 그 범죄 사실을 알거나 의심하는 타인들, 이름을 가진 구체적인 타인들 때문에 애태우지 않는다. 포스트모던하게 **대타자**를 받아들이는 리플리의 독특한 점은 그 방식이 급진적으로 무신론적이라는 것이다. 그가 신도 우주의 구조에 새겨진 도덕 질서도 믿지 않으니 말이다. 포스트모던 **대타자**는 자기 자신에 대한 자신의 상징화를 잃은 **상징적 질서**다. 그것은 더는 **신**이나 **역사**인 척하지 않으며 자신이 하나의 사회적 구축물임을 터놓고 공표한다. 하지만 이 표면적인 탈신비화가 **대타자**의 기능 작용을 방해하지는 않는다. 도리어 **대타자**가 이보다 효율적으로 기능한 적은 결코 없다.

꿈꾸기 방법들

두 권의 소설을 연달아 읽었다. 두 소설 모두―순전히 우연의
일치로 혹은 마치 우연인 것처럼―꿈꾸기를 소재로 삼고 있지만
이것들이 강조하는 꿈꾸기 경험은 정반대다.

크리스토퍼 프리스트의『웨식스 꿈』1977은 어느 집단적인
꿈꾸기 프로젝트를 상상한다.[1] 당시로서는 미래인 1985년을
배경으로 삼은 이 소설에서 정부는 무의식을 조작하는 이
프로젝트를 지원해 당대의 사회를 마비시킨 경제 및 사회 문제들에
대한 해법을 제시하고자 한다. 이 미래 세계에서 미국은 이슬람으로
개종했고 영국은 소련에 병합된 상태다. 프로젝트의 결과는 어느
낯선 유토피아로 여기서는 관료제가 전원성에 배경을 제공한다.
소비에트의 공무 기계official machinery가 유발하는 짜증스러움이
목가적인 웨식스―매일의 삶이 지중해 에로티시즘으로
뒤덮인―에 스며든 아릿한 나른함의 필수 전제 조건으로 꿈 공간에
내장되어 있는 듯이 보이니 말이다. 프리스트는 온화한 햇볕 아래
가수 상태에 빠져드는 분위기를 연출하는데 이 분위기를 깨뜨리는

---

* "Methods of Dreaming", k-punk, 10 October 2008, http://k-punk.
abstractdynamics.org/archives/010739.html.

1 〔옮긴이〕『매혹』1984과『프레스티지』1995가 번역된 영국 SF 작가
크리스토퍼 프리스트의 소설이다. '웨식스 프로젝트'라고 불리는 프로그램을
통해 일군의 뛰어난 인물이 집단 무의식 상태로 이상적인 사회에 투사된다는
설정으로 이야기가 전개된다. 세계는 위기에 처해 있으며 이들이 투사되는
목적은 인간이 생존할 수 있는 어느 상상적인 사회에서 정보를 수집하는
것이다. 피셔는『기이한 것과 으스스한 것』의 '으스스한 것' 부분에서도
프리스트의『확언』1981과『매혹』을 분석한 바 있다.

것은 의미심장하게도 작은 원형 거울들이다. 이 거울들은 꿈꾸는 이를 가랑비가 추적추적 내리는 소설 속 현실 세계로 돌려보내는 방아쇠로 기능한다.

일단 웨식스 프로젝션 내부에 진입하면 참가자들은 현실 세계에서의 정체성을 기억할 수 없다. 이들은 꿈꾸는 상태로 시뮬레이션에 들어와 있으며, 같은 이름으로 불리더라도 현실 세계의 자신과는 별개인 독립체다(꿈꾸는 중인 모든 사람이 깨어 있는 삶에서의 분신과 별개의 존재인 것처럼). (무의식적 소망의) **실재** 대 현실의 고전적인 사례. 웨식스 시뮬레이션에서 빠져나올 때 이 꿈꾸는 이들은 합의된 환각 속에서 일종의 플레이스홀더 도플갱어로, 아무런 내적 삶도 보유하지 않은 채 꿈 공간에서 오직 **타자**를 위해서만 실존하는 프로그래밍된 자아로 대체된다. 일부 참가자는 다른 꿈꾸는 이들이 시뮬레이션에서 벗어났다 다시 돌아오는 시점을 알아차리게 된다. 그 시점은 타자 안의 무언가가, 타자 자신보다는 타자 안에 있는 것일 그 무언가가 사라지거나 (외관상으로는 기적과도 같이) 돌아오는 순간이다. 소설은 꿈속 **타자**와의 에로틱한 접속이 지닌 압도적이고 도취적인 강도, 언캐니한 인지 감각, 꿈속 사랑의 데자뷰를 대단히 강력하게 제시한다.『웨식스 꿈』에서 연인들의〔서로를 알아보는〕인지 감각은 줄리아와 데이비드가 소설의 현실 세계에서 서로 아는 사이라는 사실로 설명될 수 있다. 그렇지만 이들은 그 현실 세계에서 사랑에 빠지지 않았으며 반드시 사랑에 빠질 것이라고 암시되지도 않는다. 서로에게 반하는 것은 이들의 꿈-자아다. 목가성을 궁극적으로 동요시키는 것은 프리스트가 이후에 발표한 모든 소설에서 중심으로 삼은 일종의 현실 번짐reality bleed[2] 혹은 존재론적 출혈ontological haemorrhage이다.『웨식스 꿈』은 깁슨의 사이버 공간을 예견할 뿐 아니라 60년대의 어떤 비전을 쓰라린

70년대 말 시점에 회상하는 작품이다.

가즈오 이시구로의 『위로받지 못한 사람들』1995은 완전히 다른 꿈 공간-시간과 접촉한다. 제목이 아주 절묘한데 앨리스가 이상한 나라로 뛰어든 것과 비슷하게 우리를 위로 없는 세계로, 끊임없는 긴급함urgency의 세계로 떨어뜨리기 때문이다. 이것이 『웨식스 꿈』과 우선적으로 그리고 가장 명백하게 대조를 이루는 지점이다. 『웨식스 꿈』에서는—꿈 공간 내부와 외부 모두에서—공무와 관계된 명령들이 '일어나야 하는 일'에서 벗어나는 리비도적 궤적들(이 경향은 프로젝트 전체를 위기에 빠뜨린다)의 희미한 구실로 작용하기 때문이다. 『위로받지 못한 사람들』에서도 공무는 희미하게만 나타나지만, 이제는 리비도적 구실의 자비로운 성질(즉 공무란 표면적인 목표에 불과하며 이를 완수하는 데 끊임없이 실패하는 것이 향유를 발생시킨다는)이 아니라 굴곡져 있고 감질나며 좌절을 안기는 대상, 그것의 완수 실패가 모든 것에 끔찍한 불안의 먹구름을 드리우는 대상으로 상정된다.

저명한 피아니스트 라이더는 공연차 어느 이름 모를 중유럽 도시에 도착한다. 그런데 그는 공식 의무들에 전념하지 못하게 가로막는, 하지만 그로선 저항할 힘이 없는 수많은 요구에 부딪힌다. 그는 희망에 부푼 청년의 피아노 연주를 들어야 한다. 또 사전에 고지받지 못한 심야 모임에서 발언해야 한다. 그것도 모자라

---

2 〔옮긴이〕하나의 (일상적인) 현실이 점차 다른 종류의 (꿈이나 게임 같은 가상적인) 현실에 의해 침입받고 침식되며 지배받는 상황이나 이를 주제로 한 작품 경향을 가리키는 표현이다. 이런 식으로 두 현실을 병치하고 경계를 흐리는 경향은 오래된 것이지만 데이비드 크로넨버그의 『엑시스텐즈』1999가 사운드 트랙에서 (『효과를 통한 현실 번짐』이라는 노래 제목을 통해) 이 표현을 처음 사용했다고 평가받기도 한다.

도시 변두리 지역으로 이동해 무슨 의의가 있는지도 모르는 기념물 앞에서 사진을 찍어야 한다. 하나의 긴급함은 새로운 긴급함을 낳는다. 끝도 없이.

『위로받지 못한 사람들』은 부분적으로 카프카의 혼성 모방이며 이시구로는 카프카에게서 무엇보다도 기이한 동시에 낯설게 친숙한 몽상적 지리학을 빌려 온다. 서로 매우 멀리 떨어져 있다고만 생각했던 공간들이 문득 인접해 있는 것으로 드러난다. 라이더가 도착한 리셉션 공간은 알고 보니 자신이 출발한 바로 그 호텔이다. 그 덕분에 도무지 풀 길이 없어 보였던 문제들이 갑자기 알아서 해결된다. 하지만 문제가 해결되었다고 해서 안심할 수는 없으니 이미 라이더가 또 다른 긴급함에 붙들렸기 때문이다. 압도적으로 중요했던 앞선 명령은 다음 명령이 떨어지는 순간 아무래도 좋은 것이 되고 만다.

카프카 작품이 그렇듯 『위로받지 못한 사람들』에서 **일관성 없는 인접성**contiguity without consistency이라는 이 도착적인 공간성이 생겨나는 까닭은 모든 공간(그리고 시간)이 긴급함에 종속되어 있기 때문이다. 긴급한 시간 외엔 어떤 시간도 없으며 모든 공간은 긴급함 (그리고 그것의 좌절) 탓에 휘어진다. 방해물들이 갑작스레 등장한다. 가장 눈에 띄는 것은 마지막 순간에 불가해할 정도로 불쑥 나타나는 벽으로, 연주회 공간으로 예정된 콘서트 홀에 라이더가 도착하지 못하도록 가로막는다. 혼이 나갈 것 같은 속도를 추동하는 것은 소급적 작화retrospective confabulation의 즉흥 논리로, 뒤늦게야 사태를 앞뒤가 맞게 만드는 것이 이 논리다. 라이더는 명백해야 했던 것들을 끊임없이 [뒤늦게] 알아차린다. 카프카 작품이 그렇듯 『위로받지 못한 사람들』은 어느 순진한 인물의 당혹감으로 채색된다.

그러니 대립하는 두 가지 꿈꾸기 방법이 있는 셈이다.

하나의 꿈은 나른하고languid 과묵하며laconic 다른 하나의 꿈에서는 곤란에 시달리고harried 괴롭힘당하는harassed.

애트우드의 반자본주의

제임슨은 애트우드의『홍수의 해』2009에 나오는 컬트 집단인 '신의 정원사들'이 "전적으로 퇴행적"이라고 논평하고는 괄호 안에 도발적인 문장을 덧붙인다. "어떻게 하면 정치가 지금과 달라질 수 있는지 궁금해하는 것은 언제나 유용하다."[1]『홍수의 해』는 실망스러운 작품이다. 그 이유 중 하나는 퇴행에 대한 아무 대안도 제시하지 않기 때문이다. 이 소설을 읽고 있으면 자연으로 돌아가는 것이 앞으로 나아가는 유일한 방법처럼 느껴진다.

『홍수의 해』는 이 퇴행의 표식인 종교 자체에 초점을 맞추지 않는다. 오히려〔전작인〕『오릭스와 크레이크』2003에서 대단히 흥미롭게 제기한 종교 관련 질문들에서 손을 뗀다.『오릭스와 크레이크』의 절정부 중 하나는 연구실에서 설계한 새로운 고결한 미개인noble savage인 크레이커들 사이에서 종교 감정이 싹튼 대목이었다.『토템과 터부』와『인간 모세와 유일신교』가 일러 주듯 종교는 아버지 형상이 사망한 뒤 그 귀결로 등장한다. 여기서 풍부한 아이러니가 생겨난다. '크레이커들'이 태어나지 않고 만들어졌기 때문에 '아버지'는 사실상 이들의 창조자– 설계자, 즉 천재이지만 인간 혐오자인 크레이크다. 그는 신경학적 배열이 종교를 생성한다고 믿고는 이 배열 **없이** 그들을 설계했다.

---

*   "Atwood's Anti-Capitalism", k-punk, 26 September 2009, http://k-punk.abstractdynamics.org/archives/011314.html.

1   Fredric Jameson, "Then You Are Them(review of Margaret Atwood's *The Year of the Flood*)", *London Review of Books*, Vol.31, No.17, 10 September 2009.

크레이크는 제거주의적 유물론자보다는 유물론적 제거주의자에 가깝다. "크레이크는 자신이 이 모든 걸 일소했다고, 자기가 머릿속 지스폿이라 칭한 것을 제거했다고 생각했다. *신이란 뇌 신경 다발에 불과*해라고 그는 주장했다. 그럼에도 그건 어려운 문제였다. 머릿속에서 너무 많은 걸 없애면 좀비나 사이코패스가 되니까." 처음에는 크레이커들 사이에서 종교가 등장한 것이 일종의 기적으로 제시되지만, 종국에는 이것이 신경학과 여타 (정신 분석학적이고 문화적인) 규정 요인들이 행사하는 힘의 증거에 불과했다는 사실이 드러난다.

크레이크의 실험들은 유토피아와 인간 본성이 서먹한 관계라는 진부하고 해묵은 반동적 훈계에 대한 하나의 응수를 구성한다(이 훈계의 최근 판본을 확인하려면 지젝의 근작에서 적대자 중 한 명으로 출연하는 초자본주의적 리얼리스트 기 소르망의 글을 보라.[2] 그는 이렇게 주장한다. "경제 과학이 밝힌 진실이 무엇이건 (불완전할 수밖에 없는) 자유 시장은 결국 그 자체 완전해지기가 거의 불가능한 인간 본성의 반영일 따름이다"). 크레이크는 자폐증자의 실용주의로 이렇게 결론 내린다. 우리는 인간 본성을 바꿔야 한다고, 이제 그럴 수단들이 이용 가능해졌다고. 사실상 크레이크는 『문명 속의 불만』에서 프로이트가 펼친 주장, 즉 평등한 소유 관계가 달성될지라도 성적 경쟁 때문에 적대가 계속되리라는 주장에 응답하고 있다. 눈사람(『오릭스와 크레이크』주인공)은 곰곰이 생각하고는 "어쩌면 크레이크가 옳았는지도 모른다"라고 말한다.

옛 체제에서 성적 경쟁은 가혹하고 잔인했다. 행복한 연인 뒤에는

2　Guy Sorman, "Economics Does Not Lie", *City Journal*, Summer 2008, https://www.city-journal.org/html/economics-does-not-lie-13099.html.

실의에 빠진 구경꾼, 배제된 자가 있기 마련이었으니까. 사랑은 투명한 거품 모양의 돔이었고, 연인이 아닌 사람은 두 연인이 그 안에 있는 것을 볼 수 있었지만 직접 들어갈 수는 없었다. 비교적 온건한 형태도 있었다. 이를테면 혼자인 남자가 창가에서 애절한 탱고 선율을 따라 기억을 잃을 때까지 퍼마셔 대는 것. 하지만 그런 상태는 폭력으로 치달을 수도 있었다. 극단적인 감정은 치명적일 수 있었다. *내가 널 가질 수 없다면 다른 사람도 안 돼* 따위. 그러면 죽음이 찾아올 수 있었다.[3]

그리하여 크레이크는 『홍수의 해』에서 토비가 "낭만의 고통"이라 부르는 것을 유순한 동물들의 구애 의례로 대체한다. "이들에게 섹슈얼리티는 끊임없는 고뇌를 안기는 것도, 요동치는 호르몬이 형성하는 구름도 아니었다. 인간을 제외한 대다수 포유류가 그렇듯 이들에게는 발정기가 주기적으로 찾아왔다."[4] 자신의 유전학적 창조물에게서 위계, 굶주림, 인종주의를 제거했다는 크레이크의 주장을 애트우드가 허구적으로 시험해 보았다면 매혹적이었을 것이다. 또 언어 문제도 있다. 애트우드가 시사하길 크레이커들이 유전학적으로 설계된 순수함을 유지할 수 있는 것은 이들에게 가정법 과거 시제가 없기 때문이다("영혼의 불멸성이라는 발상은 [⋯] 문법의 결과였다. 신도 마찬가지였다. 과거 시제가 생기자마자 과거보다 앞선 과거가 있어야 했고, 그렇게 거슬러 가다 보면 '난 모르겠어'라고 말하는 지점에 도달하게 되는데 그게 신이기 때문이다. 신은 우리가 모르는 것—어두컴컴한 것, 감춰진

---

3 Margaret Atwood, *Oryx and Crake*, Bloomsbury, 2003, p.165 〔『오릭스와 크레이크』, 차은정 옮김, 민음사, 2019, 283쪽〕.

4 Ibid., p.305〔같은 책, 510쪽〕.

것, 보이는 영역 이면에 있는 것이고, 이 모든 것이 문법 때문이다."[5] 하지만 이 역시 간단한 유전 공학으로 고칠 수 있다. "FoxP2 유전자가 없으면 문법도 불가능할 거다").

하지만 크레이크의 상실〔죽음〕—상실 및 부정 자체와의 마주침과 다름없는—로 계획은 위험에 처하고, 크레이커들은 저희의 동물-시간에서 벗어나 인간적 비천함의 상처 입은 시간에 들어선다. 그런데 『홍수의 해』에서는 크레이커들이 아예 초점에서 벗어난다. 아마도 애트우드가 더는 이들에게 흥미를 느끼지 못함을, 혹은—어쩌면—그런 피조물들이 우리 같은 존재의 흥미를 끌기에 적합하지 않음을 알리는 징후. 〔『홍수의 해』에서〕 서사의 전면에 떠오르는 것은 몰락 중인 세계에서 평화를 빼앗긴 어느 인간 집단이 고수하는 진보적인 동시에 퇴행적인 종교 형태다.

애트우드는 생태 종교를 창조하도록 자신을 고무한 것 중 하나가 "아버지와 어머니의 사망〔…〕 그리고 두 분이 납득할 만한 장례식 송가를 고를 필요성"이었다고 말한 바 있다. "두 분 다 과학자였거든요."[6] 여기서 애트우드가 맞닥뜨린 어려움을 비웃기는 쉽다. 또 그가 지적하고 있는 쟁점, 즉 동시대 세속주의에서 상징적인 것의 결핍이라는 화두보다 종교와 과학의 화해라는 친숙한 문제가 궁극적으로는 더 까다로운 사안일 수도 있다. 그러나 무신론은 종교의 상징적 무게에 버금가는 의례들을 내놓을 수 있어야 하며, 그러지 못한 것이 우연한 실패 이상이라고 의심하는 데는 타당한 근거가 있다. 무신론이 보통 신의 죽음을 **상징계(=대타자)** 자체의 부인이라는 견지에서 이해하기 때문이다.

---

5 Atwood, *The Year of the Flood*, Bloomsbury, 2009, p.316〔『홍수의 해』, 차은정 옮김, 민음사, 2019, 554쪽〕.

6 〔옮긴이〕이는 애트우드가 『타임즈』와 나눈 2009년 8월 15일 인터뷰 내용이다.

참으로 포스트모던한 이 부인—여기서 **대타자**의 실존에 대한
공식적 부인은 그와 다른 층위에 속하는 상징계에 대한 사실상의
준수와 결합된다—은 자본주의 리얼리즘과 꼭 들어맞는다.
알튀세르가 알아차렸듯 자본주의 이데올로기의 의례들은 결코
의례로 인정되지 않기 때문에 오히려 원활히 기능한다. 종교 의례의
비타협적인 엄숙함을 대신한 포스트모던 세속주의는 우리에게
의례 자체의 회피(어떤 종류의 의식도 필요하지 않음)를, 아니면
'당신만의-서약을-작성하세요'라는 개인화를, 그것도 아니면
초자연적 신에 대한 믿음을 부인하면서도 종교 형태는 보존하는
일종의 모조 휴머니즘-키치를 제시한다. 문제는 세속적인 '의미
결여'가 아니다. 그와는 거의 정반대로 종교 의례에 막대한 힘을
부여하는 것이 바로 그 의례들의 무의미함, *개인적인* 의의의 결여다.
『런던 리뷰 오브 북스』에 기고한 『홍수의 해』 서평에서 제임슨이
시사하듯 부분적으로 문제는 시간이다. 새로운 "믿음 체계"라면
응당 "깊은 시간의 형식을 취한, 고릿적 문화 관습 혹은 계시 자체의
형식을 취한 보충물을 요구"하기 때문이다. 하나의 의례가 관습이
되도록, 개인들을 종속시키는 텅 빈 형식이 되도록 허용하는 것이
바로 시간이다. 그리고 이는 결코 약점이 아니다. 그 덕분에 장례
의례가 커다란 위안을 줄 수 있으니 말이다.

애도와 상실은 종교의 기원을 이룰 뿐 아니라 말할 필요도
없이 종교가 지속적으로 발휘하는 호소력 상당 부분의 뿌리도
형성한다. 한동안 내가 가르쳤던 학생들 사이에서 가장 논쟁에
가까운—그리고 폭언을 퍼붓기 직전까지 간—토론이 벌어진
것은 올 초의 종교 철학 수업이었다. 종교보다는 무신론이 악과
고통의 문제를 훨씬 많이 일으킨다는—특히 이미 죽어 있는 이들의
고통 때문에—내 주장이 논쟁을 촉발했다. 비통함에 찬 이반
카라마조프의 절규는 신을 향해 있는 것만큼이나 찬란한 도시의

무신론적 건축가를 향할 수도 있다. 혁명적 종말론이, 얼마나 영예롭든, 오래전부터 죽어 있던 이들의 고통에 관해 과연 뭐라도 할 수 있을까? 칸트가「목적론적 판단력 비판」의 선동적인 부분에서 논하듯 세속적 선 의지가 아무리 충만하더라도 결코 미덕과 행복의 상호 연관을 보증할 수는 없다.

> 그런 사람[성실한 비신자―피셔]이 자애로울 수도 있다. 하지만 그렇더라도 그 주변은 기만, 폭력, 질투로 가득할 것이다. 게다가 그가 마주치는 다른 성실한 사람들의 경우에도 이들이 행복할 자격을 갖추고 있건 아니건 그것에 아무 관심도 기울이지 않는 자연은 지상의 모든 동물과 마찬가지로 이들 역시 궁핍, 질병, 궁극적으로는 죽음 같은 온갖 악에 종속시킬 것이다. 이들은 언제까지고 이런 악에 종속되어 결국은 하나의 거대한 무덤이 이들 모두(정직하든 말든 여기서는 아무 차이도 없다)를 에워쌀 것이고, 이들―자기 자신이 창조의 궁극 목적이라고 그럭저럭 믿는 데 성공한―이 빠져나왔던 물질로 이루어진 목적 없는 혼돈의 심연으로 이들을 도로 던져 버릴 것이다.[7]

칸트의 논증이 "성실한 비신자"만큼이나 신의 정원사들이 보이는 신이교주의neopaganism에도 적용될 수 있음을 유념하자. 왜냐하면 칸트는 정원사들이 설교하는 자연과 선행의 등치를 절대적으로 거부하기 때문이다. 역으로 칸트가 주장하길 선을 몰도덕적 목적 없음으로 특징지어지는 하나의 자연으로 만들려면 신이 꼭 필요하다. 참된 무신론은 이 "거대한 무덤", 이 "목적

---

7   Immanuel Kant, *Critique of Judgment*, Hackett, 1987, p.342〔『판단력 비판』, 백종현 옮김, 아카넷, 2009, 534쪽〕.

없는 혼돈의 심연"을 정면으로 직시할 수 있어야 한다. 반면 내가 보기에 (우리) 비신자는 대부분 그것을 외면하고 있을 따름이다. 하지만 칸트의 도덕적 논증은 일축하기가 생각만큼 쉽지 않은데 그 까닭은 우주의 섭리적 구조에 대한 믿음을 제거하는 것이 우리가 처음 상상한 것보다 훨씬 어렵기 때문이다. 더 정확히 말하면 이런 종류의 믿음은 우리가 선선히 받아들일 법한 모든 것보다 훨씬 아래쪽에 도사리고 있다(『딜 오어 노 딜』[8]의 아무 화나 시청해 보면 그런 믿음이 얼마나 공공연한지 확인할 수 있다). 이런 믿음을 뿌리 뽑으려면 아마도 크레이크의 유전학적 수선이 필요할 것이다.

『홍수의 해』의 문제는 정치와 종교를 동의어로 만든다는 것이다. 정치화된 종교는 여러 이유로 긍정할 수 있는 반면, 종교적 종말론의 구원적이고 메시아주의적인 꺼풀을 벗겨 낼 수 없는 정치에는 심각한 문제가 있다. 신의 정원사들은 소르망이 혐오하는 녹색주의자들과 놀라울 정도로 닮았다.『처음에는 비극으로, 다음에는 희극으로』에 인용된 부분에서 소르망은 이렇게 말한다.

> 녹색주의자들은 평범한 폭도가 아니다. 이들은 인류보다 자연을 우선시하는 새로운 종교의 사제다. 생태 운동은 평화와 사랑을 부르짖는 품위 있는 압력 단체가 아니라 하나의 혁명 세력이다. 많은 현대 종교가 그렇듯 표면적으로 생태 운동은 과학 지식에 기반해 자신이 지명하는 악을, 즉 지구 온난화, 생물 종 멸종, 생물 다양성 소실, 슈퍼 잡초 등을 비난한다. 〔하지만〕 사실 이 모든 위험은 녹색 상상력이 지어낸 허구다. 녹색주의자는 과학에서

---

8 〔옮긴이〕미국 NBC에서 2005~2009, 2018~2019년에 방영된 게임 쇼. 참가자가 서로 다른 액수의 돈이 담긴 스물여섯 개의 철제 돈 가방 중 하나를 고른 뒤 선택하지 않은 가방들을 열어 보면서 자신의 가방에 든 액수를 유추하는 포맷으로 진행된다.

어휘를 빌려 오지만 과학의 합리성은 활용하지 않는다. 이 방법은 새롭지 않다. 마르크스와 엥겔스도 당대의 과학이었던 다윈주의를 자기 세계관의 뿌리로 삼는 척 시늉했으니 말이다.[9]

애트우드는 이런 종교의 사례를 제시한다(오해의 소지를 한 톨도 남기고 싶지 않아 덧붙이면 나는 녹색주의자들에 대한 소르망의 견해를 전혀 지지하지 않는다. 그저 소르망의 전형과 꼭 어울리는 생태-컬트 집단을 애트우드가 구축한 것이 재밌다고 생각한다). 몇 주 전에 『뉴스 나이트』에 출연해 리처드 도킨스와 의견을 나누면서 애트우드는 진화의 관점에서 종교에 반대하는 논변이 앞뒤가 맞지 않는다고 주장했다. 종교가 인간에게 진화상의 이점을 가져다주었기 때문에 끈질기게 존속하고 있는 것 아니냐면서 말이다. 그가 논하길 이를 감안할 때 종교는 '진보적' 투쟁을 위한 도구로 사용되어야 한다. 그리고 신의 정원사들의 지도자인 아담 1도 마키아벨리나 레오 스트라우스—종교를 활용해 대중의 감성을 조작하고자 한 인물들—처럼 말할 때는 흥미를 끈다. 나머지 부분에서 그의 생태-경건함을 그나마 견딜 수 있는 것은 애트우드의 적당히 풍자적인 짓궂음 덕분이다(예를 들어 채식주의를 성서의 육식 편향과 무자비한 자연의 '몰도덕적 혼돈' 모두와 화해시키려 시도할 때 정원사-독트린이 어쩔 수 없이 말려드는 뒤틀림들을 보라). 첫 부분에서 신의 정원사들이라는 발상이 호소력을 발휘하는 까닭은 애트우드가 새로운 종류의 정치 조직을 묘사할 것이라는 기대감을 불러일으키기 때문이다.

9　Slavoj Žižek, *First as Tragedy, Then as Farce*, Verso, 2009, p.24 〔『처음에는 비극으로, 다음에는 희극으로』, 김성호 옮김, 2010, 창비, 52쪽〕에서 재인용.

하지만 정원사들의 독트린과 구조는 낡고 칙칙한『노 로고』식 반소비주의적 금욕주의, 원시주의적 구전 전통, 민간 요법과 자기 방어 등을 마구잡이로 뒤섞어 놓은 형편없는 잡동사니 모음으로 밝혀진다. 이런 조직의 매력이란 지난주에 추출한 파촐리 오일의 매력과 다를 바 없다.『홍수의 해』는 수많은 소위 반자본주의가 처한 리비도적이고 상징적인 교착 상태의 증상처럼 보인다. 애트우드는 자본주의의 종말을 상상하지만 이는 오직 세계의 종말 이후에 온다.『오릭스와 크레이크』는『월-E』2008의 첫 부분과,『홍수의 해』는 둘째 부분과 비슷해 보인다. 최후의 생존자 외에도 인간 집단이 남아 있으며, 몇몇 인간 집단이 이미 이곳저곳을 떠돌고 있지만 불가사의하게 시야에 들어오지 않을 따름이다(적어도『월-E』에서 인간 생존자들은 지구를 떠난 상태다. 반면 지금 우리가 믿으라고 요청받고 있는『오릭스와 크레이크』에서 생존자들은 알 수 없는 이유로 눈사람의 시야 바깥에 머물러 있다). 이는 사후적으로 바람 빼는 효과를 초래한다.〔『오릭스와 크레이크』에서〕눈사람이 겪은 역경의 파토스와 고결함이 대부분 제거되며, 사이버펑크적이고 베케트적인 희비극과 유사해 보였던 무언가가 단순 희극으로 전환된다(여담이지만『홍수의 해』가 거둔 최고의 '성취'는 결말 부분에 이르러 이 소설이 더는 애트우드의 작품처럼 느껴지지 않는다는 점일 것이다. 이 소설은 그저 그런 스티븐 킹 소설에서 볼 법한 일종의 기능적 산문으로 쓰였다. 또 포스트묵시록을 배경으로 사이버펑크 장르 특유의 거친 여자들이 등장하지만 이들은 놀라울 정도로 생생함을 결여하고 있다. 그 결과는 뇌리에 꽂히는 로버트 맥팔레인의 표현인 "디스토프-오페라"dystoap-opera다).[10]

---

10 〔옮긴이〕Robert Macfarlane, "*The Year of the Flood* by Margaret Atwood", *The Sunday Times*, 30 August 2009.

『오릭스와 크레이크』와 『홍수의 해』를 읽으면서 계속 이 질문이 머릿속에 맴돌았다. 왜 이 두 권은 『시녀 이야기』1985와 같은 성취를 거두지 못한 걸까? 『시녀 이야기』가 범례적인 디스토피아 소설인 까닭은 신보수주의의 **상상계적-실재**와 접촉하고 있기 때문이다. 길리어드는 레이건의 80년대에 작용 중이던 신보수주의적 욕망의 층위에서 '**실재**'였다. 실제 현재를 조건 지은 하나의 가상 현재. 오프레드, 시녀, 하녀, 장벽 같은 명칭은 한 세계의 일관성과 공명한다. 그런데 애트우드가 신보수주의 대신 신자유주의를 다룰 때는 설득력이 떨어진다. 애트우드는 과소 평가의 의미로 브랜드들(그 자체로 진부한)에 싸구려 시 같은 이름을 붙인다. 그가 지은 기업명은 추하고 투박한데 이것이 의도적이라는 데는 의심의 여지가 없다. 그는 후기 자본주의 기호학의 부조리한 유치증을 이렇게 이해하고 있는 듯하다. 새론당신, 건강현인, 행복한컵, 되젊음, 그리고—그중에서도 가장 볼품없는—바다소리 이어폰 같은 이름은 말 그대로 내게 물리적인 고통을 안겼고 이런 이름을 단 브랜드들이 주도하는 세계는 상상하기도 쉽지 않다. 애트우드의 오류는 언제나 동일하다. 이 이름들은 기업의 기능이나 서비스를 볼썽사납게 희화화하는 반면 자본주의의 꼭대기에 올라선 브랜드들의 이름—코카콜라, 구글, 스타벅스—은 비의미화 추상에 이른다. 그리하여 이름들은 실제 기업 활동의 자취만을 간직한다. 자본주의 기호학은 계속 증대하는 추상을 향한 자본 자체의 경향을 반향한다(조만간 책으로 출간될 닉 랜드의 90년대 텍스트들[11]을 읽어 보면 신자유주의의 **상상계적-실재**를 이해하는 데 큰 도움이 될 것이다). 유전학적으로 이어 붙인 동물들에 애트우드가

---

11 〔옮긴이〕 Nick Land, *Fanged Noumena: Collected Writings 1987~2007*, Urbanomic, 2011.

붙인 이름—돼지구리, 거멸소/염서미, 사자양—도 언어 도살의
사례다. 어쩌면 유전 공학이 자행하는 탈자연화 폭력의 언어적
대응물을 제공하고자 한 것일지도 모르겠다. 어떻든 이 언어적
괴물들이 애트우드의 텍스트에서 뛰쳐나와 먼 곳까지 유랑하지는
않을 성싶다(이것들은 깁슨의 신조어들이 지닌 어두운 세련됨이나
하이퍼스티션적인hyperstitional[12] 역량과 닮은 데라곤 없다).

하지만 『홍수의 해』에 담긴 반자본주의의 주된 실패는
자본주의가 유기적인 것과 녹색인 것을 흡수하는 방식을
파악하지 못한다는 것이다. 지젝의 『처음에는 비극으로,
다음에는 희극으로』의 가장 강력한 대목 일부는 이 메시지를
되풀이한다(내가 좋아하는 구절 하나: "반쯤 썩은 데다 비싸기까지
한 '유기농' 사과가 비유기농 품종보다 정말로 건강에 더 좋다고
진정으로 믿는 사람이 있을까"). 신뢰할 만한 좌파주의는 생태
문제를 반드시 중심에 두어야 하지만 자본주의의 모사된 유기적인
것 너머에 있는 '진정한' 유기체주의organicism를 찾아 나서는 것은
오류다(『처음에는 비극으로, 다음에는 희극으로』에서 좋아하는 또
다른 구절: "자본주의와 관련해 좋은 점이 하나 있다면 정확히 어머니
지구가 더는 존재하지 않는다는 것이다"). 유기체주의는 [해결책이

---

12 〔옮긴이〕 hyper와 superstition을 합성한 CCRU(특히 닉 랜드)의
조어로 우리말로는 '과잉 미신' 혹은 '초과 미신' 정도로 옮길 수 있다.
하이퍼스티션은 단순한 미신과 달리 피드백 루프를 걸쳐 현실화되는 발상,
허구적 개념, 서사 등을 가리킨다. CCRU에서 파생된 이론–허구theory-
fiction나 가속주의accelerationism 같은 개념의 가능 조건을 이루는 용어라 볼 수
있으며, 하이퍼스티션의 대표적인 사례 하나로 제시되는 것이 윌리엄 깁슨의
'사이버 공간'이다. 오펀 드리프트의 아카이브에서 간명한 설명을 볼 수 있다.
https://www.orphandriftarchive.com/articles/hyperstition/. 또 이 책 207쪽
주 8에서 언급하는 http://hyperstition.abstractdynamics.org 사이트도
참조하라.

아니라) 문제다. 그리고 어떤 생태-영성이 아니라 새로운 조직 및
관리 양식이 인간 환경을 (그럴 수 있다면) 구할 것이다.

토이 스토리
꼭두각시, 인형, 호러 스토리

많은 호러 스토리에는 갖가지 형상이 구색을 맞추어 단역이나
엑스트라로 등장한다. 이들의 유일한 용도는 분위기를 돋우기
위해 제 으스스한 현전을 서사에 드러내는 것이다. 반면 진정
두려운 존재는 전적으로 다른 무언가다. 꼭두각시, 인형, 여타
인간 캐리커처는 아기 방 구석에 축 늘어져 있거나 완구점
선반에 아무렇게나 놓여 카메오로 등장한다. (…) 인간 형상의
모조품들은 배경 혹은 조연으로서 하나의 상징적 가치를 지닌다.
이들이 다른 세계, 온통 해롭고 무질서한 세계와 접속해 있는 듯
보이기 때문이다. 이따금 우리에게 두려움을 안기는 이런 종류의
공간은 우리 자신의 근거지, 즉 그런대로 온전하고 안전하다고,
적어도 모조 인간을 현실의 사물과 혼동하지 않을 수 있다고 굳게
믿어야 하는 장소의 모델을 이룬다.
— 토머스 리고티, 『인간 종에 대한 음모』[1]

최근작인 『인간 종에 대한 음모』에서 호러 작가 토머스 리고티는
위와 같이 쓰고 있다. 이 책은 허구가 아니다. 가능한 최상의
의미에서 아마추어 철학을 선보이는 이 작품은 전문 철학자의

＊　"Toy Stories: Puppets, Dolls and Horror Stories", *Frieze*, 1 September
2010, https://frieze.com/article/toy-stories.

1　Thomas Ligotti, *The Conspiracy Against the Human Race: A Contrivance
of Horror*, Hippocampus, 2011(『인간 종에 대한 음모: 공포라는 발명품』, 이동현
옮김, 필로소픽, 2023, 285쪽).

작업이 너무나 자주 결여하는 형이상학적 허기를 동력으로 삼는다. 리고티는 학계의 철학자들이 자질구레한 학술적 세부 사항과 씨름하느라 보통 무시하는 질문들로 돌아가는 데 부끄러움이 없다. 왜 아무것도 없는 것이 아니라 무언가가 있을까? 살아 있음에 감사해야 할까? 후자의 질문에 리고티는 단호하게 부정적인 답을 내놓는다. 『인간 종에 대한 음모』에는 21세기 초 문화를 가득 채운 명랑한 생기론 및 공허한 가벼움의 공기와 이보다 더 상충할 수 없는 차갑고 냉철할 진지함이 깃들어 있으며 그 덕에 19세기 논고tract 같다는 인상을 준다.

꼭두각시는 리고티 작업의 라이트모티브 중 하나다. 이들은 공포감을 불러일으키지만 악의에 찬 의도가 있거나 우리가 보지 않을 때 은밀히 움직일까 봐 의심스럽다는 것이 주된 원인은 아니다. 오히려 꼭두각시는 리고티가 『인간 종에 대한 음모』에서 거듭 우주 자체의 "유해할 정도로 무용한" 본성으로 특징짓는 것이 보낸 특사다. 물감으로 얼굴을 꾸민 마리오네트는 의식이 느끼는 공포의 상징, 리고티에 따르면 "유해한 무용함"을 지각시키고 세계에 온갖 고통을 안기는 도구다.

꼭두각시는 동화만이 아니라 기이한 이야기weird tale에도 속하는 형상이다. 이언 펜먼은 가장 유명한 꼭두각시 이야기인 카를로 콜론디의 『피노키오의 모험』1883에 담긴 "믿기 어려울 정도의 잔인함과 고통"을 이렇게 묘사한다.

학대에 대한 고발. 내던진 망치. 불타 버린 다리. 장작으로 사용된 아이들: 순결한 불쏘시개. 뇌진탕과 납치로 보답받은 호기심. 교수형, 절단, 질식. 두려워하는 피노키오를 보고 숨넘어가듯 비웃다 핏줄이 터져 죽고 만 뱀. 등굣길에 피노키오는 교과서를 팔아 길거리 인형극을 보러 간다: 교육 따위는 잊고 꼭두각시

인형이나 돼라. 춤추는 바보. 견습생 골렘. 유해한 어릿광대.
거세당한 카스트라토.

(펜먼의 글은 내 편집으로 작년에 출간된 마이클 잭슨에 관한 책에
수록되었다. 그리고 잭슨 자신의 이야기는 키치와 고딕, 꼭두각시와
주인 조종자가 빈번히 뒤바뀌는 이야기다.)[2]
　기억과 기술을 다루는 블로그 '배트, 빈, 빔'을 운영하는
이론가 조반니 티소는 『토이 스토리』 시리즈에서 『피노키오』의
반향을 감지할 수 있다고 지적하는 게시물을 얼마 전에 올렸다.[3]
마르크스주의자 리처드 시모어에게

　　『토이 스토리 3』2010는 어떻게 자유가 상품화를 통해 달성되는지,
어째서 '피통치자의 동의'가 속박의 자발적 수용과 거의 동일한지
알려 주는 이야기다. 〔…〕 『토이 스토리』의 사물 도식에서는 모든
사람과 모든 사물의 자리가 정해져 있다. 이 도식은 상품들의
위계로 최하단에 위치한 장난감들은 소유주에게 종속되어 자신을
바친다.[4]

　하지만 **존재론적** 층위에서 『토이 스토리』는 일종의 '뒤틀린
위계'를 구성한다. 영화에 등장하는 장난감들은 영화 속 허구라는

2　Ian Penman, "Notes Towards a Ritual Exorcism of the Dead King",
Mark Fisher ed., *The Resistible Demise of Michael Jackson*, Zer0, 2009.

3　Giovanni Tiso, "The Unmaking of Pinocchio", Bat, Bean, Beam, 3
August 2010, https://bat-bean-beam.blogspot.co.uk/2010/08/unmaking-
of-pinocchio.html.

4　Richard Seymour, "Chattel Story", Lenin's Tomb, 8 August 2010,
http://www.leninology.co.uk/2010/08/chattel-story.html.

'존재론적으로 열등한' 층위에 실존하지만, 이를 넘어 영화관 바깥에서 구입할 수 있기에 실재적이다. 리고티에게서 꼭두각시와 꼭두각시 놀이는 번번이 존재론적 위계의 이 뒤틀림을 상징화한다. '열등한' 층위에 머물러 있으며 누군가가 조종해야만 움직일 수 있는 마네킹이 갑자기 행위 능력을 획득하며, 더더욱 소름 끼치게도 '우월한' 층위에 있다고 간주되는 꼭두각시 주인이 문득 인형극에 휘말려 들어가게 되는 것이다. 리고티는 "한 명의 인간 존재가 꼭두각시로 대상화되어 그 혹은 그녀가 우리 내부의 오싹한 장소라고 여겼을 따름인 어느 세계에 들어서는 것"이 정녕 끔찍한 운명이라 말한다.

자신이 이 불길한 영역의 수감자임을 깨달았을 때, 자신이 인간적인 것의 영토 맞은편에 있는 합성 메커니즘으로, 혹은 어떻게 정의해도 인간적이라고 우리는 믿지만 그럼에도 그로부터 추방당한 무언가로 쪼그라들었음을 깨달았을 때 그가 받을 충격이란.

리고티가 무엇을 더 소름 끼치는 전망으로 여기는지는 분명하지 않다. 줄을 당기며 놀리는 궁극적인 꼭두각시 주인이냐 아니면 맹목적이고 무의미한 혼돈 쪽으로 너덜너덜하게 드리워진 줄이냐. 티소는 『토이 스토리』 시리즈에 나오는 장난감들의 욕망에 별난 무언가가 있음을 알아차렸다. "이들에게 최선은 아이들이 자신을 가지고 노는 것이다. 하지만 그때마다 이들은 기운을 잃고 죽은 상태가 된다. 사람들이 있을 때면 불꽃이 떠나면서 이들의 눈은 초점을 잃는다."[5] 『토이 스토리』 영화의 메시지가 비관주의적인 리고티 논고의 메시지와 각운을 맞추고 있는 것만 같다. 의식이란 인정 많은 장난감 제작자가 자애로운 신을 대신해 우리에게 베푼

축복이 아니라 메스꺼운 저주라고 말이다.

5   Tiso, "Useful Life", Bat, Bean, Beam, 19 July 2010, https://bat-bean-beam.blogspot.co.uk/2010/07/useful-life.html.

제로 북스 설립문

오늘날 문화는 공적인 것이라는 개념과 지성인이라는 형상을
제거했습니다. 이전의 공적 공간들—물리적인 공간과 문화적인
공간 모두—은 현재 유기물 아니면 광고의 식민지 신세입니다.
크레틴병에 걸린 반지성주의가 이 과정을 주도하고 값비싼
교육의 수혜를 입은 인력들이 힘을 보태고 있습니다. 지루함을
느끼는 독자에게 상호 수동적 마비 상태에서 깨어나지 않아도
괜찮다고 안심시키는 다국적 기업이 이 인력들에게 돈을 댑니다.
후기 자본주의의 문화 노동자들이 내면화하고 선전하는 비공식
검열은 스탈린주의의 선전 부장들로선 꿈꾸는 것으로 만족해야
했던 진부한 순응을 생성하고 있습니다. 제로 북스는 다른 종류의
담론—아카데믹하지 않으면서 지성적이고 포퓰리즘적이지

＊ "Zer0 Books Statement." 이 글은 급진 출판사 제로 북스가 발족했을
때 마크 피셔가 쓴 설립 취지문이다. 피셔는 친구인 타리크 고더드와 2009년에
제로 북스를 공동 설립했다. 이 취지문은 제로 북스에서 출간된 모든 책에
수록되었으며, 2014년에 이들이 리피터 북스를 설립하고자 제로 북스를
떠난 뒤에도 마찬가지였다. 2018년 1월부터는 새로운 경영진이 채택한
수정본이 제로 북스 책에 수록되었다. 우리는 그의 글을 기억해야 할 뿐
아니라 기존 영국 출판 산업과 특히 이론적 글쓰기(이 영역의 절대적인 침체
상태를 타개하고자 제로 북스가 창립되었다)에 혁명을 일으키는 것을 돕는
데 있어 그가 필수적인 역할을 맡았다는 사실도 유념해야 한다.〔옮긴이〕
리피터 북스의 공동 설립자 중 한 명은 문화계에서 활동하는 기업가인 이턴
일펠드Etan Ilfeld로, 그는 2021년에 제로 북스의 모기업인 존 헌트 퍼블리싱을
인수했다. 이로써 제로 북스의 유산이 일정 정도 설립자들에게 돌아갔으며,
그 직후 타리크 고더드는「제로 북스 재합병」이라는 성명을 리피터 북스
홈페이지에 발표하기도 했다. https://repeaterbooks.com/reacquiring-zero-
books-a-statement/.

않으면서 대중적인—이 가능하다는 것을, 나아가 형광등 불빛
가득한 이른바 매스 미디어 몰과 신경증에 가까울 정도로
관료주의적인 학계 홀을 넘어 여러 영역에서 이미 융성해 있다는
것을 알고 있습니다. 제로 북스는 출판이 공중을 지성인으로 만드는
것이라는 이념에 헌신합니다. 무사고를 조장하는 단조로운 합의
문화를 살아가는 오늘날 비판적이고 참여적인 성찰이 그 어느
때보다 중요하다고 우리는 확신합니다.

2부

스크린, 꿈, 유령
영화와 텔레비전

설탕 한 스푼

데니스 포터의 분방하고도 탐닉적인 마지막 두 작품(『죽은 나사로』Cold Lazarus, 1996와 『가라오케』Karaoke, 1996)의 가장 나쁜 점은 그가 집필한 다른 모든 작품을 소급적으로 의심하게 만드는 효과를 일으킨다는 데 있다. 정말로 그는 우리가 언제나 믿었던 것만큼 훌륭한 작가였을까?

실제로 1986년의 『노래하는 탐정』The Singing Detective이 포터 경력의 정점이었고 그 이후는 느리고 고통스러운 쇠락 과정의 연속이었다고 말할 수 있다. 1986년 이후의 모든 작품이 정형화된 반복이었다거나(『립스틱 자국』Lipstick on Your Collar, 1993) 복잡하게 에둘러 내면을 성찰하는 실패한 실험주의였다고(『멍든 눈』Blackeyes, 1989과 영화 『비밀스러운 친구들』Secret Friends, 1991) 말해도 아주 가혹한 언사는 아닐 것이다. 포터가 사망한 1994년 무렵에는 누구 할 것 없이 어디서나 그를 추어올렸고, 논란을 야기했던 그의 평판은 잊혔다(아니면 용서받았나?). 멜빈 브래그의 유명한 인터뷰 겸 성인전은 포터를 나무랄 데 없는 절대적인 성인의 경지로 끌어올렸다. 이 모든 엄숙한 분위기는 포터의 작업을 너무 이르게 존경과 숭배로 뒤덮으며 그것의 활기를 빼앗는 효과를 낳았다.

아주 최근에 포터의 1976년 걸작인 『브림스톤 앤드 트리클』Brimstone and Treacle[1]을 다시 볼 기회가 생겼다(이 작품은 『노래하는 탐정』, 『뜻밖의 행운』Pennies from Heaven, 1978,

---

＊　 "A Spoonful of Sugar", k-punk, 5 April 2004, http://k-punk. abstractdynamics.org/archives/002354.html.

『카사노바』Casanova, 1971도 포함된 꼭 봐야 할 포터 DVD 박스 세트의
일부로 곧 재발매될 예정이다). TV 드라마가 기업화되고 위원회가
주도하는 천편일률적인 것이 되어 버린 2004년에 포터는 어느
때보다 더 별종처럼 보인다. 오늘날 작가가 누구인지를 통해 TV
드라마를 선별해 보는 경우는 거의 없다. 드라마는 일반적으로
작가가 아니라 *배우*를 위한 수단으로 여겨진다. 이와 대조적으로
포터의 작업은 최악의 경우에도 지울 수 없는 자신만의 특징을,
독특한 *비전*을 담고 있었다(아무런 리믹스 없이 자신의 트레이드
마크 같은 요소들에 그대로 의지하는 경향이 그의 말기 작품들에
나타난 약점 중 하나였다). 포터 특유의 강박과 기법(장난기 어린
반자연주의, 섹슈얼리티와 정치와 종교에 대한 어지러운 장광설,
대중 음악이나 펄프 장르의 호소력에 대한 애정 어린 심문, 여성
혐오의 구현 및 분석)을 우리 2000년대 문화의 문지기들(성의
표현에는 관대할 수 있으나 다른 모든 방면에서는 70년대보다
더욱 심하게 검열하는)이 그냥 지나쳐 가리라고 생각하기는
힘들다.『인디펜던트』에서『노래하는 탐정』의 미국판 영화를
조명하며 포터를 재평가할 때 지적했듯 그의 영향력은 영국보다는
미국 TV에서, 가령『식스 피트 언더』2001~2005 같은 표현주의
드라마에서, 심지어는『앨리 맥빌』1997~2002 같은 드라마가
자연주의로부터 섬망적으로 이탈하는 경향에서 더 크게 느낄 수
있는 것 같다.

---

1 〔옮긴이〕이는 패멀라 린던 트래버스의『메리 포핀스』연작 및
뮤지컬과 영화 버전에서 뱅크스 가족의 이전 유모인 미스 앤드루와 메리
포핀스의 양육법을 대비하는 데 쓰이는 표현이다. 미스 앤드루는 아이들을
벌주기 위해 유황brimstone과 당밀treacle을 삼키도록 강요하는 인물인 반면,
메리 포핀스는 아이들에게 방 청소를 시키면서 "설탕 한 스푼은 약을 삼키게
돕는다"고 노래하며 아이들을 격려한다.

어쨌든 포터의『브림스톤 앤드 트리클』은 70년대 감성과 충돌을 빚었다. 1976년에 촬영된『브림스톤 앤드 트리클』은 4월에 시리즈 프로그램인 '오늘을 위한 드라마'의 한 편으로 방영될 예정이었으나 마지막 순간 BBC 관계자가 이 드라마의 '구역질 나는' 면에 겁먹는 바람에 방영이 취소되었다. 이후 이 드라마는 10년이 넘도록 모습을 드러내지 않다가『노래하는 탐정』이 성공하면서 1987년에야 방영되었다. 드라마보다 못한 영화 버전은 스팅 주연으로 1982년에 개봉했다.

『브림스톤 앤드 트리클』은 젊은 마이클 키친을 악마로 등장시킨다. 키친이 분한 인물인 마틴은 '방문'visitation을 소재로 한 포터의 이전 작품들을 반향하면서, 무대 최면술사처럼 콜드 리딩²을 통해 사람들의 삶과 가정에 침투한다.

포터가 그리는 악의 모습은 무수한 상투적인 영화 연출을 통해 우리에게 익숙한 알 파치노식 과장이나 흰 고양이가 암시하는 불길함과는 한참 다르다. 키친이 분한 악마는 흠잡을 데 없이 예의 바르고, 견딜 수 없고 질릴 만큼 **친절하며**, 독실해 보일 정도로 **종교에 빠져 있다**. '종교에 빠져 있는'은 포터가 특별히 경멸조로 사용한 표현으로, 그는 이 말을 통해 경건한 척하는 거만함과 자신이 진정한 종교적 감성이라 여기는 것을 세심하게 대비한 바 있다.

이 드라마는 두 개의 제사題詞와 더불어 시작된다. 첫째는 키르케고르의『공포와 전율』에 나오는 구절이다. "평범한 사람보다 악령에 들린 사람에게 무한히 더 많은 선이 머물러 있다." 둘째는 『메리 포핀스』에서 나온 것이다. "설탕 한 스푼은 약을 삼키게

---

2 〔옮긴이〕대화자가 상대방에 대한 여러 정보를 빠르게 읽어 내 (나쁜 쪽으로) 이용하는 기술.

돕는다." 키르케고르가 보기에 그리스도교의 가장 임박한 위험은 의심이 아니라 헤겔처럼 젠체하는 철학자들이 퍼뜨리는 모종의 허세 섞인 **확신**이다. 그에게 **신앙**은 끔찍한 불안과 구별할 수 없다. 그가 보기에 신앙의 역설은 신이 자신을 완전히 드러내면 신앙이 불필요해질 것이라는 데 있다. 신앙은 앎의 한 형태가 아니다. 오히려 키르케고르에게 그 본보기는 이삭을 희생시키라고 요구받은 날의 아브라함이나 예수의 제자들이다. 불확실함으로 괴로워하고, 사회의 윤리적 지주를 모두 잃어버렸으며, 거짓말 같은 일에 목숨을 걸어야 했으니 말이다.

마틴은 1976년 최고의 아이콘이자 사소하거나 범속한 것에 대한 저 악마적인 추방을 대표하는 조니 로튼의 도착적 분신이라 할 수 있다. 로튼의 니체주의("나는 적그리스도")가 정의로움이라는 강렬한 핵심을 숨기고 있었다면 마틴의 표면적 매력은 악의를 감춘다. 그렇지만 극한에서 로튼과 마틴이 보여 주는 것은 '선'과 '악'의 깊은 공모, 그것들의 상호 의존성이다. 궁극적으로 마틴과 로튼은 모두 구원자, 덧없는 현재 상황의 파괴자, 균형을 깨뜨리고 혼돈을 불러오는 자다. 펑크는 사소한 것과 범속한 것, **권태**라는 실존적 죽음을 가장 혐오했다. 타락은 분노를 통해 정화될 터였다(그리스도의 삶을 이야기하는 포터의 1969년 작품 『사람의 아들』Son of Man에서 격분한 모습의 콜린 블레이클리를 참조하라).

『브림스톤 앤드 트리클』은 마틴이 길거리에서 베이츠(덴홈 엘리엇)에게 다가가 말을 거는 장면으로 시작한다. 몇 가지를 물은 마틴은 베이츠에게 딸이 있으며 그녀가 2년 전에 교통 사고를 당한 후 회복 불가능한 신경 손상으로 고통받고 있다는 사실을 재빨리 파악한다. 마틴은 베이츠의 딸 패티를 일방적으로 흠모하는 척하며 환심을 사 베이츠의 가정으로 들어간다. 교외에 견고하게 자리한 그 집에는 조용한 자포자기, 계속되는 좌절, 무언의 배신이

도사리고 있다. 환기가 되지 않는 방의 악취, 패티가 숟가락으로
받아먹는 걸쭉한 음식 등 집은 냄새로—그리고 절망으로—가득
차 있다. 처음에 베이츠는 갑작스럽게 등장한 마틴을 의심과
경계로 맞이한다. 그렇지만 자신을 속박하는 고되고 단조로운
일상에서 벗어나게 해 줄 탈출구를 간절하게 붙잡으려는 베이츠
부인(퍼트리샤 로런스)을 손쉽게 구슬린 덕분에 마틴은 이내
환영받는다. 베이츠는 패티가 회복할 것이라는 희망을 완전히
포기한 반면 베이츠 부인은 딸이 기적적으로 건강을 되찾을지도
모른다는 불가능해 보이는 꿈을 여전히 품고 있다.

키친의 연기도 비할 데 없이 뛰어나지만 가장 눈길을 끄는
배우는 엘리엇이다. 그는 믿을 수 없이 훌륭한 연기를 통해 몹시
불쾌하고 불편하며 국민 전선의 신참 지지자이기도 한 베이츠를
마음 아프게 공감할 수 있는 인물로 만들어 내는 데 성공한다.
베이츠가 전혀 재밌지 않은 아일랜드 '농담'으로 아내와 마틴을
웃기려 안간힘을 쓰는 장면은 고통스러울 지경이다. 엘리엇은
베이츠의 전형적인 얼굴 표정을 찡그림—짜증, 억눌린 분노,
혼란스러움에서 비롯한—으로 표현한다. 그것은 이전과 달리
세계가 더 이상 자신에게 속하지 않게 된 한 계급, 한 세대 전체가
지닌 불신의 표현이다. 정치에 대한 베이츠의 병적인 집착은 혼란과
오인으로 점철된 어떤 향수, 세계가 예전으로 돌아갈 수 있을
것이라는 막연하고 불분명한 갈망에 뿌리를 두고 있다. 일반적인
브릿팝 팬들의 20년 후 모습이 그와 약간 닮아 있을지도 모르겠다.

포터가 정치적으로 가장 예리해지는 순간은 점잖고 '상식적인'
『데일리 메일』의 논지가 극우파의 그것과 근접해 있음을 폭로할
때다. 포터는 1970년대 영국 파시즘의 중심지를 교외 주택의 곱게
깎인 잔디 마당과 쥐똥나무 생울타리 뒤편에 위치시킨다. 마틴은
"흑인들을 제거할 필요가 있다"며 베이츠를 설득해 동의하게

만들고, 베이츠는 "이런 지적인 대화를 나누게 돼 너무 좋다"고 열광하면서 위스키를 딴다. 하지만 신이 난 마틴이 "흑인들이 사라지지 않으면 우리가 그들을 체포해 수용소에 가두게 될 것"이라고 말하자 베이츠의 낯빛이 창백해진다. 베이츠 부인은 그다지 납득하지 못한다. "언제나 친절할 수는 없는 법이죠."

『브림스톤 앤드 트리클』은 거북하며 윤리적으로 모호하다. 이 드라마는 문화적 혹은 정치적 보수주의 때문이 아니라 다른 이유로 곤혹스러워진다. 대단원에 이르러 마틴은 패티를 강간하고 충격에 빠진 패티는 예기치 않게 회복된다(이는 충격적인 최종 비밀의 폭로로 이어지는데, 아직 보지 못한 사람들을 위해 이에 대해서는 함구하겠다). 쉽게 소화할 수 있는 '메시지'는 없다. 그것은 설탕 한 스푼이 아니라 쓰디쓴 알약이다.

저 여자는 엄마가 아니에요

인터뷰어 이 영화는 이해하기가 쉽지 않네요. 우리의 모든 기억이 창작물이라고 생각되진 않는데요.

크로넨버그 하지만 기억은 그런 거예요. 완전히 창작된 것이죠.

— 앤드루 오헤어, 「피의 남작이 베리만과 가까워지다」[1]

날개 너머로 지켜본 광경들이 반복되고, 그제야 우리는 결코 본 적 없던 우리의 모습을 볼 수 있었어.

— 조이 디비전, 「수십 년」[2]

패트릭 맥그래스의 뛰어난 소설을 각색한 데이비드 크로넨버그의 『스파이더』2002는 영화에서 상투적으로 등장하는 '광기'의 이미지와는 완전히 다른 정신 분열증을 살피고 있다. 상투적인 광기의 이미지라 할 만한 사례는 수없이 많다. 먼저 떠오르는 인물(아마도 내가 최근에 봤기 때문일 텐데)은 『트윈 픽스』 둘째 시즌1990~1991에서 과대 망상에 빠져 연극조로 횡설수설하는 윈덤 얼이다. 첫 『배트맨』1989에서 잭 니컬슨이 연기한 조커도 떠올릴 수 있다. 여기서 광기는 일종의 터무니없이 부풀려진 자아, 어떤 경계도 모른 채 자신을 무한히 확장하고자 하는 자아로

---

* "She's Not My Mother", k-punk, 10 June 2004, http://k-punk. abstractdynamics.org/archives/003227.html.

1 Andrew O'Hehir, "The Baron of Blood does Bergman", *Salon*, 28 February 2003, https://www.salon.com/2003/02/28/cronenberg_3/.

2 Joy Division, "Decades", *Closer*, Factory Records, 1980.

상상된다. 크로넨버그의 영화에서 레이프 파인스가 연기한 스파이더도 자신의 한계에 이른 듯한 위태로움을 보여 준다. 하지만 그는 세계로 뻗어 나가고 싶어 하기는커녕 사라지기를 원하는 것 같다. 웅얼거리는 말투나 어물거리는 동작 등 그의 모든 것이 물러나기를 요구하는 외침, 외부에 대한 공포에 질린 비명처럼 보인다. 크로넨버그의 분열증적 우주가 언제나 그렇듯 외부는 이미 내부고 그 역도 마찬가지기 때문이다.

맥그래스의 소설은 그 *전체*가 신뢰할 수 없는 화자unreliable narrator의 전형이라 할 스파이더의 머릿속에서 전개된다. 일기 형식을 취하고 있기 때문이다. 이를 모사하기 위해 크로넨버그는 초기 대본에서 계획했던 전략대로 보이스 오버를 사용할 수도 있었다(스파이크 존즈의 『어댑테이션』2002을 본 사람이라면 이 특수한 기법에 대한 로버트 맥키의 호통을 기억하겠지만). 하지만 결국 크로넨버그는 스파이더의 내레이션 부분을 완전히 제거한다. 이상한 일이지만 그 결과 영화는 소설 *자체보다 소설의 진실에 더욱 가까워진다.* 소설에서는 스파이더가 분명하게 말로 표현하는데, 이는 그에게 일종의 자기 인식을, 나아가 (제한적일지라도) 자신의 광기를 초월할 가능성을 부여한다. 영화에서는 정신적 간극도 없고 내레이션 음성도 없이 오직 끊임없이 생산하는 서사 *기계*, 다양한 순열 조합으로 재잘거리는 기계만 있다. 우리는 화면 바깥에서 들려오는 초월적 음성 대신 섬망 속에 있는 인물, 어린 시절 기억이 펼쳐지는 모습을 성인인 그 자신이 관찰하며 무언가를 쓰고 있는, 언제나 쓰고 있는 스파이더를 접한다. 크로넨버그의 언급처럼 마치 스파이더가 *그 자신의 기억을 연출하고 있는* 것처럼 보인다. "한 기자가 말했어요. '과거를 회상하는 장면에서 스파이더가 창문으로 그 장면을 들여다보거나 한구석에 몸을 숨기고 있는 모습이 촬영장에 있는 감독과 비슷하지 않나요?' 저는 그런 식으로 생각해

본 적이 없지만 스파이더가 자신의 기억을 재연출하고 기억의
안무를 다시 짜고 있는 건 사실이죠."³ 우리는 몽상가가 꿈에서 어떤
캐릭터든 될 수 있다는 것을 되새겨야 한다.

그러므로 『스파이더』는 자연주의적 표현주의 혹은 표현주의적
자연주의를 펼쳐 보인다. 크로넨버그는 이상할 정도로 인적이 없는
영화 속 런던이 표현주의의 런던이라고 말한다. 『스파이더』는 아직
로큰롤이 등장하지 않은 1950년대의 삶은 감자 같은 분위기를,
양배추 물처럼 희끄무레한 색조를 담아낸다.

크로넨버그의 영화 중에서 『스파이더』와 가장 비슷한 것은
『네이키드 런치』1991다. 이 영화 또한 각색이 불가능하다고 알려진
책에 기반하고 있거니와 두 영화 모두 글쓰기, 정신 이상, 남성성,
여성의 죽음을 주된 관심사로 삼고 있기 때문이다. 『네이키드
런치』와 『스파이더』 모두 환영적으로 반복되는 한 여성에 대한
살인이 중심 사건을, 영화가 그것을 중심으로 선회하는 공백을
이룬다. 『네이키드 런치』에서 처음에 빌 리는 아내 조앤의 죽음을
통제의 영향 탓으로 돌리며 살해를 부인한다. 리가 살해에
대한 최소한의 책임을 받아들이는 것은 영화 말미에 그가 조앤
혹은 그녀의 분신을 다시 암살하도록 '요구받을' 때다. 죽음의
이 재무대화는 윤리적 책임에 대한 시인이라기보다는 죽음을
소유하려는, 그것을 이해하려는 시도다. 바로 이것이 트라우마의
논리다(밸러드가 『잔혹 행위 전시회』에서 분열증자의 동기를
묘사하는 부분을 상기해도 좋을 것이다. "그는 케네디를 다시
살해하기를, 하지만 이번에는 앞뒤가 맞는 방식으로 살해하기를
원했다").

『스파이더』에서 처음에 우리는 스파이더의 아버지 빌

---

3   O'Hehir, "The Baron of Blood does Bergman".

클레그(소설에서는 호러스)가 "뚱뚱한 매춘부" 이본(소설에서는
힐다)과 불륜 관계에 빠진 후 스파이더의 어머니를 살해했다고
믿도록 유도된다. 어쩌다 잔인하게 아내를 살해한 빌은 자신의
임대 텃밭에 급히 판 구덩이로 시체를 굴려 넣은 후("낡은 건
버려야지"라며 이본은 태연하게 키득거린다) 이본과 함께 집으로
돌아간다. 스파이더의 화법이 어딘가 이상하다는 의심이 이
지점에서 확신으로 굳어지기 시작한다. 그렇지만 우리가 실제로
무슨 일이 벌어졌는지 알게 되는 것은 영화 말미에 이르러서다.
어머니를 다른 사람으로 착각하는 망상에 시달리다 가스를 틀어
그녀를 죽인 것은 바로 스파이더 자신이었다. 스파이더와 아버지의
앞선 대화는 또 다른 의미를 띠게 된다(스파이더: "*저 여자는 엄마가
아니에요.*" 빌: "그럼 누군데?"). 마지막 장면에서 빌은 집에서
스파이더를 구조하고 이본을 되살리려 필사적으로 애쓴다. 죽은
이본은 여기서 다시 한번 검정 머리칼의 클레그 부인으로 바뀌어
있다.

　이것이 우선적인 해석인 것처럼 보이지만 영화는 자신이 열어
놓은 서사적 가능성을 하나도 닫지 않는다. 내 생각에는 이 영화가
열린 채로 남겨 두고 있는 서사적 선택지를 아홉 가지로 구별할 수
있을 것 같다.

1. 빌이 아내를 죽였고 정말로 이본이라는 매춘부와 동거했다.
2. 빌이 아내를 죽였고 이본은 정말로 존재하지만 스파이더의
　아버지와 함께 살지는 않았다.
3. 빌이 아내를 죽였으나 이본이라는 사람은 존재하지 않는다.
4. 빌이 아니라 스파이더가 어머니를 죽였고 빌은 아내가 죽은 후
　이본과 함께 살았다.
5. 스파이더가 어머니를 죽였고 이본이라는 매춘부가 존재하기는

하지만 스파이더의 아버지와 함께 살지는 않았다.

6. 스파이더가 어머니를 죽였고 이본이라는 사람은 존재하지 않는다.

7. 스파이더도 빌도 클레그 부인을 죽이지 않았지만 그녀가 죽은 후 빌은 이본과 함께 살았다.

8. 스파이더도 빌도 클레그 부인을 죽이지 않았고 이본은 정말로 존재하지만 클레그 부자와 함께 살지는 않았다.

9. 스파이더도 빌도 클레그 부인을 죽이지 않았고 이본이라는 사람은 존재하지 않는다.

영화는 맥그래스 소설의 모호함을 해소하기보다는 사실상 증폭시킨다. 소설에서 우리는 적어도 스파이더가 어머니를 살해해 감금되었음을 알게 된다(비록 스파이더는 어머니의 죽음에 대한 책임이 아버지에게 있다는 입장을 고수하지만). 영화에서는 클레그 부인이 죽은 시기와 스파이더가 사회 복귀 시설에 도착한 시기 사이의 20년이 공백으로 남아 있다. 추론을 통해 우리는 스파이더가 정신 요양 시설에 있었음을 알거나 안다고 생각하지만, 그 이상은 모른다.

미란다 리처드슨의 연기는 영화의 다의적 모호함을 유지하는 데 결정적인 역할을 한다. 그녀는 서로 다른 세 인물, 즉 흑갈색 머리의 선량한 클레그 부인, 금발의 음탕한 이본, 갑작스럽고 부적절하게 성적인 공격성을 보이는 인물이자 사회 복귀 시설의 주인인 윌킨슨 부인을 훌륭하게 연기한다. 대부분의 상영 시간 동안 윌킨슨 부인을 린 레드그레이브가 연기한 것처럼, 이본도 처음에는 완전히 다른 배우가 연기한다는 사실(내 짐작에 이는 영화가 불안한 섬망 상태에 있음을 드러내는 징표이자 리처드슨의 연기에 바치는 존경의 표시 같지만 확신하지는 못하겠다) 때문에 상황은 한층 복잡해진다.

『네이키드 런치』와 마찬가지로 이 영화에서 글쓰기는 수동적인 동시에 능동적이다. 빌 리처럼 상형 문자로 된 개인 언어로 노트에 무언가를 갈겨쓰는 스파이더는 한편으로 그저 외부의 신호를 기록하고 있는 것처럼 보인다. 다른 한편으로 그는 장면 전체의 연출가, 그것의 현실감을 제거하는 자다.

이 영화에 관해 이야기하면서 크로넨버그는 기억과 예술이 회복할 수 없는 것을 회복하려는 시도라는 나보코프의 이론을 언급했다. 그러나 이 영화를 지배하는 인물은 또 다른 작가, 즉 브라이언 맥헤일이 나보코프와 함께 "한계-모더니스트"라 지칭하는 사뮈엘 베케트다. 크로넨버그는 부스스하고 삐죽삐죽한 머리 모양을 한 스파이더의 *외모*를 구상하는 데 큰 영향을 미친 것이 베케트의 사진들이라 말한 바 있다. 하지만 베케트와의 친연성은 훨씬 더 깊다. 몰로이나 말론[4]처럼 스파이더는 부적 역할을 하는 물건을 찾아 줄곧 호주머니를 뒤적인다. 이런 부분 대상들은 자체의 '강도의 항해'intensive voyage 경로를 표시한다. 맥그래스와 마찬가지로 크로넨버그는 우리가 스파이더와 동일시하도록 유혹하며(크로넨버그: "저는 스파이더예요"), 우리를 자신의 분열증 내부를 거니는 그에게로 데려가서는 그 섬망 속에서 좌초하게 만든다…

4　〔옮긴이〕각각 사뮈엘 베케트의 『몰로이』1951와 『말론 죽다』1951의 주인공.

자리에서 일어서, 나이절 바턴

기억해요, 기억해요
내가 태어난 학교를;
기억해요, 기억해요
나를 찢어 놓은 학교를.
— 데니스 포터, 『나이절 바턴 각본』[1]

오늘날 교육과 문화가 원하는 것은 바로 이런 것이다! 우리 민중의
시대에, 즉 천민적이라고 말할 수 있는 시대에 '교육'과 '문화'는
근본적으로 기만의 예술, 유전을 통해 신체와 영혼에 각인된
근원적인 천민적 습성을 오도하는 기술이 될 수밖에 없다.
— 프리드리히 니체, 『선악의 저편』[2]

BBC 4의 '60년대의 여름' 시즌 가운데 하나로 방영된 데니스
포터의 『자리에서 일어서, 나이절 바턴』1965은 아직도 보고 있으면
너무나 고통스러운 작품이다.

포터가 쓴 이 텔레비전 각본은 자신의 경험, 즉 옥스퍼드의
장학생 소년으로 특권 세계에 진입하며 출신 계급에서 멀어진
경험에 크게 기댄 것이다. 사실 『자리에서 일어서, 나이절 바턴』은

＊ "Stand Up, Nigel Barton", k-punk, 13 June 2004, http://k-punk.org/
stand-up-nigel-barton/.

1 Dennis Potter, *The Nigel Barton Plays*, Penguin, 1967, p.31.

2 Friedrich Nietzsche, *Beyond Good and Evil*, Penguin, 2009(『선악의
저편, 도덕의 계보』, 김정현 옮김, 책세상, 2002, 287쪽).

노동당 하원 의원이 되려 했으나 실패했던 자신의 시도를 허구화한 이야기인 『나이절 바턴에게 투표, 투표, 투표』Vote, Vote, Vote for Nigel Barton, 1965보다 나중에 쓰였다. BBC에서 『투표, 투표, 투표』의 방영을 제지하며 넌더리가 난 포터였지만 이 각본이 한시적으로 금지된 덕분에 그는 프리퀄이자 먼저 선보이게 될 『자리에서 일어서, 나이절 바턴』을 썼고 자신이 창조한 인물들을 다시 활용할 수 있었다.

잉글랜드의 허구는 사회 이동social mobility에 언제나 양가적인 태도를 취했다. 포터의 주제도 1960년대에 드라마뿐 아니라 음악도 사로잡았던 바로 그 사회 이동이었다. 가령 더 킹크스("로지, 제발 집으로 돌아와 줘", "내 친구들을 봐, 강을 건너는 모습을")나 더 후("나는 플라스틱 스푼을 입에 물고 태어났지")를 떠올려 보라.[3] 디킨스의 『위대한 유산』 주인공 핍처럼 나이절은 깊이 분열되어 있다. 말하자면 새로 얻은 특권과 지위를 포기하기는 싫지만 그것들을 몸에 밴 것처럼 받아들이거나 즐길 수 없고, 뿌리에 매달리면서도 그것을 거부하며, 출신을 결코 잊지 않지만 태생이 자신에게 남긴 흔적들을 수치스러워하는 것이다. 또 그런 *수치심을 수치스러워한다*. 지도층 사람들과 어울리는 일이 결코 편하지 않지만 자신을 낳은 공동체에서도 더는 아늑함을 느끼지 못한다.

40년이 지났는데도 화면은 여전히 분노, 혼란, 당혹감으로 가득 차 있다. 포터는 프롤레타리아 공동체의 기반이라 할 노동자 클럽 장면—'숨 막히는 애정'과 더불어 떠난 자들을 향해 깊은 의심, 원한, 불신을 표출하는—과 퇴폐적인 구성원들이 한가하게 재치를 겨루며 우쭐대는 '옥스퍼드 유니언' 모임 장면을 이어

---

3 〔옮긴이〕 인용된 노래는 각각 더 킹크스의 「로지, 제발 집으로 돌아와 줘」1966, 「내 친구들을 봐」1965와 더 후의 「대용품」1966이다.

붙인다(나이절이 다소 과한 연극조로 언급하듯 "옥스퍼드에서는 그 무엇도 정말로 문제가 되지는 않는다". 이곳에서는 무절제하고 아이러니한 무심함이 신사의 징표며, 나이절은 열정 때문에 **완전히 정상은 아닌** 녀석으로 지목된다).

마지막 장면에서 나이절은 계급을 주제로 인터뷰하는 자신이 나오는 텔레비전 프로그램을 집에서 부모와 함께 시청한다. 이 장면을 보며 움찔하지 않을 사람이 과연 있을까. 텔레비전에서 나이절은 "매처럼 자신을 바라보는" 아버지에 관해, "줄타기하는 것 같은 삶"에 관해, 다른 계급으로 이동해 본 사람만이 경험할 수 있는 계급 문제에 관해 이야기한다. 이 중 어떤 것도 왜곡이 아니다. 그럼에도 나이절은 자신의 영리함에 너무 도취해 있고, 자신에게 맡겨진 소외된 노동 계급 소년 **역할**에 너무 충실하다. 그는 자신이 부모를 저버렸다는 사실을 깨닫는다. 가장 좋을 때도 그를 자랑스러워하는 동시에 곧잘 분노하며 양면적인 태도를 보였던 아버지는 폭발 일보직전이며, 상황이 이해가 안 되는 어머니는 울먹이기 시작한다. "여기도 깨끗하잖니. 바닥에 떨어진 것도 먹을 수 있을 만큼…"

포터는 자연주의를 통해 고통과 강렬함을 전할 수 있다는 것을 보여 준다. 하지만 그는 시간 순서를 조작하거나 틀을 깨뜨리는 방식(아이 역할을 연기하는 성인, 카메라에 직접 대고 말하는 등장 인물)을 통해 이미 한층 표현주의적인 기법도 탐색하고 있다. 잘 알려진 『노래하는 탐정』속 교실 장면의 기원도 여기에 있다. 공포스러울 정도로 캐묻기 좋아하는 마녀 같은 교사로 분한 재닛 헨프리가 훗날의 드라마에서도 같은 역할을 맡으니 말이다. 연기도 전체적으로 훌륭하며, 특히 나이절 역의 키스 배런과 아버지 역의 잭 울가는 발군이다.

이렇게 도전적이고 이렇게 아슬아슬하며 이렇게 의미 있는 작품

앞에서 TV 드라마에 대한 내 한탄을 반복할 필요는 없을 것이다. 하지만 이 모든 것에도 불구하고 포터가 전하는 메시지는 너무 니힐리즘적이다. 열망할 것도 없고 되돌아가고 싶은 곳도 없다. 나이절은 덫에 걸렸고 혼자다. 영원히 혼자…

『자리에서 일어서, 나이절 바턴』을 찍을 때 나는 광원이든 옥스퍼드의 교수든 모두 작은 가족 모임에서, 말하자면 가장 상처받기 쉬운 자리에서 이 드라마를 볼 것이라고 생각했다. 그래서 이 이야기의 힘이 극대화될 수 있었다. 의도적으로 구성한 일련의 당혹스러운 대비를 통해 계급과 관련된 특별히 잉글랜드적인 당혹스러움을 이용하는 것이 이 이야기의 목표였으니까. 극장, 적어도 웨스트 엔드 지역의 극장에서였다면 관객은 대체로 이 특수한 울타리의 한쪽 면만을 경험했을 것이다. 사실상 다른 매체로는 육체 노동자와 주식 중개인이 뒤섞인 수백만 명의 시청자에게 계급을 '진지하게' 다루는 드라마를 전달할 방도가 없다.[4]

---

4 Potter, *The Nigel Barton Plays*, p. 21.

포트메리온
삶의 이상향

부르주아 계급은 경제적인 것을 그것이 주기적인 축제일과
맺고 있던 친밀하고도 다면적인 연관성으로부터 분리해 별개의
영역으로 만드는 데 몰두했다. 마찬가지로 그들은 축제 마당fair을
합리적이고 상업적인 교역 장소 *아니면* 대중적인 유원지로 그
*개념*을 변형하는 데 심혈을 기울였다. 대중적인 유원지로서의
축제 마당은 정치적이고 도덕적인 이유로 고전주의 시대부터
규제와 억압의 대상이었다. 부르주아 계급은 정치적 전복과
도덕적 방종의 위협에 자주 겁을 먹긴 했지만, 축제 마당이
노동과 쾌락, 교역과 놀이를 한데 섞어 버린 데 따른 깊은 개념적
혼란에 더욱 아연실색했을 것이다. *순수하게* 쾌락의 장소인
한 축제 마당은 '실제' 세계와 무관한, 지역적이고 축제적이며
공동체적인 별개의 실체로 사고될 수 있었다. (반면) *순수하게*
상업적인 장소인 한 축제 마당은 자본 증식의 실질적인 기관으로,
지역적이고 공동체적인 '시장들'을 세계 시장과 연결하는
수단이자 근대화의 도구로 사고될 수 있었다.

— 피터 스랠리브래스, 앨런 화이트, 「축제 마당, 돼지, 원저자」[1]

---

* "Portmeirion: An Ideal for Living", k-punk, 31 August 2004, http://
k-punk.abstractdynamics.org/archives/004048.html.

1 Peter Stallybrass and Allon White, "The Fair, the Pig, Authorship",
The Politics and Poetics of Transgression, Cornell University Press, 1986,
p.30(『그로테스크와 시민의 형성: 경계 이월의 정치학과 시학』, 이창우 옮김,
커뮤니케이션북스, 2019, 58~59쪽).

당신이 포트메리온에 대해 알고 있다면 십중팔구 이제껏 만들어진 가장 혁신적인 텔레비전 시리즈 중 하나로 정당하게 인정받고 있는(최근에는 더더욱) 드라마인 『더 프리즈너』The Prisoner, 1967 때문일 것이다. 우리가 흔히 떠올리는 포트메리온은 귀족 자선가였던 클러프 윌리엄스-엘리스 경이 포스마도그 인근의 자기 소유 반도에 건설한 고아한 매력의 기분 전환용 마을이다. 어쩌다 보니 웨일스에 지어졌지만 이 마을은 매력적인 잉글랜드적 엉뚱함의 한 사례다. 이런 특징들—이목을 끌고 엉뚱하며 매력적이라는—이 무해함을 함의한다는 사실, 말하자면 즐거움을 주긴 하지만 궁극적으로 우리와 별 상관이 없음을 함의한다는 사실을 굳이 우리 자신에게 설명할 필요는 없을 것이다. 이런 특징들이 정치적이고 경제적인 중요성을 가질 수 있다는 생각은 확실히 엘리스 경의 부조리주의 건축물보다 더 부조리해 보인다.

나는 웨일스에서 한 주 사이에 루이스 캐럴에 대한 오마주가 돋보이는 랜디드노[2]와 엘리스 경의 포트메리온 마을을 접했는데 잘 어울리는 조합이었다. 둘 모두 엉뚱한(중심에서 벗어난)ex-centric 영국다움, 마그리트의 벨기에에 초현실주의 못지않게 중요한 이 영국다움에 속하기 때문이다. 앙드레 브르통이 에드워드 리어와 루이스 캐럴 및 동류의 유희적인 인물들을 가진 영국에는 초현실주의가 거의 필요 없다고 생각했음을 기억해 보라. 이들이 이미 초현실주의자라는 이유로 말이다… 뿐만 아니라 캐럴을 과잉 의식한다는 혐의에서 자유롭지 못했던 앙토냉 아르토도 캐럴의 숭배자였다. 잉글랜드적 난센스에 아주 진지한 무언가가 있음을 알아보았던 상황주의자들이 그랬듯 말이다. 물론 들뢰즈도 빼놓을

---

2 〔옮긴이〕루이스 캐럴이 『이상한 나라의 앨리스』의 모델이 된 앨리스 리델 일가와 자주 휴가를 보냈던 것으로 유명한 도시.

수 없다. 그는 **사이키델릭 이성**의 가장 기묘한 이정표 중 하나인
『의미의 논리』에서 캐럴의 **난센스**를 철학적으로 엄밀하게 설명한
바 있다(이 책의 가장 도발적인 부분 중 하나는 「재버워키」[3]에 대한
아르토의 번역을 설명하는 곳이다).

이쯤에서 잠시 멈추고 상황주의자들에 대해 조금 더 생각해
봐도 좋겠다. 유희적인 것을 강조하던 상황주의자들이 곡예에
가까운 부르주아적 협잡질(기업 자본에 대항하는 혁명의
돌격대로서 저글링과 외발 자전거 타기)을 으스대며 찬양하는
쪽으로 타락한 것은 참담한 일이다. 상황주의 비평의 힘을 되새기기
위해서는 현재 여왕의 대관식이 있었던 해인 1953년에 이반
츠체글로브가 쓴 놀라운 글인 「새로운 도시화를 위한 공식」[4]을
다시 읽어야 한다. 건축 즉 우리가 살고 있는 장소가 어떻게 강렬한
정치적 문제가 아닐 수 있겠는가? 작은 돌집이나 구불구불한
동굴에서 살 수도 있는데 왜 권태로운 실용적 공간에서 살아야
하는가? "진부화라는 정신 질환이 온 행성을 휩쓸었다. 모든 사람이
생산과 편의성이라는 최면에 빠져들고 있다. […]"

펑크와 마찬가지로 초현실주의는 미학적 스타일로 환원되는
순간 죽고 만다. 초현실주의는 모종의 교란 프로그램으로 구체화될
때 다시 새로워진다(펑크가 반권위주의적이고 무두적無頭的인 전염
네트워크로 효력을 발휘할 때 갱신될 수 있는 것처럼). 초현실주의의
미학화에 저항하면서 츠체글로브는 가령 조르조 데 키리코의
회화를 특수한 미학적 창안물이 아니라 건축학적 청사진으로, 삶의
이상향으로 대한다. 데 키리코의 회화를 바라볼 것이 아니라 그

---

3 〔옮긴이〕루이스 캐럴의 『거울 나라의 앨리스』에 등장하는 난센스 시.

4 다음 사이트에서 전문을 볼 수 있다. http://www.bopsecrets.org/SI/
Chtcheglov.htm.

안에서 살자. 놀랍게도 클러프 윌리엄스-엘리스는 포트메리온을 건설해 츠체글로브의 이런 요청을 선취했다. 엘리스는 스스로를 이렇게 묘사한다.

그는 화려함이나 과시적 표현이라면 사족을 못 쓰고, 자신이 궁핍해지는 한이 있더라도 아낌없는 사치와 화려함을 한껏 뽐내는 광경을 어디선가 즐길 수 있기를 희망한다. 같은 이유로 그는 코펜하겐에 조성된 티볼리 공원이나 그와 비슷한 것들이 문명화된 세계 곳곳으로 퍼져 나가 모두가 호화로움과 유쾌함, 세련된 디자인을 맛볼 수 있어야 한다고 생각한다.[5]

말하자면 엘리스는 미학적인 것이 '필요한 것'(즉 바타유적 의미의 제한 경제에 속하는 유용한 것)과는 별개의 범주로 생산된 과정이 (모든 합리적 관점에서 볼 때) 인간 경험의 가능성들이 불가해하게 축소된 과정과 공모 관계에 있음을 인식했다. 왜 건축은 진부화를 재촉하는 뱀파이어적 불멸의 문화에 속해야 하는가? 왜 특권층만 자신의 환경을 즐길 수 있어야 하는가? 왜 빈곤층은 비참한 콘크리트 블록에 갇혀 살아야 하는가?

엘리스는 아름다움을 "기묘한 필수품"으로 지칭하면서 필요는 생물학적인 것이고 미학적인 것은 문화적 사치품이라는 이분법을 돌파한다. 매력적인 환경을 박탈당한 신체는 '필요한' 무언가를 박탈당한 신체만큼이나 쉽게 우울해진다depressed(혹은 라스타파리안[6]이 다의적으로 쓰는 훌륭한 용어로는 *내리눌린다*downpressed).

포트메리온 웹사이트[7]에 따르면 엘리스는 포트메리온을 건설할

---

5 https://www.portmeirion-village.com/visit/clough-williams-ellis/.

때 자연의 아름다움을 간직한 장소들을 파괴하지 않고도 개발할 수 있음을 증명하려 했다.

지칠 줄 모르는 환경 운동가인 클러프는 1926년의 '잉글랜드 전원 보호 협회'와 1928년의 '웨일스 전원 보호 운동'(20년 동안 그가 의장을 맡은)의 창립 회원이었다. 그는 전원 보존, 편의 시설 계획, 산업 디자인, 다채로운 건축의 옹호자였다.

『더 프리즈너』가 당시에 이곳에서 촬영된 것은 결코 우연이 아니다. 이 드라마는 푸코주의적인 권력 분석("당신이 넘버 1입니다"), 가장 좋은 의미에서의 실존주의, 돌발성 이상 운동증과 유사한 방식의 사이키델릭한 정체성 해체를 보여 줄 뿐 아니라 잉글랜드 계급 체계를 충격적으로 설명한다. 작가주의 감독이자 배우였던 패트릭 맥구핸은 당시 ITV의 국장이던 루 그레이드로부터 예술적 자유를 보장받았다(그렇다, 지금으로선 믿기 힘든 일이지만 『더 프리즈너』는 정말로 ITV에서 방영되었다). 맥구핸과 그레이드 모두 아웃사이더로(맥구핸은 미국 태생 아일랜드인이고 그레이드는 유대인이다) 잉글랜드 **핵심층** 신사 클럽 특유의 고상함 뒤에 숨은 잔인함을 꿰뚫어 보았다. 『더 프리즈너』에서 일련의 '넘버 2'[8]는 이따금 성마르게 화를 내는 한편 잉글랜드 **핵심 지배 계급**의 아주 짜증 나는 특징인 점잔 빼며

---

6 〔옮긴이〕라스타파리Rastafari 혹은 줄여서 라스타는 1930년대에 자메이카에서 시작된 신흥 종교이자 아프리카로의 귀환을 주장하는 사회 운동으로 레게 음악의 사상적 바탕이기도 하다. downpress(내리누르다, 억압하다)는 레게 음악에서 라스타파리안이 자메이카 정부를 가리켜 쓰는 말이다.

7 https://www.portmeirion-village.com/visit/clough-williams-ellis/.

틈을 내보이지 않는 뻔뻔스러움을 전형적으로 드러낸다. 권력은 노골적인 힘—이런 것이 사용될 때(가령「해머 인투 앤빌」Hammer into Anvil 편을 보라)마다 그들은 모든 의미에서 권력을 잃는다—이 아니라 뜻 모를 정중함 뒤에 잠복해 있는 조용하고 암시적인 위협을 통해 표출된다. "차 한잔 하시겠습니까, 넘버 6?"

마을은 더 킹크스가『마을 녹지 보존 협회』1968(이 앨범은『더 프리즈너』와 같은 시기에 발매되었다)에서 양가적인 방식으로 기념하는 예의 바른 태도의 잉글랜드다움이 발산하는 온갖 진기한 매력을 담고 있다. 그리고 말할 것도 없이 맥구핸의 천재성은 "조만간 한번 봅시다"나 "부담 느끼지 말아요" 같은 관용구의 저변에 담긴 신랄함을 노출하는 데 있다.

또한『더 프리즈너』는 공유된 감성을 폭로한다는 측면에서도 중요하며, 이런 점에서 이 드라마는 카프카와 캐럴 모두를 계승한다. 부패한 합스부르크 제국이 베버적 의미의 몰인격적 사회로 변화해 감에 따라 관료주의적 폭력이 다반사가 되었다는 카프카의 관찰은 캐럴에게 크게 빚지고 있다. 결국『이상한 나라의 앨리스』말미에 등장하는 재판과 마찬가지로 K의 재판도 앞뒤가 맞지 않는다. 앨리스처럼 K도 종종 명쾌하게 이해하는 아이 같다는—캐럴과 카프카의 세계에서는 오직 아이만이 명쾌하게 이해할 수 있다—인상을 준다. 구실이라고는 선례밖에 없는 성인의

---

8 〔옮긴이〕『더 프리즈너』는 비밀 요원처럼 보이는 한 영국 남자가 일을 그만둔 후 영문 모를 가스 공격을 받고, 이후 '빌리지'라는 고립된 마을에 갇혀 살며 탈출을 감행하는 과정이 큰 줄기를 이루는 드라마다. 빌리지 사람들은 모두 '넘버'로 불리며 주인공은 넘버 6다. 넘버 2는 보이지 않는 넘버 1의 대리인으로 행동하는 마을의 행정관으로, 기본적으로 넘버 6과 대립하는 역할을 한다. 하지만 넘버 2는 시리즈가 진행되는 동안 넘버 6를 혼란시키기 위해 또는 넘버 6를 성공적으로 심문하지 못했다는 이유로 계속 교체되고 다른 인물로 채워진다.

변덕이 갖는 자의적이고 무의미한 잔인함을 간취하는 아이 말이다.
"언제나 그런 방식으로 일이 진행되어 왔죠. 그거 알아요? 당신이
얼마나 어리석은지?"

카프카, 캐럴, 『더 프리즈너』가 펑크가 되는 것은 이들이 성인의
추하고 완고한 태도에 맞서는 아이의 이성을 복원하기 때문이다.
아이는 권위가 이성을 통해 방어될 수 없는 한 아무것도 아님을
안다. 사회화되기 전까지, 즉 사회체의 비합리적인 변덕을 멍하니
침묵으로 받아들이게 되기 전까지는 말이다.

윌리엄스–엘리스처럼, 또 상황주의자나 초현실주의자처럼
『더 프리즈너』는 불가능하다고 여겨지는 꿈을 꾸었고, **강도적
지금**Intensive Now을 탐사하면서 놀이와 이성을 결합한 어떤 사회
체계를 상상했다.

골고다의 유물론

마침내 이번 주에 『패션 오브 크라이스트』 2004를 봤다. A 레벨 종교학 학생들과 함께 관람했는데, 이들도 나와 마찬가지로 감동해 눈물을 흘렸고 그 이상이기도 했다(학생들과 함께 이 영화를 관람할 생각이 있는 교사라면 아침 아홉 시에 보여 주길. 하루를 시작하고도 여전히 하품하고 있는 모든 학생의 잠을 깨워 줄 것이다).

지젝이 「디카페인화된 믿음 시대의 열정」[1]이라는 뛰어난 글에서 멜 깁슨의 이 영화에 관해 말한 대부분의 내용에 동의하지만, 그가 충분히 나아가지는 못했다고 생각한다.

지젝은 종교적 확신이란 원래부터 병적이고 위험하다는 게으르고 우쭐대는 문화주의자들의 합의에 올바르게 이의를 제기한다. 하지만 **열정**에서 가장 중요한 것이 믿음이라고 주장할 때 그는 틀렸다. 깁슨의 영지주의적 시각—간단히 말해 그리스도의 이름으로 그리스도의 윤리적 **본보기**를 체계적으로 왜곡해 온 제도화된 종교로부터 그것을 구제한다는 생각—은 종교적 믿음을 지탱하는 두 가지 전통적인 요소를 무의미한 것으로 만든다. 놀랍게도 『패션 오브 크라이스트』는 그리스도(교인)-되기를 추구하는 이들에게는 **계시**도 **전통**도 중요하지 않음을 보여 준다. 중요한 것은 영화에서 묘사된 사건들이 실제로 일어났는지 여부가

---

* "Golgothic Materialism", Hyperstition, 15 October 2004, http://hyperstition.abstractdynamics.org/archives/004275.html.

1 Slavoj Žižek, "Passion in the Era of Decaffeinated Belief", *The Symptom: Online Journal for lacan.com*, Issue 5, Winter 2004, http://www.lacan.com/passionf.htm.

아니라—그리고 그런 사건들과 비슷한 일이 있었음을 의심할
이유도 없다—그리스도 이야기가 서사화하는 삶-실천이다.

우화로서의 삶.

우선 이 영화가 반유대주의적이라는 생각부터 버리자. 분명
전반부는 이런 해석을 불러들일 위험이 있다. 예수의 체포를
앞둔 상황을 보여 줄 때 영화는 유대교 당국을 거의 인간 이하의
악마처럼 묘사한다. 반면 로마 제국주의 세력은 자신이 식민화한
민족 내부에서 벌어지는 떨떠름한 지역 갈등에 곤혹스러워하는
온화한 관찰자로 공감을 담아 제시된다(이런 점에서 깁슨은
로마 가톨릭 교회가 로마 제국과 정교 협약을 맺고 새 주인들에게
십자가형에 대한 모든 책임을 면제해 주려고 애쓰는 과정에서
소급적으로 도입했던 반유대주의 서사를 그대로 믿는 것처럼
보인다).

그런데 악명 높은 폭행 장면에서 영화는 어떤 강도적
문턱을 넘어선다. 여기서 로마 병사들은 불필요하게 잔혹한
사이코패스처럼 그려진다. 이들이 예수를 처벌할 때 보이는
과도한 열의는 그 어떤 '의무'도 넘어선다. 이쯤 되면 『패션 오브
크라이스트』에 아무런 인종주의적 속셈이 없다는 점이 분명해진다.
이 영화는 바로 인간 종의 어리석음과 잔인함에 대한 영화며, 더
중요하게는 인간 **역사**에 다름 아닌 학대를 부르는 학대의 무의미한
니힐리즘적 순환에서 벗어나는 탈출로에 관한 영화다.

복음서 여기저기서 순간순간 엿볼 수 있는 영지주의적 특징들은
깁슨의 영화에서도 온전한 무게를 부여받는다. "내 왕국은 이
세상에 속한 것이 아니니라." 하지만 깁슨은 니체가 정당하게
그리스도교를 공격하며 맹비난했던 저 삶을 부인하는 자와 신체를
증오하는 자 들에게 어떤 위안도 주기를 거부한다. 『패션 오브
크라이스트』의 시각에 초자연적이거나 초월적인 차원은 거의 없다.

그리스도의 왕국이 이 세상에 속한 것이 아닌 데 반해, 깁슨은 이 왕국이 육체에 지친 이들이 꿈꾸는 플라톤적인 천국이 될 것이라고 생각할 만한 근거를 거의 제시하지 않는다.

그리스도가 거부하는 세계는 **거짓말의 세계**, 즉 기존의 권력과 권위를 중심으로 한 합의적 환각의 세계다. 대조적으로 그리스도의 왕국은 **애정에 기초한 공동체**가 있을 때만 유지될 수 있다. 달리 말해 그 왕국은 나중으로 기약된 초자연적 보상으로 실존하는 것이 아니라 그리스도-되기를 통해 그의 정신을 살아 있게 하는 자들의 **윤리적** 행위 속에 실존한다. 거듭 말하지만 이 정신이 어떤 형이상학적 실체가 아니라 오직 행동과 실천으로만 구현될 수 있는 엄밀하게 물질적인 추상 기계임을 강조하는 것이 중요하다. 자신보다 신을 사랑하고 타인을 사랑하는 것은 자아를 허물고 **자아의 지옥**으로부터 구원을 얻기 위한 전제 조건이다.

한편의 관점에서 예수의 신체가 당하는 완전한 굴욕과 수모인 것이 다른 관점에서는 "인간 유기체의 지혜와 한계"에서 해방된 신체에 대한 가차 없이 냉정한 시각에 다름 아니다.

마조히즘그리스도교.

그리스도의 **본보기**란 단순히 이런 것이다. 학대 바이러스를 옮기느니, 권위의 세계의 바보 같은 공허함과 어리석음을 어떤 식으로든 옹호하느니 죽는 편이 더 낫다.

권력은 인간 유기체의 연약함에 기댄다. 권위는 심각하게 도전받거나 그 관용의 한계가 시험에 들면 결국엔 고문에 의지한다. 『패션 오브 크라이스트』에서 특별한 이유 없이 육체적 수모를 당하는 모습을 담은 느리고 생생한 장면들은 인간 유기체로서 예수가 겪은 참혹한 경험을 드러내는 데 필수적이다. 자신의 **진리**를 단념하고 **세계의 권위**에 동의하기만 했다면 분명 예수는 고문으로 인한 극한의 고통을 모면할 수 있었을 것이다. 하지만 그리스도의

본보기는 다음의 태도를 고수한다. **권위에 굴복하고 고개를
조아리느니 인간 유기체가 고문당하다 죽게 내버려 두는 편이 더
낫다고 말이다**("네 눈이 너를 죄짓게 하거든 그것을 빼 던져 버려라").

　아마도 이것이 깁슨의 영화에서 가장 놀라운 점일 것이다. 이
영화는 가톨릭의 편협함을 진술하는 것과는 거리가 멀다. 오직
반권위주의적인 영화로 독해될 수 있을 뿐이며 **바로 그 때문에**
반가톨릭적인 영화다. 터무니없이 화려한 의복과 보석으로
거드름을 피우는 2,000년 전의 바리새인들이 금박을 두르고 죄로
가득한 오늘날 바티칸의 아동 학대범 옹호론자들을 표상하고 있기
때문이다. 온갖 곤란함을 무릅쓰고, 2,000년에 걸친 은폐와 위선에
맞서, 『패션 오브 크라이스트』는 본래의 그리스도, 반세속적이지만
내세를 지향하지는 않는 **해방 신학의 그리스도**를 복구시킨다.
묵시록적 지금 Apocalypse Now을 알리는 영지주의의 전령을.

이 영화는 예전처럼 감동적이지 않았다

나는 『닥터 후』 새 시즌을 조바심치며 기대하고 있는데(실베스터 매코이와 폴 맥갠[1] 이후 두려워할 게 더 남았나 싶지만), 이 틈을 타 시리즈의 호소력을, 더 일반적으로는 내가 '언캐니한 허구'라 부를 것의 독특한 중요성을 다시 생각해 봐도 좋을 것이다.

갑자기 이런 생각이 든 것은 2주 전에 레이철 쿡이 『옵서버』에 쓴 글 때문이다.[2] 쿡의 글은 한 텔레비전 시리즈에 대한 이야기를 넘어 『닥터 후』를 중심으로 방송, 가족, 언캐니가 서로 얽히게 된 과정을 들려주었다. 쿡은 가족이 이 프로그램을 시청할 때 얼마나 의식을 치르는 것 같았는지를 강렬하게 묘사한다. 그녀는 다음 프로그램을 소개하는 아나운서가 "곧이어…"라는 말을 꺼내기 전에 머리를 감고 소파 위에 자리를 잡아야 했다. 쿡은 『닥터 후』가 최상의 순간에 보인 매력이 *언캐니*, 즉 낯설면서도 친숙한 것, 친숙하면서도 소원한 것에 있었음을 이해하고 있다. 가령 세인트 폴 대성당의 계단에 서 있던 사이버맨들이나 런던의 구지가Goodge Street에 나타난 설인들이 그렇다(뉴질랜드에 살던 때 「공포의 거미줄」The Web of Fear, 1968[3]을 시청한 블로거 스캔시프츠Scanshifts[4]는

---

* "This Movie Doesn't Move Me", k-punk, 13 March 2005, http://k-punk.abstractdynamics.org/archives/005171.html.

1 〔옮긴이〕실베스터 매코이는 『닥터 후』 시리즈에서 7대 닥터(1987~1989)를, 폴 맥갠은 8대 닥터(1996)를 연기했다.

2 Rachel Cooke, "What's Up Doc", *Observer*, 6 March 2005, https://www.theguardian.com/theobserver/2005/mar/06/features.review17.

3 〔옮긴이〕2대 닥터인 패트릭 트로턴이 출연한 『닥터 후』 시즌 5의 에피소드.

구지가라는 명칭에서 언제나 패트릭 트로턴의 모험을 떠올릴
것이다).

　　그런데 예상 가능하게도 레이철 쿡은 멜랑콜리한 어조로 글을
맺는다. 그녀는 새 시리즈의 첫 에피소드[5] 방영을 챙겨 봤다. 그리고
이 드라마의 높은 제작비, "불길한 순간들", 드라마가 밀레니엄
휠(런던의 관광 명소)을 활용하는 방식을 즐겼다. "그런데 어떻게
표현해야 할지 모르겠지만 그래도 이건『닥터 후』가 아니다."
"압도적인 상실감"에 직면한 그녀는 "진짜"『닥터 후』를, 즉 새
시리즈가 제공하지 못하는 진정한 경험을 맛보기 위해 톰 베이커의
이야기인「죽음의 로봇」Robots of Death, 1977[6] DVD로 눈을 돌린다.
하지만 실망만 가중될 뿐이다. "모든 것이 어찌나 느려 보이는지,
커밀라 파커-볼스가 입을 법한 녹색 누빔 재킷을 걸친 로봇은 또
얼마나 우스꽝스러운지… **맙소사.**"

　　텍스트 '자체'의 존재론적 지위에 대한 포스트-
포스트구조주의적인 물음들은 일단 제쳐 두고, 쿡이 글을 마치면서
전하는 슬픈 일화를 생각해 보자.

크리스마스가 오기 전, 아버지의 암이 마지막에 이르렀다는
사실이 분명해졌을 때였다. 오빠가 밖에 나가 우리 모두 같이 볼 수
있는 DVD를 사 왔다. 그런데 아버지가 너무 아파 DVD를 개봉하지
못했다. 그때 나는 이 또 다른 부당함에 화가 나 울었다. 이제는
잘 안다. 인생의 어떤 것들은 결코 되찾을 수 없음을. 반짝이로

4　Justin Barton, http://scanshifts.blogspot.co.uk/.
5　(옮긴이)『닥터 후』시리즈의 역사는 닥터 후 클래식(1963~1989,
1~7대), 닥터 후 TV 영화(1996, 8대), 뉴 시즌(2005~)으로 이어지고 있다.
6　(옮긴이) 4대 닥터인 톰 베이커가 출연한『닥터 후』시즌 14의
에피소드.

치장하고 무릎까지 덮는 반바지를 입은 녹색 로봇이 준 즐거움도
그중 하나다.

이런 탈마법화 서사는 이제 친숙한 장르에 속한다.
포스트모던한 우화. 옛『닥터 후』를 보는 것은 단순히 잃어버린
순간을 되찾지 못하는 실패에 그치지 않는다. 그것은 시시한
공포에 낙담하며 처음부터 그런 순간이 실존하지 않았음을
발견하게 되는 과정이기도 하다. 경외와 감탄의 경험은 한 무더기의
변장용 복장과 값싼 특수 효과로 분해되어 사라진다. 그렇다면
포스트모더니스트에게는 두 가지 선택지가 남겨진다. 열광을
부인하며 '성장'이라 불리는 것을 따르거나 끝까지 열광에 충실한
채 '성장하지 않'거나. 따라서 더 이상 미디어에 넋을 잃지 않는
아이를 기다리는 것은 두 가지 운명, 즉 우울증적 리얼리즘 아니면
마니아적 광신이다.

『닥터 후』에서 강렬한 인상을 받은 경험은 60년대와 70년대에
어린 시절을 보낸 우리 또래의 전형적인 현상이었다. 쿡보다 조금
어린 나는『닥터 후』가 방영되던 그 25분이 실로 한 주 가운데 가장
신성시되던 시간이었음을 기억한다. 나보다 약간 나이가 많은
스캔시프츠는 집에 가정용 텔레비전이 없어 크라이스트처치
지역의 백화점에서 몰래 새로운 에피소드를 시청하곤 했으며,
처음에는 소리를 들을 수 없는 상태로 시청하다 볼륨을 높일 방법을
찾고서는 뛸 듯이 기뻐했다고 한다.

그런 열정—어린 시절의 열광과 소박함—을 더 분명하게
설명하기 위해 보충적으로 당시의 특정한 기술적, 문화적
조건들을 생각해 볼 수도 있다.〔언캐니로 번역된 독일어〕
'운하임리히'unheimlich 즉 '제집 같지 않은'unhomely에 대한
프로이트의 분석은 아주 잘 알려져 있지만, 익숙한 것의 언캐니함에

대한 그의 해석을 텔레비전과 연관시켜 봐도 좋을 것이다. 텔레비전은 그 자체로 친숙한 동시에 생경했으며, 친숙한 것 안에 있는 생경한 것에 **관한** 시리즈는 분명 아이의 무의식에 특별히 손쉽게 접근할 방도를 갖고 있었다. 모더니즘 방송 체제가 문화를 배급하던 시절, 말하자면 끊임없는 재방송도 녹화 장치도 없던 시절에 텔레비전 프로그램들은 일시성이라는 소중한 특성을 보유했다. 그것들은 처음 시청되는 그 순간에 기억과 꿈으로 번역되었다. 이는 포스트모던한 미디어 제작물이 '메이킹' 영상과 인터뷰를 통해 즉각적으로 또 점점 선제적으로 영원한 기념물로 남겨지는 것과는 완전히 다르다. 오늘날 이런 제작물 다수는 탄생하자마자 곧바로 완벽하게 아카이빙된다. 테크놀로지에 의해 더없이 깔끔하게 기념되는 동안 문화의 차원에서는 망각되는 기묘한 운명에 처하는 것이다.

그런데 『닥터 후』가 한 세대의 무의식을 점령할 수 있었던 것이 단순히 희소함이나 '덜 복잡했던' 시절의 '순수함' 덕분일까? 쿡이 시사하듯 까탈스럽고 가차 없는 성인의 시선에 노출되면 이 시리즈의 마법은 유혹자 뱀파이어가 밝은 햇살을 받을 때처럼 바스러지고 마는 것일까?

『토템과 터부』와 「언캐니」에서 볼 수 있는 프로이트의 유명한 논의에 따르면 우리 근대인의 개인 심리는 나르시시즘적인 애니미즘에서 현실 원칙으로 나아가는 종 전체의 '진보'를 되풀이하며 발전한다. 아이들은 '미개인'과 마찬가지로 나르시시즘적인 자가 성애 층위에 머물며, 자신의 생각이 '전능하다'는, 즉 자신이 생각하는 것이 세계에 직접적인 영향을 미칠 수 있다는 애니미즘적 망상에 사로잡힌다.

그런데 아이들은 『닥터 후』를 '정말로 믿었던' 것일까? 지젝은 '원시' 사회에서 온 사람이 자신의 신화에 대한 질문을 받으면 실제로 에둘러 답한다고 지적한 바 있다. 가령 "일부 사람은 믿는다"고 말한다는 것이다. 믿음은 언제나 타자의 믿음이다. 어쨌든 성인이나 근대인은 무비판적으로 믿을 수 있는 역량을 상실한 것이 아니다. 이들이 상실한 것은 계속 머물 수 있는 허구적 놀이 지대를 만드는 도화선 역할을 하도록 이 시리즈를 활용하는 기술이다.

필립 K. 딕의 『파머 엘드리치의 세 개의 성흔』1964에 등장하는 '퍼키 팻' 사업이 그런 실행의 모델이다. 지구 바깥에서 향수병을 앓는 중인 이주민들은 지구 환경과 유사한 모형 세트에서 살고 있는 켄과 바비를 닮은 인형에 스스로를 투영할 수 있다. 그런데 이런 모형 세트에 안주하려면 어떤 마약이 필요하다. 사실상 이 마약이 하는 역할은 손쉽게 아이처럼 되는 능력, 즉 믿는 능력이 아니라 **믿음의 결여에도 불구하고 행동하는 능력**을 성인에게 회복시켜 주는 것이 전부다.

하지만 이처럼 말하는 것은 어떤 의미에서 이미 너무 지나치다. 이는 성인들이 정말로 나르시시즘적 환상을 포기했으며 탈마법화된 경험 세계의 가혹하고 진부한 생활에 적응했음을 시사한다. 사실 성인에게 일어난 일은 하나의 환상이 다른 환상으로 대체된 것일 뿐이다. 요점은 이렇다. 소비 자본주의에서 성인이 된다는 것은 생기 없이 밝은 연속극의 가정 생활과 같은 퍼키 팻 세계에 안주하는 것이다. 성인의 현실이라며 우리를 초대하는 범속한 멜로 드라마에서 제거되어 있는 것은 환상이 아니라 언캐니다. 모든 것이 보이는 것과 같지는 않다는 감각, 평범한 일상이 기생충이나 외계 세력이 술책—우리를 소유하고 통제하든 우리에게 다른 속셈을 품든—을 부리는 영역이라는 감각 말이다. 달리 말해 언캐니한 허구에 숨어 있는 지혜는 흔들리는 벽으로 둘러싸인 어떤 무대가 바로 이 세계, 자유주의적 자본주의의 상식이 지배하는 세계라는 것이다. 조만간 스캔시프츠와 내가 런던에 있는 레저넌스 FMResonance FM 라디오 방송국에서 『런던 아래의 런던』London Under London이라는 오디오 다큐를 통해 입증하고자 하는 것처럼, 런던 지하철의 실재는 포스트모던의 음울한 리얼리즘drearealism보다 펄프나 모더니즘 작품(어쨌든 언캐니와 적절한 공모 관계에 있는)에 더 잘 묘사되어 있다. 누구나 알고 있듯 지하철을 타고 있는 이들은 '사람' 모습을 하고 있지만 한 꺼풀만 벗겨 보면 사악한 외계 기업의 통제하에 있는 좀비다.

지난 25년에 걸쳐 환상 장르가 부상한 현상은 같은 시기에 실질적인 대안이 될 수 있는 자본주의 외부의 어떤 현실 구조를 구축할 가능성이 붕괴한 과정과 직접적인 상관 관계가 있을 것이다. 『스타 워즈』같은 영화를 관람할 때 우리는 즉각 두 가지를 떠올린다. 그것의 허구적 세계는 극단적으로〔우리 세계와〕 동떨어져 있고 너무나 멀어 관심을 기울이기 힘들다. 동시에 그 세계는 이 세계와 아주 비슷하며 너무나 흡사해 매료되기 어렵다. 만약 언캐니가 친숙한 것으로 간주되는 어떤 것에 내재한 환원 불가능한 이례성과 관련된다면, 환상은 모든 간극이 말끔하게 메워진 매끄러운 세계의 생산과 관련된다. 디지털 특수 효과의 발전과 더불어 환상이 부상한 것은 우연이 아니다. 컴퓨터 그래픽의 기이한 공허함이나 깊이 없음은 충실함의 실패에서 연유하는 것이 아니라 오히려 괴리 자체를 포토샵 처리한 데서 연유한다.

그러므로 가족, 민족, 영웅주의 등의 환상 구조는 어떤 의미에서든 재현—거짓이든 아니든—으로 기능하는 것이 아니라 따라 행동해야 할 모델로 기능한다. 우리의 삶이 디지털의 이상에 부응하지 못하는 그 필연적인 실패는 자본주의의 노동자-소비자를 수동적으로 만드는 원동력 중 하나다. 언제나 손아귀를 빠져나갈 세계, 분열과 단절이 없는 세계를 순응적인 태도로 뒤쫓게 만드는 것이다. 환상에서 나타나는 선과 악 혹은 **우리**와 (외국의, 전염병을 옮기는) **그들**이라는 딱하고 어리석은 마니교적 대립이 가장 큰 지정학적 무대에서 얼마나 막대한 효과를 발휘하고 있는지를 확인하려면 마크 스타인Mark Steyn의 사립 학교 출신다운 남근적 우화들(로버트 E. 하워드 같은 부류의 마마 보이 이야기와 어깨를 견주는) 중 하나만 읽어 봐도 된다.

제3제국 로큰롤의 공포와 참상

칼 크래프트의 권유로 엊그제 밤에 트라우마를 겪을 만큼
강렬한 영화인 『다운폴』2004을 (뒤늦게) 보러 갔다. 범속한 싸구려
작품을 과도하게 포장하다 보면 동시대 영화에 대한 어떤 상찬도
의심스럽게 만들기 마련이다. 하지만 이 영화는 영화적으로
온당하게 평가받아야 할 진정한 걸작이다. 소련 포병대가 퍼붓는
가차 없는 공격이나 히틀러 벙커를 짓누르는 폐소 공포증적인 숨
막힘은 압도하는 본능적 현존을 드러낸다.

평소 나는 실화에 기반한 영화는 피해야 한다는 격언에
의지하는 편이지만 『다운폴』은 그것을 어긴 올해의 둘째
영화다(첫째는 『에비에이터』2004였다). 이 두 작품이 *현실 자체가*
정신병적으로 변해 간 상황을 묘사하기 때문이다. 밸러드가 말했듯
나치의 망상은 내부 세계와 외부 세계의 구별이 더 이상 유지되지
않는 순간 중 하나였다. 지옥이 땅 위로 솟아올랐고 도망갈 곳도
미래도 없으며 당신도 그것을 알고 있는…

『다운폴』이 매혹적인 이유는 들뢰즈와 가타리의 주장처럼
"소멸의 선"line of abolition이 나치즘에 **구성적**이라는 사실을 이
영화가 가까이서 꼼꼼하게 기록하고 있는 것처럼 보이기 때문이다.
폴 비릴리오에게 아이디어를 빌린 들뢰즈와 가타리에 따르면
"우리가 패배한다면 이 국가는 차라리 소멸되어야 한다"는 나치의

---

* "Fear and Misery in the Third Reich 'n' Roll", k-punk, 9 June 2005,
http://k-punk.abstractdynamics.org/archives/005664.html. 〔옮긴이〕 이
제목은 브레히트의 희곡인 『제3제국의 공포와 참상』을 변주한 것으로 보인다.

예정된 자기 절멸은 상황에 내몰려 우발적으로 세운 계획이 아니라 나치 프로젝트의 실현이자 완성이었다.[1] 들뢰즈와 가타리의 해석이 경험적으로 미심쩍어 보일 수도 있다. 하지만 문화 분석에서 이 해석의 가장 중요한 공헌은 나치즘이 자살적이라는 관념이 아니라 *자살적인 것, 자기 파괴적인 것이 나치*라는 생각에 있을지도 모르겠다.

적어도 토머스 채터턴〔18세기 영국 시인〕의 사망 이후 대중 문화는 자기 파괴를 미화하려는 유혹이 물리치기 힘든 것임을 알게 되었다. 나치는 예부터 전해 오는 이 **죽음의 로맨스**의 20세기적 결정판을 제공한다. 밸러드가 히틀러에 관한 글인 「비이성의 기초」Alphabets of Unreason, 1969에서 언급했듯 나치는 소름 끼칠 정도로 *근대적인* 현상이며 그들의 화려한 매력은 에드워드 7세 시대〔1901~1910〕의 영국 지배 엘리트층이 프록 코트로 세심하게 치장한 모습과는 완전히 다른 세계에 속한 것이었다. 방송을 이용할 줄 아는 나치의 재능은 오늘날 우리가 소비하는 미디어 풍경의 토대를 마련했다. 최초의 록 스타로서 히틀러?

『다운폴』은 제3제국 로큰롤이 와해되기 시작하는 장면들로 우리를 데려간다. 지도자의 죽음은 어떤 추악한 불멸성을 보장할 피의 희생 의식이다. 매클루언이나 밸러드적인 의미의 미디어 무의식에서 히틀러는 역사적 개인을 넘어 영구적인 원형-유물로 남은 20세기의 첫 인물이다. 존 F. 케네디, 맬컴 X, 마틴 루서 킹, 짐 모리슨, 지미 헨드릭스, 이언 커티스 등이 지엽적이고 특수한 것처럼 보이는 데 반해 히틀러는 어떤 일반 원리, 근대적 **악** 자체를

1　Gilles Deleuze and Félix Guattari, *Capitalism and Schizophrenia: A Thousand Plateaus*, Continuum, 1987, p. 230〔『천 개의 고원: 자본주의와 분열증』, 김재인 옮김, 새물결, 2001, 437~438쪽〕.

대표하기에 이르렀다.

『다운폴』은 상영 시간의 대부분을 총통의 벙커 장면에 할애한다.
관람자인 우리는 제국의 지도자들까지는 아니더라도 그들에게
충성하는 자들, 광적이지는 않지만 히틀러와 민족 사회주의를
동경하는 비서나 관리에게는 심란한 마음으로 공감하게 된다.
반면 지상의 베를린을 일별하게 되었을 때 우리 앞에 나타나는
것은〔피터르 브뤼헐의〕『죽음의 승리』1562와도 같은 풍경이다.
도시는 아동 징집병, 교수형당하는 자경단원, 흥청거리는 연회,
카니발적인 성적 과잉으로 완전히 아노미 상태에 처해 있다.

이런 장면들이 펼쳐지는 동안 음흉하게 미소 짓는 조니
로튼의 목소리가 들리는 것만 같다. "미래가 없는데 어찌 죄가
존재하겠어?"[2] (하지만 사실상 독일에는 *미래 말고는 아무것도
없었다.* 종전 직후에 독일은 의도적인 기억 상실증에 빠져 문화적
기억을 부인했다.) 포스트펑크가 여러 측면에서 여기서 시작된
것은 우연이 아니다. 섹스 피스톨즈가 자신들의 소멸의 선을
따라「벨젠은 가스투성이였지」Belsen was a Gas, 1979나「태양 속의
휴일」Holidays in the Sun, 1977에서 불에 탄 지구의 니힐리즘으로
향할 때, 이들은 철조망의 상흔이 히에로니무스 보스의 그림을
연상시키는 나치 베를린의 풍경과 그것이 전후에 변화한 모습이라
할 토머스 핀천의 지대[3]로 계속 되돌아간다. 잘 알려져 있듯 수지
수는 한동안 스와스티카 완장을 즐겨 착용했다. 나치 이미지의
과시는 대부분 피상적인 충격 효과를 노린 것이겠지만, 펑크와
나치의 결합은 진부한 위반적 태도를 훨씬 능가했다. 펑크의 저
1970년대, 나치즘에 대한 영국의 저 집착은 명쾌하게 설명하기

---

2 〔옮긴이〕섹스 피스톨즈의「신이여 여왕을 지켜 주소서」1977 가사.
3 〔옮긴이〕토머스 핀천의『중력의 무지개』1973에 등장하는 구역.

힘든 곤란한 윤리적 물음들을 제기했다. 자유주의적 관용의 한계는 무엇인가? 영국은 나치즘과 차별화를 이루었다고 확신할 수 있을까(이는 국민 전선이 전례 없는 규모로 지지받던 시기에 특히 긴급한 쟁점이기도 했다)? 무엇보다 가장 불안한 물음은 다음과 같다. 나치의 악과 영웅적인 선을 구분해 주는 것은 무엇인가?

　『다운폴』은 진정한 강력함으로 이 마지막 물음을 제기한다. 그리고 이는 지젝과 주판치치가 무근거한 **행위**를 윤리적인 것의 정의로 이론화한 오늘날 특별한 반향을 갖는 물음이다. 이 영화에서 묘사된 가장 '악마적인' 행위, 즉 괴벨스 부인이 자녀들을 약물로 독살하는—그녀는 자녀들이 민족 사회주의 없는 세상에 남겨지는 것보다 이런 '구원'이 더 낫다는 판단을 내렸다—행위를 보면서 나는 토니 모리슨의 『빌러비드』1987에 등장하는 시이드와의 유사성에 깊은 인상을 받았다. 시이드 또한 자신의 아이 중 한 명이 노예 상인의 손아귀에 들어가도록 내버려 두는 대신 아이를 살해한다. 가공할 악으로서의 괴벨스 부인의 행위와 영웅적인 선으로서의 시이드의 행위를 구분해 주는 것은 무엇인가(지젝의 『무너지기 쉬운 절대성』을 읽은 독자라면 그가 정확히 시이드를 자유주의적 도덕 및 계몽된 자기 이해라는 그것의 윤리에 완전히 생경한 선의 사례로 끌어들였음을 기억할 것이다)?

　『다운폴』은 '자유주의적 나치들'에 공감하도록 우리를 초대하는 것처럼 보인다. 가령 의료 서비스를 계속 운영하기를 원하며 끝까지 의무에 집착하는 '무의미하고 자살적인' 행동에는 경악과 역겨움을 느끼는 '합리적인' 의사, 민간인의 생명을 보호하기 위해 전쟁을 끝내고자 하는 장군이 그런 사례다. 그러나 이런 '실용적 인도주의'를 보여 주는 인물들은 자신의 행동 원리를 끝까지 따를 준비가 되어 있지 않다는 점에서 최소한만 변호될 수 있을 뿐이다(이들이 나치즘에 헌신적이라면 왜 그것을 위해 죽지 않는가?

헌신적이지 않다면 왜 그것에 저항하지 않는가?). 이상하게도 이
영화는 나치의 더할 나위 없이 악한 점이 대의를 위해 죽고자 하는
그들의 의지에 있다고 주장하는 것처럼 보인다.

부지불식간에 우리는 **가장 악한 나치들**—스스로를 나치
프로젝트와 완전히 동일시하고 실패가 분명해졌을 땐 자살을
선택하는 자들—이 자신의 근본적인 책무를 포기하길
거부함으로써 어떤 비극적 영웅주의에 이른다고 생각하게 된다. 이
모든 것은 우리를 오래된 물음으로 이끈다. 무조건적인 의무에 대한
칸트적인 강조는 나치의 **악**을 정당화하는가?

라캉주의 이론의 관점에서 칸트적 윤리학을 재발견하는 작업에
몰두해 온 주판치치는『캐비닛』매거진과의 인터뷰에서 이 문제를
이렇게 설명한다.

> 한나 아렌트의 유명한 사례에서 아이히만 같은 나치의 관리들이
> 스스로를 칸트주의자라고 여겼던 것을 생각해 볼까요. 이들은
> 자신의 행동이 가져올 경험적 결과에 대한 어떤 고려도 없이 그저
> 원칙에 따라 행동했을 뿐이라고 주장했어요. 이것은 어떤 점에서
> 칸트의 도착일까요?
> 이런 태도는 엄밀하게 임상적인 의미에서 '도착적'이라 할 수
> 있습니다. 이 주체는 여기서 대타자의 의지의 단순한 도구 역할을
> 떠맡은 것이죠. 칸트와 관련해 저는 이미 지젝이 제기한 다음과
> 같은 생각을 그저 강조하려 합니다. 칸트적 윤리학에 따르면
> 우리는 우리가 스스로의 의무라고 여기는 것에 책임이 있다는
> 것을요. 도덕 법칙은 우리에게서 스스로의 행동에 대한 책임을
> 완전히 면해 줄 수 있는 어떤 것이 아니에요. 오히려 그것은 우리의
> 행동뿐 아니라 무엇보다 우리가 행동할 때 기대는 원리들에도
> 책임을 지게 만들죠.[4]

그런데 이것으로 괴벨스와 시이드를 구별하기에 충분한가? 정말로 괴벨스 부인은 스스로를 "대타자의 의지의 단순한 도구"로 만든 것일까? 자신의 행동과 행동할 때 기댄 원리들 모두에 책임지기로 자유롭게 선택한 것은 아닐까? 칸트적 자유가 도덕 **법칙에 복종하기를 선택하는** 데 있음을 기억하자. '의무'와는 다른 무언가에 동기를 부여받는 것은 '병리적' 열정에 의해 추동되는 것이며 따라서 전혀 자유롭지 않다. 괴벨스 부인의 행동에는 명백한 병리적 동기가 없다. 그녀는 '자신에게 가장 소중한 것을 파괴하는' 행동에서 아무것도 얻지 못했다(그리고 실제로 그녀는 아이들을 살해하고 나서 곧이어 남편의 총에 죽는 데 동의했다).

우리에게 남겨진 유일한 대답은 나치의 대의가 그 *자체로* 병리적인 현상이라는 것이다. 나치의 **행위**는 정의상 보편적일 수 없다. '선택된 민족'이라는 특수한 병리적 특징을 보존하는 것—결국에는 신화적 층위에서라도—에, 더 추상적으로 말하면 '인종적 병리 현상'의 바로 그 원리를 방어하는 것에 기반을 두고 있기 때문이다. 『빌러비드』에서 시이드가 보여 준 가공할 행위는 끔찍하게 어리석은 인종적 망상에 의해 총체적이고도 치명적으로 타락한 어떤 사회 상황과 **절연하는** 행위다. 대조적으로 자녀들을 살해한 괴벨스 부인의 행위는 그 자신과 아이들을 민족 학살의 광기—자신의 죽음과 다른 수백만 명의 죽음을 통해서만 명맥을 이어 갈 수 있는—에 단단히 묶어 두려는 시도다.

4　Christoph Cox, "On Evil: An Interview with Alenka Zupančič", *Cabinet*, Issue 5, Winter 2001/2, http://www.cabinetmagazine.org/issues/5/alenkazupancic.php.

우리는 그 모두를 원한다

오늘날 니체의 쓰임새는 어디에 있을까? 달리 표현하면 지금은 *어떤* 니체가 유용할까?

내가 관점주의자—진리의 가치만이 아니라 가능성에도 의문을 제기하는—로서의 니체를 적으로 여긴다고 해도 놀랍지는 않을 것이다. 내가 디오니소스적 니체, 위반적 욕망의 찬미자로서의 니체를 거부한다고 해서 놀랄 일은 더더욱 없을 것이다. 아무튼 이런 니체는 주로 바타유를 경유해 소급적으로 구축된 니체다(『비극의 탄생』에서조차 니체는 디오니소스와 아폴론 사이의 긴장이 상실되었음을 애석해한다. 또 후기 니체의 글을 봐도 리비도의 자유로운 분출을 촉구하기보다는 제약과 한계의 필요성을 역설하는 부분을 발견할 가능성이 더 크다). 관점주의적인 것과 디오니소스적인 것은 오늘날 너무나 *시대 영합적인* 것이 되었다.

반시대적으로 남아 있는 니체—이는 철 지난 것이라는 의미가 결코 아니다—는 귀족주의를 옹호하는 니체다. 니체는 정치 이론가로서는 진지하게 받아들이지 말아야 한다. 적어도 구체적으로 제시하는 처방과 관련해서는 말이다. 하지만 평준화를 향한 민주주의적 충동에서 비롯하는 무미건조함과 범속함을 비난하는 니체는 더없이 예리하다. 『선악의 저편』 곳곳의 비판적 구절은 초점 집단의 단조로움과 "자율적 무리 짓기"의 이 시대에 기이할 정도로 적절해 보인다. 니체의 진정한 관심은 *문화* 정치에

---

* "We Want It All", k-punk, 12 February 2006, http://k-punk. abstractdynamics.org/archives/007348.html.

있다. 정부나 사회 제도는 문화적 효과를 낳는 한에서만 그의
관심사가 되었다. 그의 궁극적인 물음은 이렇다. "위대한 문화
유산이 출현할 수 있는 *조건들*은 무엇인가?"

일주일쯤 전에(이미 그보다 훨씬 오래된 것처럼 느껴지지만)
샨텔 호턴이 리얼리티 TV 프로그램 『셀러브리티 빅 브러더』[1]에서
우승했을 때 나는 모든 "특별한 권리나 특혜"가 부정되고
우월성superiority이라는 *개념* 자체가 폐기되면 무슨 일이
벌어지겠느냐는 니체의 경고를 떠올렸다. 또 망치로 때리든 의지를
발휘해서든 인간이라는 동물이 위대한 예술 작품으로 변형되려면
"가혹함"과 "잔인함"을 양성해야 한다는 니체의 뜨거운 충고도
생각났다. '디센서스'에 올라온 몇몇 글이 **"착함"**을 바람직한
특성으로 진지하게 주장할 때는 특히 그랬다.

샨텔은 *단순히* 인기 경쟁에서 승리한 것이 아니다. 『빅
브러더』에 대한 뛰어난 글에서 마르첼로Marcello가 언급하듯 관건은
어떤 원칙, 즉 평범함이 우월성이라는 개념보다 우선해야 한다는
원칙이었다.

"평범함에서 벗어난다고 해서 지지와 존경을 받지는 않아요.
우리는 붙임성 있는 사람이 될 필요가 있고 또 자신에게 솔직해질
필요도 있죠. 그게 바로 젊은 사람들이 존경하는 태도예요."
이는 '보츠 앳 식스틴'Votes at Sixteen이라는 압력 단체의 대변인인

---

1 〔옮긴이〕『빅 브러더』는 전 세계 각지에서 제작되는 프랜차이즈 쇼로
영국에서는 2000년부터 현재까지 여러 채널에서 방영되었다. 이 프로그램은
정해진 공간에서 지내는 일반인 참가자들의 일상을 24시간 보여 준 뒤 시청자
인기 투표를 통해 차례로 탈락시키는 서바이벌 리얼리티 쇼 형식을 취한다.
2001년부터 2018년까지 방영된 『셀러브리티 빅 브러더』에는 유명 인사들이
참가했다.

알렉스 포크스가 최근 조지 갤러웨이[2]를 두고 한 말이다.
소모적이고 어리석은 반철학적 언사라 '보츠 앳 서티'라 불리는
압력 단체를 만들고 싶을 지경이었다. 그럼에도 이 말은 신성함에
대한 욕망을 상실한 세대와 예쁘장하게 (혹은 흉하게) 어울리는
것이었다. 한때 우리가 스크린이나 무대를 보며 우리 자신이
할 수 있으리라고는 생각조차 할 수 없었던—꿈에서는 우리도
사치를 부리고 무엇이든 할 수 있지만—일을 성취한 사람들에게
숨 막히는 놀라움과 경외심을 느꼈다면, 이제 우리가 요구하는
것이라고는 겸손한 모습뿐이다. 이는 위험한 사람들이 권력을
잡지 못하게 막는 모종의 방편이지만 또한 궁극적으로 모든
예술을 금지하는 장벽이기도 하다. *한때 우리가 스크린이나 무대를
보며 우리 자신이 할 수 있으리라고는 생각조차 할 수 없었던 일을
성취한 사람들에게 숨 막히는 놀라움과 경외심을 느꼈다면, 이제
우리가 요구하는 것이라고는 겸손한 모습뿐이다.*[3]

이것이 셀럽 리얼리티다. 여기서 스타는 탈승화되고 '평범함'이
고양된다. 『셀러브리티 빅 브러더』의 해설은 시청자들이 자신과
비슷한 편안하고 허물없는 모습의 미디어 출연진—가장 범속하고
우둔하며 *무해한*—과 '동일시'하고 싶어 할 것임을 자명하게
여겼다. 『빅 브러더』를 끝없이 되풀이해 옹호하는 줄리 버칠의
논의—일반적으로 특권층이 지배하는 미디어 세계에 노동 계급
출신이 진출할 기회를 제공한다는—는 세 가지 이유에서 근거가
없다. 첫째, 『빅 브러더』의 진정한 수혜자는 '참가 기간'이 짧은

---

2 〔옮긴이〕전투적인 토론 스타일로 유명한 영국의 노동당 출신 정치인.

3 "Celebrity Big Brother: Autopsy or Prologue?", *The Church of Me*, 1 February 2006, http://cookham.blogspot.co.uk/2006_02_01_archive.html.

것으로 악명 높은 출연자들이 아니라 엔데몰[네덜란드의 미디어 기업]과 대학 졸업 후 이곳에 취직해 우쭐대는 제작진이다. 둘째, 『빅 브러더』가 노동 계급을 협소한 이미지에 가둔 채 후원하는 이미지를 판매한다는 점에서 **셀럽 리얼리티**의 지배는 이른바 범속한 사람들에게 기대고 있으며, 이는 노동 계급으로 하여금 그런 이미지에 부응하도록, 그것과 '동일시'하도록 유도한다. 셋째, 『빅 브러더』와 리얼리티 TV는 한때 노동 계급이 '부'와 '명성' 이상의 것을 열망하면서 탁월한 능력을 내보일 수 있었던 저 대중 문화 영역을 지워 버렸다. 이런 결과는 도를 넘어 **더 많은 것을 원하는**(모든 것이 될 수 없으면 나는 아무것도 아니라는) 프롤레타리아적 충동의 패배를 의미했다. 소닉 **픽션**[4]을 발명해 **사회적 사실**들을 부정했던 충동, 낯선 것이나 생경한 것의 이름으로 '평범함'을 부정했던 충동 말이다. 『셀러브리티 빅 브러더』에 참가한 피트 번스는 무심한 잔인함, 무례한 말투, 자허-마조흐적인 모피 사건[5]을 통해 오늘날 상실되어 버린 저 야심들에 대한 풍자 만화적—외곽에 숨어skulking 부루퉁해 있는sulking—상징, 블레어 이후 원두당roundheads 시대[6]의 글램 왕자가 되었다.

---

4 [옮긴이] 영국-가나계 작가이자 영화 감독인 커두어 에슌이 『태양보다 눈부신: 소닉 픽션의 모험』More Brilliant than the Sun: Adventures in Sonic Fiction에서 제안한 개념이다. 아프로 퓨처리즘과 테크노의 다층적인 관련성 및 이들과 재즈, 브레이크비트, 일렉트로니카의 영향 관계를 밝히며 도입한 이 개념은 이후 관련 예술가와 연구자에게 많은 영감을 주었다.

5 [옮긴이] 80년대에 주로 활동한 밴드 데드 오어 얼라이브의 보컬리스트였던 뮤지션 피트 번스는 자신의 코트 중 하나가 고릴라 모피로 만든 것이라고 선언해 논란을 야기했다.

6 [옮긴이] 원두당은 영국 청교도 혁명 시대에 왕당파와 대립하던 청교도 의회파를 달리 이르던 말로 이들이 머리를 짧게 깎은 데서 유래했다. 원두당 시대는 블레어에 이어 총리에 오른 고든 브라운의 집권기를 가리키기도 한다.

리얼리티 TV의 '리얼리티'가 기술적으로 구축된 어떤 것임을 우리 모두 알고 있다. 그것은 편집의 효과일 뿐 아니라 거울 미로 같은 인공 환경에 갇힌 로렌츠의 쥐[7]에게 나타나는 것과 동일한 효과—심리학을 일련의 영토적 집착으로 축소시키는—다. 이 설계된 '리얼리티'가 의미심장해지는 것은 그것이 갖고 있다고 여겨지는 긍정적 속성들 때문이 아니라 그것이 갖고 있지 못한 것 때문이다. 여기에 부재하는 것은 바로 환상이다. 더 정확히 말하면 환상 대상이다.

한때 우리가 대중 문화에 의지했던 까닭은 그것이 환상 대상을 만들어 냈기 때문이다. 이제 우리는 **환상에 빠진 주체** 자체와 '동일시'하도록 요청받고 있다.『셀러브리티 빅 브러더』에서 샨텔이 우승한 다음 주에 음악 잡지『스매시 히츠』가 곧 폐간될 것이라는 발표가 났는데 잘 맞아떨어지는 일이었다.

『스매시 히츠』는 일련의 글램이 서서히 끝나 가던 시기에 창간되었다.『스매시 히츠』가 펑크에서 가져온 것 중에는 니체적인 정동, 말하자면 '불경함'도 포함되어 있었다.『스매시 히츠』의 경우 이 불경함은 스타덤의 가식을 풍자적으로 폭로해 하찮게 만드는 것이었다.『스매시 히츠』의 우스꽝스러운 초현실주의 이면에는 견고하고 훌륭한 상식이 있었고, 또 아이돌〔우상〕을 갖는 것과 그것을 없애는 것 사이에서 갈등하는 욕망이 있었다.『히트』는 『스매시 히츠』를 계승하는 동시에 한물간 것으로 만든 잡지다. 이제 우리는 (팝을 위한) 구실을 만드는 데 신경 쓸 필요가 없다. 난처하게 만드는 팝의 **꿈** 때문에 골치 아파할 것 없이 곧바로 셀러브리티를

---

7   〔옮긴이〕동물의 행동과 외부 환경의 관계를 연구하는 비교 행동학을 창시한 오스트리아 동물학자 콘라트 로렌츠는『공격성에 관하여』Das sogenannte Böse, 1963에서 쥐의 공격적 행동을 관찰해 인간의 행동과 본능을 유추했다.

소비하면 되는 것이다. 샨텔은 이 과정의 논리적 귀결이다. 안티 팝이자 안티 아이돌.

니체의 주장은 샨텔이 대변하는 모종의 평준화가 모든 평등주의의 불가피하고 필연적인 결과라는 것이다. 하지만 한때 대중 문화는 진정한 평등주의란 그와 같은 하향 평준화에 적대적인 것임을 입증해 준 영역이었다. 작년에 나는 고스가 "핏줄이나 아름다움이 아니라 자기 치장이 성원권을 보장하는 평등주의적 귀족정이라는 역설적 정치체"라고 쓴 적이 있다.[8] 평등주의란 위대함을 향한 의지나 탁월한 것에 대한 무조건적인 요구에 적대적인 것이 아니라 바로 그것에 의존하는 것임을 대중 문화가 우리에게 다시 가르치게 될 날이 올까?

---

8 〔옮긴이〕이는 이후에 번역 출간될 이 책 3부의 "For Your Unpleasure: The Hauter-Couture of Goth", k-punk, 01 June 2005, http://k-punk. abstractdynamics.org/archives/005622.html에 나오는 문장이다.

고딕 오이디푸스
크리스토퍼 놀런의 『배트맨 비긴즈』에 등장하는 주체성과 자본주의

　『배트맨』은 동시대 문화에 먹구름처럼 드리운 '어둠'을 필요
이상으로 강조해 왔다. '어둠'은 시장성이 높은 미적 스타일과
윤리적, 더 정확히 말하면 반윤리적 입장—즉 그 이론적 핵심이
선의 가능성을 부정하는 데 있는 일종의 브랜드 니힐리즘—모두를
가리킨다. 고담, 특히 1980년대에 프랭크 밀러가 재발명한 고담은
윌리엄 깁슨의 스프롤, 리들리 스콧의 LA와 더불어 이런 유행을
이끈 주요 지리신화적 원천 중 하나다.[1]

　만화와 관련된 밀러의 유산은 좋게 봐도 양가적인 것이었다.
밀러의 성공은 슈퍼 히어로 만화가 신화적인 울림이 있는 새로운

＊　"Gothic Oedipus: Subjectivity and Capitalism in Christopher Nolan's
Batman Begins", *ImageTexT: Interdisciplinary Comic Studies*, 2:2, 2006.

1　Kevin Wayne Jeter, *Noir*, Orion, 1998은 이런 세계의 윤리적
전제들을 요약하고 있다(이 소설은 깁슨과 『블레이드 러너』 모두에 크게 빚지고
있다). 지터의 캐릭터 중 한 명인 하드 보일드 소설가 터바이너는 누아르의
본질을 이렇게 정의한다. "표정, 어둠, 그림자, 비로 번들거리는 저 진부한
거리들. 이런 것들은 누아르에서 가장 하찮은 요소다. 그것들은 누아르와 아무
관계도 없다. 〔…〕 누아르는 배신이다. 〔…〕 누아르는 언제나 그런 것이었다.
누아르가 가장 아득한 꿈 같고 터무니없어 보이거나 다른 행성에서 벌어지고
있는 일처럼 느껴질 때조차 누아르를 그토록 현실감 있게 만들어 주는 것이
배신이다. 우리가 잃어버리고 기억할 수 없는 것이지만, 눈을 감으면 그것을
볼 수 있다…"(192)
　프랭크 밀러의 『신 시티』1991~2000를 (비우호적인 입장에서) 1940년대
누아르와 비교하는 글로는 다음을 참조하라. John Patterson, "Shots in the
Dark", *Guardian*, 4 June 2005, https://www.theguardian.com/film/2005/
jun/04/culture.features.

캐릭터를 전혀 만들어 내지 못하고 총체적으로 실패한 것과 맞닿아 있다.[2] 밀러는 '원숙함'으로 명성이 높은데, 그리하여 그의 만화에서 청소년기는 우울하고 내성적으로 묘사된다. 그는 모든 청소년에게 최고의 죄악은 넘치는 생동성이라고 여긴다. 그의 트레이드 마크인 응크림과 과묵함은 여기서 연유한다. 거의 아무 일도 벌어지지 않고 대화도 없는 저 모든 불길한 페이지를 떠올려 보라. 그리고 그것을 1960년대의 전형적인 마블 만화에서 볼 수 있는 엄청난 활기와 대조해 보라. 밀러의 만화는 슬픔에 젖은 열다섯 살 소년의 음울한 침묵으로 가득 채워져 있다. 우리는 그 침묵이 *의미를 갖고 있다고* 아무런 의심 없이 받아들인다.

밀러는 만화를 보면서 우월감을 느끼려 하는 의뭉한 청소년 남성의 욕망을 이용한다. 그러나 그의 탈신화화는 불가피하게 새로운 신화를 만들어 낼 뿐이다. 이 신화는 자신이 대체해 온 것보다 더 정교한 척하지만 사실 완전히 예상 가능한 '도덕적 양가성'의 세계다. '오직 회색 지대만이 있을 뿐'이라는 것이다. 밀러가 누아르풍 풍자 만화의 니힐리즘적 황량함—영화나 책에서 오래도록 클리셰였던—을 자신의 만화에 도입한 것이 대단히 의심스러운 이유들이 있다. 사실 이런 '어둠'은 이상하게

---

2   앨런 무어는 밀러와 대비를 이루는 흥미로운 사례다. 무어도 슈퍼 히어로들을 한층 '리얼리즘적인' 맥락에 위치시킨 만화로 명성을 얻었다. 슈퍼 히어로 장르 내부에서 작업하려 하면서도 이 장르를 수정하고 어느 한도까지는 탈신화화하려는 욕망에 이끌렸다는 점에서 그 역시 슈퍼 히어로 장르에 비슷한 양가성을 느끼는 것처럼 보였다. 하지만 『젠틀맨 리그』1999~2019와 『프로메테아』1999~2005 같은 무어의 한층 최근 작업은 명시적으로 신화화라는 개념을 붙들고 씨름한다(당연히 이는 신화적 지위를 획득하는 캐릭터를 실제로 만들어 내는 것과는 상당히 다르다). 또한 밀러와 달리 무어에게는 국가 권력에 대한 일종의 평등주의적 비판을 위한 자리가 있다. 가령 『프롬 헬』1989~1996에서 귀족정의 타락과 음모를 묘사하는 방식을 보라.

위안과 평온함을 준다. 그 어둠을 따라다니는 감상벽 때문만은
아니다(밀러의 '산전수전 다 겪은 듯한' 세계는 내게 누아르가 아니라
데니스 포터의 『노래하는 탐정』에서 볼 수 있는 누아르의 모사, 즉
여성 혐오와 인간 혐오로 가득하고 강렬한 자기 증오에 취해 있는
싸구려 통속 예술가의 백일몽-환상을 떠올리게 한다).

레이거노믹스와 대처리즘이 미국과 영국의 병폐를 고칠 유일한
해결책으로 자신을 내세우던 시기에 밀러의 리얼리즘 모델이
만화 영역에서 주목받은 것은 놀라운 일이 아니다. 레이건과
대처는 "'과거의 이데올로기들'이 만들어 낸 '치명적 추상들'로부터
우리를 구하겠다"고 주장했다.[3] 문제투성이고 현혹될 위험이 있는
집단성의 꿈에서 우리를 깨우고, 개별 인간은 오직 자신의 동물적
이해 관계에 의해서만 동기를 부여받을 수 있다는 "본질적인
진실"을 우리에게 다시 알려 주겠다는 것이었다.

이런 명제들은 *자본주의 리얼리즘*이라 부를 수 있는 암묵적인
이데올로기 체계에 속한다. 자본주의 리얼리즘은 일련의
가정—인간은 어쩔 수 없이 자신의 이해 관계를 따르며 (사회)
정의는 결코 성취될 수 없다는—에 기초해 '가능한 것'의 전망을
계획한다.

알랭 바디우가 보기에 가능성에 대한 감각이 이처럼 갑작스레
제한되는 때는 "복고"Restoration의 시기로 간주되어야 한다.
바디우는 『캐비닛』 매거진과의 인터뷰에서 이렇게 설명한다.
"프랑스에서 복고는 프랑스 혁명과 나폴레옹 이후인 1815년에
왕이 복귀했던 시기를 가리킵니다. 우리가 바로 그러한 시기에

---

3   Alain Badiou, *Ethics: An Essay on the Understanding of Evil*, Verso,
2002, p. 7 (『윤리학: 악에 대한 의식에 관한 에세이』, 이종영 옮김, 동문선, 2001,
14쪽).

있죠. 오늘날 우리는 자유주의적 자본주의와 그 정치적 체계인 의회주의를 유일하게 자연적이고 수용 가능한 해결책으로 간주하고 있습니다."[4] 바디우에 따르면 이런 정치 지형에서 이데올로기적 방어는 기대치를 낮추는 형태를 취한다.

우리는 모순 속에 살고 있습니다. 야만적이고 극도로 불평등한 상황, 모든 실존이 오직 돈으로 평가되는 이 상황이 우리에게 이상적인 것으로 제시됩니다. 하지만 이미 확립된 질서를 옹호하는 자들이 아무리 자신의 보수주의를 정당화하려 해도 진정으로 이 질서가 이상적이거나 멋지다고 말할 수는 없습니다. 대신에 이들은 나머지 모든 것이 끔찍하다고 말하기로 결심했습니다. 가령 우리가 완벽한 선의 상황에서 살고 있지는 않을 수도 있지만 운 좋게도 완전한 악의 상황에서 살고 있지도 않다고, 우리의 민주주의가 완벽하지는 않지만 피로 얼룩진 독재보다는 낫다고, 자본주의는 부당하지만 스탈린주의 같은 범죄는 아니라고, 우리는 수백만 명의 아프리카인이 에이즈로 죽도록 방치하지만 밀로셰비치처럼 인종주의적인 민족주의를 선포하지는 않는다고, 우리는 비행기로 이라크인을 살해하지만 그들이 르완다에서 하듯 마체테로 사람 목을 베지는 않는다고 말이죠.[5]

자본주의와 자유주의적 민주주의는 정확히 그것들이 "기대할 수 있는 최선의 것", 말하자면 *최소한의 최악*이라는 점에서

---

4   Christoph Cox and Molly Whalen, "On Evil: An Interview with Alain Badiou", *Cabinet*, Issue 5, Winter 2001/2, http://www.cabinetmagazine.org/issues/5/alainbadiou.php.

5   Ibid.

"이상적인 것"이다.[6] 이는 밀러가『다크 나이트 리턴즈』1986에서
영웅을 표현하는 방식과 공명한다. 또『배트맨: 이어 원』1987에서
배트맨은 권위주의적이고 폭력적이며 사디스트적일지도 모르지만
고질적으로 타락한 세계에서는 그가 최소한의 최악이라는
선택지가 된다(실제로 모든 곳이 부패한 상황에서는 이런 특징들이
필수적인 것으로 밝혀질 수도 있다). 바디우의 주장처럼 밀러의
고담에서는 더 이상 선의 실존을 가정할 수 없다. 선은 긍정적인
모습으로 나타나지 않는다. 선이 있다면 그것은 그 자신이 아닌
자명한 악에 준거해 정의되어야 한다. 달리 말해 선은 자명하게
실존하는 악이 *부재하는 상태*다.

배트맨 시리즈의 가장 최근 영화 버전인『배트맨 비긴즈』2005
(크리스토퍼 놀런 연출)가 매혹적인 이유는 완곡한 방식으로 선에
대한 물음으로 되돌아간다는 사실에 있다. 이 영화는 자본주의를
넘어설 가능성을 상상하지 못한다는 점에서 여전히 '복고'에 속한다.
곧 살펴볼 것처럼『배트맨 비긴즈』에서 악마화되는 것은 자본주의
자체가 아니라 자본주의의 특정 양식—포스트포드주의적인 금융
자본—이다. 하지만 이 영화는 자본주의 리얼리즘이 배제하는 행위
능력agency의 가능성을 열어 두고 있다.

놀런이 구축한『배트맨』은 신화의 재발명이 아니라 재생,
배트맨 캐릭터의 이력 전체를 바탕으로 한 웅장한 융합이다.[7]
기쁘게도『배트맨 비긴즈』는 '회색 지대'에 관한 이야기가 전혀
아니며, 오히려 경쟁하는 관계에 있는 선의 형태들에 관한
이야기다.『배트맨 비긴즈』에서 크리스천 베일이 연기한 브루스

---

6   그렇지 않으면 바디우는 한편으로는 자본주의가 '이상적'이고 다른
한편으로는 자본주의가 이상적인 것을 전혀 참조할 수 없도록 만들 것이라고
주장하면서 모순을 일으키게 된다.

7   Kim Newman, "Cape Fear", *Sight and Sound*, July 2005.

웨인은 제각기 선에 대한 자신만의 생각을 갖고 있는 아버지들의 과잉(그리고 사실상 부재하는 어머니들. 웨인의 어머니는 거의 한마디도 하지 않는다)에 맞닥뜨린다. 먼저 생물학적 아버지인 토머스 웨인이 있다. 그는 장밋빛 연초점soft focus으로 표현되는 도덕적 귀감이자 박애주의적 **자본**의 인격화며 '고담을 건설한 남자'다. 30년대의 『디텍티브 코믹스』시리즈에서 확립된 배트맨 신화와 똑같이 아버지 웨인은 우연한 길거리 강도 사건으로 사망한 뒤 고아가 된 아들의 양심을 괴롭히는 도덕적 망령으로만 존재한다. 둘째로 라스 알 굴이 있다. 그는 놀런의 영화에서 웨인의 하이퍼스티션적[8] 멘토이자 구루며, 토머스 웨인의 자비로운 부성주의paternalism와는 정반대로 무자비한 윤리적 코드를 대표하는 테러리즘적 인물이다. 브루스는 이 두 명의 **아버지 형상** 간의 투쟁에서 제3의 인물, 어린 브루스에게 무조건적인 사랑을 베푸는 '모성적' 보호자인 알프레드(마이클 케인)의 도움을 받는다.

아버지들 간의 투쟁은 **두려움**과 **정의** 사이의 갈등—1939년에 『배트맨』신화가 처음 등장한 이래 필수 요소가 된—으로 이중화된다. 『배트맨 비긴즈』에서 브루스 웨인은 밀러가 창조한 범죄 조직 두목 팔코네와 '환각제 무기'를 쓰는 스케어크로우가 야기하는 극심한 **두려움**과 맞닥뜨려야 할 뿐 아니라, 복수와 동일시될 수 없는 **정의**—청년 웨인이 배워야 하는 것—를 식별해야 하는 시험대에 오른다.

애초부터 배트맨 신화는 영웅적 **정의**를 통해 **고딕적인 두려움**을 극복하는 것에 관한 이야기였다. 1939년에 『디텍티브 코믹스』로

---

8   하이퍼스티션 개념에 대한 설명으로는 http://hyperstition. abstractdynamics.org를, 특히 다음 글을 참조하라. "How Do Fictions Become Hyperstitions", http://hyperstition.abstractdynamics.org/archives/003345. html.

선보였고 "범죄자들은 미신을 믿는 겁쟁이 무리이기에 내 변장은 틀림없이 그들 가슴에 공포를 새겨 넣을 것"이라는 웨인의 선언으로 유명한 최초의 배트맨 이야기를 반향하고 있는 놀런의 웨인은 두려움을 그것을 이용하는 자들에게 되돌려주는 데 전념한다. 하지만 놀런 버전은 이 첫 이야기를『디텍티브 코믹스』에 나왔던 것보다 더 오이디푸스적인 동시에 더 반오이디푸스적으로 만들었다. 원작 만화에서 브루스는 박쥐 한 마리가 방으로 날아들었을 때 '배트맨'이라는 이름을 쓰기로 결심한다. 배트맨의 원초적 장면에 대한 놀런의 연출에서는 그 일이 가족 바깥에서, 오이디푸스적인 것의 영역 너머에서, 널찍한 웨인 저택 내부의 한 동굴에서 일어나며, 또 한 마리의 박쥐가 아니라 (들뢰즈적인 방식으로) 한 무리의 박쥐와 함께 일어난다는 점에서 상당한 차이가 있다.[9] 동물-되기를 암시하는 '배트맨'이라는 이름은 실제로 들뢰즈-가타리와 공명하는 측면이 있다. 하지만 배트맨이라는 이름이 프로이트의 일부 분석 사례에 등장하는 이름—'쥐 인간'이 특히 그렇지만 '늑대 인간'도 못지않다—과 유사한 것도 우연이 아니다. 배트맨은 철저하게 오이디푸스적인 인물로 남아 있다(특히『배트맨 비긴즈』는 어떤 의심도 남기지 않는다).[10] 『배트맨 비긴즈』는 브루스가 박쥐들에게 느끼는 두려움을 부모의 죽음에 대한 부분적인 *원인* 역할을 하도록 만듦으로써 동물-되기를 오이디푸스적인 것과 재결합한다. 오페라를 관람하는

---

9 이런 수정을 이끈 것은 사실 밀러의『다크 나이트 리턴즈』였다.

10 가장 위대한 세 명의 미국 슈퍼 히어로라 할 배트맨, 슈퍼맨, 스파이더맨이 모두 고아라는 사실은 의미심장하지만, 오이디푸스적 고뇌는 배트맨에게서 가장 강렬하게 나타난다(스파이더맨에게 그런 고뇌는 어머니-대리인이자 그가 끝없이 책임을 느끼는 숙모와 자신 때문에 죽었다고 생각해 죄책감을 느끼는 삼촌에게로 전치된다).

동안 무대에서 박쥐처럼 생긴 인물들을 본 브루스는 충동적으로
부모에게 집에 가자고 조르고 극장을 떠나는 순간 부모가
살해당하기 때문이다.

배트맨 신화의 고딕적인 요소와 오이디푸스적인 요소는 배트맨
이야기가 처음 실린『디텍티브 코믹스』의 첫 두 페이지에 바로
얽혀 들어 있다. 킴 뉴먼이 밝히듯 "나는 무시무시한 밤의 피조물이
되어야 해… 박쥐가… 기이한 밤의 인물이 되겠어"라는 웨인의
돌연한 선언은『드라큘라』1897("밤의 피조물들, 그것들이 만드는
달콤한 음악")와『칼리가리 박사의 밀실』1919("당신은 칼리가리가
될 것이다")에서 "의식하지 못한 채" 가져온 인용구들을 담고
있다.[11] 이 장면은 웨인이 충격에 휩싸인 채 부모의 시신을 보고
있는 페이지의 상단 세 칸("아버지와 어머니가〔…〕죽어 버렸어〔…〕
부모님의 죽음 앞에 맹세하건대, 내 여생을 모든 범죄자와 전쟁을
벌이는 데 쓰면서 원수를 갚겠어")에 이어 나온다. 자기 의식적
배트맨은 스스로를 고딕적인 괴물, '기이한 어둠의 인물'—하지만
상습적으로 '밤' 안에 숨어드는 범죄자들에 맞서 그 밤을 이용하는
자—로 상상하고 그렇게 변신한다.

『배트맨』은 유니버설 픽처스의 공포 영화들을 경유해 독일
표현주의에 크게 빚지고 있지만, 잘 알려져 있듯 배트맨과
마찬가지로 1930년대 후반과 1940년대 초반에 등장한 필름
누아르에서도 많은 영향을 받았다(이미 살펴본 것처럼『배트맨』에
대한 밀러의 표현 방식은 여러 면에서 이 평행 관계에 대한
포스트모던한 탐색으로 볼 수 있다). 알렌카 주판치치의 언급은
배트맨이 누아르와, 나아가 오이디푸스 이야기와 공모 관계를 맺고

---

11   Newman, "Cape Fear". 뉴먼의 글은 이 영화의 등장 인물 및 장면
구성의 기원을 학술적으로 상세히 조사해 이런 주장을 확립하고 있다.

있을 가능성을 보여 주는 숨겨진 원천을 시사한다. 주판치치는
이렇게 쓴다.

『햄릿』과는 대조적으로 오이디푸스 이야기는 종종 탐정 소설에
속한다고 이야기되어 왔다. 한 발 더 나아가『오이디푸스 왕』을
누아르 장르의 원형으로 본 사람도 있다. 그리하여『오이디푸스
왕』은 프랑스 갈리마르 출판사에서 (디디에 라메종에 의해
'신화에서 번역된') '누아르 시리즈'로 나왔다.[12]

슈퍼 히어로-탐정인 배트맨이 최초의 탐정이라 할 수 있는
오이디푸스의 발자취를 따라 걷는 셈이다.

하지만 궁극적으로 배트맨의 문제는 오이디푸스 콤플렉스를
겪지 않은 오이디푸스로 남아 있다는 것이다. 주판치치가 지적하듯
오이디푸스 콤플렉스는 **상징적** 아버지와 경험적 아버지 간의
괴리에 의지한다. **상징적 아버지**는 **상징적** 질서 자체를 구현하는
인물로, **의미**의 엄숙한 전달자이자 **법**의 담지자다. 이에 반해
경험적 아버지는 "적당히 선량한 단순한 남자"다. 주판치치에
따르면 "주체성의 전형적 발생"에 대한 표준적인 설명은 아이가
우선 **상징적** 아버지와 조우하고, 그런 다음 이 강력한 인물이

---

12   Alenka Zupančič, *Ethics of the Real: Kant, Lacan*, Verso, 2000, p. 245
〔『실재의 윤리: 라캉과 칸트』, 이성민 옮김, 도서출판b, 2004, 280쪽〕. 계속해서
그녀는 이렇게 말한다. "물론 오이디푸스 이야기를 누아르 우주와 근접할 수
있도록 해 주는 것은 주인공—탐정—자신이 조사하고 있는 범죄에 자신이
알지 못하는 가운데 휩쓸려 들어간다는 사실이다. 오이디푸스 이야기가
필름 누아르의 '새로운 물결'new wave의 심장부에 놓여 있다고도 말할 수
있다. 예컨대『앤젤 하트』1987나『블레이드 러너』(감독판) 같은 영화를 말하는
것인데, 이들 영화의 종결부에서는 주인공 자신이 그가 찾고 있는 범인이라는
것이 밝혀진다."

"적당히 선량한 단순한 남자"임을 배우게 되는 것이라고 주장한다. 그러나 주판치치가 밝히듯 이는 오이디푸스가 따르는 궤적의 정반대다. 오이디푸스는 "십자로에서 무례한 노인"을 조우하는 것으로 시작하고 나중에야 이 "단순한 남자", 이 "세속적 피조물"이 아버지였음을 알게 된다. 따라서 "오이디푸스는 ('상징화'에) 입문하는 과정을 거꾸로 여행하고, 그렇게 하는 동안 상징계가 낳는 의미의 근본적인 우연성을 만나게 된다".[13]

그런데 브루스 웨인에게는 **상징계**와 경험적인 것 사이에 어떤 괴리도 없다. 토머스 웨인의 이른 죽음은 그가 어린 아들의 정신 세계에서 **상징계**의 강력한 사절로 결빙되었음을 의미한다. 그는 결코 '단순한 남자'로 '탈승화되지' 않고 도덕적 본보기로 남는다. 그는 **법** 자체의 대표자, 그를 위해 원수를 갚아야 하지만 결코 필적할 수는 없는 인물이다. 『배트맨 비긴즈』에서 오이디푸스적인 위기를 촉발하는 것은 라스 알 굴의 개입이다. 청년 웨인은 자신의 잘못 때문에 아버지가 죽었다고 확신하지만, 알 굴은 부모의 죽음에 대한 책임이 아버지에게 있다고 웨인을 설득하려 한다. 선한 본성을 지닌 자유주의자 토머스 웨인은 **행동**하는 방법을 몰랐고 의지가 약한 실패자였다는 것이다. 하지만 웨인은 이를 따르는 대신 '**아버지의 이름**'에 대한 충실성을 유지하고, 반면에 알 굴은 과잉과 **악**을 대표하는 인물로 남는다.

알 굴이 브루스에게 던지는 물음은 이렇다. 의지 박약에 잔뜩 겁에 질려 **필수적인** 일조차 하지 못한다면 생명을 존중하고 양심으로 충만한들 무슨 소용인가? 너는 **행동**할 수 있는가? 웨인은 결단을 내리지 않을 수 없다. 알 굴은 스스로 주장하는 것처럼 비인격적인 **정의**를 위한 얼음처럼 차가운 도구일까 아니면

---

13   Ibid., p.193〔같은 책, 293~295쪽〕.

그것의 그로테스크한 패러디일까? 영화에서 궁극의 악은 짓궂은 악마주의나 어떤 심리-전기적인 우연에서가 아니라 바로 알 굴의 과도한 열정에서 기인하는 것으로 밝혀진다.[14]

이와 관련해 지젝은 이 영화가『스타워즈 에피소드 3: 시스의 복수』2005의 본보기가 되었다면 좋았을 것이라고 생각한다. 악이 선의 과잉에서 비롯할 수도 있다는 가설을 과감하게 제시하는 영화가 되도록 말이다. 지젝이 보기에 "아나킨 스카이워커는 모든 곳에서 악을 보고 그것과 싸우는 데 과도하게 집착하는 괴물이 되었어야 했다". 하지만

개입하려는, 선을 행하려는, 사랑하는 사람들을 위해 끝까지 가려는 압도적인 욕망과 그로 인해 결국 **다크 사이드**로 빠지게 되는 아나킨의 오만에 초점을 맞추는 대신, 영화는 아나킨을 그저 **권력**의 유혹에 굴복하고 악한 **황제**의 마법에 걸려듦으로써 점점 악에 빠져드는 우유부단한 전사로 그린다.[15]

『시스의 복수』에 대한 지젝의 독해와 대구를 이루며『배트맨 비긴즈』가 **아버지** 문제—누가 아버지*인가*?—를 처리하는 방식은 위협적인 금융 자본의 (편재하는) 현존 및 그와 관련해 무엇을 할 것이냐는 쟁점에 의해 이중화된다. 말할 것도 없이 배트맨의

---

14   다른 많은 측면이 그렇듯 이런 측면에서도 이 영화는 팀 버튼의 『배트맨』1989과 비교해 호감을 준다. 버튼은 심리-전기적으로 기운 모종의 '어두운 분위기'를 개척했으며, 조커의 기원에 대한 그의 설명—남자가 산성 약품으로 채워진 욕조에 떨어지고 정신 이상자가 된다는—은 가장 얄팍하고 손쉬운 심리-전기적 클리셰에 빠져든다.

15   Slavoj Žižek, "Revenge of Global Finance", *In These Times*, 21 May 2005, http://inthesetimes.com/article/2122/revenge_of_global_finance.

우주에서 '아버지의 이름'—웨인—은 한 자본주의 기업의 이름이기도 하다. 주주 자본의 웨인 인더스트리 인수는 토머스의 이름이 도둑맞았음을 의미한다. 따라서 금융 자본에 맞선 브루스 웨인의 투쟁은 또한 더럽혀진 **아버지의 이름**을 복구하려는 시도일 수밖에 없다. 웨인 인더스트리가 말 그대로나 비유적으로나 도시의 심장부에 있기 때문에 포스트포드주의적 고담은 어느새 스핑크스의 저주를 받은 테베만큼이나 황폐해져 있다. 기반 구조가 썩고 시민 사회가 와해되었으며 불황과 급증하는 범죄에 시달리는 중이다. 불황과 범죄 모두 웨인 기업에 대한 통제권을 쥔 약탈적이고 초지역적인 새로운 자본이 초래한 변화다. 금융 자본의 충격은 새로운 체제에서 좌천되는 루시어스 폭스라는 사려 깊은 인물(또 다른 **아버지** 대리인 후보)[16]에 초점을 둔 한층 개인적인 서사를 통해 제시된다. 이것이 함축하는 바는 **아버지의 이름**이 권리를 되찾아야만 이 썩어 빠진 상태를 바로잡을 수 있다는 것이다.

『배트맨 비긴즈』가 가장 흥미로운 모순을 드러내는 순간은 자본주의를 다룰 때다. 부분적으로 이는 1930년대 배트맨 서사의 핵심 엔진을 21세기의 것으로 개조하려는 시도에서 기인한다. 가령 불황에 대한 참조는 분명 1930년대를 반향하고 있으며 전례 없는 경제적 성공의 시기를 누려 온 동시대 미국의 상황과는 괴리를 드러낸다. 들뢰즈와 가타리가 "지금까지 존재했던 모든 것이 마구 섞인 그림"이라 묘사한 자본주의 자체와 어울리는 방식으로 고담에는 중세적인 것과 초현대적인 것, 미국과 유럽과 제3세계의 모습이 혼재되어 있다. 고담은 독일 표현주의의 삐뚜름한 첨탑들을

---

16 뉴먼에 따르면 그는 "아마도 만화에 등장한 최초의 상층 중간 계급 흑인 캐릭터"이기도 하다.

닮은 동시에 사이버펑크의 마구 뻗은 파벨라도 닮아 있다.[17] 미국의
거대 도시 심장부에서 분출하는 옛 유럽의 악몽인 셈이다.

차이나 미에빌은 『배트맨 비긴즈』에 대한 매혹적인 독해에서
이 영화의 반자본주의가 파시즘을 변호하기 위한 목적으로
이용된다고 주장한다. 그는 이렇게 쓴다.

이 영화는 파시즘의 자기 실현에 관한 이야기다. 그것의 유일한
투쟁 목표는 자체의 필요성을 인정받는 것이다. 『배트맨
비긴즈』는 주주 자본주의에 의한 사회의 '포스트모던한'
해체에 맞서, 뿐만 아니라 저 선의 가득한 자유주의적 부자들의
어리석음—부자는 정원에 있고 빈민은 문간에 있기 때문에 빈곤층
및 노동 계급과 동반자가 되려는 자신의 욕망이 사회적 갈등의
'원인'이 된다는 사실을 이해하지 못하는, 또 그 경계를 흐리는
것이 양 떼 같은 대중을 혼란에 빠뜨려 그들의 흉포한 본능을
일깨운다는 사실을 이해하지 못하는—에 맞서 절대(주의)적
기업의 시대를 변론한다. (인간은 기본적으로 공격적이지
않다고 여기는 어리석지만 선한 영화인 『스파이더맨 2』2004와의
대결 과정에서 구축된 고공 전차가 분명히 드러내듯) 이 영화는
공포에 사로잡혀 굴복하지 않으면 대중은 위험한 존재가 된다고
노골적으로 주장한다(스파이더맨이 대중 앞에 떨어졌을 때 그들은
그를 보살피고 그가 괜찮은지 확인한다. 배트맨이 대중 앞에
떨어졌을 때 그들은 '충분히 겁먹지 않았기' 때문에 살인적이고
흉포한 무리가 된다). 사회적 파국을 '해결하는' 최종 방법은 [⋯]
빈곤층을 말 그대로 들어 올려 부자들 사이에 둠으로써 모든 것을

---

17 아마도 이는 사이버펑크(여러 면에서 배트맨도 이제 여기에 속한다)를
그 기원(중 하나)인 독일 표현주의로 되돌리는 것을 시사할 터다.

엉망으로 만든 저 대중 교통 시스템을 파괴하는 것이다. 동반자 되기, 낙수 효과 주장에 반대하는 사회 민주주의적 복지주의 등은 근사한 꿈이지만 사회의 붕괴로 이어지고, 상공을 달리는 교통 시스템이 뉴욕 스타일의 도시 한복판에 세워진 마천루들을 향해 돌진하게 만드는 테러리즘을 점검하지 않고 방치하면 9/11 같은 결과를 가져온다는 것이다. '과도한 사회적 연대'로 인한 위기와 '자신들의 목자를 충분히 두려워하지 않는' 대중의 오만함이 야기한 9/11 말이다. 전체적으로 이 영화는 비극을 막기 위해서는 사회의 계층화가 필수적이며, 기업을 위해 평민을 공포로 몰아넣는 방식으로 치안을 유지해야 한다고 말한다. 행복한 결말을 맞이하려면 (…) 합의의 약탈로부터 우리를 구할 수 있도록 한 명의 계몽된 독재자 수중에 권력을 다시 쥐여 주어야 한다고 말이다.[18]

의심의 여지 없이 이 영화는 금융 자본의 문제가 재인격화된 자본을 통해, 죽은 토머스의 역할을 떠맡은 "계몽된 독재자" 브루스의 복귀를 통해 해결될 것이라고 주장한다. 이미 살펴본 것처럼 『배트맨 비긴즈』가 자본주의 자체에 대한 대안을 상상할 수 없으며 앞선 자본주의 형태로의 향수 어린 되감기를 선호한다는

---

18 (리처드 시모어가 운영하는) 블로그 '레닌즈 톰'Lenin's Tomb에 올라온 한 게시물에 대한 차이나 미에빌의 논평. 뉴먼 또한 9/11과의 연관성을 간파했다. "『배트맨 비긴즈』는 1939년과 1986년의 맥락을 담는 순간에도 최종적으로는 2005년의 세계로 되돌아간다. 두려움phobos—박쥐 공포증이 있는 브루스와 공포증 전문가인 크레인에게 한정되는—은 테러deimos에 포섭되어 왔다. 영화에서 미국은 불의로 분열되어 있고 동양의 광적인 무리에 시달리는 중이다. 카리스마 넘치고 붙잡을 수 없는 우두머리가 이끄는 이 무리는 사회를 파괴할 정도의 공황 상태를 유발하기 위해 교통 수단을 고층 빌딩에 충돌시키려 한다." Newman, "Cape Fear", p. 21.

것 또한 분명하다(이 영화의 구조를 떠받치는 환상 중 하나는 범죄나 사회의 붕괴가 자본주의의 '성공'에 불가피하게 수반되는 것이 아니라 전적으로 자본주의의 실패가 낳은 결과라는 생각이다).

그러나 이 영화가 이런 입장을 견지하는 이유를 밝히기 위해서는 법인 자본주의와 파시즘을 구별해야 한다. 파시즘이라는 선택지는 웨인-배트맨이 아니라 라스 알 굴로 대표된다. 고담이 돌이킬 수 없을 정도로 타락했다고 생각하면서 전면적인 파괴를 모의하는 자는 알 굴이다. 웨인의 언어는 파괴를 통한 갱생(슘페터적인 자본주의와 파시즘은 대부분의 측면에서 완전히 대립하지만 이 부분에서는 서로 공감한다)이 아니라 박애주의적 사회 개선론에 해당한다(또한 주목할 점은 배트맨을 해하겠다고 위협하는 대중—조지 로메로의 좀비 영화들을 노골적으로 참조한—이 배트맨의 팔다리를 잡으려 달려들 때 이들이 스케어크로우가 사용한 환각제 무기의 영향 아래 있다는 사실이다. 대중에 대한 이런 이미지는 분명 대중의 정치적 무의식보다는 영화 제작자들의 정치적 무의식에 관해 더 많은 것을 말해 줄 것이다).

이 영화가 자본주의를 다루는 방식에 일관성이 없다면 자본주의 리얼리즘에 대한 그것의 도전은 어디에 놓여 있는가? 그것은 정치의 층위가 아니라 윤리, 행위 능력, 주체성에 대한 설명에서 찾을 수 있다.『이데올로기의 숭고한 대상』에서 지젝이 보여 준 이데올로기에 대한 고전적인 설명은 믿음과 행동의 차이에 기반한다. 믿음의 층위에서는 자본주의의 핵심 관념들—상품은 생물처럼 움직인다, 자본은 자연과 유사한 지위를 갖고 있다—이 거부되지만, 정확히 그런 관념들에 대한 아이러니한 거리 두기로 인해 우리는 이 관념들이 사실인 것처럼 **행동**하게 된다. 믿음에 대한 부인이 행동을 실행하게 하는 것이다. 그렇다면 이데올로기는 '정말로 중요한' 것이 우리가 무엇을 하는지보다는 우리가

누구인지에 있다는 확신, 나아가 '우리가 누구인지'는 '내면의
본질'에 의해 규정된다는 확신에 의존한다. 동시대 미국 문화에서
이는 우리가 무엇을 하는지와 무관하게 '좋은 사람'으로 남을 수
있다는 '치료' 관념에서 나타난다.

이 영화의 원칙적인 윤리적 교훈은 이런 이데올로기적 확신의
반전을 나타낸다. 정의를 복수와 구별하려는 웨인의 분투에서
복수는 비타협적인 라스 알 굴로 의인화되는 반면 정의는 지역
검사보인 레이철 도스로 대변된다. 도스는 이 영화의 결정적인
(반치료적) 슬로건을 언급한다. "중요한 건 내면의 네가 어떤
사람인지가 아니야. 네가 누구인지를 말해 주는 건 무엇을
하느냐지." 선은 가능하지만 **결단**과 **행동** 없이는 불가능하다. 이
메시지를 강조하면서 『배트맨 비긴즈』는 자본주의 리얼리즘의
니힐리즘뿐 아니라 까탈스럽고 아는 체하는 포스트모던한
반성성[19]의 정령들을 물리치는 하나의 실존주의 드라마를
영웅에게 되찾아 준다.

19　이에 대한 분석으로는 다음을 참조하라. Mark Fisher and Robin
Mackay, "Pomophobia", *Abstract Culture*(swarms 1), 1996.

꿈에서 우리는 조이가 되는가?

꿈에선 조이가 되지 않아?
— 데이비드 크로넨버그의 『폭력의 역사』에서 리치 쿠색이 톰 스톨에게 [1]

꿈속에서 그는 나비가 됩니다.〔…〕꿈에서 깨어난 장자는 혹시
나비가 장자가 되는 꿈을 꾸고 있는 것은 아닐까 자문할 수
있습니다. 이러한 의문은 타당한 것입니다. 이중적인 의미에서
타당한데, 첫째, 그것은 그가 미치지 않았다는 것을, 그가
스스로를 장자와 완전히 동일시하지는 않는다는 것을 증명해
주기 때문이며, 둘째, 그는 자신이 제대로 판단하리라고는
생각하지 않기 때문입니다. 실제로 그가 자신의 정체성의 어떤
근원을 알게 된 것—본질적으로 그는 자기만의 색깔로 그려진
나비였고 현재도 그렇습니다—은 바로 그가 나비였을 때입니다.
바로 그렇게 해서 그는 궁극적으로 장자인 것이지요.
— 자크 라캉, 「눈과 응시의 분열」 [2]

크로넨버그의 『폭력의 역사』2005 핵심 장면에서 지역 보안관은

---

* "When We Dream, Do We Dream We're Joey?", k-punk, 1 October
2005, http://k-punk.abstractdynamics.org/archives/006484.html.

1　David Cronenberg dir., *A History of Violence*, 2005.

2　Jacques Lacan, "The Split Between the Eye and the Gaze", *The Four
Fundamental Concepts of Psychoanalysis*, Norton, 1973〔「눈과 응시의 분열」,
『자크 라캉 세미나 11: 정신 분석의 네 가지 근본 개념』, 맹정현, 이수련 옮김,
새물결, 2008, 120쪽〕.

2부　스크린, 꿈, 유령　　218

주인공 톰 스톨(비고 모텐슨)에게 고심 끝에 말한다. "앞뒤가 맞질 않아요." 일련의 폭력적인 살인이 둘 모두가 살고 있는 작은 중서부 마을의 삶을 뒤흔들어 놓은 직후다.

피상적으로 보면『폭력의 역사』는 1983년의『데드 존』이후로 가장 이해하기 쉬운 크로넨버그 영화다. 그러나 표면적으로 그럴듯해 보이는 것과 달리 이 영화가 철저하게 일관된 것은 아니다. 모든 조각이 거기에 있지만 자세히 들여다보면 아귀가 맞지 않고, 어떤 것들은 불거져 있다…

『폭력의 역사』를 마지막까지 불안정하게 만드는 것은 장르와의 불편한 관계다. 이 영화는 스릴러인가, 가족 드라마인가, 음산한 코미디인가, 아니면 장르를 초월한 알레고리('서부극에 기반을 둔 부시 행정부의 외교 정책')인가? 이런 전반적인 동요는 이 영화가 언캐니로 가득한 영화임을 의미한다. 스릴러나 가족 드라마의 표준적인 장치가 사용될 때도 뒤틀린 무언가가 있어 『폭력의 역사』는 장르의 관습을 기억하고 있는, 하지만 그것을 작동시킬 수는 없는 어떤 정신병 환자가 구축한 스릴러처럼 보인다. 이 영화에서 눈을 떼지 못하게 만드는 것은 도착적이지만 크로넨버그의 영화에서는 적절한 것, 바로 이 '제대로 작동하지 않음'이라는 층위다.

『폭력의 역사』에 보철 장치나 특수 효과가 거의 없다는 사실(크로넨버그의 오래된 유머 감각은 얼굴에 총을 맞고 죽은 시체들을 과도하게 보여 주는 숏들에만 흔적으로 남아 있다) 덕분에 크로넨버그는 한층 명성을 높였고 대부분의 비평가가 이를 두고 한마디씩 거들었다. 사실 크로넨버그가 그런 이미지의 사용을 자제한 것은 늦어도『크래시』1996부터 시작된 점진적인 과정이었다(1999년의『엑시스텐즈』는 크로넨버그가 살아 움직이는 에로틱한 생체-기계를 다룬 마지막 시도로 남을지도 모른다). 하지만 이런 자제는 그의 트레이드 마크라 할 존재론적 메스꺼움을 제거한 것이 아니라 오히려 미묘하게 만들었다.

　신화는 『폭력의 역사』 도처에 존재한다. 정상성을 가장하고 있지만 이제 위험에 처한 어느 소도시, 그곳을 침범해 파괴하겠다고 협박하는 암흑가의 조직 범죄단, 그뿐 아니라 이 둘 사이의 갈등에도 말이다. 『폭력의 역사』의 배경인 인디애나주 밀브룩 같은 소도시는 미국 영화에서 위협받는 순수함의 이미지로 활용되어 왔다. 데이비드 린치와의 비교는 피할 수 없는 일이지만, 가장 흥미진진한 유사성을 보이는 감독은 린치가 아니라 앨프리드 히치콕이다. 히치콕과의 비교는 표면적인 세부 요소—이 또한 중요하지만—를 훨씬 뛰어넘는다. 가령 『가디언』의 리뷰는 다음의 사실을 상기시켜 준다. 『폭력의 역사』의 "도시 중심가는 애리조나주 피닉스의 그것과 닮았다. 『사이코』1960에 등장하는 부동산 중개 사무실도 피닉스 시내에 위치해 있었다."[3] 〔하지만〕 『폭력의 역사』와 히치콕 사이에는 훨씬 더 깊은 친연성이 있는데, 이는 히치콕의 방법론에 대한 지젝의 고전적인 분석을 떠올리면 쉽게 알아볼 수 있다. 『비딱하게 보기』에서 지젝은 히치콕의 "남근적" 몽타주를 관습적 영화의 "항문적" 몽타주와 비교한다.

　예를 들어 습격하기 직전의 강도 일당에게 포위된, 외딴곳에 떨어져 있는 어느 부잣집을 묘사하는 장면을 생각해 보자. 만일 여기서 집 안의 평화로운 일상 생활을 바깥에 있는 범죄자들의 위협적인 준비 태세와 대비시킨다면 그 장면은 엄청난 효과를 거둘 것이다. 이를테면 저녁 식사 중인 행복한 가족, 왁자지껄한

3　Peter Bradshaw, "Review of *A History of Violence*", *Guardian*, 30 September 2005, https://www.theguardian.com/culture/2005/sep/30/2.

아이들과 애정이 깃든 아버지의 꾸지람 등을 한 강도의 '가학적인' 미소, 칼이나 총을 점검하고 있는 다른 강도, 이미 난간을 붙잡고 있는 셋째 강도와 번갈아 보여 준다면 말이다. '남근적' 단계로의 이행은 어떻게 이루어지는가? 다시 말해 *히치콕*이라면 동일한 장면을 어떻게 촬영하겠는가? 가장 먼저 주목해야 할 것은 이런 장면이 담고 있는 내용이 목가적인 실내와 위협적인 외부라는 단순한 대위법에 의존하는 한 히치콕적인 서스펜스로는 그다지 적합하지 못하다는 점이다. 따라서 이처럼 '평면적'이고 수평적인 행위의 이중성을 *수직적* 차원 위로 옮겨 놓아야 한다. 즉 위협적인 공포는 목가적인 실내 *외부에*, 그것과 *나란히* 놓이는 것이 아니라 그 *내부에*, 즉 그 *아래에서* 그것의 '억압된' 이면으로 자리해야 한다. 예를 들어 이 행복한 가족의 저녁 식사가 손님으로 초대받은 부유한 삼촌의 시점에서 보인다고 상상해 보자. 식사 도중에 이 손님은 (그와 함께 대중인 우리 자신도) 갑자기 '지나치게 많은 것을 보게 된다'. 즉 그가 알아차리지 못할 것이라고 가정된 것, 가령 주인이 재산 상속을 노리고 그를 독살하려 한다는 의혹을 불러일으키는 어떤 부적합한 세부를 발견한다. 이와 같은 '여분의 앎'은 말하자면 심연의 효과를 낳는다. 〔…〕 행위가 어떤 면에서 그 *자체로* *이중화되고*, 이중의 거울 놀이에서처럼 끊임없이 자체 내에 반영되기 때문이다. 〔…〕 모든 것이 그대로 있지만 이전과는 완전히 달라 보인다.[4]

『폭력의 역사』가 대단히 흥미로운 이유는 그 서사적 전개 과정이

---

4   Slavoj Žižek, *Looking Awry: An Introduction to Jacques Lacan through Popular Culture*, October, 1992, pp. 89~90〔『삐딱하게 보기: 대중 문화를 통한 라캉의 이해』, 김소연, 유재희 옮김, 시각과 언어, 1995, 181~182쪽〕.

항문적인 것에서 남근적인 것으로의 이런 이행을 압축해 담고 있기 때문이다. 그레이엄 풀러가 말하는 "남근으로의 회귀"[5]를 보여 주는 영화의 아주 적절한 사례라 할 수 있다. 이 영화는 비히치콕적인 방식으로 위협적인 **외부**(모텔을 떠나는 두 킬러를 따라가는 길고 자극적인 트래킹 숏)와 목가적인 **내부**(스톨의 가정집, 여기서 여섯 살 난 딸은 악몽에서 깬 후 부모와 오빠에게 위로받고 있다)를 대비하면서 시작한다. 그런데 영화가 진행됨에 따라 이런 대비는 효과적으로 다른 지형으로 넘어간다. 위협을 내재화함으로써, 더 정확하게는 **외부**가 언제나 내부였음을 보여 줌으로써 말이다.

히치콕적인 얼룩, 즉 상황에 어울리지 않는 **사물**은 '주인공' 자신이다. 이 영화의 핵심에 놓인 수수께끼—건실하고 평화를 사랑하는 톰 스톨이 정말로 사이코패스적인 암살자 조이 쿠색인가?—는 다음과 같은 물음으로 이어진다. 여기서 우리는 어떤 히치콕 영화를 보고 있는 셈인가?『폭력의 역사』는 히치콕의 『오인』1956을, 아니면『의혹의 그림자』1943를 그대로 반복하는 영화인가? 놀랍게도『폭력의 역사』는 두 영화를 동시에 담고 있다.

『의혹의 그림자』는 앞서 지젝이 묘사한 것과 매우 흡사한 가족 장면에서 시작한다. 이 영화에서 가정의 목가적 풍경을 위협하는 인물은 손님인 부유한 삼촌이지만 말이다. 삼촌(조지프 코튼)은 부유한 과부들의 살해자로 경찰을 피해 누나 집에 틀어박혀 있다. 반면『오인』은 아버지가 억울한 누명을 쓰면서 파괴되는 가족을 그린다.

『의혹의 그림자』에서 가족의 평화가 보존되려면 악의를 품고 있는 삼촌이 죽어야만 한다. 테리사 라이트가 분한 인물만이

---

5   Graham Fuller, "Good Guy Bad Guy", *Sight and Sound*, 15, October 2005.

이런 진실을 알고 있으며, 나머지 가족 그리고 공동체의 **대타자**는 무지한 상태로 남아 있다. 그런데『폭력의 역사』마지막 장면에서 가족이 함께하는 자리가 언제나 하나의 모사였음을 알지 못하는 건 막내뿐이다. 이와 관련해 결정적인 것은 스톨의 아내인 에디(마리아 벨로)의 반응이다. 밸러드는『폭력의 역사』를 다룬『가디언』기고문에서 이렇게 언급한다.

거실 바닥에는 어둠이 깔려 있고, 그녀는 가족의 삶 밑바탕에 잔인함과 살인을 향한 욕망이 깔려 있음을 알게 된다. 남편의 애정 어린 포옹은 영겁의 태곳적 폭력으로 연마된 잔인한 반사 신경을 감춘다. 이는 탈출한 죄수들이 조용한 교외의 한 중간 계급 가족을 덮치는『필사의 시간』Desperate Hours[6]의 악몽을 재연한다. 그러나 『폭력의 역사』에서 가족은 온순하게 지냈던 자신들의 예전 모습이 완전히 가상이었음을 받아들여야 한다는 점에서 차이가 있다. 이제 이들은 진실을 알며 자신이 진정 누구인지를 깨닫는다.[7]

그런데 이는 이를테면 현실을 날것 그대로 수용하는 문제가 아니다. 오히려 완전히 반대로 유일하게 살 만한 현실이란 모사 현실임을 받아들이는 문제다. 영화 초반부에 에디는 톰의 성적 쾌락을 위해 치어 리더를 연기하지만 말미에 이르러서는 현실을 연기한다(물론, 물론… 진정한 치어 리더란 없다. '현실의' 치어 리더들은 스스로 그 역할을 연기하는 것이다). 지젝은『실재의 사막에 오신 것을 환영합니다』에서 9/11이 이미 "궁극적으로

6　〔옮긴이〕윌리엄 와일러의 1955년 영화가 오리지널이며 1990년에는 마이클 치미노의 연출로 리메이크되었다.

7　J. G. Ballard, "The Killer Inside", *Guardian*, 23 September 2005, https://www.theguardian.com/film/2005/sep/23/jgballard.

미국적인 편집증적 환상"의 반복이었다고 주장한다. 이를테면 그것은 "소비주의의 천국인 어느 목가적인 〔…〕 소도시에 사는 개인이 자신이 살아가는 세상이 가짜가 아닌지", 『매트릭스』1999에서처럼 현실의 삶을 무대화한 것은 아닌지 "문득 의심하기 시작하는" 환상이다.[8] 그렇다면 『폭력의 역사』는 최초의 포스트9/11 영화일지도 모른다. 여기서 미국의 목가적 풍경은 의도적이고 신중하게 모사로서 재구축되어 있다(이는 이 영화의 한 프레임도 미국에서 촬영되지 않았다는 사실 때문에 더욱 부각된다. 이런 측면에서는 스탠리 큐브릭의 『롤리타』1962와 유사한데, 이 영화에 등장하는 미국의 모텔이나 먼지가 이는 고속 도로는 전적으로 영국에서 재구축되었다. 『살롱』과의 인터뷰에서 크로넨버그는 눈속임을 통해 미국 관객이 실제로 미국 중서부나 필라델피아를 보고 있다고 믿게끔 만든 것에 자부심을 느낀다고 말했다).

"꿈에선 조이가 되지 않아?" 갱단 두목이자 형인 리치 쿠색(윌리엄 허트)[9]이 톰 스톨에게 묻는다. 아마도 나비가 되는 꿈을 꾼 사람에 관한 장자의 이야기를 의도적으로 반영했을 것이다. 잘 알려져 있듯 장자는 자신이 장자가 되는 꿈을 꾼 나비인지 아니면 나비가 되는 꿈을 꾼 장자인지 더 이상 알지 못한다. 톰 스톨은 조이 쿠색의 꿈인가 아니면 조이 쿠색이 톰 스톨의 악몽인가? 라캉이 이 이야기에 매료되었던 것이나 리치 쿠색의 물음이 분석가의 가정—톰의 현실은 일상의 경험적 층위가 아니라 욕망의 층위에 있다는—을 담고 있는 것도 놀랍지 않다. 스톨/쿠색의 **실재**는 말하자면 사막에, "조이를 죽였다"고 스톨이 말하는 곳인 주체적

---

8   Žižek, *Welcome to the Desert of the Real*, Verso, 2002, p.12〔『실재의 사막에 오신 것을 환영합니다』, 이현우, 김희진 옮김, 자음과모음, 2011, 26쪽〕.

9   〔옮긴이〕 원문에서는 칼 포가티(에드 해리스)의 대사로 소개되지만 피셔의 착오인 것으로 보인다.

탈구성subjective destitution의 공간에 있다.

『사이트 앤드 사운드』에 실린 그레이엄 풀러의 글은
흥미로우면서도 궁극적으로는 설득력이 떨어진다. 그는 이 영화를
스톨의 환상으로 읽어야 한다고 주장한다.

'조이 쿠색은 누구인가?' 영화는 서부의 영토를 뒤로하고
누아르의 어두운 웅덩이로 뛰어드는 중간 부분에서 묵묵히
생각에 잠긴다. 그런데 더 유익한 물음은 이렇다. '포가티가 톰
스톨의 본모습이라고 주장하는 그 사람이 아니라면 톰 스톨은
누구인가? 또 어째서 톰 스톨은 초자아적인 다른 자아alter
ego를 갖고 있는가?' '스톨'Stall이라는 이름은 정체 상태stasis를
가리킨다. 톰은 성실하고 자상한 남편이자 아버지이지만 살면서
자신이 스스로를 소중히 여기지 않았다는 것을 알고 있다. 또
우리는 그가 자신을 바보로 여기는 소원해진 부유한 형에게
원한을 품고 있다는 것도 알게 된다. 톰의 싸울 듯한 기세는
억압에서 비롯한 그의 백일몽을 설명해 준다. 가령 그를 월터
미티나 빌리 라이어[10] 같은 문학과 영화 속 몽상가들과 나란히
놓을 수 있는데, 스스로를 모든 것을 지배하는 영웅으로 보는
이들의 환상은 치명적인 신경증, 심지어 발기 부전〔…〕등을
암시한다.[11]

이 해석은 솔깃하지만 여러 이유로 만족스럽지 못하다.

10　〔옮긴이〕월터 미티는 제임스 서버의 단편「월터 미티의 이중
생활」1939의 주인공으로 이 소설은 1947년과 2013년에 영화화되기도
했다. 빌리 라이어는 존 슐레진저 감독의 영화『거짓말쟁이 빌리』1963의
주인공이다.

11　Fuller, "Good Guy Bad Guy".

이 설명이 잘못된 까닭은 린치의『멀홀랜드 드라이브』2001나 큐브릭의『아이즈 와이드 셧』에 대한 이해를 엉망으로 만들었던 것과 같은 '몽상적인 현실 탈출'이라는 해석—두 영화는 긴 꿈 시퀀스로 해석되어 왔다—을 끌어들이기 때문이다. 이런 독해는 궁극적으로 영화의 존재론적 위협을 잠재우려는 시도에 해당하는 것으로, 영화의 모든 변칙적 특징을 내면의 섬망 탓으로 돌리면서 평면화한다. 문제는 이런 독해가 꿈의 리비도적 현실을 부정하고—라캉이 주장하듯 우리는 우리 욕망의 **실재**로부터 달아나기 위해 꿈에서 자신을 깨운다—동시에 매일의 일상적 현실이 일관성을 유지하기 위해 환상에 의존하는 방식을 무시한다는 것이다. 또한 그것은 일상적이고 진부한 것이 폭력보다 더 많은 현실성을 갖는다고 경험주의적으로 가정한다.『폭력의 역사』의 메시지는 차라리 이 두 가지가 불가분하게 얽혀 있다는 것이다.

결국에는 쿠색의 환상으로서의 스톨이 스톨의 환상으로서의 쿠색보다 훨씬 흥미롭다. 미국 소도시의 목가적 풍경이란 사이코패스의 환상 아닌가? 이런 물음은 관타나모만과 아부 그라이브 이후로 특별히 신랄한 의미를 갖는다.『폭력의 역사』가 관람자에게 제기하는 도전은 우리가 스톨/조이의 폭력과 완전히 동일시하게 된다는 사실에서 나온다. 악당들을 단숨에 해치울 때 우리는 엄청난 환희를 느낀다. 우리가 꿈에서 조이가 되는가? 조이**인** 우리가 꿈을 꾸는가? 우리는 톰**이** 되는, 손에 피라곤 묻힐 일 없는 결백한 보통 사람이 **되는** 꿈을 꾸는가? 우리 '현실의' 일상적인 삶은 정말로 이런 꿈에 불과한 것인가?

우리는 조이가 극히 폭력적인 방식으로 갱단을 살해하는 모습을 즐기지만 동시에 갱단을 **외부**에, 스톨/조이를 **내부**에 위치시키기란 불가능하다는 것을 알고 있다. 이 영화는 9/11의 여파 속에서 우리가 배워야 한다고 지젝이 주장한 그 교훈을 뒷받침한다.

그런 순수한 악을 외부에서 만날 때마다 우리는 헤겔적인 교훈을 지지할 용기를 내야 한다. 증류된 형태의 우리 자신의 본질을 이 순수한 외부에서 인식해야 한다는 것을 말이다. 지난 500년 동안 '문명화된' 서구가 (상대적인) 번영과 평화를 누린 것은 무자비한 폭력과 파괴를 '야만적인' 외부로 수출한 덕분이었다. 아메리카 대륙 정복부터 콩고 대학살에 이르는 길고 긴 이야기.[12]

이 영화의 폭력에서 가장 충격적인 측면은 선혈이 낭자한 그 결과가 아니라 폭력이 행사되는 방식의 비정함이다. 재치 있는 짤막한 농담 따위는 전혀 없다. 그 대신 용수철 같은 자동적인 힘으로 살해가 이루어지고 나면 황홀경에 빠진 동물적 고요, 기계적 탈진만이 남는다(『폭력의 역사』는 반어적이지 않고 직설적이며 포스트모던한 거드름이라곤 없다. 화려한 볼거리에 탐닉하는 『킬빌』2003이 타란티노의 경력을 이미 끝낸 것이 아니라면『폭력의 역사』가 그의 경력에 마지막 총알을 박을지도 모르겠다).

『폭력의 역사』는 21세기 미국이 폭력이 억압된 이면으로 남아 있는 나라가 아니라 뫼비우스의 띠를 이루고 있는 나라임을 시사한다. 여기서 우리가 극단적인 폭력으로 시작하면 종국엔 가정적인 진부함으로 귀결되고 그 역도 마찬가지다. 마지막 장면에서 톰—이제는 '톰'인—이 집으로 돌아왔을 때 "모든 것이 그대로 있지만 이전과는 완전히 달라 보인다". 가정적 이미지들은 이제 '가정적 이미지들'로 변해 있으며, 미트 로프와 으깬 감자는 '미트 로프'와 '으깬 감자'로, 말하자면 원래의 자리로 되돌아온

---

12 Žižek, *The Universal Exception*, Bloomsbury, 2006, pp. 308~309.

미국적 정상성의 도상으로 변해 있다. 제집 같지 않은 것, 즉 독일어 운하임리히로, 언캐니의 바로 그 정의에 해당하는 것으로 말이다. 9/11에 관한 글에서 지젝이 말했듯 이런 것이 바로 "후기 자본주의 소비 사회"의 본성으로, 여기서 "'실제 사회 생활'은 어쩐지 그 자체로 연출된 가짜 같은 특징을 띠고 있다". 이런 모사 현실 시나리오는 『트루먼 쇼』1998나 필립 K. 딕의 『어긋난 시간』1959의 시나리오보다 훨씬 황량한데, 주체들 자신이 이런 세계를 자유롭고 의식적으로 수용하고 있기 때문이다. 문제의 현장 뒤에서 이런 모사 현실을 조직하고 안무를 짜는 그들은 없다. 이 영화의 마지막 장면에서는 모두가 속이고 있지만 누구도 속지 않는다.

크로넨버그의 『엑시스텐즈』에 대한 노트

닉 랜드는 사이버 이론을 논의하는 1994년 글 「멜트다운」[1]에서
"당신을 플레이하고 있는 그것이 레벨 2에 도달할 수 있을까?"라고
물었다. 컴퓨터 게임이 디지털 문화의 주체성과 행위 능력을
이해하는 최고의 방편을 제공할 것이라는 랜드의 직관은 데이비드
크로넨버그의 1999년 영화 『엑시스텐즈』의 책략이기도 했다.
이 영화는 현실의 삶과 거의 구별되지 않는 시뮬레이션 환경을
현실에서 만들어 낼 수 있는 근미래를 배경으로 한다. 플레이어들은
컴퓨터 단말기나 콘솔 게임기 대신 척추에 뚫은 '바이오 포트'를
통해 자신의 신체에 직접 연결되는 유기체인 '게임 포드'를
이용한다.

주인공은 테드 파이쿨(주드 로)과 알레그라 겔러(제니퍼 제이슨
리)다. 우리는 먼저 초보 게임 플레이어인 파이쿨이 겔러가 만든
게임 세계에 마지못해 입문하게 되었으며 겔러가 이들이 실행하고
있는 (엑시스텐즈eXistenZ라 불리는) 게임의 디자이너라고 믿도록
유도된다. 이 둘은 복잡한 음모에, 즉 경쟁 관계에 있는 게임 회사들
간의, 또 게임 플레이어와 '현실주의자'—게임이 현실 구조 자체를
침식한다고 믿는 자들—간의 싸움에 휘말린다. 이런 침식은 등장

---

* "Notes on Cronenberg's *eXistenZ*." 데이비드 크로넨버그의
『엑시스텐즈』에 대한 미출간 노트로 다음 글의 바탕이 되었다. "Work and Play
in *eXistenZ*", *Film Quarterly*, Vol. 65, No. 3, Spring 2012, pp. 70~73.

1 Nick Land, "Meltdown", *Fanged Noumena: Collected Writings
1987~2007*, Urbanomic, 2011, p. 456〔「멜트다운」, 강덕구, 김내훈 옮김, 『웹진
한국 연구』, 2020〕.

인물 중 한 명이 "현실 번짐" 효과라고 인상적으로 묘사하는 것을 통해 영화 자체로도 이루어지고, 이로 인해 현실의 층위들—어느 경우든 아주 미약한 차이가 있을 뿐인—을 구별하기가 어려워진다. 영화 말미에 이르면 엑시스텐즈 게임의 세계와 현실의 삶으로 받아들여졌던 세계 모두 또 다른 게임인 트랜센덴즈tranCendenZ 내부에 속해 있었던 것처럼 보이게 되지만, 이제 우리는 그 무엇도 확신할 수 없다. 마지막 대화는 이렇다. "진실을 말해 줘. 우리 아직 게임 속에 있는 거야?"

개봉 당시 『엑시스텐즈』는 1980년대 사이버펑크에서 유래한 일련의 친숙한 주제와 비유—크로넨버그가 『비디오드롬』을 통해 그 형성에 일조했던 발상들—를 뒤늦게 받아들인 영화처럼 보였다. 하지만 돌이켜 보면 『엑시스텐즈』를 1990년대 말과 2000년대 초반에 갑자기 쏟아졌던 영화들—『매트릭스』와 『바닐라 스카이』2001를 포함한—의 일부로 간주하는 것도 가능하다. 이 영화들은 앨런 그린스펀이 "비합리적 과열 상태"라고 일컬었던 1990년대 버블 경제 국면에서 21세기 초 '테러와의 전쟁' 국면으로의 이행을 표시한다. 『엑시스텐즈』의 경우 영화가 막바지로 향하면 중무장한 군사 반란 및 폭발 장면과 함께 분위기가 갑작스레 전환된다. 하지만 대부분의 상영 시간 동안 『엑시스텐즈』의 지배적인 분위기는 한층 일상적이다. 숙명적으로 비교될 수밖에 없는 『매트릭스』가 과도하게 눈에 띄는 컴퓨터 그래픽 이미지를 사용하는 것과 달리 『엑시스텐즈』는 특수 효과 사용에 인색하다. 겉모습은 억제되어 있고 스펙터클과는 단호하게 거리를 두며 갈색 활용이 두드러진다. 이 갈색 톤은 디지털 문화의 인공물들에 점점 더해질 광택을 거부하는 것처럼 보인다.

음침한 송어 농장, 스키 산장, 용도 변경된 교회 등을 포함해 『엑시스텐즈』의 세계(더 적절하게는 세계들)는 평범한 생활 공간

혹은 일터처럼 보인다. 영화의 상당 부분이 주유소, 공장, 작업장 같은 일터에서 전개되는데, 이제 와 보면 이런 특성은 예지적이었던 것 같다. 결코 드러내 놓고 논의되지 않지만 노동은 은근하게 주변을 채우고 있는 주제로 어디에나 있으면서도 명료하게 설명되지 않는다.『엑시스텐즈』의 자기 반영성에서 핵심을 이루는 것은 자체의 (그리고 문화 일반의) 생산 조건에 대한 그것의 집착이다. 이 영화는 언캐니한 어떤 압축적인 구조를 담고 있는데, 그리하여 후기 자본주의 문화의 '최전방'(최첨단 엔터테인먼트 시스템)이 보통은 보이지 않는 그 '말단'(그런 시스템이 생산되는 일상의 공장, 실험실, 초점 집단 등)으로 접혀 들어간다.
『엑시스텐즈』에서는 자본주의적 기호학의 요란함, 난무하는 브랜드의 형적과 신호가 신기할 정도로 잠잠하다. 브랜드명은 일상이나 전형적인 할리우드 영화에서와 달리 경험의 배경 소음이 되는 대신 아주 드물게만 등장할 뿐이다. 모습을 보이는 것은 대부분 게임 회사명이며 그나마 곧바로 화면 밖으로 사라진다. 공간은 총칭해 명명되고 있는데 사실 이는 이 영화가 던지는 농담 중 하나다. 가령 시골 주유소는 단순히 '시골 주유소'라 불리고, 모텔은 '모텔'로 불린다. 이는 영화의 대부분을 지배하는 단조로운 정서, 기묘한 억양 없음의 일부를 이룬다.

지금은 자연스럽기 그지없지만 문화의 디지털화는 1999년만 해도 걸음마 단계였다. 초고속 인터넷은 아이팟과 마찬가지로 몇 년 후에 나왔으며,『엑시스텐즈』는 개봉 후 10년 동안 급증한 디지털 통신 장비에 대해 말해 주는 바가 거의 없다. 휴대용 단말기는『엑시스텐즈』에서 중요한 역할을 맡지 않는다(파이쿨이 가진 발광 휴대폰은 겔러에 의해 차창 밖으로 버려진다). 별다른 사건 없이 질질 끄는 대목 등 이 영화는 '언제나 켜져 있는' 모바일 테크놀로지가 초래하는 초조함이나 주의 분산 효과와는 한참 거리를 두고 있다. 『엑시스텐즈』에서 〔현재와〕 가장 깊이 공명하는 부분은 그때까지도 크로넨버그 고유의 특징이었던 바디 호러에 있지 않다. 등장 인물들이 바이오 포트를 통해 유기체 게임 포드에 접속하는 장면은 늘 그렇듯 소름 끼치지만 말이다. 또한 시뮬레이션 내부에 있는지 아닌지 몰라 등장 인물들이 표출하는 당혹감에 있는 것도 아니다. 이런 주제는 『비디오드롬』이나 폴 버호벤의 『토탈 리콜』1990을 통해 이미 친숙해진 것으로, 두 영화 모두 (전자는 간접적으로, 후자는 한층 직접적으로) 필립 K. 딕의 소설에서 영감을 얻었다. 『엑시스텐즈』 고유의 통찰은 바로 **주체성**이 일종의 시뮬레이션이라는 발상에 있다.

이런 발상은 우선 자동화된 (혹은 부분적으로 자동화된) 다른 의식들, 즉 자율적으로 보이지만 사실은 미리 규정된 경로로 게임을 움직이며 도화선 역할을 하는 특정 구문이나 행동에 반응하는 다른 개체들과 마주할 때 나타난다. 『엑시스텐즈』에서 가장 기억에 남고 또 유머러스한 장면은 이런 읽기 **전용 메모리** 존재들과 만나는 곳이다. 우리는 한 장면에서 '게임 루프'에 갇혀 있는 인물을 보게 되는데, 그는 자신의 다음 행동을 끌어내는 키워드를 듣기 전까지 조용히 머리를 축 늘어뜨리고 있다. 나중에는 이름이 불릴 때까지 반응하지 않도록 프로그래밍되어 있는 한 점원이 반복적으로 펜을 딸깍거리는 모습도 볼 수 있다. 프로그래밍된 드론 같은 이 제3의 인간(혹은 비인간)과의 마주침보다 더 당혹스러운 것은 주체성이 자동 행동에 의해 중단되는 파이쿨의 경험이다. 어느 순간 그는 "누가 보냈는지 당신은 알 필요 없어! 우리가 여기 있잖아. 그럼 됐지 뭘 따지는 거야"라고 말하고는 문득 자기 말에 충격을 받는다. "이런, 내가 왜 이러지? 저는 이런 말을 하려던 게 아니었어요." "당신 캐릭터가 말한 거예요"라고 겔러가 설명한다. "약간 정신 분열증 같은 느낌 들지 않아요? 곧 익숙해질 거예요. 게임 진행과

인물에 관해 미리 해 둘 말이 있어요. 어떤 것들은 당신이 원하든
아니든 저절로 말해질 거예요. 그것과 맞서지 마세요." 나중에
파이쿨은 이런 '게임 충동'에 맞서건 아니건 아무런 차이가 없다고
단호하게 말한다.

자유 의지의 박탈에 대한 이런 강조는 이 영화가 '실존주의적
프로파간다'라는 크로넨버그의 주장을 이상해 보이게 만드는 이유
중 하나다. 실존주의는 인간(사르트르가 "대자"for-itself라 부른)이
'자유롭도록 선고받았으며' 자신의 행위에 대한 책임을 회피하려는
어떤 시도도 자기 기만일 뿐이라고 주장한 철학이다. 대자와
사르트르가 "즉자"in-itself라 부른 것—의식이 없는 타성적인 대상
세계—간에는 절대적인 차이가 있다. 그런데 크로넨버그의 대다수
작품과 마찬가지로『엑시스텐즈』는 대자와 즉자 사이의 구별에
말썽을 일으킨다. 기계는 타성적이지 않은 것으로 밝혀지고 인간
주체는 궁극적으로 수동적인 자동 장치처럼 행동한다. 이전 작품인
『비디오드롬』과 마찬가지로『엑시스텐즈』는 플레이어라는 개념의
모든 모호성을 끌어낸다. 한편으로 플레이어는 통제력을 가진 자,
즉 행위자다. 다른 한편으로 플레이어는 플레이되고 있는 자, 외부의
힘에 지배되는 수동적 실체다. 처음에 파이쿨과 겔러는 정해진
매개 변수 안에 있음에도(『매트릭스』에서와 달리 이들은 자신이
내던져져 있는 세계의 규칙에 의해 제약되어 있다) 선택을 내릴
수 있는 대자처럼 보인다. 반면 게임 캐릭터들은 즉자다. 그런데
파이쿨이 '게임 충동'을 경험할 때 그는 즉자(단순한 수동적 도구,
충동의 노예)인 동시에 대자(이 자동 작용에 대한 공포로 흠칫 놀라는
의식)다.

『엑시스텐즈』가 동시대와 어떻게 공명하는지를 평가하려면
인위적인 통제된 의식이라는 표면적 주제를 노동이라는 잠재적
주제와 연결할 필요가 있다. 인물들이 배회증徘徊症에 빠져든 혹은

비자발적 행동 루프에 갇혀 있는 장면들은 콜 센터라는 21세기 노동 세계와 닮아 있다. 콜 센터에서 노동자는 반￥자동적인 태도를 요구받는다. 명시되지 않은 고용 조건에 따라 주체성을 포기하고, 대화 비슷한 어떤 것을 흉내 내며 정해진 구문을 반복해 읊어야 하는 생물–언어학적 부속품으로 전락한 듯이 말이다. 읽기 전용 메모리 장치와 '상호 작용하는 것'과 읽기 전용 메모리 장치가 되는 것의 차이는 콜 센터에 전화 거는 것과 거기서 일하는 것의 차이와 깔끔하게 중첩된다.

『존재와 무』에서 사르트르는 유명한 웨이터 사례를 제시한다. 웨이터 역할을 과도하게 수행한 나머지 그는 (적어도 외형상으로는) 자신의 주체성을 제거하기에 이른다. 사르트르의 사례가 갖는 힘은 웨이터가 자처하는 행동의 자동 작용과, 자신의 역할을 과도하게 수행하는 기계적 의례 뒤에 그 역할과 구별되는 어떤 의식이 남아 있다는 자각 사이의 긴장에 의존한다. 하지만 『엑시스텐즈』에서 우리는 "모종의 자동 장치의 경직성"에 의해 행위 능력이 정말로 중단될지도 모르는 가능성에 직면한다. 『엑시스텐즈』의 이런 측면 때문에, 특히 플레이되고 있는 인물의 가장 끔찍한 사례 중 하나가 바로 웨이터이기 때문에, 웨이터에 대한 사르트르의 묘사를 재독해할 필요가 있다. 겔러와 함께 식당에 앉아 있는 장면에서 파이쿨은 자신이 '게임 충동'에 의해 압도당해 있다고 느낀다.

파이쿨 여기 있는 누군가를 죽이고 싶은 충동을 느껴요.

겔러 누구를?

파이쿨 저 웨이터를 죽여야겠어요.

겔러 오 알겠어요. 웨이터! 웨이터!

〔겔러가 웨이터를 부른다─피셔〕

겔러 그가 오면 실행하도록 해요. 망설이지 말고.

파이쿨 하지만… 게임 속 모든 것이 너무 현실적이라 정말로 죽이지는 못할 것 같아요.

겔러 멈출 수 없을 거예요. 그냥 즐겨요.

파이쿨 자유 의지…가 이 작은 세계에서는 그렇게 중요한 요인이 아니군요.

겔러 현실의 삶도 마찬가지잖아요. 재미로 하는 일도 많으니까요.

"멈출 수 없을 거예요. 그냥 즐겨요." 이 구절은 자신의 삶과 일을 어떻게든 통제하려는 희망을 버린 이들의 숙명론을 너무나 잘 담고 있다. 여기서 『엑시스텐즈』는 '실존주의적 프로파간다'가 아니라 결정적으로 *反*실존주의적인 것으로 나타난다. 자유 의지는 인간 실존의 확고한 사실이 아니다. 그것은 그저 이미 쓰여 있는 서사를 봉합하는 데 필요한 계기—사전에 프로그래밍되어 있지 않은—를 뜻한다. 『엑시스텐즈』는 우리 삶과 일의 가장 중요한 측면과 관련해 진정한 선택이란 없다고 시사한다. 정말로 선택이 있다면 그것은 한 레벨 위에 실존한다. 즉 우리는 우리의 즉자-되기를 수용하고 즐기기를 선택하거나 (어쩌면 부질없이) 거부하기를 선택할 수 있을 뿐이다. 이는 2000년대에 소통 자본주의communicative capitalism가 승리를 구가할 것이라던 '상호 작용성'에 관한 모든 주장을 사전에 퇴색시킨다.

자율주의 이론가들은 공장 노동에서 자신이 '인지 노동'이라 부르는 것으로의 전환을 말해 왔다. 하지만 노동은 인지적이지 않고도 정동적이거나 언어적일 수 있다. 가령 웨이터처럼 콜 센터 노동자는 사고하지 않고서도 주의를 기울이는 일을 할 수 있다. 실제로 이런 *비인지* 노동자에게 사고란 자신에게 허락되지 않은 하나의 특권이다.

『엑시스텐즈』의 가라앉은 분위기는 디지털 시대의 진부함을 예고한다. 『엑시스텐즈』는 자동화된 디지털 환경에서 나타나는 삶의 진부함—기차역에서 도착과 출발을 알리는 사람 목소리, 우리의 음성을 인식하는 데 실패하는 음성 인식 소프트웨어, 정해진 스크립트를 기계적으로 반복하도록 훈련받은 콜 센터 직원—을 더없이 훌륭하게 포착한다.

기억할 필요가 없도록 그것을 촬영했다

지난밤 나는 채널 4의 새로운 디지털 서비스 채널인 모어4에서
방영된 앤드루 재러키의 극도로 당혹스러운 다큐멘터리『프리드먼
가족 포착하기』Capturing the Friedmans, 2003를 시청하면서『폭력의
역사』를 떠올렸다.

『프리드먼 가족 포착하기』는 뉴욕주 그레이트넥 출신의 어느
가족에 관한 이야기로, 그중 두 명(아버지 아널드와 아들 중 한
명으로 당시 겨우 10대였던 제시)은 심각한 성 범죄를 저질렀음을
인정했고 그에 따라 수감되었다. 이들은 유죄였는가? 합리적
수준에서 우리는 아널드가 소아 성애 성향이 있었고 아동 포르노를
소유하고 있었다는 것만 확신할 수 있다. 그레이트넥에서 있었던
일은 아니지만 아널드는 두 명의 소년과 성 관계는 아닌 모종의
성적 접촉을 가졌다고 실토하기도 했다. 나머지 사안은 수수께끼로
남아 있는데, 그 불가사의함에 비하면 영화『라쇼몽』1950에
등장하는 사건은 간단히 해결할 수 있는 문제처럼 보일 정도다.
가령 제시의 역할이 아주 불분명하다. 피해자들은 제시가 아버지의
폭력적인 학대에 가담해 도왔다고 주장한다. 그러나 한 활동가는
그들의 증언에 의문을 제기한다. 그 증언의 어떤 것도 물적 증거를
통해 입증되지 않았으며 피해자 대부분이 최면 치료를 받고 나서
'회복된' 듯이 보인다는 것이다.

프리드먼 가족 서사에 내재한 간극들은 이용할 수 '있는'

---

* "I Filmed It So I Didn't Have to Remember It Myself", k-punk, 21
October 2005, http://k-punk.abstractdynamics.org/archives/006647.html.

기록물이 너무 많기 때문에 더욱 두드러진다. 이 가족은—추측건대 오늘날의 많은 사람처럼—강박적으로 자신들을 기록했던 것 같다. 프리드먼 가족에 대한 '포착'의 일부는 이들이 필름이나 테이프로 자신을 포착한 것이다. 이와 같은 다큐멘터리는 시네 카메라나 이후의 캠코더 같은 촬영 테크놀로지가 널리 보급된 덕분에 가능해졌고, 아이들은 태어나는 순간부터 촬영되기에 이르렀다. 이 모든 것은 보드리야르가 「시뮬라크르들의 자전」[1]에서 논의한 라우드 가족에 관한 원형적인 리얼리티 TV 다큐멘터리와 엄격한 대척점을 이루는 것처럼 느껴졌다. 어떤 면에서 가장 고통스러운 소재는 1970년대에 찍은 프리드먼 가족의 홈 무비 영상들이다. 여기서 이들은 완벽하게 행복한 가족처럼 보이고, 아이들은 카메라를 향해 우스꽝스러운 표정을 지으며 어릿광대짓을 하고 있다. '가족 사진'은 바로 그 본성 때문에 심각한 오해를 불러일으킨다는 들뢰즈의 언급이 이보다 더 통렬하게 입증될 수는 없다. 나중에 재판이 시작되고 맞고소가 뒤따르자 이 가족은 서로를 마구 헐뜯으며 자신들을 촬영하고 녹음했다.

이들은 왜 촬영을 계속했을까? 『태양 없이』1983에서 크리스 마커는 "그들은 어떻게 기억하는가, 촬영하지 않는 그 사람들은?"이라고 물었다. 하지만 프리드먼 가족은 왜 자기네의 지옥행 여정을 기억하고 싶어 하는 걸까? 대체 어떤 사람들이길래 이런 걸 촬영하고 싶어 하는 걸까? 『로스트 하이웨이』1997에서 프레드 매디슨(빌 풀먼)은 "자기만의 방식으로 사물을 기억하는 걸 좋아하기" 때문에 자신의 삶을 비디오 테이프에 담겠다는 생각을

---

1   Jean Baudrillard, "The Precession of Simulacra", *Simulacra and Simulation*, University of Michigan, 1994(『시뮬라시옹』, 하태환 옮김, 민음사, 2001).

증오한다고 주장했다. 이에 대한 언캐니한 보충으로, 제시가
18년형을 선고받은 날의 사건들을 기록한 데이비드 프리드먼은
"내가 기억할 필요가 없도록" 그것을 촬영했다고 말했다. 기계가
기억한다. 그러니 우리는 기억하지 않아도 된다.

마커의 유령들과 제3의 길이라는 현실

　지난주에 크리스 마커의『붉은 대기』를 보았는데 다소 양가적인
감정을 불러일으키는 경험이었다. 표면적으로 이 영화는 일련의
좌절을 담고 있지만 그럼에도 기존 질서에 도전했던—아무리
엉망이고 모순적이며 조직적이지 못했더라도—한 시대에 대한
기록은 훨씬 더 황량해진 오늘날 얼마간 영감을 주지 않을 수 없다.
1977년에 처음 개봉했으나 1992년에 마커가 1989년 이후를
포함하는 새로운 에필로그를 추가해 재편집한『붉은 대기』는
그가 "3차 세계 대전"이라 부른 것, 즉 여러 갈래로 뻗어 나갔던
1960년대와 1970년대의 혁명 투쟁 혹은 혁명을 지향한 투쟁을
다룬 일종의 서사시적 몽타주-명상록이다. 마커는 이 영화
전체를 아카이브 자료로만 제작했다. 직접 찍은 영상은 전혀 없이
능수능란한 자료 편집을 통해 연상, 연결, 복선, 울림을 만들어
냈다. 그 효과는 갈피를 잡기 어렵고 어지럽다. 프랑스, 베트남,
알제리, 볼리비아, 쿠바, 체코슬로바키아에서 일어난 사건에
정통하지 못하면 더욱 그렇다. 우리는 군중으로 혼잡한 현장
한가운데로 순식간에 들어선다. 또 현장 분위기에 익숙해지자마자
다른 장소, 다른 시대 안에 있음을 갑작스레 깨닫게 된다. 여러
배우의 음성으로 전해지는 마커의 논평은 설명보다는 단서나
제사題詞에 가깝다. 마커의 목적은 1967부터 1977년까지의 시기를
'전문가들'—이들에게는 사건의 의미가 이미 확립되어 있다—이

　＊　"Spectres of Marker and the Reality of the Third Way", k-punk, 18
February 2006, http://k-punk.abstractdynamics.org/archives/007392.html.

거들먹거리며 말하는 것과 같은 **객관적인 역사**로 제시하는 것이
아니다. 혹은 더 나쁘게 '나는 1968을 사랑해'I Heart 1968의 전위주의
판본—여기서는 한숨 짓는 옛 혁명가들이 동시대의 '지혜'를
완곡하게 경멸하면서 당시의 분노를 되돌아본다—을 생산하는
것도 아니다. 핵심은 그 사건들을 '되기의 과정 안에서'in becoming
제시하는 것, 회고적 시선이 구조적으로 배제하는 (키르케고르적인
의미의) 주체성을 그것들에 되찾아 주는 것이다.

　한 장면에서 마커는 혁명가, 실패한 혁명가, 전향한 혁명가 들이
신좌파의 구축에 모든 관심을 쏟는 동안 신우파는 은밀히 뭉치고
있었다며 쓸쓸하게 논평한다. 때맞춰 축구를 하고 있는 발레리
지스카르 데스탱의 이미지—날렵하고 현대적으로 보이도록
세심하게 연출된—가 등장한다. 시트로엥 자동차의 홍보 이사는
진중하게 '경영 과학'에 대해 이야기하며(이 과학이 너무나 복잡해
가장 유능한 노조원조차도 숙달하기 힘들다고 그는 말한다) 좌파의
욕망을 **자본**에 통합—포스트포드주의가 될—하기를 고대한다.

　오늘날에 와 보면 그 궁극적으로 실패한 투쟁의 이미지들조차
과거지사가 되었다. 어떤 의미로는 내 것이 아니었으며 내가
1968년 7월에 태어나기도 *전에* 끝나 버린 과거. 하지만 몇 년 동안
이어진 그것의 반향은 당시의 나로선 의식하지 못했을지언정
1970년대 후반과 1980년대 초반에 내가 즐겼던 것들의 배경을
이루었다. 그 사건 이후에 태어난 우리 같은 이들에게 마커의
영화가 기록한 격변기의 중요성은 훨씬 뒤에 그것의 효과가 완전히
퇴조하고 현실 원칙(그리고 쾌락 원칙)이 **복원**되고 나서야 파악될 수
있었다. 그레일 마커스의 책『립스틱 자국』—이 책의 시간적 점프
컷은 여러 면에서 마커 영화의 그것을 떠올리게 한다—은『붉은
대기』에서 기억되는 사건들과 이 영화가 완성되던 무렵에 영국에서
시작된 사건들 간의 연관성을 확립하는 데 얼마간 도움을 준다.

체셔 고양이의 미소,[1] 담배에 묻은 립스틱 자국, 마르크스의 유령들. 마커스, 데리다, 마커는 균열, 봉기, 혁명 들을 유령적 잔존물로, 즉 냉전 이후 자본의 매끄러운 표면에 남은 희미한 얼룩으로 본다.

마커 영화의 번역 불가능한 프랑스어 제목은 현실화되지 못한 채 주변을 맴돌며 뇌리를 사로잡았던 가능성들을 암시한다. 마커를 주제로 현대 미술관Institute of Contemporary Arts에서 개최된 학술 대회에서 배리 랭퍼드는『붉은 대기』와 그보다 100년 전에 마르크스가 쓴『프랑스 내전』에서 "마르크스와 마커의 뇌리를 똑같이 사로잡고 있는 것은『공산주의 선언』을 시작하는 구절에서 마르크스가 언급한 잘 알려진 공산주의의 유령이 아니라 혁명의 환영, 즉 혁명이 결국에는 정확히 환영적인 것으로 증명되리라는 두려움"이라고 주장했다. 혁명이 단지 하나의 유령이 되고 말리라는 생각에 마르크스와 마커가 두려움을 느꼈다면, 우리의 의심은 혁명이 그조차도 되지 못하는 것으로 판명나리라는 것, 타격을 입은 유령들이 최종적으로 패주해 버렸을지도 모른다는 것이다(그리고 "공산주의의 죽음"은 새로운 질서의 수호자들에게도 충분하지 못하다. 이들에게 "공산주의는 완전히 죽은 것이 아니다. 〔…〕 이들은 공산주의의 심장에 말뚝을 박고 한밤중에 십자로에 매장하고 난 다음에야 만족할 것이다").[2]

『붉은 대기』에 등장하는 투쟁들은 패배했고, 심지어는 한층

1　〔옮긴이〕루이스 캐럴의『이상한 나라의 앨리스』에 등장하는 고양이. 항상 웃고 있으며 사라질 때는 꼬리부터 시작해 몸이 모두 사라진 후 마지막에 '웃음'이 사라진다. 마커의『붉은 대기』Le fond de l'air est rouge 영어 제목이 '고양이 없는 웃음'A Grin without A Cat이다.

2　Seamus Milne, "Communism may be dead, but clearly not dead enough", *Guardian*, 16 September 2006, https://www.theguardian.com/ Columnists/Column/0,,1710891,00.html.

더 매서운 결과를 낳은 **반동**에 일조했을지도 모른다. 그렇지만 그
사건들이 가한 압력은 거의 즉각적인 효과를 발휘했다. **가능성의**
한계를 시험하고 '현실주의'를 거부한 그 사건들은 일터에서 수용
가능한 것과 일상 생활에서 벌어질 수 있는 일에 대한 기대치를
변경시키지 않을 수 없었다. 이 혁명들은 문화적인 것이었다.
말하자면 문화와 정치를 서로 분리해 생각할 수 없음을 이해하고
있었다. 상황주의에서 영감을 얻은 68의 학생들과 알튀세르는 여러
면에서 대립했지만 둘 모두 적어도 한 가지에 대해서는, 즉 문화적
산물이 **단순히** 문화적인 것이 아니라는 사실에 대해서는 의견이
일치했다. 이젠 동조하는 사람이 많지 않겠지만, 이들은 (각각)
되살아난 **스펙터클**과 **이데올로기 장치**를 비난하면서 문화적 산물의
중요성을 강조했다.

　　나는 마커의 영화가 이야기하는 것과 오늘날의 현실이 이루는
대조를 지난주에 특히 뼈저리게 느꼈다. 다른 연장 교육 학교에서
온 전국 교원 노조 강사들과 함께 영국 노총의 교육 과정을 밟고
있을 때였다. 점점 증가하는 비정규직 채용, 징벌적인 새로운
병가 정책, 해고되어 다시 일자리를 구해야 하는 강사들, 점점 더
늘어나고 있으며 한층 무의미한 보여 주기식 서류 작업을 초래하는
목표 과제와 '불합리한 성과 지표' 도입 등의 이야기는 우리가
개별적으로 이미 알고 있던 것을 확인해 주었다. 연장 교육 분야는
위기에 처해 있다. 그곳의 문제는 영국 교육 전체에 내재한 더
광범위한 문제들의 징후다. 1992년부터 지역 교육청의 관할 아래에
있는 연장 교육 학교들은 '개혁된' (즉 부분적으로 민영화된) 교육이
향후 전개될 방식을 보여 준다. A 레벨 과정에서 과보호를 받는
학생들이 대학 수업을 제대로 따라가지 못한다는 최근의 보고에
놀랄 A 레벨 교사와 강사는 거의 없을 것이다. 정부가 내린 과제를
이행해야 한다는 압력 때문에 교육의 질과 폭은 시험 통과라는

협소한 목표를 위해 희생된다. 이는 교육의 역할이 노동력을 재생산하는 데만 있음을 완전히 받아들이는 교육의 도구화다. 68이라는 불길의 핵심에 교육이 있었다면 그로부터 완전히 멀어진 오늘날 교육의 미래에 대한 물음은 다음과 같다. 교육은 이데올로기의 훈련소, 감금 제도 이상의 것이 될 수 있는가?

지난주에 마커의 **그때**와 우리의 **지금** 간의 차이를 떠올리다 제3의 길이 전적으로 환영이거나 이데올로기적인 속임수는 아니라는 생각이 문득 들었다. 사실상 제3의 길이라는 현실이 있으며, 그것은 관료주의의 현실이다. 저 **현실**은 정치가 행정으로 바뀌면서 남은 무엇이다.

오늘날의 공공 서비스가 마거릿 대처 이전보다 덜 관료주의적이라고 믿기는 어렵다. 확실히 교육은 목표, 실행 계획, 일지 같은 잡무로 질식할 지경이다. 이 모든 일은 학습 및 기술 위원회로부터 지원금을 받기 위한 필요 조건으로 교육 표준 행정청이 평가한다. 교육 표준 행정청의 위협은 더 이상 2~3년마다 난입하듯 찾아오는 외부의 실체라는 형태를 취하지 않으며 대신 교육 제도 자체로 내투사된다. 교육이 중앙 정부의 요구를 충족하고 있음을 보여 주기 위해 과잉 대응하는 비대한 관리자층의 영구적인 판옵티콘적 감시를 통해 말이다. 이는 교육에 내재한 '시장 스탈린주의'다.

더디고 완강하며 탐욕스러운 관료주의의 증식에 도전하거나 그것을 물리칠 방법이 있을까? 이제는 상상도 할 수 없어 보이는 집단 행동을 통해서만… 이데올로기적 기후 변화를 통해서만… 문화적 분위기의 전환을 통해서만… 가능할 것이다. 어디서 시작할 것인가? 우리가 **가능한 것**의 한계에, 관료주의에 균열을 내려 필사적으로 노력하는 동안에도 저 강철 거미는 끈질기게 회색 거미줄을 치고 있다…

탈정체성 정치

『브이 포 벤데타』2005는 영화 자체보다도 영화를 둘러싼 논란이
훨씬 흥미로웠다. 테러리즘을 향한 무조건적인 비난에 동참하지
않는 메이저 할리우드 영화를 볼 때 느끼는 모종의 짜릿함이
있다. 하지만 (원작 만화와 마찬가지로) 이 영화가 제시하는
정치적 분석은 사실 새로울 것이 없다. 이는 원작자인 앨런 무어의
책임이지 (제작과 각본에 참여한) 워쇼스키들을 탓할 수는 없다.
무어의 다른 모든 작품처럼 『브이 포 벤데타』는 전체가 부분보다
상당히 미흡하다. 이전에도 나는 무어가 자신과 박식한 독자를
안심시키기 위해 끊임없이 애쓰는 것이 아주 산만하고 거슬린다고
불평한 적이 있다. 이 허구 세계에 굴복할지 말지 망설일 때마다
무어가 우리 어깨를 두드리며 이렇게 말하는 것 같다. "이 세계에
비하면 우리는 과분한 존재죠. 우리는 평범한 사람들이잖아요."

주체적 탈구성을 보여 주는 장면들을 제외하면 『브이 포
벤데타』의 정치학은 대체로 익숙한 포퓰리즘 이데올로기를
따른다. 사람들이 그 존재를 알기만 하면 무너뜨릴 수 있는 타락한
과두 세력에 의해 세계가 통제되고 있다는 주장 말이다. 스티븐
샤비로는 이렇게 말한다. "모든 사람을 만족시키려 노력하는
대신 (이 영화는—피셔) 철저히 종교적인, 동성애 혐오증적인,
극단적으로 애국주의적인, 제국주의적인 감시 국가를 압제의
근원과 동일시한다."[1] 그런데 이야말로 정확히 '누구에게나

---

1   Steven Shaviro, "V for Vendetta", http://www.shaviro.com/
Blog/?p=488#comments.

호소력을 발휘하는' 설정 아닌가? 스스로를 동성애 혐오증적인
파시스트와 동일시하는 동성애 혐오증적인 파시스트는 거의
없을 것이기 때문이다. 또 존 허트(애덤 서틀러 역)가 연기한 입에
거품을 물고 고함치는 독재자에게 투표하는 것은 물론이고 호감을
느끼는 누군가를 상상하는 것조차 어렵기 때문이다. 포스트모던한
파시즘은 부인된 파시즘이다(가령 내가 브롬리에 살던 때 받은
영국 국민당 전단에는 웃고 있는 아이의 사진과 함께 '우리 아빠는
파시스트가 아니에요'라는 슬로건이 적혀 있었다). 마찬가지로
동성애 혐오증은 부인된 동성애 혐오증으로 살아남는다. 이를 위한
전략은 그런 [파시즘적이고 동성애 혐오증적인] 정책을 세우되
그와의 동일시는 거부하는 것이다. '물론 우리는 파시즘과 동성애
혐오증을 개탄한다. 하지만…' 워쇼스키들 영화에 등장하는 정부는
코란을 금지한다. 하지만 이는 블레어와 부시가 절대로 취하지 않을
조치다. 오히려 이들은 이슬람교도를 향해 폭격을 퍼붓는 동안에도
이슬람을 '위대한 평화 종교'라며 칭송할 것이다. 블레어의
권위주의적 포퓰리즘[2]은 『브이 포 벤데타』의 우스꽝스러운 전제
정치보다 훨씬 사악하다. 블레어가 아주 성공적으로 "자신을
평범한 사람 편에 선 합리적이고 정직한 남자로 내세우고 있기"
때문이다. 이와 유사하게 부시의 언어적 무능력은 그의 성공에
걸림돌이 되기는커녕 그것의 결정적인 요소가 되었다. 그런
무능력 덕분에 그는 특혜를 받으며 하버드 대학과 예일 대학에
다닌 배경을 감추면서 '서민적인 사람' 자세를 취할 수 있었다.
실제로 의미심장하게도 영화에서는 계급이 전혀 언급되지 않는다.

---

2   다음을 참조하라. Jenni Russell, "Tony Blair's authoritarian populism
is indefensible and dangerous", *Guardian*, 24 April 2006, https://www.
theguardian.com/commentisfree/2006/apr/24/comment.labour.

프레드릭 제임슨은 「마르크스의 도둑맞은 편지」에서 씁쓸하게
말한다.

체계가 계급을 사고할 수 있게 해 주는 범주들을 왜곡하고 젠더와
인종을 전면에 내세우려 한다는 것은 특별히 놀랍지 않다.
젠더와 인종은 자유주의의 이상적 해법(달리 말해 이데올로기의
주문―구체적인 사회적 삶에서는 이 문제들이 똑같이 다루기
어렵다고 이해되기를 원하는―을 만족시키는 해법)을 훨씬 잘
받아들인다.[3]

그 전까지 아무에게도 대항하지 않던 인민이 봉기하는 『브이
포 벤데타』의 클라이맥스 장면에서 나는 지난날의 어떤 위대한
정치적 사건보다는 오히려 '빈곤을 역사의 뒤안길로'Make Poverty
History 캠페인을 떠올렸다. 누구라도 동의할 수밖에 없는 '저항'을.
『파이트 클럽』에 비하면 『브이 포 벤데타』는 한참 부족하다. 『파이트
클럽』에서 타일러 더든의 테러리즘은 정치 계급의 케케묵은 상징이
아니라 프랜차이즈 커피 전문점과 비인격적인 자본의 마천루를
겨냥했다.

나는 워쇼스키들이 찍은 『매트릭스』의 팬이 아니지만 이
영화는 두 가지 점에서 『브이 포 벤데타』가 결코 필적할 수 없는
성공을 거두었다. 『매트릭스』는 대중에게 널리 퍼진 펄프적 신화가
되었다(이에 반해 학계의 연구자가 아니라면 1년 뒤에 누가 『브이 포
벤데타』에 관해 사고하겠는가? 한편 훨씬 매력적이고 정교한 『원초적

---

3 Fredric Jameson, "Marx's Purloined Letter", Michael Sprinker ed.,
Ghostly Demarcations: A Symposium on Jacques Derrida's Spectres of Marx,
Verso, 1999.

본능 2』2006가 연구할 가치가 있다는 것을 연구자들이 알아차리려면 1년은 더 걸릴 것이다). 그보다 더 중요한 성공은 『매트릭스』는 '실재'로 간주되는 것이 현저하게 정치적인 물음임을 시사했다는 것이다.

이런 존재론적 차원이 진보적 포퓰리즘 모델에는 빠져 있다. 이 모델에서 대중은 엘리트의 거짓말에 곧잘 넘어가나 진실을 깨닫는 순간 변화를 일으킬 준비가 되어 있는 순진한 자들로 나타날 수밖에 없다. 물론 현실에서 '대중'은 지배 엘리트에 대한 환영을 거의 갖고 있지 않다(만약 정치인과 '자본주의적 의회주의'에 잘 속는 누군가가 있다면 그건 바로 중간 계급이다). **모른다고 가정된 주체야말로** 포퓰리즘의 환상에 등장하는 전형적인 형상이다. 아니 그 이상이다. 사실에 기반을 둔 계몽을 기다리는 순진한 주체란 진보적 포퓰리즘이 의지하는 전제 조건이다. 가장 중요한 정치적 과제가 지배 계급의 뇌물 수수를 대중에게 알려 주는 것이라면 선호되는 담론 양식은 규탄이 될 것이다. 하지만 이는 자유주의의 논리에 도전하기보다는 그것을 반복한다. 『데일리 메일』이나 『데일리 익스프레스』가 이와 같은 규탄 방식을 즐겨 사용하는 것은 우연이 아니다. 정치인에 대한 공격은 자본주의 리얼리즘을 키우는 널리 퍼진 냉소주의 분위기를 강화하는 경향이 있다. 필요한 것은 지배 계급의 악행을 드러내는 더 많은 경험적 증거가 아니다. 종속 계급의 편에 서서 이들이 생각하고 말하는 것이 중요함을, 바로 **이들이야말로** 변화를 일으킬 유일하게 실질적인 행위자임을 믿는 것이 필요하다.

여기서 우리는 반성적 무기력reflexive impotence이라는 문제를 만나게 된다. 〔지배〕 계급의 권력은 언제나 일종의 반성적 무기력에, 즉 행동할 능력이 없다고 생각하며 자신이 처한 조건을 공고화하는 종속 계급의 믿음에 기대 왔다. 물론 종속 계급에게 종속되어 있다고 *비난하는* 것은 그로테스크한 짓일 것이다. 하지만 이들이 기존 질서와 맺는 공모 관계가 자기 충족적인 회로 안에서 맡는 역할을 무시한다면 아이러니하게도 그들의 힘을 부인하게 될 것이다.

「마르크스의 도둑맞은 편지」에서 제임슨은 이렇게 언급한다.

계급 의식은 다른 무엇보다도 서발터니티라는 문제, 즉 열등감의 경험을 중심에 두고 있다. 이는 '하층 계급들'이 헤게모니적 혹은 지배 계급의 표현과 가치—하층 계급들이 의례들을 통해 (하지만 사회적, 정치적으로 실효성 없는 방식으로) 위반하고 거부하기도 하는—가 우월하다는 무의식적인 확신을 머릿속에 담고 다닌다는 뜻이다.

그렇다면 어떤 면에서 이런 열등감은 계급 의식이 아니라 계급 무의식이며, 경험보다는 경험*의* 사고되지 않은 전제 조건과 관련된다. 이런 의미에서 열등감은 경험적인 반박이 불가능한 존재론적 가정이다. 지배 계급이 무능하거나 타락했다는 증거와 직면하더라도 우리는 이들이 그럼에도 불구하고 여전히 어떤 아갈마를, 어떤 비밀스러운 보물—그들에게 지배의 자리를 차지할 권리를 부여하는—을 소유하고 있음이 틀림없다고 느낄 것이다.

나와 같은 사람들이 경험한 것 같은 계급 이동에 대해서는 이미 많은 글이 쓰였다. 아마도 데니스 포터의 『나이절 바턴』 각본들은 숙명론—노동 계급 공동체에 위안을 주는 동시에 제약을 가하는—에서 벗어나 이해할 수 없고 혐오스러우리만치 매혹적인 특권 세계의 의례들에 진입한 사람들이 겪는 외로움과 고통의 가장 생생한 해부학일 것이다. 디 어소시에이츠는 「클럽 컨트리」Club Country, 1982에서 이렇게 노래했다. "알 수 없는 곳에서 흘러와 우리는 홀로 남겨지고", "우리가 들이마시는 모든 숨이 그곳 누군가의 것이지".

이런 경험에 관한 데카르트적인 역설이 있다. 이런 경험이 중요한 것은 바로 경험 자체에 대한 거리 두기를 낳기 때문이라는 것이다. 이런 경험을 하고 난 후에는 더 이상 경험을 자연적이거나 근본적인 존재론적 범주로 인식할 수 없게 된다. 예전에는 배경으로 전제되어 있던 계급이 불쑥—영웅적 투쟁의 현장이 아니라 사소한 수치심, 창피, 원한의 진열장이 되어—끼어든다. 당연하게 여겨졌던 것이 문득 우연한 구조로 밝혀지면서 특정한 효과(와 정동)들을 생산한다. 그럼에도 그 구조는 완고한 것이다. 열등감이라는 전제는 사전에 세계에 의미를 부여하는 핵심 프로그래밍 같은 무엇으로 존재한다. 예를 들어 자신이 어떤 '전문적인' 일을 할 수 있다고 생각하기 위해서는 트라우마를 야기할 정도의 관점 전환이 필요하다. 그리고 자신감 위기와 신경 쇠약을 겪는다면 이는 십중팔구 핵심 프로그래밍이 간헐적으로 자체를 재단언한 결과일 것이다.

포터의 『나이절 바턴』 각본들에서 끌어내야 할 진정한 교훈은 카리스마 있는 개인이 완강한 사회 구조에 직면하면서 겪는 고난에 관한 숙명론적이고 영웅적인 그것이 아니다. 오히려 그 각본들은 종족성ethnicity으로서의 계급이 아니라 구조로서의 계급을 배경으로 읽어야 한다. 그런데 『나이절 바턴』 각본들이 분명히 보여 주듯 어쨌든 사회 구조의 숨은 기계들은 언어, 행동, 문화적 기대 등과 관련한 가시적인 종족성들을 *생산한다*. 그 각본들은〔계급 이동을 경험한 사람들이〕자신을 거부하는 공동체로 재수용되어야 한다거나 엘리트층에 온전히 진입해야 한다고 요구하지 않는다. 대신에 도래할 어떤 집단성 양식을 요구한다.

자연주의에 대한 포터의 도전은 포스트모던의 눈속임을

훌쩍 뛰어넘는다. 허구가 현실을 구조화하는 방식과 이 과정에서 텔레비전 자체가 맡는 역할을 전면에 내세우면서 그는 더 전통적이고 더 중요하게 여겨지는 사회적 리얼리즘 작가들이 감추거나 왜곡하는 모든 존재론적 쟁점을 앞으로 가져온다. 포터에 따르면 계급 적대라는 **실재** 너머에는 어떤 리얼리즘도 없다.

이제 반성적 무기력에 관한 내 게시물과 관련해 배트Bat[4]가 메일로 보낸 두 가지 중요한 질문에 답할 차례다. 먼저 배트는 이렇게 묻는다. 프랑스 10대의 상황은 영국 10대의 상황과 다른가? 이는 쉽게 답할 수 있는데, 결국 그것이 내가 게시물에서 다루려고 했던 바로 그 문제이기 때문이다. 프랑스 학생은 영국 학생보다 포드주의/훈육 체제에 훨씬 더 깊이 둘러싸여 있다. 프랑스의 교육 및 고용 영역에서는 훈육 구조가 살아남았고 이는 사이버 공간의 쾌락적 매트릭스와 얼마간 대조를 이루며 그에 대한 저항을 제공한다(하지만 이것이 꼭 최선은 아닌데 간단히 살펴볼 더 심층적인 이유들 때문에 그렇다). 배트의 둘째 질문은 더 중요한 쟁점을 제기한다. 반성적 무기력에 관한 이야기는 상호 수동적 니힐리즘을 비난하는 듯 보이지만 사실상 강화하지 않는가? 나는 정반대라고 말할 것이다. 나는 다른 어떤 글보다 반성적 무기력을 다룬 글로 많은 메일을 받았다. 실제로 대부분의 메일은 자신이 처한 조건을 감지하고 있던 10대 학생에게서 온 것이었다. 그런데 이들은 내 분석을 보고 더한 우울감에 빠지기는커녕 오히려 그 내용에 고무되어 있었다. 이와 관련해 스피노자적이고 알튀세르적인 아주 훌륭한 근거가 있다. 우리를 속박하고 있는 원인과 결과의 네트워크를 아는 것이 **이미** 자유라는 것이다. 대조적으로 우리를 우울하게 만드는 것은 공식 문화의 완강한

---

4   Giovanni Tiso, https://bat-bean-beam.blogspot.co.uk/.

팝티미즘poptimism이다. 그것은 음산하게 빛나는 최신 문화 상품에 흥분하라며 쉴 새 없이 우리를 부추기고 충분히 긍정적이지 못하다며 우리를 겁박한다. 모든 종류의 부정성에 맞서라고 설교하는 일부 '저속한 들뢰즈주의'는 이런 강제적인 흥분 상태를 위한 신학을 제시하며, 우리가 더 열심히 소비하기만 하면 끝없는 즐거움을 얻을 수 있다고 전도한다. 하지만 대중 문화만큼이나 정치 영역에서 종종 우리에게 영감을 주는 것은 바로 현재의 조건들을 무화하는 역량이다. 무화의 슬로건은 '상황이 좋으며 변화는 필요 없다'나 '상황이 나쁘고 변할 수 없다'가 아니다. 오히려 '상황이 나쁘고 그렇기에 변해야 한다'다.

　이는 우리를 주체적 탈구성으로 이끄는데, 스티븐 샤비로의 생각과 달리 내가 보기에 이것은 모종의 혁명적 행동을 위한 전제 조건이다. 『브이 포 벤데타』에서 진정한 정치적 자극을 주는 유일한 대목은 에비(나탈리 포트만)의 주체적 탈구성을 보여 주는 장면이다. 같은 이유로 그것은 정말로 불편함을 자아내는 유일한 장면이기도 하다. 영화의 나머지 부분은 우리 모두가 지니고 있는 자유주의적 감수성을 뒤엎는 데 거의 도움이 되지 않는다. 자유주의 프로그램은 권리의 논리뿐 아니라 결정적으로 정체성이라는 관념을 통해 자신을 표현한다. 영화에서 브이(휴고 위빙)는 에비의 권리와 정체성 모두를 공격한다. 스티브는 우리가 **의지를 통해** 주체적 탈구성에 이를 수는 없다고 말한다. 하지만 나는 그것이 우리가 스스로의 의지에 따라 할 수 있는 **유일한** 것이라고 말하고 싶다. 그것이야말로 가장 순수한 형태의 실존적 선택이기 때문이다. 주체적 탈구성은 직접적인 경험적 의미에서 발생하는 무언가가 아니다. 오히려 그것은 정확히 무형의 전환을, 우리가 동의할 수밖에 없는 존재론적 재편을 이룬다는 의미에서 하나의 **사건**이다. 에비는 자신의 (옛) 정체성을 방어하는 것—자연스럽게 이는 그런 정체성을 부여한 존재론적 틀을 그녀가 방어하는 것으로 이어진다—과 이전의 모든 정체성을 비우는 것 사이에서 선택해야 한다. 이는 진정한 명료함으로 자유주의적인 정체성 정치와 프롤레타리아의 탈정체성 정치 사이의 대립을 끌어낸다. 정체성 정치는 주인 계급의 존중과 인정을 원한다. 반면 탈정체성 정치는 〔계급〕분류 장치 자체의 해체를 추구한다.

이것이 영국 학생이 프랑스 학생보다 잠재적으로 혁명적 변화의 행위자가 될 개연성이 훨씬 높은 이유다. 세계로부터 완전히 소외되어 있는 우울증자는 아직 보존되고 방어되어야 할 현행 질서 내부에 얼마간의 안식처가 있다고 생각하는 사람보다 더 유리한 위치에서 주체적 탈구성을 겪을 수 있다. 정신과 병동에 있든 처방 약을 받아 자기 집에서 좀비처럼 정신을 놓고 있든 자본주의 사회에서 심각한 정신적 피해를 입어 온 수백만—포드주의 체제에서 로봇처럼 일하다 고장나 노동 능력 상실 급여를 받고 있는 사람부터 직장에 다닌 적이 전혀 없이 실업자 처지인 산업 예비군까지—이 다음번의 혁명 계급으로 밝혀질 수도 있다. 이들은 정말이지 잃을 것이 **전혀 없다**…

"항상 당신이 관리인이었어요"
오버룩 호텔의 유령적 공간들

유령 이야기에서 시대 착오적인 점은 이 장르가 독특하게
물리적인 장소에, 특히 집과 같은 재료에 우발적이고 구조적으로
의존한다는 것이다. 확실히 전 자본주의 형식들에서는 과거가
언덕의 교수대나 신성한 묘지 같은 열린 공간과 완고하게 결부될
수 있었다. 그러나 이 장르의 황금기에 이르면 유령은 어떤
고색창연한 건물과 하나가 된다. 〔…〕 죽음 자체는 아니지만 '죽어
가는 세대들'의 시퀀스는 유령 이야기가 일깨운, 어떤 부르주아
문화에 관한 추문이다. 씨족이나 확대 가족의 객관적인 기억과
조상 숭배를 성공적으로 짓밟고 이를 통해 생물학적인 개인의
일생에 대한 지배를 선언한 부르주아 문화 말이다. 이를 표현하는
데 『샤이닝』의 웅장한 호텔보다 적절한 건물은 없다. 호텔의
잇따른 시간대를 보여 주는 방대한 리듬은 19세기 후반부터
오늘날 소비 사회의 휴가로 이어지는 미국 유한 계급의 변형을
나타낸다.
— 프레드릭 제임슨, 「『샤이닝』의 역사주의」[1]

---

* "'You Have Always Been the Caretaker': The Spectral Spaces of the
Overlook Hotel", *Perforations*, 29, 2007, http://noel.pd.org/Perforations/
perf29/perf29_index.html.

1 Fredric Jameson, "Historicism in *The Shining*", *Signatures of the
Visible*, Psychology Press, 1992, p. 90(「'샤이닝'의 역사주의」, 『보이는 것의
날인』, 남인영 옮김, 한나래, 2003, 187쪽).

가장 강력한 영향력은 심적인 장치에 완전한 수용 능력이 없을 듯한 시기에 아이들이 받는 인상에서 비롯된다. 이것은 의심의 여지가 없다. 하지만 현상 자체는 기묘하다. 독자의 이해를 돕기 위해 이것을 임의의 기간이 지난 다음에 사진으로 인화되는 사진적 노출과 견주어 보기로 하자.

— 지그문트 프로이트, 『인간 모세와 유일신교』[2]

'〔유령이〕 출몰하다'haunt라는 용어의 의미 중 하나가 공간〔자주 가는 곳〕을 가리킨다는 사실로 미루어 알 수 있듯 공간은 유령성의 본질에 속한다. 그런데 출몰은 분명 공간의 혼란일 뿐 아니라 시간의 혼란이기도 하다. 출몰은 탈구된out of joint 시간 또는 어긋난 시간dyschronia에 의해 공간이 침범되거나 붕괴할 때 일어난다.

『샤이닝』—여기서 나는 스티븐 킹의 소설 버전과 '원작에 충실하지 않은' 스탠리 큐브릭의 영화 버전을 모두 하나의 상호 연관된 텍스트적 미로로 다룰 것을 제안한다—은 근본적으로 반복의 문제와 관련되어 있다. 『마르크스의 유령들』에서 데리다는 유령론hauntology을 현전함 없이 반복되는 것에 대한 연구로 정의한다. 더 정확히 말하면 망령은 첫 장소에서〔처음에〕in the first place 현전함 없이 반복된다고 할 수 있을 것이다. 여기서 '장소'는 의미상 '시간'과 등가적이다. 그 무엇도 기원의 자리를 점하지 않으며, 따라서 출몰하는 그것은 *실존함*existing 없이 *내재한다*insist. 우리는 곧 이 문제로 돌아올 것이다(아니면 '*그것이 우리에게* 돌아올 것'이라고 말하는 편이 더 나을까?).

2　Sigmund Freud, "Moses and Monotheism", James Strachey ed., *The Origins of Religion: Totem and Taboo, Moses and Monotheism and Other Works*, Penguin, 1990〔「인간 모세와 유일신교」, 『종교의 기원』, 개정판, 이윤기 옮김, 열린책들, 2020, 429~430쪽〕.

정확히 반복의 문제를 핵심으로 삼고 있다는 점에서『샤이닝』은 심오하게 정신 분석학적인 허구다. 이 작품이 정신 분석학의 가족 드라마들을 호러물로 옮겨 놓았다고 할 수도 있다(그에 한정되지 않는다는 점만 제외하면). 이 작품은 많은 이가 오래도록 짐작해 온 것, 즉 정신 분석학이 이미 호러 장르에 속한다는 것이 사실임을 입증한다. 죽음 충동, 언캐니, 트라우마, 반복 강박 같은 개념을 달리 어떤 장르에서 찾을 수 있겠는가?

『샤이닝』은 문화적이고 정신 분석학적인 의미의 반복에 관한 이야기다. 프레드릭 제임슨의 흥미를 끈 것도 이 때문이다. 제임슨은 반복—부인되는 것으로서의 반복이기는 하지만—이라는 측면에서 포스트모더니티를 이론화했다. 그가 언급하는 '향수 양식'이란 거의 어디서나 볼 수 있지만 대체로 의식하지 못하는 모종의 반복 양식을 가리키는 이름이다. 이런 반복은 독창적인 것이나 획기적인 것을 위한 조건이 더는 갖추어져 있지 않거나 아주 예외적인 상황에서만 갖추어지는 문화에서 나타난다. 이런 향수는 심리학적 범주나 정동적 범주가 아니다. 그것은 구조적이고 문화적인 것이지 과거를 향한 개인적이거나 집단적인 갈망의 문제가 아니다. 이런 갈망과는 거의 정반대로 향수 양식은 과거 외에는 다른 어떤 것도 상상할 수 없는 상태, 미래는 말할 것도 없고 현재와 관련된 형식들도 생산하지 못하는 무능과 관계가 있다. 제임슨의 주장은 미래에 대한 재현이 실제로는 점점 더 과거의 형식들이라는 옷을 입고 우리에게 다가온다는 것이다. 여기서 예시적인 것은 필름 누아르에 빚지고 있는 것으로 유명한『블레이드 러너』다(그리고 지난 25년 동안의 SF 영화 중에서 『블레이드 러너』가 가장 독보적이었다는 사실보다 더 분명하게 제임슨의 주장을 뒷받침하는 것도 없다).

제임슨에 따르면『샤이닝』은 유령 이야기에 관한 "메타

장르적"성찰(유령 이야기들에 관한 유령 이야기)이다. 그런데 나는『샤이닝』이 포스트모더니티에 속하기보다는 오히려 포스트모더니티의 도플갱어라 할 유령론에 속한다고 주장하고 싶다. 어쩌면 더 나아가 이 작품이 포스트모더니티 자체에 대한 메타 성찰이라고 말할 수 있을지도 모르겠다. 제임슨이 상기시키는 것처럼『샤이닝』은 또한 실패한 작가에 관한 이야기이기도 하다. 강력한 모더니즘의 틀 속에서 정력적인 작가가 되기를 갈망하지만, 호텔—자체로 환상과 잔혹 행위가 덧새겨진 공간이자 기억과 기대의 반향실인—이 병리적 현상이나 살인 의도를 그 위에 새기게 될 수동적 표면이 되는 운명에 처한 소설가 지망생에 관한 이야기 말이다. 혹은 이 새김이 오버룩 호텔에 고유한 끔찍하게 어긋난 시간 양식이라는 점에서 호텔이 '언제나 새겨 왔을'will have always done이라고 말하는 것이 더 나을지도 모르겠다.

오버룩 호텔과 실재

주위에서 오버룩 호텔이 살아 움직이는 것을 들을 수 있었다.[3]

오버룩 호텔의 무한한 복도에서 탈출할 방법은 없다. 이 호텔은 한물간 장르(고딕 로맨스)로 간단히 치부할 수 있는 음울한 성채와 다르다. 냉혹한 과학적 이성의 빛에 노출되면 먼지가 되어 바스러지는 초자연적 유물도 아니다. 잭을 유혹하는 호텔 **상상계**의 매혹적인 유령들 뒤에 감추어져 있으면서 오버룩 호텔의 복도를 어슬렁거리는 공포는 **실재**에 속한다. 실재는 계속 반복되는 것, 아무리 도망치려 해도 다시 나타나는 무엇이다(더 끔찍하게도

---

3   Stephen King, *The Shining*, Penguin, 1997, p. 356(『샤이닝』하권, 이나경 옮김, 황금가지, 2003, 188쪽).

실재는 오이디푸스의 운명처럼 도망치려는 시도를 *통해* 다시 만나게
되는 무엇이다). 오버룩 호텔의 공포는 가족 및 역사와 관련된
공포다. 더 간결하게 말하면 가족사와 관련된 공포다(말할 필요도
없이 정신 분석학의 영역).

데이비드 A. 쿡은 이미 영화 버전의『샤이닝』에 미국사가 어떻게
출몰하는지를 보여 주었다.[4] 쿡의 해석에 따르면 초특권층과
엄청난 사기꾼들(킹이 이 소설을 썼으며 워터게이트 이후 편집증적
태도가 여전하던 시기에 이들 두 집단을 조사할 수 있을 거라 생각할
만큼 순진한 사람은 없었다)의 놀이터인 오버룩 호텔은 환유적으로
미국사 자체가 지닌 악몽을 나타낸다. 가령 인디언 매장지 위에
건설된 북적이는 휴양지(이 세부 요소는 큐브릭이 추가한 것이다),
원주민 집단 학살(에 대한 억압) 위에 세워진 문화의 강력한
이미지가 그렇다.

> 이 호텔 바로 너머에 이 현실 세계(잭이 생각한 '현실 세계' 같은
> 것이 있다면)와 분리되어 있지만 점차 그것과 균형을 이루어 가는
> 또 다른 오버룩이 펼쳐진 것 같았다.[5]

방금 언급한 쿡의 성찰도 중요하지만 나는 거시적 층위의
역사보다는 미시적 층위의 가족에 집중하고자 한다. 그런 점에서
『샤이닝』이 상호 텍스트적으로 멜로 드라마 장르와 엮이는 방식에
대한 월터 메츠의 훌륭한 통찰에 주목하지 않을 수 없다.[6] 이 영화의

---

4   David A. Cook, "America Horror: *The Shining*", *Literature/Film
Quarterly*, 12.1, 1984.

5   King, *The Shining*, p. 356(『샤이닝』하권, 188쪽).

6   Walter Metz, "Toward a Post-Structural Influence in Film Genre
Study: Intertextuality and The Shining", *Film Criticism*, Vol. XXII, 1, Fall 1997.

핵심에 놓인 긴장—그중 일부는 결코 완전히 해소되지 않는—은
『샤이닝』이 궁극적으로 어떤 장르에 속하느냐는 문제와 관련된다.
『샤이닝』은 가족에 관한 영화인가(이 경우 그것은 멜로 드라마에
속한다), 아니면 초자연적인 것에 관한 영화인가(이 경우에는 호러
또는 유령 이야기에 속한다)?[7] 불가피하게 이는 '환상적인 것'the
fantastic이 두 가지 인식론적 가능성 사이에서의 망설임에 의해
정의된다는 츠베탕 토도로프의 유명한 주장을 떠올리게 한다.
만약 유령 세력을 심리학적으로 또는 다른 어떤 자연적 수단을
통해 설명할 수 있다면 이 경우 우리는 '언캐니'uncanny를 다루는
셈이 된다. 만약 초자연적인 것의 유령을 내쫓을 수 없다면 우리는
'경이'marvellous를 다루는 셈이 된다. 오직 우리가 이 두 가지 가능성
사이에서 동요하는 동안에만 우리는 '환상적인 것'에 직면한다.

언캐니/멜로 드라마   환상적인 것   경이/유령 이야기

　　대부분의 비평가가 『샤이닝』을 '경이'의 사례로 여겼다고
언급하면서 메츠는 이 영화를 '언캐니'의 한 사례로 제시한다.
　　하지만 나는 『샤이닝』이 중요한 이유가 토도로프의 도식을
뒤섞어 버리기 때문이라고 주장하고 싶다. 이 영화는 가족 멜로
드라마인 *동시에* 유령 이야기라고 말이다. 유령들이 진짜일 경우
이는 그들이 초자연적이기 때문이 아니다. 그리고 유령들이
정신 분석학적인 것일 경우 이는 그들을 심리학적인 것으로
환원할 수 있다고 말하는 것이 아니다. 정확히 그 반대다. 정신
분석학에 따르면 유령적인 것은 심리학적인 것에 포함되지 않으며

7　메츠는 사실 상황이 더 복잡하며, 멜로 드라마뿐 아니라 호러 장르도
가족을 소재로 삼아 왔다고 주장한다.

심리학적인 것이 유령적인 것의 징후로 해석될 수 있다. 먼저 찾아오는 것은 바로 출몰이다.

유령론으로서의 가부장제

오버룩 호텔의 유령들은 가족사와 관련된 유령이기 때문에 피할 수 없는 존재다. 우리 중 가족사 없는 사람이 누가 있겠는가?[8] 『샤이닝』은 결국 아버지와 아들에 관한 허구다. 이 허구는 한 환상에서 기원하는데, 여전히 알코올 중독과 씨름하던 아버지 킹은 그것으로부터 뒷걸음질친 반면 작가로서의 킹은 그것에 매료되었다. 어느 날 아들이 원고들을 어질러 놓은 것을 발견한 킹은 맹목적인 분노에 휩싸인다. 이후 그는 어쩌면 자신이 아이에게 쉽게 손을 댈 수도 있었음을 깨닫는다. 소설은 킹이 이런 상황을 외삽한 데서 발아한다. 자신이 아들을 때렸**다면** 어떻게 되었을까? 자신이 더 나쁜 짓을 저질렀다면 어떻게 되었을까? 킹이 단지 소설가가 되는 꿈을 꾼 알코올 중독자이자 실패자였다면 어떻게 되었을까?

거칠게 말하면 정신 분석학은 우리의 가족사가 곧 우리라는 주장으로 요약될 수 있을 것이다. 아마도 이 지점에서 우리는 '역사'라는 용어를 '유령론'으로 대체할 수 있을 테지만 말이다. 프로이트에게 가족은 유령론적 구조를 갖고 있다. 가령 아이는 어른의 아버지며, 아버지의 죄는 아이에게 다시 찾아온다. 자신의 아버지를 증오하는 아이는 아버지를 반복할 수밖에 없는 운명이며, 학대받는 자는 학대하는 자가 된다.

8　가령 리사 가이의 하이퍼텍스트 프로젝트인 Lisa Gye, "Half Lives", http://pandora.nla.gov.au/pan/30305/20020815-0000/halflives.adc.rmit. edu.au/index.html을 참조하라. 여기서 리사 가이는 자신의 가족사를 통해 유령론 개념을 탐구한다.

『샤이닝』은 유령론으로서의 가부장제를 다룬다. 그 관계를 가장 철저하게 탐구한 것은 종교의 토대에 관한 프로이트의 글들이다. 여기서 프로이트는 성부 야훼가 실제로 성 유령Holy Ghost, 즉 육체의 부재를 통해서만 나타날 수 있는 유령적 신성이기도 함을 보여 준다. 프로이트는 『토템과 터부』를 쓰고 30년 후 『인간 모세와 유일신교』—자체로 반복구와 후렴구로 가득한—에서 **아버지 사물**의 시신을 훼손하고 그것을 먹어 치우는 사건이라는 '사변적 신화'를 반복해 제시한다.

프로이트의 설명에 따르면 두 명의 **아버지**가 있다. 완전한 향유에 대한 권한을 가진 외설적인 **아버지 주이상스**Pere Jouissance(라캉)와 **아버지의 이름/금지**Nom/Non, 즉 금지하고 굴욕을 강요하는 **법**으로서의 **아버지**, 인격화된 **상징적 질서**가 있는 것이다. 지젝이 보여 준 것처럼[9] 『토템과 터부』의 가장 중요한 측면 중 하나는 **상징적 법**의 엄격한 **아버지**가 기원에 있는 것이 아님을 확립했다는 점이다. 따라서 오이디푸스 콤플렉스 이론의 가정과 달리 아버지가 향유를 가로막는 선재하는 장애물인 것은 아니다. 이 '장애물'은 오직 아버지가 살해되었을 때만 자리를 잡게 된다.

프로이트가 상술하는 이야기에서 부족의 아버지를 질투하고 그에게 분개한 이등 남성beta male들의 원시 무리는 어느 날 들고 일어나 그를 살해하고, 이제 자신들이 주이상스에 무제한적으로 접근할 수 있을 것이라고 기대한다. 하지만 발생하는 일은 이것이 아니다. '형제 집단'은 곧바로 후회하고 죄책감을 느끼며 우울증에 빠져든다. 존속 살해 후 침울해진 형제들은 모든 것을 향유할 수 있기는커녕 어떤 것도 향유할 수 없게 된다. 또 **아버지**의 혐오스러운

---

9   Slavoj Žižek, "The Big Other Doesn't Exist", *Journal of European Psychoanalysis*, Spring-Fall 1997.

지배에서 벗어나기는커녕 부재하기 때문에 그만큼 더 **아버지가** 자신을 지배하고 있음을 깨닫는다. **아버지의** 유령은 이들이 느끼는 양심의 가책을 먹이로 삼는다. 실상 이 양심의 가책은 바로 죽은 **아버지의** 유령적 목소리가 내리는 책망일 뿐이다. 이런 부재하는 목소리에 주의를 기울이고 새로운 의례 및 관례를 세워 그것을 기념하거나 달래면서 형제들은 기초적인 형태의 도덕과 종교를 도입한다. 신, **아버지**, 대타자, 상징계는 실존하지 않는다. 하지만 그것은 이런 의식 절차의 반복을 통해 *내재한다*.

아버지는 이중으로 죽어 있다. 그는 죽었을 때만 힘을 발휘한다. 하지만 그의 힘은 자체로 죽음의 힘, 살아 있는 육체에 굴욕을 강요하고 향유를 앗아 가는 힘이다.

아이가 매 맞고 있다

부전자전이라고 할까, 그래서 다들 그렇게 말하는 것일까?[10]

『샤이닝』은 가부장적인 광기를, 그것의 욕정, 그것의 책략, 그것의 합리화를 내부로부터 보여 준다. 우리는 잭이 호텔과 그것의 유혹, 약속, 도전에 도취되면서 점점 이런 광기에 굴복하는 모습을 목격한다. 연초점 효과로 달콤한 느낌을 주는 골드 연회장에서 잭은 호텔의 유령들과 파티를 벌인다.

잭은 아름다운 여자와 춤을 추고 있었다. 그때가 몇 시였는지, 콜로라도 라운지에서 얼마나 오랜 시간을 보냈는지, 연회장에서 얼마나 있었는지 알지 못했다. 시간은 더 이상 문제가 아니었다.[11]

---

10 King, *The Shining*, p. 356[『샤이닝』하권, 188쪽].
11 Ibid., p. 362[같은 책, 196쪽].

잭은 열에 들뜬 꿈 같은 환상에 사로잡힌 채 무의식으로
내려간다(프로이트가 알려 주듯 무의식에서 시간은 아무 의미도
없다). 무의식은 언제나 비인격적이며 여기서는 특히 그렇다. 잭이
침잠해 들어간 무의식은 호텔 자체의 무의식이다. 그의 가족은
'파티를 망치는' 존재, 자신을 점점 더 매료하는 호텔과의 황홀한
교감을 가로막는 방해물처럼 보이게 되고, **좋은 *아버지가 되는* 것은**
아들 대니를 오버룩 호텔에 데려오는 것과 동의어가 된다. 호텔의
아바타들—초자아의 요구를 이드의 요구와 화해시키는 것처럼
보이는—에 의해 잭은 대니가 호텔을 좋아하도록 만드는 것이
자신의 *의무*라고 확신하게 된다.

오버룩 호텔에는 골드 연회장의 **상상계적** 무시간성을 능가하는
또 다른 양식의 유예된 시간이 있다. 이는 **실재**에 속하는 것으로,
여기서 연속적인 혹은 '이어지는' 시계 문자판의 시간은 반복의
숙명론으로 대체된다. 호텔의 **실재**의 구조, 학대적인 반복의 구조가
점점 더 잭을 장악할 수 있도록 해 주는 것은 골드 연회장의 **상상계적**
쾌락, 태내의 융합을 향한 그 끈적한 약속이다. 대니는 이 구조를
나무 방망이(영화에서는 도끼)를 들고 끝없이 한 아이를 쫓는
남자의 모습으로 직면한다.

> 시계 문자판이 사라졌다. 그 자리에는 둥글고 검은 구멍이 나
> 있었다. 그 구멍은 영원으로 이어졌다. 구멍이 커지기 시작했다.
> 시계가 사라졌다. 그 뒤에는 방이 있었다. 대니는 비틀거리다 시계
> 문자판 뒤에 내내 도사리고 있던 어둠 속으로 빠져들어 갔다.
> 의자에 앉아 있던 이 작은 아이는 갑자기 쓰러지더니
> 부자연스럽게 굽은 자세로, 목을 뒤로 젖히고 눈은 높다란 연회장
> 천장을 멍하게 주시한 채 그 위에 누웠다.
> 복도 아래로 한참을 내려가다 복도에 쭈그리고 앉았다. 대니는

엉뚱한 방향으로 돌았고, 길을 잘못 들었던 계단으로 돌아가려 애썼다. 그리고 이제…
자신이 프레지덴셜 스위트룸만 기다리는 막다른 통로에 있다는 것을 알았다. 쿵쿵거리는 소리가 점점 가까워졌다. 로크 방망이가 사납게 공기를 가르며 벽에 박혔고 실크 벽지를 갈라 놓았다. 풀썩하며 석고 먼지가 일었다.[12]

여기서 다시 우리는 내가 이 글을 시작하면서 인용한『인간 모세와 유일신교』에서 프로이트가 이용하는 숙명론의 이미지로 돌아갈 수 있다.

가장 강력한 영향력은 심적인 장치에 완전한 수용 능력이 없을 듯한 시기에 아이들이 받는 인상에서 비롯된다. 이것은 의심의 여지가 없다. 하지만 현상 자체는 기묘하다. 독자의 이해를 돕기 위해 이것을 임의의 기간이 지난 다음에 사진으로 인화되는 사진적 노출과 견주어 보기로 하자.[13]

『샤이닝』과 관련해 생각해 볼 때, 즉 큐브릭의 영화 마지막에 등장하는 유명한 이미지—파티 참석자들에게 둘러싸여 활짝 웃고 있는 잭을 보여 주는 1921년 사진—를 고려할 때 이 구절은 특히 흥미롭고 함축적이다. 이 순간에 우리는 잭이 "항상 관리인caretaker이었다"는 델버트 그레이디(필립 스톤)의 불길한 주장을 떠올리지 않을 수 없다.

---

12   Ibid., p.319〔같은 책, 133쪽〕.
13   Freud, "Moses and Monotheism", p.374〔「인간 모세와 유일신교」, 『종교의 기원』, 429~430쪽〕.

내가 프로이트의 사진 비유에서 끌어내고 싶은 것은 정확히
효과 개념으로, 효과는 그것을 만들어 낸 사건으로부터 시간적
거리를 두고 나타난다. 바로 이것이 『샤이닝』이 해부하고 있는
정신 분석학적 공포다. 폭력은 오래전 어린 시절에 잭의 "심적인
장치"에 각인되었으나, "노출" 상태에서 받은 인상이 "사진"으로,
즉 실제적인 폭력 행위로 변형되기 위해서는 오버룩 호텔의 '유령적
공간들'이 필요하다.

잭이 "항상 관리인이었다"면 그것은 그의 삶이 언제나 학대의
회로 안에 있었기 때문이다. 잭은 끔찍한 구조적 숙명론, 유령적
결정론을 상징한다. "항상 관리인이었다"는 것은 스스로 주체가
되었다는 것이 결코 아니다. 잭은 **상징계**와 그것의 외설적 이면인
살인적 폭력을 대변할 뿐이다. 결국 '관리인'이 아니라면, **상징계**의
의무들(잭이 "백인 남자의 짐"이라 부르는 것)을 다음 세대로
넘겨주기 전에 (일시적으로) 그것을 짊어지는 자가 아니라면
아버지란 달리 무엇이겠는가? 잭 안에서 과거의 유령들이
되살아나지만revive 이는 자신의 '생명력을 잃는'de-vival 것을 대가로
치르고서만 그러하다.

물론 오버룩 호텔의 학대의 인과성이 지닌 어긋난 시간이라는
성질─정신에 저장된 사건들은 시간이 지나고서야 그 효과를
만들어 낼 것이라는─은 대니의 미래도 함축하고 있다. 메츠는
이렇게 말한다. "잭이 도끼를 들고 대니를 쫓아 미로로 들어가며 '난
네 바로 뒤에 있어 대니'라고 말할 때, 그는 대니를 위협하고 있을 뿐
아니라 이 소년의 미래도 예언하고 있다. 〔…〕 가부장적인 짐승은
〔대니─피셔〕 안에도 있다."[14] 잭이 이렇게 말하고 있는 것일지도

---

14   Metz, "Toward a Post-Structural Influence in Film Genre Study",
p.57.

모르겠다. "난 네 바로 앞에 있어, 대니." 내가 미래의 네 모습이야.
오버룩 호텔에서 아이는 항상 매 맞고 있으며, 학대하는 자의
위치와 학대받는 자의 위치는 구조적인 자리를 갖고 있다. 학대받는
자가 학대하는 자가 되기란 너무나 쉬운 일이다. 『샤이닝』이
제기하지만 대답하지는 않는 불길한 물음은 다음과 같다.
(잭에게 일어난 것과 같은) 이 일이 대니에게 일어날까? 말하자면
『샤이닝』은 『토템과 터부』와 『인간 모세와 유일신교』—아버지가
정확히 자신의 죽음을 통해 아들들에 대한 유령적 장악력을
보유하는—인가 아니면 『안티 오이디푸스』인가?

　　소설에서 대니는 분열증적으로 분신인 토니와 교감함으로써
아버지의 손에 죽는 것을 간신히 모면한다. 킹은 토니가 대니의
미래 자아의 아바타임을 밝힌다.

> 토니는 대니 바로 정면에 서 있었다. 토니를 쳐다보자 마치
> 마법 거울을 응시하며 열 살이 된 자신을 보는 것 같았다. 〔…〕
> 머리카락은 어머니처럼 밝은 금발이었고 이목구비는 아버지의
> 판박이였다. 언젠가 대니얼 앤서니 토런스가 될 토니는 아버지와
> 아들이 뒤섞인 미성년, 두 사람의 유령, 둘의 융합체처럼 보였다.[15]

　　영화에서 대니는 〔눈 위에 찍힌〕 *자신의 발자국을 거꾸로*
걸음으로써 아버지에게서 벗어난다. 하지만 우리는 〔대니가〕
(정신적) 피해를 이미 입었는지 여부를 알지 못한다. 아버지에게서
살아남은 대니는 결국 아버지의 자리를 차지하게 될까?

　　메츠가 보기에 이런 망설임은 텍스트를 열린 상태로 남겨
놓는다. "과거의 악령들을 떨쳐 버리고 성장해 더 나은 세계를

15　King, *The Shining*, p. 437(『샤이닝』하권, 306쪽).

건설하는 일은 대니의 몫이지만, 내면 깊은 곳에서 그는 잭과 모든 미국인을 홀린 악령들이 표면 바로 아래에 있음을 언제나 알고 있다. 대니는 잭의 유산을 물려받았다."[16] 대니가 과거의 유령들을 떨쳐 버린다면 자유로워질 수도 있을 것이다. 하지만 "가장 강력한 강제적인 영향력"은 이미 자신의 일을 마친 것 아닌가? 대니 역시 오버룩 호텔의 관리인이 될 운명 아닌가?

16　Metz, "Toward a Post-Structural Influence in Film Genre Study", p.57.

커피 전문점과 난민 수용소

극장에서 놓친 후 마침내 지난주에 DVD로 『칠드런 오브 맨』2006을 봤다. 영화를 보는 동안 이런 물음이 떠올랐다. 묵시록에 대한 이 영화의 연출은 어째서 이토록 동시대적인가?

『칠드런 오브 맨』의 주민들만큼이나 만성적인 불모 상태에 처한 지난 30년간의 영국 영화계에서 이만큼 성공적으로 묵시록을 연출한 작품은 없었다. 극적으로 붕괴 중인 영국 사회의 모습을 설득력 있게 제시한 작품을 보려면 텔레비전—『퀘이터매스』Quatermass[1]의 마지막 시즌이나 이제껏 영국 TV에서 방영된 가장 충격적인 프로그램임이 거의 확실한 『스레즈』Threads[2]—으로 눈을 돌려야 할지도 모르겠다. 그런데 『칠드런 오브 맨』과 두 방영작을 비교해 보면 이 영화의 독특한 점이 무엇인지 알 수 있다. 『퀘이터매스』 마지막 시즌과 『스레즈』는 여전히 제프 누톨이 말하는 "핵 폭탄 문화"에 속했다.[3] 하지만 『칠드런 오브 맨』이 다루는 불안은 핵 전쟁과 아무 상관도 없다.

---

* "Coffee Bars and Internment Camps", k-punk, 26 January 2007, http://k-punk.abstractdynamics.org/archives/008956.html. 이 글은 일부 내용을 생략하고 개정해 *Capitalist Realism*, Zer0, 2009의 첫 부분에 재수록되었다(『자본주의 리얼리즘』, 박진철 옮김, 리시올, 2018).

1 〔옮긴이〕1950년대부터 1970년대까지 BBC에서 간헐적으로 방영된 SF 시리즈. 버나드 퀘이터매스라는 과학자가 주인공이다.

2 〔옮긴이〕BBC에서 제작해 1984년에 방영된 프로그램으로 핵 전쟁에 대한 공포를 담고 있다. 한국에서는 1987년에 『그날 그 이후』라는 제목으로 방영되었다.

3 Jeff Nuttall, *Bomb Culture*, Paladin, 1968. 이 책에서 누톨은 핵으로 인한 절멸이라는 편재하는 위협을 반영했던 런던의 대항 문화를 다루었다.

영국의 풍경이 영화적 잠재성으로 가득하다는 것, 영국 영화들이 미심쩍게 만들곤 하지만 거의 아무도 의심하지 않는 이 사실을 『칠드런 오브 맨』은 한층 뚜렷하게 보여 준다. 자기 잇속만 차리고 자기 연민에 빠진 영국 영화의 작은 유전자 풀 바깥에 있는 사람만이 이런 잠재성을 실현할 수 있다는 것이 오래전부터 명백했는데, 『칠드런 오브 맨』의 감독인 알폰소 쿠아론과 촬영 감독인 에마누엘 루베스키는 모두 멕시코 출신이다. 이들은 베리얼 앨범의 영화적 등가물과도 같은 **우울한 브리타니아**의 초상을 함께 만들어 냈다(이 영화의 탁월한 사운드 트랙에는 베리얼의 멘토이자 레이블 동료인 코드9이 참여했다).

루베스키의 촬영은 숨을 멎게 한다. 그의 촬영 기법은 이미지들에서 유기체적이고 자연주의적인 모든 생명력을 빨아들이고는 바랜 회색과 파란색 톤만 남겨 놓는다. 데이비드 에델스타인은 『뉴욕 매거진』에 실린 통찰력 있는 비평에서 이렇게 언급한다. "이 영화를 보고 있으면 지나치게 공을 들이긴 했지만 눈을 떼지 못하게 하는 포스트묵시록 소설인 코맥 매카시의 『로드』2006 초반부에 등장하는 한 묘사—'점점 어두워지며 세상을 사라지게 만드는 냉혹한 녹내장이 생겼을 때와 같은' 잿빛 나날—를 떠올리게 된다.[4] 조명이 아주 뛰어나다. 영화에서 진행되는 사건 전체가 태양마저 죽어 가는 어느 영구한 겨울 오후에 벌어지고 있는 것처럼 보인다. 도처에서 원천을 알 수 없는 하얀 연기가 일고 있다.

쿠아론의 기교는 이 절망적인 서정성을 핸드 헬드 카메라와 롱 테이크의 능숙한 사용을 통해 성취한 모종의 형식상의 리얼리즘과

---

4 David Edelstein, "Review of *Children of Men*", *New York Magazine*, 2006, http://nymag.com/movies/listings/rv_51038.htm.

결합하는 데 있다. 가령 카메라 렌즈 위로 피가 튀고, 닦지 않은 상태 그대로 장면이 이어진다. 총격 장면은 『라이언 일병 구하기』1998가 그랬듯 얼어붙을 정도로 입체적이다. 꼼꼼하게 연출된 롱 테이크 장면들—얼마간 중요한 기술적 위업에 해당하는—은 마땅히 높은 평가를 받았으며, 다큐멘터리적 리얼리즘을 모사하는 친숙한 역할을 넘어 정치적이고 예술적인 시각을 담는 데 기여한다는 점에서 더욱 돋보인다.

이제 처음에 제기한 물음으로 돌아갈 수 있는데, 내 생각에 『칠드런 오브 맨』이 그토록 동시대적인 이유는 세 가지다.

첫째, 파괴가 계속 진행되어 왔다는 느낌이 영화를 지배하고 있다. 그 파국은 장차 일어날 일도 이미 발생한 일도 아니다. 오히려 파멸은 지금 겪고 있는 일이다. 재앙이 발생하는 정확한 순간은 없다. 세계는 한 번의 대폭발로 끝나지 않는다. 그것은 서서히 빛을 잃고 흐트러지면서 점차 허물어진다. 무엇이 파국을 야기했는지는 아무도 모른다. 파국의 원인은 먼 과거에, 어떤 악한 존재의 변덕(일종의 부정적인 기적, 참회로는 풀 수 없는 저주 같은)처럼 보일 만큼 현재와 절대적으로 동떨어진 과거에 놓여 있다. 애초에 저주의 시작을 예상할 수 없었듯 예상할 수 없는 개입만이 그런 파멸을 완화할 수 있다. 행위는 소용없으며 무의미한 희망만이 있을 뿐이다. 무력한 자들이 가장 먼저 찾아드는 곳인 미신과 종교가 급증한다.

둘째, 『칠드런 오브 맨』의 디스토피아는 후기 자본주의 특유의 디스토피아다. 이것은 영화적 디스토피아가 판에 박은 듯 내놓는 그 익숙한 전체주의 시나리오(가령 우연히 모든 점에서 『칠드런 오브 맨』과 비교되며 부정적인 평가를 받고 있는 『브이 포 벤데타』를 보라)와 다르다.

웬디 브라운이 설득력 있게 주장했듯 오직 꿈 작업dreamwork의 층위에서만 신자유주의와 신보수주의가 양립할 수 있는 것이라면, 『칠드런 오브 맨』은 이런 몽환적 봉합을 악몽으로 표현한다. 『칠드런 오브 맨』에서 공적 공간은 방기된 채로 수거되지 않은 쓰레기와 어슬렁거리는 동물들이 차지하고 있다(폐교에서 사슴 한 마리가 뛰어다니는 장면이 특히 인상적이다). 그러나 신자유주의의 환상과는 반대로 여기서 국가는 전혀 위축되어 있지 않으며 오히려 군사 및 치안이라는 핵심 기능을 노출하고 있다. 우리 세계와 마찬가지로 이 세계에서도 극단적 권위주의와 자본은 결코 양립 불가능하지 않다. 난민 수용소와 프랜차이즈 커피 전문점이 공존하고 있는 것이다.

필리스 도러시 제임스의 원작 소설에서는 민주주의가 유보되어 있으며 통치자를 자처하는 워든이 나라를 지배 중이다. 하지만 영화는 현명하게도 이 모든 것을 사소하게 취급한다. 알다시피 영화에서 영국은 여전히 민주주의 체제라고 할 수 있으며, 어디에나 자리를 잡고 있는 권위주의적 조치들은 명목상 민주주의로 남아 있는 정치 구조에서도 시행될 수 있다. 우리는 테러와의 전쟁이 그처럼 전개되는 것을 지켜보았다. 가령 위기가 일상화됨에 따라 비상 사태에 대처하고자 도입된 조치들을 폐지하는 것은 상상도 할 수 없는 일이 되었다(이 전쟁은 언제 끝날 것인가?). 민주주의가 여전히 공언되고 있음에도 민주주의적 권리와 자유(인신 보호 영장, 언론과 집회의 자유 등)는 유예된다.

『칠드런 오브 맨』은 우리 세계를 과장하기보다는 외삽하는 것처럼 보인다. 어떤 지점에서 리얼리즘은 뒤집혀 섬망 상태로 변한다. 벡스힐 난민 수용소 문을 통과하는 순간부터 악몽의 논리가 지배한다. 우리는 한때 공공 시설이었던 건물을 지나 가늠할 수 없는 공간—지옥 같은 임시 자치 구역—으로 건너가게 되는데, 그곳에서는 사법적인 의미와 형이상학적인 의미 모두에서 법이

유예되어 있다. 야만성의 카니발이 진행 중이다. 우리는 이미 호모 사케르[5]이기 때문에 폭력에 대고 불평해 본들 아무 의미도 없다. 1990년대의 유고슬라비아, 2000년대의 바그다드, 모든 시간에 걸친 팔레스타인 등 교전 지대라면 어디에나 우리가 있을 것이다. 그래피티는 봉기intifada를 약속하지만, 가장 강력한 무기를 여전히 갖고 있는 국가가 이길 공산이 압도적으로 크다.

『칠드런 오브 맨』이 동시대적인 셋째 이유는 문화적 위기를 취급하는 방식 때문이다. 불임이라는 주제를 은유로, 다른 종류의 불안이 전치된 것으로 읽어야 한다는 점은 분명하다(만약 불임을 문자 그대로 이해한다면 이 영화는 리 에덜먼이 칭한 "재생산 중심 미래주의"에 바치는 진혼곡—주류 문화가 생식력에 느끼는 비애감과 전적으로 일치하는—에 불과할 것이다). 내가 보기에 이런 불안은 문화의 견지에서 읽혀야 한다. 이 영화는 다음의 물음을 제기한다. 새로운 것이 없다면 하나의 문화가 얼마나 오래 지속될 수 있을까? 청년들이 더 이상 놀라움을 만들어 낼 수 없다면 무슨 일이 일어날까?

『칠드런 오브 맨』은 종말이 *이미* 왔다는 의심, 아마도 미래에는 반복과 재조합만이 남게 될 것이라는 생각과 연결되어 있다. 말하자면 단절도 없고 도래할 '새로움의 충격'도 없는 상태가 있을 수 있을까? 이런 불안은 결과적으로 양극 사이에서 동요하는 경향이 있다. 미래를 향한 길에 틀림없이 새로운 무언가가 있을

---

5 '성스러운 자'the sacred man 혹은 '저주받은 자'the accursed man를 가리키는 라틴어. 로마 법에 등장하는 형상으로, 희생물로 바치는 것은 금지되어 있으나 아무나 죽일 수 있는(그를 살해한 자에 대한 사면이 보장되는) 자다. 다음을 참조하라. Giorgio Agamben, *Homo Sacer: Sovereign Power and Bare Life*, Stanford, 1998(『호모 사케르: 주권 권력과 벌거벗은 생명』, 박진우 옮김, 새물결, 2008).

것이라는 '약한 메시아주의적' 희망이 그 어떤 새로운 일도 일어날 수 없으리라는 침울한 확신으로 변하기 시작하는 것이다. 미래에 발생할 중요한 사건에서 *마지막으로 있었던* 중요한 사건으로 초점이 이동한다. 그 일은 얼마나 오래전에 일어났으며 얼마나 대단했는가?

명시적으로 문화적 주제가 언급되는 핵심 장면은 클라이브 오언이 연기한 테오가 배터시 발전소에 있는 한 친구를 방문하는 순간이다. 발전소는 이제 공공 건물과 사적인 소장품 공간을 겸해 사용되고 있다. 그 자체로 재단장된 유물이라 할 수 있는 이 건물은 미켈란젤로의 다비드상, 피카소의 『게르니카』1937, 핑크 플로이드의 『애니멀스』1977 앨범 표지에 등장하는 돼지 풍선 등의 문화재를 보존하고 있다. 이것이 엘리트층의 삶을 일별할 수 있는 유일한 장면이다. 그들의 삶과 하층 계급의 삶은 여느 때처럼 향유에 대한 차별적인 접근 방식을 통해 구별된다. **옛 주인들**이 그랬듯 아직도 이들은 훌륭하게 차린 요리를 먹고 있다. 테오는 질문을 던진다. "볼 수 있는 사람이 아무도 없게 되면 이 모든 게 다 무슨 의미가 있을까?" 미래 세대는 더 이상 알리바이가 될 수 없다. 아무도 없을 것이기 때문이다. 돌아오는 답은 니힐리즘적 쾌락주의다. "그것까진 생각하지 않으려 해."

『칠드런 오브 맨』의 배경에는 T. S. 엘리엇이 어렴풋이 자리하며, 무엇보다도 영화는 불모성〔불임〕sterility이라는 주제를 『황무지』로부터 물려받고 있다. 영화가 끝난 뒤 뜨는 경구인 '샨티 샨티 샨티'는 우파니샤드의 평화보다는 엘리엇의 작품과 더 많이 연관되어 있다.[6] 아마도 『칠드런 오브 맨』에서 또 다른 엘리엇, 즉 「전통과 개인의 재능」[7]을 쓴 엘리엇의 관심사가 암호화되어 있는 것도 확인할 수 있을 것이다. 이 에세이에서 엘리엇은 해럴드 블룸을 선취하면서 정전적인 것과 새로운 것 사이의 상호 관계를 묘사했다. 새로운 것은 이미 확립되어 있는 것에 응답하면서 스스로를 정의한다. 동시에 확립된 것은 새로운 것에 응답하면서 자신을 재형성해야 한다. 엘리엇의 주장은 미래를 고갈시키게 되면 우리에게는 과거도 남아 있지 않게 된다는 것이었다. 전통이 더 이상 논쟁되거나 변경되지 않을 때 그 전통은 아무 쓸모도 없어진다. 그저 *보존되어* 있기만 한 문화는 결코 문화가 아니다. 『게르니카』의 운명이 그 본보기인데, 한때 파시스트의 잔혹 행위에 맞서는 고뇌와 분노의 울부짖음이었던 이 그림은 이제 벽에 걸린 장식품에 불과하다. 이 영화에서 『게르니카』가 '우상'의 지위를 얻는 것은 그림을 보관하고 있는 배터시 발전소와 마찬가지로 가능한 기능과 맥락을 박탈당했기 때문이다.

　박물관에서만 작동하는 문화는 이미 고갈된 문화다. 어떤 문화적 대상도 그것을 볼 수 있는 *새로운* 시선이 더 이상 존재하지 않으면 그 힘을 유지할 수 없다.

6　〔옮긴이〕1차 세계 대전 이후의 황폐해진 유럽을 그리고 있는 T. S. 엘리엇의 장편 시 『황무지』는 '샨티 샨티 샨티'를 외면서 끝난다. '샨티'shantih는 고대 인도의 경전인 『우파니샤드』에서 이해를 초월한 평화를 뜻하는 표현으로 사용된다.

7　T. S. Eliot, "Tradition and Individual Talent", *The Sacred Wood*, 1920 (『성스러운 숲: 시와 비평에 관한 논고』, 장경렬 옮김, 화인북스, 2022).

대의 없는 반란

좌파는 거리낌 없이 직설적이고 리얼리즘적으로 영화를 만드는데
왜 할리우드의 보수주의자들은 진실임을 알고 있는 것을 말하기
위해 가면을 써야 하는가?
— 앤드루 클래번, 「부시와 배트맨의 공통점」[1]

미국에서 제가 경멸하는 것은 스튜디오 배우의 논리입니다.
자기를 표현하는 것에 유익한 무언가가 있는 것처럼 여기죠.
다른 사람에게 고함치고 그들을 걷어차는 한이 있어도 억눌려
있지 말고 자신을 개방하라고, 자신을 표현하고 해방할 수 있는
무엇이든 하라고 말이죠. 〔하지만〕가면 뒤에 모종의 진실이
있다고 여기는 것은 어리석은 생각입니다. 〔…〕 중요한 것은
표면이에요. 표면을 혼란에 빠뜨리면 우리가 생각하는 것보다
훨씬 더 많은 것을 잃을지도 모릅니다. 의례를 가지고 장난치지
말아야 합니다. 가면은 결코 단순한 가면이 아니에요.
— 슬라보예 지젝과 헤이르트 로빈크, 「슬로베니아의 거울을 통해 본 일본: 미디어,
정치, 영화」[2]

＊ "Rebel Without a Cause", k-punk, 6 August 2008, http://k-punk.
abstractdynamics.org/archives/010555.html.

1 Andrew Klavern, "What Bush and Batman Have in Common",
Wall Street Journal, 25 July 2008, https://www.wsj.com/articles/
SB121694247343482821.

2 Slavoj Žižek and Geert Lovink, "Japan Through a Slovenian Looking
Glass: Reflections of Media and Politic and Cinema", *InterCommunication*, 14,
1995.

『다크 나이트』2008를 전유하려는 시도가 우파들 사이에서
빠르게 퍼지는 중이다. 이 시도는 흥미로운 징후적 요소들을
담고 있다. 우파가 보기에 영화 속 배트맨은 부시와 닮은 꼴이다.
다시 말해 감사할 줄 모르는 주민을 위협으로부터 보호하기 위해
"모진 선택"을 내릴 준비가 되어 있지만 제대로 이해받지 못하는
영웅이라는 것인데, 정면으로 다루기에는 윤리적으로 너무 허약한
발상이다.

인스퍼설Inspersal[3]은 서로 연결된 몇 개의 게시물에서『다크
나이트』는 "모진 선택"을 "힘들지만 반드시 필요한 선택"으로
제시하는 영화가 결코 아니며, 반대로 배트맨이 고문에 의지할
때마다 그것은 아무것도 산출하지 않거나 역효과를 낳는다는 것을
입증한다. 이런 사실은 *지정학적 현실과 정확히 동일한 것*으로, 이
영화에 대한 신보수주의자들의 독해는 명백히 이를 간과하고 있다.
이라크의 불행, 관타나모만의 사건, 과장된 연출 등은 받아들이기
어렵지만 반드시 필요한 일이기는커녕 아무런 성과도 거두지
못했거나 사태를 악화시켰다. 여기서 재밌는 점은 신보수주의가
지닌 환상, 정확히 말하면 '현실주의자 되기'라는 환상의
완고함이다. 놀랍게도 여전히 미국 우파는 실제로 부시 행정부의
정책이 성공적이며, 미국 대중이 실용주의적이고 공리주의적인
판단보다는 고상한 척하는 (자유주의적인) 윤리적 꺼림칙함(우리
젊은이들이 너무나 많이 죽고 있다)을 내세워 그 정책을 거부해
왔다고 믿고 있는 것처럼 보인다.

둘째, 신보수주의적 독해가 또 놓치고 있는 것은
영화에서 제시되는 미덕의 실제 본성이다. 설령 이 본성이
(신)보수주의적이라고 해도 그것은 단순히 결과에 대한 공리주의적

---

3   인스퍼설의 블로그는 이제 온라인에서 찾아볼 수 없다.

계산의 층위에 있는 것이 아니다. 우리가 다루고 있는 것은
훨씬 더 정교한 레오 스트라우스적 메타 공리주의로서, 그의
냉소적인 추론은 도스토옙스키 소설에 등장하는 대심문관의
태도와 유사하다. (대중에 대한 엘리트의) 기만은 미덕에 포함되어
있다. 말하자면 '보호되는' 것은 대중의 안전이 아니라 그들의
믿음이다(하비 덴트가 벌이는 캠페인에서 볼 수 있듯이 말이다).

　인스퍼설이 주장하듯 기만에 대한 강조는 크리스토퍼 놀런의
전작 영화들과 연결되는 주제 중 하나로, 영화가 절정에 이르렀을
때 배트맨이 보여 주는 자기 희생은 분명 기만 행위다. 그것은
기호의 층위에서 벌어진다. 즉 배트맨이 포기해야 하는 것은 바로
고담 대중의 시선에 비친 자신의 명성과 명망이다. 여기서 기만
행위는 기저의 선한 행위를 감추지 않는다. 오히려 감춤 자체가
선한 행위다.

　셋째, 신보수주의적 독해는 영화 속 '악'의 본성을 잘못
이해한다. 이들 우파가 정말로 오사마 빈 라덴이 『다크 나이트』의
조커와 닮았다고 여긴다면 여기서 우리는 그들의 환상에 대해 또
다른 흥미로운 성찰을 해 볼 수 있다(매슈 이글레시아스는 이렇게
쓰고 있다. "나는 영화를 보고 이렇게 말하겠다. '보세요, 만약 당신[딕
체니]이 만화책의 악당과 싸우는 만화책의 영웅이라면 당신의 정책은
말이 되겠죠.'"[4] 하지만 인스퍼설의 주장이 분명하게 밝혔듯 우파의
독해는 영화와는 거리가 멀다). 혹은 그런 생각은 차라리 이슬람
혐오 환상이 기대고 있는 비일관성을 노출한다. 이 환상에서

4　Matthew Yglesias, "Dark Knight Politics", *Atlantic*, 24 July 2008,
https://www.theatlantic.com/politics/archive/2008/07/-em-dark-knight-
em-politics/49451/. [옮긴이] 이글레시아스는 미국의 딕 체니 전 부통령이
『다크 나이트』를 봤다면 '보세요, 이것이 바로 우리가 하고 있는 일입니다'라고
말할 것이라며, 자신은 약간 비틀어 인용문처럼 체니에게 답하겠다고 밝힌다.

이슬람교도들은 "혼돈의 사도", 즉 아무런 대의 없는 누군가인 **동시에** 과도하게 대의에 집착하는 광신자가 된다.

『다크 나이트』에서 흥미로운 것은 사실 선과 악의 대결이 아니라 '선한 대의'와 일탈적 방식의 대의cause/인과성causality의 대결이다. 조커와 투페이스는 악하기보다는 미쳐 있으며, 이들의 광기는 이들이 대의와 맺는 관계와 연관되어 있다. 조커는 순수한 **공포**Terror, 말하자면 어떤 대의와도 거리를 두는 **공포**다.

그거 알아? 계획대로만 되면 아무도 동요하지 않아. 끔찍한 계획이라도 말이지. 내가 사람들한테 갱단에 총을 쏘겠다거나 군인이 탄 버스를 폭파할 거라고 말해도 아무도 놀라지 않아. 계획의 일부니까. 그런데 하찮은 시장이 죽을 거라고 하면 다들 미쳐 버리지! 약간의 무정부 상태만 만들면 기존의 질서는 파괴되고 사회는 혼돈에 빠질 거야. 난 혼돈의 사도야. 혼돈의 가장 큰 미덕이 뭔지 알아? 하비, 그건 공평함이야.

배트맨이 공리주의적 계산에 빠져드는 반면 조커는 죽음 충동이 자유로운 것과 같은 방식으로 자유롭다. 말하자면 그는 결과에 무관심하게 행동하며, 질서정연한 인과 연쇄를 일종의 토대 없는 상태로 풀어 버리는 것을 자랑으로 여긴다. 그가 괜히 "공평함"을 언급하는 것이 아니다. 심술궂은 악마imp of the perverse[5]처럼 조커는 전도된 (혹은 별종의) 칸트적 정의를 대변한다. 여러 면에서 우리가 보는 것은 칸트주의가 지젝이 수차례 묘사한 돈 조반니(자신의 목숨을 구하는 대신 처형되는 결과를 가져올지라도

---

5 〔옮긴이〕애드거 앨런 포의 단편 제목으로, 뜻대로 되지 않는 마음의 충동적 차원을 가리킨다.

계속 리버티니즘에 충실하게 남겠다는 돈 조반니의 결정은 하나의 윤리적 몸짓이 된다)로 역전된 모습이다. 조커는 그 어떤 병리적 이해 관계도 없이 행동하며, 피라미드처럼 쌓인 돈을 태우면서 자신에게는 도구적 태도가 없음을 웅장하게 상징화한다.

투페이스의 광기도 모종의 손상된 형태의 정의다. 그의 경우 선한 대의에 대한 옹호—불가피하게 끔찍한 결과로 이어질 것처럼 보이는—는 운의 무작위한 인과성(동전의 앞면과 뒷면)을 수용하는 것으로 대체된다. 무작위성에 기대는 그의 돌변은 정의를 포기하는 것이 아니라 인간의 의지에 의해 변질되지 않을 정의를 추구하는 것이다. 비인격적 메커니즘을 따르는 우연은 특정 결과나 개인에게 특권을 부여하지 않기 때문에 공평하다. 흥미롭게도 영화에서 동전 던지기가 공평한 경우는 덴트가 투페이스가 되는 때가 유일하다. 덴트가 '화이트 나이트'인 지방 검사로 있을 때만 해도 그의 동전은 한쪽만 나오게끔 되어 있었다(그 동전은 양면 모두 앞면 모양이었다). 덴트의 경우 질서정연한 인과 연쇄를 가로막는 또 다른 것은 트라우마, 레이철의 죽음을 지켜보면서 생긴 트라우마다. 그것은 자체로 양자택일의 함정, 조커가 설치한 일련의 함정 중 하나가 낳은 결과다.

『다크 나이트』의 진정한 리비도적 흡입력이 주변적인 배트맨/웨인보다는 히스 레저가 연기한 조커의 카리스마에서 비롯한다는 세간의 평가는 확실히 옳다. 사람들이 히스 레저의 연기를 찬양하는 것을 들었을 때, 나는 누구나 입을 모아 칭찬하기 마련인 불필요하게 과장된 연기를 보게 되는 최악의 상황을 맞이할까 봐 두려웠다. 하지만 팀 버튼의 끔찍한 『배트맨』에서 잭 니컬슨에게 허용되었던 것을 레저는 영리하게 피해 간다. 배역 뒤에 있는 배우를 전혀 볼 수 없다는 점에서 말이다(니컬슨의 경우 우리가 보는 것은 바로 배우다). 또한 『스파이더맨 3』2007의 토비 맥과이어와

『판타스틱 4』2005의 줄리언 맥마흔과 달리 레저는 맨얼굴로
연기하는 시간이 거의 없다. 고맙게도『다크 나이트』에서 화장하지
않은 조커의 모습은 아주 잠깐 일별할 수 있을 뿐이다.

　레저가 하는 일은 여러 면에서 *화장을 하는 일*이다. 갈라진
파우더 뒤로 음흉하게 웃고 있는 사악한 악당처럼 보이게 만드는
화장이 거의 불가능에 가까운 개가를 올리고 있음을 강조하고
싶다. 그것은 조커의 용모를 재창조하면서도 원작 만화에
충실하다(『스파이더맨』영화들에 등장하는 그린 고블린의 모습이나
복장과 비교해 보라. 영화 속 고블린은 만화에 등장하며 할로윈과
어울리는 두건 차림과 너무나 딴판이라 언제나 실망스러웠다).
인스퍼설에게 동의할 수 없는 한 가지는 레저의 연기에 대한
그의 주장이다. 레저의 연기는 "니컬슨/버튼의 해석이 앨런
무어의 만화『배트맨: 킬링 조크』1988—버튼과 그의『배트맨』
대본을 쓴 샘 햄에게 큰 영향을 미쳤다고 알려진—보다 세자르
로메로가 조커를 연기한 배트맨 TV 시리즈1966~1968에 훨씬 더
가깝다는 것을 보여 준다"는 것이다. 나는 사실 레저의 연기가
로메로의 그것에 더 가까우며, 그의 연기가 그토록 성공적인 것도
이 때문이라고 항변하고 싶다. 니컬슨의 포스트모던한 자세와
무어의 심리학적 깊이는 같은 부류며, 둘 모두 로메로가 광대처럼
분한 조커의 무의미한 횡설수설보다 훨씬 덜 무서웠다. 조커는
언제나 매혹적이었다. 전부는 아니어도 대부분의 거물급 악당과
달리 조커는 기원이나 배경 이야기가 결여된 순수한 표면, 동기
없는 광기였기 때문이다. 무어가 자신의 유사 문학적인 습관을
버리지 못하고 서투르게 그 공백을 채우기 전까지는 그랬다.『다크
나이트』에는 레저의 조커가 가짜 정신 분석학적인 환원을 조롱하는
탁월한 두 장면이 있다. "이 얼굴 흉터가 궁금하지?〔…〕우리 아버지
때문에 생긴 거지." "이 얼굴 흉터가 궁금하지?〔…〕내 아내 때문에

생긴 거지"(이 장면에서 나는 시드니 루멧의 영화『신문』1973에서
"당신 아버지는 대단한 사람이었나?"라는 숀 코너리의 물음에
대한 반응으로 이언 배넌이 오싹한 웃음을 폭발적으로 터뜨렸던
순간을 떠올렸다). 조커는 '별종'freak이라면 무엇과도 동맹을
맺는데, 이는 기이한 사건들freak events, 즉 타당한 인과 관계 없이
발생하는 것처럼 보이는 사건들을 떠올리게 한다. 조커에게서 모든
내면성을 지움으로써, 즉 조커의 화장한 페르소나가 갖는 자율성을
축소하거나 그의 난폭성을 억누르는 그 무엇도 거부함으로써
레저의 연기(그리고 조너선 놀런의 각본)는 별종인〔기이한〕 것을
공정하게 대한다.

폐허 속의 로봇 역사가

이데올로기는 이질적인 어떤 것, 우리 마음에 자신을 각인시키는 이상한 힘을 가진 영화 속 무언가가 아니다. 이데올로기는 우리와 영화가 공유하는 무엇이자 영화와 관람객 사이에서 특정한 의미들이 전이되도록(일방향은 아닌 전이) 허용하는 무엇이다. 지젝이 말하듯 이데올로기는 '알려지지 않은 알려진 것들'로 이루어져 있다. 말하자면 이데올로기가 문제인 것은 우리가 설득당할 수도 있는 거짓이기 때문이 아니라 오히려 우리가 알지 못한 채 이미 받아들이고 있는 어떤 진실이기 때문이다.
— 브와유, 「이데올로기 비판자들은 미신적인 비겁한 무리다」[1]

『다크 나이트』독해들에 대한 브와유의 논평은 이데올로기에 관해 몇몇 중요한 점을 지적하고 있다. 이 영화에 대한 신보수주의적 해석이나 나를 포함해 그에 대한 비판자들이 하고 있듯 이른바 영화의 '메시지'에만 초점을 맞추면 자본주의에서 이데올로기가 작동하는 방식을 놓칠 위험이 있다. 자본주의 이데올로기의 역할은 프로파간다의 방식처럼 무언가를 명시적으로 옹호하는 것이 아니라 자본의 작동이 어떤 주관적인 믿음에도 의존하지 않는다는 사실을 감추는 것이다. 프로파간다

---

* "Robot Historian in the Ruins", k-punk, 27 August 2008, http://k-punk.abstractdynamics.org/archives/010636.html.

1 Voyou, "Ideology critics are a superstitious, cowardly lot", Dangerous and Lazy, 4 August 2008, https://blog.voyou.org/2008/08/04/ideology-critics-are-asuperstitious-cowardly-lot/.

없는 파시즘이나 스탈린주의를 상상하는 것은 불가능하다. 그러나 자본주의는 누군가가 옹호하지 않아도 완벽하게, 정말이지 더 잘 굴러갈 수 있다.

『다크 나이트』를 다룬 내 블로그 게시물에 답하면서 이 영화가 후기 자본주의의 하이퍼객체로 기능하는 방식을 포착한 이는 웨인 웨지였다.[2]『다크 나이트』에 담긴 가치의 다면성, 근본적으로 상이한 해석들을 만들어 내고 담론을 이끌어 내는 그 역량이 바로 이 영화를 고도로 효율적인 메타 상품으로 만들어 준다. 단 하나의 단선적인 **메시지**를 전달하는 텍스트는, 그런 것이 실존할 수 있다고 가정하더라도, 오늘날 자본주의 문화를 살찌우는 '논쟁을 촉발'할 수 없을 것이다.

어떤 문화적 대상은 내용의 층위에서는 자본주의에 대립하면서도 형식의 층위에서는 그것에 봉사할 수 있다. 나아가 자본주의 이데올로기가 이제 '반자본주의적'이라고 설득력 있게 주장하는 것도 가능하다. 할리우드 영화에서는 '사악한 다국적 기업'이 판에 박은 듯 악당으로 등장한다. 온갖 종류의 이상야릇한 보수주의적 독해를 촉발한『다크 나이트』처럼 디즈니/픽사의 『월-E』에서도 다시 그런 일이 벌어지고 있다. "이 영화는 어쩌면 역사상 가장 어둡고 냉소적인 고예산 디즈니 영화일 것"이라고 카일 스미스는 주장한다.[3] "아마 어떤 기업도 자신의 고객을

---

2 k-펑크 게시물에 웨인 웨지가 단 논평을 참조하라. "Bat Mailbag", k-punk, 11 August 2008, http://k-punk.abstractdynamics.org/ archives/010572.html(웨지는『다크 나이트』에 대해 이렇게 쓰고 있다. "자기 의식적으로 역사의 악몽을 들먹이는 수익성 있는 어린이용 아이콘. 우리 수백만 명이 모여 스스로와 논쟁하는 자신의 메타 상품을 관람하고, 재관람하고, 논의하고, 언쟁할 것을 요구하는 타임워너-AOL-핼리버튼-블랙워터-웨인 엔터프라이즈사").

모독하는 데 이토록 많은 돈을 쓰지는 않았을 것이다"(이 글에서의 내 주제와는 관련이 없기 때문에 여담으로 이야기하자면 폴 에드워즈는 귀중한 논평을 남겼다. "『월-E』는 자유주의적인 미래 전망이 성취되었을 때 어떤 결과가 펼쳐질 것인지에 관한 이야기다. 정부는 '행복 추구'만이 아니라 행복 자체를 제공하려는 목적으로 기업과 제휴하고, 이에 따라 자신의 삶을 유지하기 위해 정부에 의존하는 게걸스러운 시민을 만들어 낸다").[4]

소비주의에 대한 『월-E』의 공격은 쉽게 그것에 흡수된다. 카일 스미스를 역겹게 만든 그 "모독"은 의자에 묶인 채 컵에 담긴 유동식을 홀짝거리는 비만 상태의 어린 아이 소비자들로 그려진 인간의 이미지를 가리킨다. 거대 기업이 만든 영화가 그처럼 반소비주의적이고 반기업적인 메시지를 전달한다는 사실이 처음에는 전복적이고 아이러니해 보일 수도 있다(영화는 인간이 사는 환경인 지구를 파괴한 약탈의 주된 책임이 거대 기업 바이 앤 라지에 있다는 것을 분명하게 드러낸다). 하지만 반기업적인 수사를 관람객에게 오락거리로 되팔면서 그것을 손쉽게 소화할 수 있는 거대한 아이러니스트이기도 한 것이 바로 자본이다. 또한 내용의 층위에서 『월-E』는 자본 자체의 환상들이라 할 만한 것을 보여 줌으로써 자본주의 리얼리즘에 기여한다. 자본은 계속 무한히 팽창할 수 있고, 인간이 살아가는 지구 환경의 훼손은 결국엔 극복될 일시적인 문제며, 인간의 노동은 완전히 제거될 수 있다는(우주선 액시엄에서 인간은 전적으로 소비에

---

3   Kyle Smith, "WALL-E: A Gloom-E Satire", *Free Republic*, 27 June 2008, http://www.freerepublic.com/focus/f-chat/2037224/posts.

4   Paul Edwards, "WALL-E's Indictment of Liberalism", *Townhall*, 2 July 2008, https://townhall.com/Columnists/pauledwards/2008/07/02/wall-es-indictment-ofliberalism-n1062814.

몰두하고 있으며, 모든 노동은 자동 제어 장치가 담당한다) 환상
말이다. 인간의 노동은 오직 영화 말미에, 자본/액시엄이 지구를
테라포밍하기 시작할 때만 다시 등장한다.

『월-E』에는 또 다른 곤경이 있다. 이 영화는 폐허를 거니는
방랑자들이라는 허구 전통을 따른다(크리스토퍼 우드워드의
책『폐허 속에서』In Ruins, 2002를 참조하라). 그러나 어떤 면에서
『월-E』는 메리 셸리의 『최후의 인간』1826부터 리처드 매시슨의
『나는 전설이다』1954나 존 폭스의 '말 없는 남자'[5]에 이르는
포스트묵시록적 은자隱者들에 관한 이야기를 발전시킨 것이다.
『월-E』에서 혼자가 되는 것은 심지어 인간도 아니다. 그것은 마누엘
데란다가 상상한 모습과는 상당히 다른 로봇 역사가, 혹은 로봇
역사가라기보다는 파편 더미로부터 인간의 문화를 재구축하는
브리콜뢰르-유령론자다(이런 시나리오의 선구자는 지구에 홀로
남겨진 감성적인 컴퓨터 관점으로 쓴 게리 뉴먼의 노래「M.E.」1979로,
베이스먼트 잭스가「정신머리 챙겨」Where's Your Head at, 2001에서
샘플링한 그 트랙이다). 인간이 소멸한 세계를 조사한다는 이런
생각은 강력한 환상적 매력을 발산한다. 그런데 이런 환상이
언제나 깨지는 특정 지점이 있는 것처럼 보인다. 이런 전제에서
출발하는 허구들이 불가피하게 서사의 어떤 지점에 이르러 인간
세계를 복원하게 되는 것이다. 『월-E』가 이런 유행에 반대해야

---

5 〔옮긴이〕'말 없는 남자'는 뮤지션이자 작가인 존 폭스가 일찍부터
발전시킨 페르소나를 통칭하는 것으로 보인다. 폭스는 자신이 리더로 있던
밴드 울트라복스의 1978년 앨범에 복수로 쓰인「말 없는 남자들」The Quiet
Men이라는 노래를 수록한 바 있으며, 피셔가 이 글을 쓴 이후인 2009년에는
『말 없는 남자』The Quiet Man라는 앨범을, 2020년에는 동명의 소설집을 펴냈다.
무심하고 관조적인 태도가 특징이며 후기에는 주로 런던에 관한 이야기를
소재로 삼았다고 알려져 있다.

했다고 말하는 것은 분명 지나친 요구다. 하지만 인간이 나타나는 순간 이 영화가 엄청나게 퇴보한다는 점은 주목할 만하다(가장 최근의 것을 포함해『나는 전설이다』의 모든 영화 판본을 참조하라). 우리는 이런 결말에 모종의 구조적 필연성이 있는지, 이런 환상의 본성 자체에 다른 인간들의 복귀를 수반하는 무언가가 있는지, 혹은 이런 결말이 서사의 필요—한 명의 주인공만으로는 이야기가 유지될 수 없기에—에 의해 요구되는 것인지 등의 궁금증을 떠안은 채 남겨진다. 물론『월-E』의 경우 영화 초반을 맡는 두 (비인간) 캐릭터가 존재하고, 생기 있는 발레처럼 펼쳐지는 로봇 로맨스는 무성 영화 시대의 영화를 상기시킨다. 비인간을 주인공으로 내세우는 영화는 헤아릴 수 없이 많지만, 그런 캐릭터들은 언어를 사용함으로써 실질적으로는 인간으로 표현된다. 반면 월-E와 이브는 언어를 결여하고 있기 때문에 확실히 비인간 주체처럼 보인다.『월-E』는 감질나는 영화다. 만약 이 초반부의 느낌이 인간들의 복귀로 인해 중단되지 않고 끝까지 이어졌다면 어땠을까?

『타이슨』리뷰

소문에 의하면 마이크 타이슨은『타이슨』2008을 처음 보고 제임스 토백 감독에게 이렇게 말했다고 한다. "그리스 비극 같네요. 유일한 문제는 제가 주인공이라는 점이고요." 이 영화는 고전적인 서사 구조를 갖고 있다. 장래성이 거의 없으며 이미 범죄적인 삶을 살고 있는 빈민가 출신의 한 아이가 있고, 희끗희끗한 머리칼의 권투 트레이너가 그의 재능을 발견한다. 이 아이는 역대 최연소 세계 챔피언이 된다. 시간이 지나고 이 모든 것이 붕괴해 쾌락주의, 방탕, 폭력으로 변해 간다. 궁극적으로 이 이야기의 구조는 비극적인 만큼이나 정신 분석학적이다(어쨌든 프로이트가 자신의 발견과 유사한 이야기를 찾기 위해 소포클레스와 아이스퀼로스를 택한 것은 헛수고가 아니었다). 익숙한 기승전결을 갖고 있지만 더욱 주목할 만한 (그리고 더욱 프로이트적인) 사실은 이 일이 다시 일어난다는 점이다. 타이슨은 헤비급 정상 자리로 돌아가기 위해 고군분투하고, 이후 망가진 생활과 자기 파괴에 또다시 굴복한다. 교과서적인 반복 강박 사례.

타이슨의 삶은 아버지의 부재 및 대리 아버지에 의해 형성되었다. 그는 자신을 받아들인 트레이너 커스 다마토의 도움으로 어쩔 줄 모르며 거리에서 생존하던 삶에서 구조되었다. 이후 그가 겪은 추락도 부분적으로는 다마토의 죽음이 촉발한 것이었다. 눈을 뗄 수 없는 이 영화에 등장하는 타이슨은 정신 분석학의 주체와 매우 유사하다. 카메라 앞에 선 그는 (화면

---

* "Review of *Tyson*", *Sight and Sound*, April 2009.

밖에서 분석가 역할을 하는) 감독이 구슬리는 대로 그 모든 성공과 트라우마를 다시 떠올린다. 영화는 아카이브 자료 화면과 타이슨 자신—자기 삶의 링 바로 옆에서 논평하는 해설자—이 들려주는 이야기로만 이루어져 있다. 전문가도 없고 이른바 중립적인 판단도 없이 인생에서 맞이한 두 차례의 비극을 이해하기 위해 노력하는 타이슨만이 있다. 이는 모종의 폐소 공포증적인 경험을 만들어 낸다. 토백은 타이슨의 목소리를 멀티 트랙으로 입히거나 화면을 분할하는 방식으로 이런 느낌을 증폭시키며, 때로는 냉정하게 자기를 인식하고 때로는 그 자신에게도 수수께끼로 남아 있는 분열된 인간이라는 인상을 그에게 부여한다.

이미 많이 잊혔기 때문에 타이슨의 이야기는 마치 처음인 양 우리를 흥분시키고 소름 끼치게 만든다. 깜짝 놀랄 만큼 빠른 속도로 등극한 세계 챔피언 자리, 잔혹하리만치 효율적인 승리의 연속, 세간의 이목을 끌며 파경에 이른 로빈 기븐스와의 결혼 생활(타이슨은 이 배우가 자신을 비방하는 동안 꼼짝 않고 토크쇼 의자에 앉아 있다), 강간 유죄 판결과 그에 따른 징역형, 이슬람으로의 개종, 이밴더 홀리필드의 귀를 깨문 사건 등 『타이슨』은 반쯤 망각된 이 이미지들에 새로운 내밀한 관점을 제공한다.

이 정도 되는 스포츠 스타들은 집단적인 환상과 투사의 대상이 될 수밖에 없고, 개인적인 이야기라고는 해도, 또 타이슨을 지켜본 후 아무런 가상 없이 권투보다 더 외로운 스포츠는 없다고 생각하게 된다고 해도 타이슨 이야기는 한 시대와 문화에 대한 것이기도 하다. 타이슨을 무하마드 알리와 비교해 보자(알리의 신화는 『우리가 왕이었을 때』1996와 『알리』2001에 다시 등장해 검토되었다). 육체적이고 언어적인 우아함을 갖춘 알리는 블랙 파워, 팬서스, 맬컴 X, 슬라이 스톤과 제임스 브라운의 시대에 속한 권투 선수였다.

반면 핏불테리어 같은 타이슨의 무자비함은 레이거노믹스의 각자도생 에토스나 권력 의지로 충만한 랩 배틀과 상통하는 모습을 보였다. 그의 슬로건은 "지는 것을 거부한다"였다(이는 이후 퍼블릭 에너미의 역사적인 곡「테러돔에 온 걸 환영해」1990의 핵심 구절이 된다). 오직 의지의 힘으로 적수들을 압도하는 것이 목표였고, 화려했던 시절에 타이슨은 강철 의지를 구현한 듯 보였다. 그는 굶주린 투견처럼 자신의 코너에서 나와 순식간에 상대가 인사불성이 되도록 공격했다. 낭비 동작이 전혀 없었고 과시하거나 시선을 끌려고도 하지 않았다.

부분적으로 이는 타이슨이 실존적인 이유뿐 아니라 육체적인 이유로도 낭비할 시간이 없다고 느꼈기 때문이다. 그는 유년기 이후로 호흡기 질환을 앓았고 시합이 끝까지 간다면 힘겨운 싸움이 될 것임을 알고 있었다. 신속하고 강렬한 승리 탓에 그의 공격이 얼마나 정확한지는 흔히 간과된다. 우리는 그의 승리가 순전한 육체적 힘의 문제만이 아니었음을 알게 된다. (조이스 캐럴 오츠가 "해부학의 대가"라 표현한) 다마토는 그에게 어느 신체 부위를 때려야 최대한의 손상을 입힐 수 있는지 가르쳤다. 경기 장면을 보면 타이슨은 언제나 상대편에 비해 작아 보인다. 1986년의 한 글에서 오츠는 이렇게 썼다. "5피트 11인치의 타이슨은 헤비급으로는 작은 편이고 눈은 더 작다는 인상을 준다. 222.25파운드에 근육으로 조각된 그의 신체는 야수처럼 다부지게 압축된 것만 같다."[1] 그는 이런 다부진 몸집을 언제나 자신에게 유리하게 전환시켰고, 키가 더 큰 남자들을 레이 해리하우젠[2]풍의

---

[1] Joyce Carol Oates, "Kid Dynamite: Mike Tyson is the most exciting heavyweight fighter since Muhammad Ali", *Life*, March 1987.

[2] 〔옮긴이〕 미국의 시각 효과 제작자. 다이너메이션dynamation으로 불리는 스톱 모션 애니메이션 특수 효과로 유명하다.

육중한 모형물처럼 보이게 만들었다.

그의 말을 듣다 보면 싸움 기계로서의 타이슨과 화자로서의
타이슨의 대조로 인해 줄곧 놀라게 된다. 으스대는 데 없이
조심스럽고 발음이 불명확한 그의 목소리는 특이한 감수성을
암시한다. 앞선 장면에서 그런 감수성이 시합 모습과 대비되었다면
이제는 그의 나이 든 얼굴 및 퀴퀘크[3]처럼 새긴 얼굴 문신과 기묘한
대조를 이룬다. 그렇지만 타이슨이 만든 과도한 근육질 신체가
부분적으로 이런 민감한 핵심을 보호하기 위해 구축된 일종의
외골격이라는 것도 분명해진다. 타이슨은 어느 누구도 다시는
자신을 때릴 수 없으리라는 것을 처음 깨달은 시기를 떠올릴 때
머뭇거리며 시간을 끈다. "오, 그건 말 못 하겠어요." 그러곤 한참
말을 멈춘 후 "내가 그들을 죽일 테니까"라고 덧붙인다. 이 영화의
리듬을 지배하는 것은 타이슨이 언어와 맺는 불안정한 관계,
들쭉날쭉한 그의 언어 표현이다. 가끔 그는 과거의 주먹만큼이나
빠른 말투를 내보인다. 프로모터였던 돈 킹에 대한 그의 재미난
공격—"진절머리가 날 정도로 끈적끈적하게 구는 파충류 같은
개자식"—은 링 위에서 상대했던 자들에게 그랬던 만큼이나
날래고 가차 없다. 다른 대목들에서는 이 단어들이 그를 피하거나
그가 그것들을 피한다. 하지만 정확히 정신 분석학이 가르쳐 주듯
우리는 이런 생략된 말, 아무것도 말하지 않는 문장, '잘못된' 단어
선택 등이 투명하게 명료한 순간들보다 더 많은 것을 말해 주리라고
짐작할 수 있다. 무의식이 말하고, 제임스 토백은 그것을 듣고
기록하는 특출한 재능을 입증해 보인다.

---

3 〔옮긴이〕허먼 멜빌의 『모비 딕』에 등장하는 원주민 작살잡이로
온몸에 문신을 하고 있다.

"인간들이 어머니 지구를 죽였어요"
이데올로기적 징후로서『아바타』

『아바타』2009를 보면서『처음에는 비극으로, 다음에는 희극으로』에서 지젝이 말한 내용이 계속 떠올랐다. 자본주의가 잘한 일 하나는 어머니 지구를 파괴한 것이라는 주장 말이다. 우리는 영화의 어느 지점에서 "인간 세상은 푸르지 않습니다. 인간들이 어머니 지구를 죽였어요"라는 엄숙한 얘기를 듣는다.『아바타』는 어떤 면에서 제임스 캐머런 감독의『에일리언 2』1986가 역전된 영화다. 비릴리오가 주장하듯『에일리언 2』에 등장하는 "벌레-사냥"이 1차 걸프 전쟁에서 벌어진 대규모의 기계적 학살을 위한 일종의 리허설이었다면,『아바타』는 생태 문제에 대한 고압적인 설교이자 미국이 이라크와 아프가니스탄에서 불러들인 재난에 관한 우화다(『아바타』가 상당히 시대에 뒤처진 것처럼 보인다는 점이 주목할 만하다. 무력 충돌 장면은 1980년대의 사이버펑크가 로저 딘[1]의 그림이나 비디오 게임인『미스트』Myst 시리즈를 만난 것처럼 보인다. 군사 테크놀로지에 대한 캐머런의 영상화는『에일리언 2』이후로 전혀 발전하지 않았다). 영화 말미에 "외계인들"aliens이라고 묘사되는 것은 기업적이고 군사적인 이해 관계에 갇혀 있는 인간들이다. 하지만 이 영화에 '생경한 것'the alien이라곤 흔적조차

＊ "'They Killed Their Mother': *Avatar* as Ideological Symptom", k-punk, 6 January 2010, http://k-punk.org/they-killed-their-mother-avatar-asideological- symptom/.

1 〔옮긴이〕음반 커버 일러스트레이션으로 유명한 영국의 미술가.『아바타』가 그의 그림을 표절했다는 논란이 있었다.

없다. 컴퓨터 그래픽 이미지로 만든 화려한 볼거리가 대개 그렇듯이 영화는 망막에서 맹렬히 타오르지만 기억에는 별다른 흔적을 남기지 않는다. 그렉 이건은 『아바타』에서 감탄할 만한 것을 거의 찾지 못하지만 이 영화의 기술적 성취에는 경의를 표한다. "자신들의 구상을 스크린으로 옮긴 한 무리의 기술자와 시각 디자이너가 성취한 결과물은 픽셀 하나까지 완벽하며, 우리 뇌가 '그래, 이게 바로 진짜야'라고 생각하게 되는 지점을 정확히 짚고 있다."[2] 하지만 이것이 치러야 하는 대가는 이 영화를 허구로 대하고 몰입하기가 아주 힘들어진다는 것이다. 영화보다는 테마 파크의 놀이 기구, 후기 자본주의적 '체험'에 더 가깝다.

『아바타』의 또 다른 문제는 『월-E』와 관련해 『자본주의 리얼리즘』에서 언급한 것처럼 악한 기업을 내세워 반자본주의를 주장한다는 점이다. 캐머런은 언제나 할리우드식 반자본주의의 지지자였다. 『아바타』와 마찬가지로 『에일리언 2』와 『터미네이터 2』1991의 악당도 자신의 이해 관계에 매몰된 어리석은 기업이었다. 『아바타』는 어슐러 K. 르 귄 작품의 아류라 할 수 있다. 이 영화는 르 귄이 『세상을 가리키는 말은 숲』1976, 『빼앗긴 자들』1974, 『환영의 도시』1967 등의 소설에서 발전시킨 시나리오의 하급 버전으로 르 귄의 양가성이나 지성은 결여하고 있다. 테크놀로지 중심의 약탈적 자본주의와 원시적 유기체론 간의 대립 구도는 테크놀로지에 기반을 둔 현대적인 반자본주의의 가능성을 확연히 배제한다. 『아바타』가 이데올로기적 징후로 작용하는 것은 이런 가짜 대립을 제시할 때다.

영화에 등장하는 나비족과 그들의 세상인 판도라를 묘사할 때

---

2 Greg Egan, "Avatar Review", 20 December 2009, http://www.gregegan.net/ESSAYS/AVATAR/Avatar.html.

캐머런은 온갖 원시주의 클리셰를 건드린다. 우아한 푸른 피부를 가진 이 고결한 미개인들은 자신의 아름다운 세계와 일체를 이루고 있다. 이들은 생명의 흐름이 모든 곳에 스며든다는 것을 인식하고 있는 들뢰즈-스피노자주의자다. 가령 이들은 자연의 균형을 존중하며, 능숙한 사냥꾼이지만 먹잇감을 죽인 후에는 이 '형제의 영혼'에 감사를 표한다. 나무는 이들이 숭배하는 조상들의 목소리를 속삭인다(스티븐 랭이 연기한 반백의 대령은 나비족과의 충돌이나 그들의 활과 화살을 두고 『지옥의 묵시록』1979풍 논변—어떻게 판도라가 자신이 겪은 최악의 전쟁 경험이 되었는지에 관한—을 펼치지만 설득력은 상당히 부족해 보인다). 샘 워싱턴이 연기한 제이크 설리는 "우리에겐 그들이 원하는 게 아무것도 없다"고 나비족에 관해 결론을 내린다. 하지만 나비족은 예상대로 설리를 유혹하고, 설리는 빠르게 과거 지구에서의 삶과 관련된 "모든 것을 잊고"(설리가 전투를 치르다 부상 입은 적 있는 해병이라는 사실 말고는 우리는 그의 예전 삶에 대해 거의 아무것도 듣지 못한다) 나비족이 살아가는 방식의 온전함을 받아들인다. 설리는 자신의 아바타인 나비족 신체를 통해 이런 온전함에 다다른다. 여기서 온전함은 이중의 의미를 갖는다. 첫째는 설리의 아바타가 장애가 없는 신체라는 것이며, 둘째는 나비족이 (자기) 파괴적인 인간보다 본질적으로 더욱 '온전하다'는 것이다. '정말로' 나무를 껴안는 원주민이 되는 해병인 설리는 자신의 근대성을 부정하는 후기 자본주의적 주체성의 전형적인 사례다. 나비족에 대한 설리의—그리고 우리의—동일시가 나비족이 살아가는 방식을 불가능하게 만드는 바로 그 테크놀로지 발전에 의존하고 있다는 사실에는 놀랍도록 아이러니한 무언가가 있다.

이 영화의 한 가지 인상적인 특징은 인간 캐릭터들이 오랜 (물리적) 상처를 안고 있음을 설명하려는 반복되는 강박이다.

영화의 배경인 2051년의 테크놀로지 수준이라면 쓸 수 없는 설리의 다리나 대령의 흉터는 쉽게 고칠 수 있을 것이다. 하지만 각본은 두 인물이 각각 장애와 상흔을 그대로 안고 가는 이유를 알려 주는 방식을 택한다. 설리의 경우에는 의료적 치료를 받을 형편이 안 되기 때문이고, 대령은 "자신이 맞서 싸웠던 상대를 떠올리기를 좋아하기" 때문이다. 이런 설명은 분명 설득력이 없다. 서사적으로 불분명한 이 상처들은 영화가 자신의 디지털 **상상계**로 완전히 받아들일 수 없는 리비도적 잔여물로 설명될 수밖에 없다. 『아바타』는 자신의 테크놀로지적 스펙터클을 칭송하도록 우리를 초대하는 바로 그 순간에 근대적 주체성과 테크놀로지를 부인하려 애쓰지만 이 상처들이 그 시도를 방해한다.

자본주의 리얼리즘의 곤경에서 벗어나려면, 진정하고 진실로 지속 가능한 녹색 정치 모델을 마련하려면(지속 가능성은 단순히 천연 자원의 문제가 아니라 리비도의 문제다) 우리는 이런 부인을 극복해야 한다. 근대적 주체성의 출현을 위한 전제 조건이었던 모친 살해를 되돌릴 방법은 없다. 『처음에는 비극으로, 다음에는 희극으로』 중 내가 좋아하는 한 구절에서 지젝은 이렇게 말한다. "아르튀르 랭보의 말을 빌리면 공산주의 **이념**에 대한 충실성은 [⋯] 우리가 언제나 절대적으로 근대적이어야 하며, 자본주의 비판을 '근대의 도구적 이성'이나 '근대 기술 문명'에 대한 비판으로 왜곡하는 말만 번지르르한 일반화를 배격해야 함을 뜻한다."[3] 차라리 근대 기술 문명을 어떻게 다른 방식으로 조직할 수 있을 것인지가 쟁점이다.

---

3 Slavoj Žižek, *First as Tragedy, Then as Farce*, Verso, 2009, p. 97 〔『처음에는 비극으로, 다음에는 희극으로』, 김성호 옮김, 창비, 2010, 195쪽〕.

불안정성과 부성주의

엘리트주의(이번 주 찰리 브루커의 『뉴스와이프』에서 방영된 애덤 커티스의 영화[1]가 다루면서 화제가 되기도 한 주제)를 둘러싼 최근의 논란은 아직까지 대안적인 용어를 찾지 못해 나로선 '부성주의'paternalism라 부를 수밖에 없는 문제를 다시 생각하게 한다. 나는 이 논쟁에서 결정적인 것을 테일러 파크스가 음악 웹사이트 『콰이터스』에 기고한 가슴 뭉클한 글이 포착하고 있다고 생각한다. 트렁크 레코즈Trunk Records에서 낸 앨범인 『라이프 온 어스』Life on Earth, 2009[2]에 관한 글이다.

지금은 믿기 힘들겠지만 한때 BBC 방송에는 교양 계급의 풍요로운 문화를 공영 주택 단지나 공립 중고등 학교로 퍼뜨리는 부성주의적인, 거의 박애주의적인 무언가가 있었다. 이런 복음주의는 오물 속에서 살 권리가 오물 속에서 살지 않을 권리보다 더 크다고 믿는—어떤 이들에게는 후견인을 갖는 것이 야만적으로 사는 것보다 더 나쁜 일이다—자기 의식적인 룸펜 프롤레타리아트 옹호자들과는 잘 어울리지 못한다. 그런데

---

* "Precarity and Paternalism", k-punk, 11 February 2010, http://k-punk.abstractdynamics.org/archives/011486.html.

1 〔옮긴이〕리처드 닉슨, 미디어, 편집증 등의 문제를 다룬 애덤 커티스 감독의 단편 다큐멘터리 「편집증과 도덕적 공포」Paranoia and Moral Panics, 2010를 가리킨다.

2 〔옮긴이〕트렁크 레코즈는 상실되거나 접하기 어려운 과거의 음악 및 소리 등을 전문으로 다루는 영국의 독립 레이블이며, 『라이프 온 어스』 앨범은 1979년에 BBC에서 방영한 동명 시리즈의 사운드 트랙이다.

사람들은 자기가 좋아하는 것을 다른 사람들에게 아낌없이 건네는 이들의 동기에 대해서는 의심하지 않는 법이다. 또 BBC 방송이 때로 잘못된 가정에 기반하거나 정말이지 답답하다는 결점이 있었던 것은 사실이지만, 만약『라이프 온 어스』1979, 칼 세이건의『코스모스』1980, 제임스 버크의『커넥션즈』1978가, 혹은 BBC 아동 부서의 친절한 안내가 없었다면 길을 잃은 채 발을 동동 구르던 내가 어떻게 성장했을지는 생각도 하고 싶지 않다. 몇 년 전에 나는 채널 4에서 '청년 프로그램'을 책임지고 있는 남자들을 인터뷰한 적이 있다. 턱수염을 기르고 베레모를 쓴 이들은 바닥을 향한 자신의 경주가 고결한 십자군 전쟁이었다며 끝까지 우겼다. 그들은 BBC의 '친환경'eat-your-greens 접근 방식에 반대했으며, 자유와 약간 기이한 논조의 평등주의를 운운하며 영국 문화의 도관 속에 흐르고 있는 엄청난 폐수에 대해 말했다. 미래를 언급하며 큰소리로 떠벌렸지만 나는 질리는 기분이었다. 1960년대 후반에 BBC 2의 편성 책임자였던 데이비드 애튼버러는 특권적인 지위에도 불구하고 포용성에 대한 (지속적인) 믿음에 뿌리를 둔 다른 전망을 갖고 있었다. 텔레비전의 황금기라 불리는 이 시대는 얼마간 조잡하고 경박한 헛소리를 자랑거리로 삼기도 했지만—정말이지 그때는 그럴 수 있었다—최상의 순간에는 진정으로 역량을 북돋아 주었고 그 과정에서 우리는 어느 정도 용기를 얻을 수 있었다. 내 생각에 우리는 여전히 BBC 4 시청을 선택할 수 있지만(『NME』의 전직 작가들이 실실대며 머드 바지를 비웃는 또 하나의 쇼만 아니라면), 오늘날은 선택의 시대고 이 선택은 장기적으로 볼 때 자유와 거의 관련이 없다. 내가 그랬던 것과 달리 또 내 기억 속 동료들이 그랬던 것과 달리 더는 아무도 문화를 *마주치지* 못할 것이다. 이는 애석하다는 말로는 부족한 일이다.[3]

신자유주의가 성공적으로 도입한 특유의 논리를 상기할
필요가 있다. 우리는 사람들이 지성적이라는 듯이 대하는 태도가
'엘리트주의적'이며 사람들이 어리석다는 듯이 대하는 태도는
'민주주의적'이라고 믿기에 이르렀다. 문화적 엘리트주의에 대한
맹공이 물질적 엘리트의 공격적인 부활과 나란히 진행되었음은
말할 필요도 없다. 인용문에서 파크스는 부성주의를 사고하는
올바른 방식, 즉 (단순히) 규범적인 무엇이 아니라 선물과
놀라움이라는 측면에서 그것을 사고하는 방식에 관해 이야기한다.
최고의 선물은 우리 자신이 스스로 선택하지는 않았을—그것을
흘려 봤거나 거부했기 때문이 아니라 단순히 생각한 적이 없기
때문에—선물이다. 신자유주의적 '선택'은 우리를 스스로에게
가둬 놓는다. 우리는 이미 선택한 것의 여러 버전—사소한 차이가
있을 뿐인—사이에서 선택할 따름이다. 부성주의는 바로 다른
'우리', 아직 실존하지 않는 우리에 내기를 건다(이 모든 것은 J. J.
찰스워스가 현대 미술 학회의 운영 문제와 관련해 『뮤트』에 기고한
글에서 밝히고 있는 생각과 공명한다. 그의 글은 "청중이 원하는
것이야말로 학회가 해야 할 일"이라는 가정을 공격한다).[4]

신자유주의를 지탱해 온 것은 기업가주의 신화—BBC의
『디 어프렌티스』The Apprentice, 2004~나 『드래곤스 덴』Dragon's
Den, 2001 같은 프로그램[5]의 통속 경제학folk economics이

---

3 Taylor Parkes, "Review: *Life on Earth* Soundtrack", *Quietus*, 17
December 2009, http://thequietus.com/articles/03440-life-on-earth-trunk-
records-compilationreview.

4 J. J. Charlesworth, "Crisis at the ICA: Ekow Eshun's Experiment
in Deinstitutionalisation", *Mute*, 10 February 2010, http://www.
metamute.org/editorial/articles/crisis-ica-ekow-eshuns-experiment-
deinstitutionalisation.

전파에 한몫한—일지도 모른다. 하지만 우리 문화를 지배하는 그런 '기업가들'—빌 게이츠든 사이먼 코웰이나 던컨 배너타인이든[6]—은 새로운 제품이나 형식을 창안한 것이 아니라 그저 돈을 버는 새로운 방법을 고안했을 뿐이다. 그들이야 좋겠지만 나머지 우리가 감사할 일은 아니다(코웰의 천재성은 아주 오래된 문화적 형식을 새로운 상호 수동성 기계들과 결합한 데 있었다). 기업가주의에 관한 모든 허풍에도 불구하고 후기 자본주의 문화가 얼마나 리스크를 싫어하는지는 주목할 만하다. 이제껏 이보다 더 동질적이고 표준화된, 이보다 더 반복적이고 공포에 의해 주도되는 문화는 없었다.

조너선 로스[7]가 BBC를 떠난다는 발표가 나온 후에 케이틀린 모런이 쓴 글은 파크스의 글과 인상적인 대조를 이룬다. 「1,800만 파운드 계약 이후」라는 글에서 모런은 이렇게 쓰고 있다.

많은 사람이 한없이 조바심을 내며 BBC가 ITV 1의 임금과 경쟁하려 애써야 하는지를 묻는 글을 쓰고 있다. 하지만 진정한 물음은 '그렇게 하지 않는다면 BBC에 무슨 일이 일어날까?'다. 오직 BBC에 대한 순전한 사랑으로 일하며 ITV가 제시하는 두 배의 임금을 경건하게 거절할 사람들만 남는다면 BBC는 『데일리 메일』의 악몽인 유약한 자유주의적 중간 계급 좌파 기관으로

---

5 〔옮긴이〕『디 어프렌티스』와 『드래곤스 덴』은 자수성가한 사업가가 출연자들의 사업 아이템에 대한 평가나 여타 경쟁을 통해 투자 여부를 결정하는 리얼리티 프로그램이다.

6 〔옮긴이〕사이먼 코웰은 음악 프로듀서이자 유명 오디션 프로그램의 심사 위원이며, 던컨 배너타인은 『드래곤스 덴』에서 심사를 맡은 사업가다.

7 〔옮긴이〕영국의 방송인으로 2000년대에 『조너선 로스와의 금요일 밤』을 진행했고, 2010년에 BBC를 떠나 ITV로 옮겼다.

빠르게 변할 것이고, 내 생각에는 5년 안에 문을 닫을 것이다.

정말로 그럴까? ITV가 감당할 수 있었던 높은 임금은
방송의 질을 거의 보장하지 못했다. 그리고 로스가 "일본
애니메이션이나 떠들썩한 새 기타 밴드에 빠져 있는 약고,
신랄하고, 우스꽝스러운 괴짜 댄디"라는 점에서 우리와 같은
부류라는 생각은 신노동당만큼이나 진부하고 신뢰할 수 없는
어떤 '대안' 모델을 전제하고 있다. '재능'은 오직 돈에 의해 동기가
부여된다는 신자유주의의 논리를 모런이 완전히 받아들인다는
점에 주목하라(펑크를 배반하는 함의들과 함께 '재능'이라는 개념이
귀환한 것은 지난 10년 동안 가장 두드러진 문화적 징후였으리라.
한편 은행가들에게 이 단어를 적용하는 것은 가장 역겨운
농담이었다).

　　모런이 시사하듯 이제 BBC의 진정한 경쟁자는 병들어 있는
ITV가 아니라『데일리 메일』과『뉴스 인터내셔널』임이 분명하다.
사납게 가속화될 뿐인 맹공에 맞서 공영 방송이 자신을 방어하려면
로스의 성적인 암시, 힙한 것의 재탕, 때때로의 말재간 이상의 것이
필요하다(『데일리 메일』이 애튼버러 같은 인물을 공격하는 것은
로스나 그레이엄 노튼 같은 장사치를 공격하는 것보다 훨씬 힘든
일이다. 그런데 애튼버러도 과연 로스의 1,800만 파운드에 맞먹는
돈을 받았을까?). 공금이 프로그램 진행자나 경영진의 터무니없는
임금에 쓰이는 것은 정당화될 수 없다. 게다가 그런 식으로 공금이
쓰인다면 신자유주의의 헤게모니에 결정적인 역할을 해 온 부정적
연대negative solidarity[8]를 유지하는 것이 전부인『데일리 메일』의
의도에 놀아나는 셈이 된다. 구식이라 불러도 상관없지만 오직
BBC에 대한 순전한 사랑으로 일하는 사람들만이 그곳에 남아야
한다고 나는 굳게 믿는다. 나아가 돈이라는 동기는 고위 공직자

임명을 받지 *못하게 하는* 근거가 되어야 한다. 그로테스크하게 들릴지도 모르지만 이는 저임금을 옹호하는 주장이 아니라 공공 부문에서 돈이 보다 공평하게—그리고 창조적으로—재분배되어야 한다는 주장이다. 로스에게 지급될 1,800만 파운드가 영국 텔레비전의 가장 취약한 부분인 작가들에게 과감하게 쓰인다고 생각해 보라. 우리는 *수년 동안 많은* 작가에게 상당한 임금을 지불할 수 있을 것이다… BBC는 즉각적인 성공을 거두어야 한다는 압력에 맞서 창조적인 직원을 보호하는 완충 장치 역할을 해야 한다. 사람들의 가장 큰 동기가 두려움과 돈에 있다고 주장하는 신자유주의의 논리와는 반대로 특정한 문화적 기업가주의를 촉진하는 것은 바로 그런 완충 장치다.

결국 사람들은 돈을 벌지 못하거나 적은 보수를 받더라도 가치 있는 일을 할 것이다. 웹 2.0의 흥미로운 이면이 바로 이것이다. 공허한 '논쟁들'이 아니라, 블로그에 글을 쓰고 유튜브에 자료를 올리며 위키피디아를 업데이트하는 일의 중요한 동기인 공유 충동 말이다. 어떤 것이 다중의 작품이라면 그것은 유튜브가 보여 주듯 샐비지펑크salvagepunk[9] 아카이브와 비슷한 무엇이라 할 수 있다.

---

8 Alex Williams, "On Negative Solidarity and Post-Fordist Plasticity", *Splintering Bone Ashes*, 31 January 2010, http://splinteringboneashes. blogspot. co.uk/2010/01/negative-solidarity-and-post-fordist.html.

9 〔옮긴이〕에번 콜더 윌리엄스와 차이나 미에빌이 만든 용어다. '사이버펑크'와 '스팀펑크' 등을 변주하는 이 용어는 소비 사회의 쓰레기들이 애초의 목적과는 다른 용도로 재활용되는 환경을 담은 포스트묵시록의 한 장르를 가리킨다. 피셔는 샐비지펑크의 재전유 과정이 그 폐기물-객체의 고유한 속성을 간직한다는 점에서 언제나 교체 가능한 기호들로 이루어진 포스트모던한 혼성 모방의 대척점을 이룬다고 주장했으며, 이 용어를 '유령론'과 '가속주의'의 '잃어버린 연결 고리'로 설명하기도 했다. Mark Fisher, "Desecration Row", *Wire*, 319, September 2010, p.46. https://reader. exacteditions.com/issues/7475/page/46.

자본주의 리얼리즘이 아주 불완전하게만 상품화될 수 있는 새로운 문화 형태들의 출현과 공존한다는 것은 흥미로운 일이다. 어떤 층위에서 상품화는 총체적이며, 제러미 리프킨의 말을 빌리면 삶 전체가 유료 경험이 되었다. 하지만 실질적으로 탈상품화되고 있는 문화 영역들도 있다(*어떤* 음반이 됐든 10년 후에도 팔릴 것이라고 진지하게 믿는 사람이 있을까?). 이는 문화 노동자로서 내가 과장 없이 양가적인 감정을 느끼는 어떤 것이다… 더 이상 돈을 벌 수 없는 순간에 이른 어떤 것들에서 나는 성공을 거둘 수 있을 것 같다…

일주일 정도 전에 더블린에서 『자본주의 리얼리즘』에 관한 대담을 나누고 있을 때 방청객 중 한 명이 이렇게 물었다. 정규직을 그만두고 프레카리아트가 되는 편이 더 낫다는 것을 내 상황이 보여 주었는데도 내가 공공 서비스 노동자에 관해 말하는 이유가 뭐냐는 것이었다. 이는 표면적으로는 합리적인 물음이었는데, 연장 교육 학교 교사직에서 정리 해고를 당한 후에도 나는 꽤 잘해 오고 있었기 때문이다. 하지만 어떤 측면에서 내게 일어난 일이라고는 공공 서비스 일터의 신관료주의적 스트레스가 고도로 불안정한 상황의 영구적인 불안으로 바뀌고 그 과정에서 내 수입이 엄청나게 줄었다는 것이 전부다. 부정적 연대가 실행되는 방식 중 하나는 정규직 직원과 불안정 노동자 간의 대립을 악용하는 것이다. 정규직 직원들이 고용 안정성(이라고 생각하는 것)을 유지하기 위해 침묵을 지키는 경향이 있는 반면 소모품처럼 여겨지는 불안정 노동자는 힘이 전혀 없다. 얼마 전에 토비아스 판 페인은 자신의 불안정 노동 경험을 아주 설득력 있게 들려주었다.

노동자는 아이러니하면서도 엄청난 타격을 입는 요구에 직면한다. 일은 절대 끝나지 않는 반면(가령 항상 연락을 받을 수

있어야 하고, 언제든 일할 준비가 되어 있어야 하며, 사생활이나
다른 요구를 내세워서는 안 된다) 우리 노동자는 완전히
소모품처럼 버려질 수 있다(그렇게 프레카리아트의 일원이
되며, 또 일자리를 지키려면 일에 대한 자율권을 완전히 포기해야
한다).〔…〕상시 대기 상태의on-call 존재론 혹은 수요 기반on-
demand 현존재라는 오늘날의 조건은 스트레스의 감정 경제를
양산한다. 이런 즉각적 요구의 압력하에 살다 보면 정말이지
극심한 스트레스에 시달리게 된다. '일'과 구별되는 '삶' 자체를
완전히 와해시키지 않고서는 일터의 요구에 결코 부응할 수 없는
상황에서 삶은 일련의 공황 발작이 된다. 관리자 계급은 죄책감/
충성심 기법을 이용해 노동자들이 즉각적인 지시에 따라, 며칠
또는 몇 시간이 채 안 되는 스케줄에 맞춰, 임금 인상을 바라지
않고, 수당이나 보상도 없이, 무조건 최저 임금으로 노동하도록
강제한다.[10]

불안정 노동자는 이중으로 고통받는다. 고용 안정성을
보장받지 못할 뿐 아니라 동일하게 노동해도 정규직 직원보다
보수가 적으니 말이다. 연장 교육 학교에서 시간 강사로 일하다
정규직으로 전환되었을 때 나는 정확히 똑같은 일을 하고 있었으나
갑자기 한 달에 수백 파운드 더 많은 보수를 받았고 *게다가* 휴일에
대한 급여도 생겼다. 다시 프레카리아트가 되었을 때, 4월에 시작된
세금 연도 이후 내 총수입—수업, 감독, 저술, 편집 등의 활동 모두에
대한 수입으로 이 기간에 50시간 이하로 일한 주는 두 번이 될까

---

10   Tobias van Veen, "Business Ontology (or why Xmas gets you fired)",
Fugitive Philosophy, 29 December 2009, http://fugitive.quadrantcrossing.
org/2009/12/business-ontology/.

말까다―은 11,000파운드라는 웅장한 금액에 이르렀다. 계산해 보면 이는 최저 임금보다도 상당히 적은 금액이다. 내가 해 온 모든 일은 정규직이 아니라는 사실에 종속되어 있으며, 따라서 어떤 일에 대한 내 시간당 보수가 꽤 높아 보이더라도 실질적으로는 언제나 최저 임금으로 일하고 있는 셈이다(내가 쓴 글 대부분의 고료는 최저 임금 정도밖에 되지 않는다). 이 모든 일은 마감이 아무리 촉박해도 의뢰를 거절하기가 불가능한 상황에서, 또 사실상 언제나 대기 중이어야 하고 일거리를 계속 얻을 수 있을 것이라는 보장이 전혀 없는 상황에서 이루어진다. 내가 보일 필요가 있는 적극성에는 모종의 '창조성'도 포함되겠지만, 내 활동으로 돈을 벌 방법에 관해 '창조적으로 되는 것'이 내 시간을 가장 잘 활용하는 것처럼 보이지는 않는다. 단속적이고 단편적으로만 시간을 운용할 수 있는 불안정한 상황에서는 장기 프로젝트에 관여할 수가 없다. 보수를 바로 주는 일을 언제나 우선 처리할 것이기에 제로 북스에서 출간될 다음 책을 마치는 데 필요한 시간을 내기도 아주 벅차다. 하지만 정규직으로 일하더라도 또한 장기 프로젝트에 관여하기는 어렵다. 가령 『자본주의 리얼리즘』은 일과가 끝난 후나 주말에 쓴 책이다.

　이 모두에 대해 말하는 것은 공감을 원하기 때문이 아니라― 나는 내가 엄청나게 운이 좋은 편이라 생각한다. 내가 하는 일을 통해 어떻게든 생계를 유지하고 있으니까―내가 처한 상황이 징후적이기 때문이다. 거금을 투자하는 비즈니스 존재론 주도의 문화 제공 모델이 끝난 지금 분명 문화 사업에 자금을 대는 더 좋은 방법이 있지 않을까?

선물의 반환
리처드 켈리의 『더 박스』

리처드 켈리의 『더 박스』2009가 유령론 영화라고 말하지는
않겠다. 하지만 이 영화는 고스트 박스Ghost Box[1] 같은 레이블이
기이한 것을 다시 꿈꾸는 방식과 일정한 친연성을 공유한다. 『더
박스』는 리처드 매시슨의 단편에 기초하고 있는데, 그는 고스트
박스가 시금석으로 삼는〔방송 및 영화 작가〕나이절 닐이 영국의
기이한 이야기 전통에서 갖는 지위와 유사한 지위를 미국의 기이한
이야기 전통에서 차지하는 인물이다. 닐과 매시슨 모두 기이한
이야기 고유의 특징이라 할 수 있는 장르 간 사이 공간—SF와 호러
사이—에서, 지금은 대체로 사라진 펄프 장르의 토대—페이퍼백,
텔레비전, B급 영화—위에서 작업했다. 매시슨은 아직 닐이 누린
작가auteur의 지위를 완전히 얻지는 못했으나, 이 사실은 작자
불명의 펄프 장인으로서 그의 매력을 더할 뿐이다. 가령 늦은
밤 텔레비전에서 우연히 접했는데 언젠가 본 적이 있는 것 같은
영화들—『놀랍도록 줄어드는 남자』, 『오메가 맨』1971, (최근에
그레이엄이 논한) 『듀얼』1971[2]—의 각본을 한 사람이 썼다는 것을

※　"Return of the Gift: Richard Kelly's *The Box*", k-punk, 14 April 2010,
http://k-punk.org/return-the-gift-richard-kellys-the-box/.

1　〔옮긴이〕영국을 기반으로 2004년에 만들어진 레이블. 주로 전후 영국
문화사에서 잊힌 음악 및 소리에 관심을 가진 아티스트로 구성되어 있으며
유령론 음악 경향을 대표한다.

2　Graham Harman, "*Duel*", Object-Oriented Philosophy, 8 January
2010, https://doctorzamalek2.wordpress.com/2010/01/08/duel/.

깨달을 때 우리는 특별한 기쁨을 느낀다(매시슨은 닐이 대본을 쓴
『퀘이터매스 앤드 더 핏』1967을 제외하면 아마 해머 영화사의 가장
위대한 영화일『더 데블 라이즈 아웃』1968 각본도 썼다).

　　『더 박스』는 많은 측면에서 닮은『야곱의 사다리』1990와
거의 비슷하게 1970년대를 배경으로 한 기이한 이야기다. 혹은
1970년대에 이미 존재하던 다수의 기이한 것을 한데 모은다.
『야곱의 사다리』나 많은 유령론 음악처럼『더 박스』는 특정한
*70년대의 결*을 포착한다.『더 박스』는 기이한 것의 부활revival보다는
다시 꿈꾸기re-dreaming처럼 느껴지는데, 부분적인 까닭은 일부
사람이 불평한 바로 그 비일관성 때문이다. 이는 특수한 유형의
'비일관성'이다. 다시 말해 단순히 일관성을 갖추는 데 *실패*한 것이
아니라 몽상적 (비)일관성—앞뒤가 맞지 않고 최종 해결에 이르지
못하지만 무의미로 해체되지도 않는—을 생성한 것에 가깝다.

　　꿈결 같은 분위기는 켈리가 자기 삶의 단면들을—아서
루이스와 노마 루이스 캐릭터는 켈리 자신의 부모에 기초하고 있는
듯이 보인다[3]—영화 안에, 디에게시스 안에 통합하는 방식으로
인해 강화된다. 그러나 기묘함에서 멀어지는『닥터 후』뉴 시즌 같은
데서 작동하고 있는 경향—기이한 것을 가족주의와 감상주의에
종속시키는—과 달리『더 박스』는 기이한 것을 가정으로 들여오며
다른 방향으로 나아간다. 텔레비전이 정확히 같은 일을 했듯이
말이다. 어쨌든 켈리의 가정 생활과 기이한 것은 별로 구분되지
않았을 성싶다. 바이킹호가 화성에 착륙했을 때 그의 아버지가
나사에서 일하고 있었음을 감안하면 그렇다.

　　3　리처드 켈리의 인터뷰를 참조하라. "Richard Kelly Cracks Open THE
BOX For Mr. Beaks!", *Aint It Cool News*, 18 June 2009, http://www.aintitcool.
com/node/41449.

『더 박스』는 1970년에 매시슨이 쓴 단편「버튼, 버튼」에
기반하고 있으며, 이 단편은 1985년에 리메이크된『환상 특급』의
한 에피소드로 각색된 바 있다. 더 정확히 말하면『더 박스』는
원작 이야기와『환상 특급』의 에피소드 모두를 어떤 모사된
꿈 작업—이 두 판본을 외삽하는 동시에 그것들을 불안정한
혼합물로 압축하는—의 요소들로 활용한다. 그 결과물은
데이비드 린치의『인랜드 엠파이어』2006와도 얼마간 관련 있는
미로 같은 구조다(말이 난 김에 덧붙이면『인랜드 엠파이어』는
『더 박스』만큼이나 섬뜩했던 가장 최근 영화다).『더 박스』는 미로
구조—다른 어디도 아닌 그 자체 속으로 더욱더 깊이 끌고 들어가는
절대적인 미로—와 딜레마 구조—현실이 일련의 괴리로 분해되는
것처럼 보이는—의 긴장으로 정의할 수 있는 영화다.

우리는 영화가 작동하는 구별되면서도 연결되는 층위들의
경계를 정할 수 있다.

윤리적인 것

영화가 작동하고 있는 가장 단순한 층위, 영화가 진입하는
층위는 윤리적인 층위다.「버튼, 버튼」의 세 판본은 모두 하나의
딜레마를 중심에 두고 있다. 그것은 윤리적 딜레마라기보다는
윤리적 태도를 완전히 버릴 것인지 여부를 둘러싼 딜레마다. 잘
차려입은 이방인인 스튜어드 씨가 루이스 부부를 찾아와 위쪽에
버튼이 달린 상자를 선물한다. 스튜어드는 부부에게 버튼을 누르면
큰 돈(영화에서는 100만 달러로 제시된다)을 받지만 대신에 그들이
알지 못하는 누군가가 죽을 것이라고 전한다. 세 판본 모두 아내가
버튼을 누르기로 결심한다. 여기서부터 각 판본이 갈라진다.
매시슨의 원작 이야기에서는 노마가 버튼을 누르고 이후 남편의
죽음에 대한 보상 보험금을 받는다. 모르는 사람이 죽는다고 하지

않았냐며 그녀가 항의하자 스튜어드는 이렇게 반문한다. "당신은 정말로 남편을 알았나요?" 매시슨이 아주 싫어했다고 알려진 『환상 특급』 판본은 다른 결말을 제시한다. 여기서 스튜어드는 돈을 건넬 때 비난조로 부부에게 이렇게 말한다. "당신들이 모르는 사람에게 그 돈이 넘어갈 것이라고 내 장담하죠." 『더 박스』는 이 판본의 이야기를 채택하지만 이는 영화의 시작, 말하자면 서막일 뿐이다.

의도하지 않은 결과

「버튼, 버튼」은 윌리엄 위마크 제이컵스의 단편인 「원숭이 손」1902을 업데이트한 것이 분명하다. 이 단편에 등장하는 가족은 원하던 돈을 얻지만 그 대가로 아들을 잃는다. 제이컵스의 단편은 그 자체로 소망 충족의 의도하지 않은 결과에 관한 옛 이야기에 기초하고 있다. 노버트 위너가 『신과 골렘 주식 회사: 사이버네틱스가 종교를 침해하는 지점들에 대한 논평』에서 언급했듯 그런 의도하지 않은 결과가 나오는 이유는 이렇다. "마법은 특이할 정도로 축어적 이해에 기초해 작동한다. 만약 그것이 우리에게 어떤 것을 준다면, 그것은 우리가 요구해야 했던 것이나 우리가 의도했던 것이 아니라 정확히 우리가 요구한 것을 준다." "자동 장치의 마법, 특히 장치들이 학습을 하는 그런 자동 장치의 마법도 유사하게 축어적 이해에 기초한다"고 그는 덧붙인다.[4] 사이버네틱스 기계와 마찬가지로 소망을 충족해 주는 대상(원숭이 손)은 정확히 말하는 것 그대로를 가져다준다. 그런데 그것이 우리에게 주는 것은 우리가 원하는 것(혹은 우리가 원한다고 *생각하는 것*)이 아닐 수도 있다.

---

4 Norbert Wiener, *God and Golem, Inc.: A Comment on Certain Points Where Cybernetics Impinges on Religion*, MIT, 1963.

매시슨의 이야기가 제이컵스의 단편에 더하는 것은 인식의 문제다. 매시슨의 이야기는 '타인의 마음'이라는 오래된 철학적 문제를 도입해 결혼 생활에 적용한다. 우리와 가장 가까운 사람들조차도 궁극적으로는 우리가 결코 알 수 없는 불투명한 블랙박스와 같다는 것이다. 자연스럽게 이는 똑같이 오래되었으며 정신 분석학의 관점을 더한 자기 인식이라는 문제도 제기한다. 우리는 우리 자신에게서 소외되어 있으며 우리의 진짜 욕망은 우리 자신에게도 미지의 것일 수 있어 오직 실착 행동이나 꿈을 통해서만 나타난다는 것이다. 여기서 『더 박스』의 몽환적인 형식이 내용의 층위로 내려온다. 프로이트가 설명하는 꿈과 마찬가지로 상자가 우리의 소망을 충족해 주니 말이다. 매시슨의 이야기가 유도하는 대로 우리는 불가피하게 정신 분석학적으로 추측하게 된다. 이에 따르면 아내는 정확히 자신이 원하는 것을 **정말로** 얻은 것일지도 모른다. 즉 남편의 죽음이야말로 줄곧 그녀의 소망이었을 수 있는 것이다. 이런 의미에서 상자는 타르코프스키의 『잠입자』1979에 등장하는 '구역'과 비슷할 것이다. 잠입자 포르퀴파인은 죽은 동생을 되찾으려는 희망으로 소망 충족 구역으로 들어가지만 동생 대신 엄청난 부를 얻게 된다. 구역은 바로 그 비반성적인 자동성—포르퀴파인에게 정확히 그가 원하는 것을 주는—을 통해 그를 심판하고 책망한다.

정치적인 것

매시슨의 이야기가 「원숭이 손」에 또 더하는 것은 나쁜 결과가 의도하지 않은 일일 뿐 **아니라 다른 누군가에게** 일어날 것이라는 가정이다. 이 때문에 매시슨의 이야기는 제이컵스의 이야기보다 훨씬 더 고약해진다. 「원숭이 손」에 등장하는 가족이 어리석음과 탐욕에만 죄가 있다면 「버튼, 버튼」의 커플은 알면서도 다른 사람의 죽음을 부와 거래한다. 『더 박스』에서 이 설정은 유달리 충격적인데 노마 루이스와 아서 루이스 모두 '선한' 사람처럼 보이기 때문이다. 캐머런 디아즈가 연기한 노마는 특히 공감 능력이 뛰어나다. 그녀가 버튼을 누르게 된 것은 어쩌면 상자 자체의 해소되지 않는 존재론적 지위 때문일지도 모른다. 그것이 장난일 수도 있다는 생각(아서는 상자가 비어 있음을 밝혀낸다)에 노마는 일종의 물신주의적 부인을 하게 된다("진짜가 아닐 수도 있으니 해 보는 게 낫겠어"). 혼타고니스트Hauntagonist는 트위터에서 이렇게 말한다. "『더 박스』의 버튼은 상호 작용성이 불안과 물신주의적 부인을 만들어 내는 방식을 보여 주는 좋은 사례다. 디아즈는 믿지 않는다. 하지만 그녀는 '믿는다고 가정된 주체'가, 즉 대타자를 대리하는 알링턴 스튜어드가 믿고 있음을 믿는다."

여기서 우리는 윤리적인 것의 영역으로 되돌아간다. 하지만 이 윤리적인 것은 정치적인 것으로 흘러들어 간다. 버튼을 누르는 선택은 글로벌화와 기후 변화 시대에 특별한 힘을 갖는다. 우리는 우리가 타인의 고통 및 착취를 대가로 부와 안락을 얻었으며 우리의 가장 사소한 행동이 생태계 파국에 일조한다는 것을 안다. 그러나 우리의 행동을 결과와 연결해 주는 인과 사슬은 너무나 복잡해 그에 대한 지도를 그리기란 불가능하다. 그 인과 사슬은 우리의 경험뿐 아니라 모든 가능한 경험 훨씬 너머에 놓여 있다(따라서 통속 정치folk politics[5]는 부적합하다). 루이스 부부에게 실질적으로 요청되는 태도는 자신들이 이 인과적 매트릭스에 연결되어 있음을 긍정하는 것, 즉 세계와 세계성worldliness을 공식적으로 받아들이는 것이다. 이것의 의미는 오직 부정적 선택만이 중요하다는 것이다. 즉 버튼을 누르지 않는 것이야말로 오늘날 아무도 다다를 수 없는

---

5 〔옮긴이〕가시적인 문제에 대한 직접적인 해결을 지향하는 정치 형태.

자유(우리 모두 글로벌 자본주의의 매트릭스에 너무나 복잡하게 파묻혀 있기 때문에 그로부터 단순히 빠져나오기란 불가능하다)를 선택하는 일이 될 것이다. 이에 반해 버튼을 누르는 것은 자유를 포기하는 것, 맹목적 결정론을 선택하는 것이다.

실존주의적인 것

이는 켈리가 『더 박스』에 도입하는 가장 명시적인 상호 텍스트인 사르트르의 『닫힌 방』1944에 대한 논의로 이어질 수 있다. 『닫힌 방』은 『더 박스』 어느 곳에나 등장한다. 가령 고등 학교 교사인 노마는 이 희곡을 가르치고 있으며, 아서와 함께 이를 연출한 아마추어 연극 공연을 보러 간다. 루이스 부부의 선택이 얼마간의 개인적 수치에 그치지 않고 삶의 모든 측면을 감염시키고 파괴할 것임이 명백해지는 시점에 이르렀을 때 부부는 자신들의 승용차 앞 유리에 낀 성에에 '출구 없음'[6]이라고 적혀 있는 것을 발견한다.

『닫힌 방』의 반향은 명백하다. 더 이상 선택할 수 없는 사람들, 주체이기를 그친 사람들을 다루는 텍스트이기 때문이다. 살해당할 것이라는 두려움에 루이스 부부는 스튜어드가 상자를 자신들이 모르는 누군가에게 줄 것이라고 말하자마자 돈 가방을 즉각 돌려주려 한다. 그런데 공포는 노마와 아서가 이미 선택을 내렸고 이제 너무 늦었다는 데 있다. 그들은 이미 죽은 것(이나 마찬가지)이다. 선물을 반환할 방법은 없다.

놀랍게도 돈 가방은 즉시 탈승화된다. 켈리는 루이스 부부가 돈을 소비하는 모습을 담음으로써 이들의 불안이 향유를 잠식하도록 연출할 수도 있었을 것이다. 하지만 그 대신 가방은

---

6 〔옮긴이〕사르트르의 『닫힌 방』Huis Clos의 영어판 제목이 '출구 없음'No Exit이다.

곧바로 지하실에 던져지고 다시는 모습을 드러내거나 (내 생각에)
언급되지 않는다.

돈을 반환할 가능성은 없으며 버튼을 누른 선택을 무를 방도도
없다. 하지만 선택은 끝이 없다. 무한히 펼쳐지는 미로에 갇힌
아서와 노마는 계속해 더한 딜레마들에 맞닥뜨리지만, 이제 선택은
나쁜 것(연옥)과 더 나쁜 것(지옥) 사이에 있다. 혹은 두 개는 영원히
저주 속에서 살게 되고 한 개는 구원을 얻게 되는 세 개의 관문
중에서 선택하라는 제안을 아서가 받을 때처럼 이 딜레마들은
그로테스크한 게임 방송의 무작위성과 유사해진다.

종교적인 것

'구원'에 대한 언급은 영화에서 지속적으로 발견되는 종교적
맥락의 일부다. 생경한 **대타자**로서 스튜어드, 인간 존재의 도덕적
가치를 '연구'하며 그에 따라 인간을 판단하는, 나아가 파멸과
구원의 힘을 쥐고 있는 스튜어드는 신을 대리하고 있음이 분명하다.
하지만 그는 인간을 **유혹하**는 사탄의 역할 또한 맡고 있는 신이다.

SF와 음모

(외계의) **대타자**, 안다고 가정된 주체로서 스튜어드의 자리는
외계인에 대한 사르트르의 논의와도 얼마간 공명한다. 인피니트
소트는 이렇게 서술한다.

사르트르는 1960년부터 출간하기 시작한 미완성 대작인
『변증법적 이성 비판』 말미에 갑자기 화성인을 논하기 시작한다.
"오래전부터 행성 간 항법 기술을 알고 있었던 〔…〕 화성인의
입장에서 보면 우리는 〔…〕 특정 상황으로 인해 과학과 지성의
발전이 뒤처진 동물 종이다. 〔화성인은—인피니트 소트〕이 저발전

행성의 거주자들이 특정한 목적을 지향하는 특정한 행동 패턴을 갖고 있음을 알아차릴 것이다. [⋯]" 가설상의 화성인이 특정한 과학 수준(여기서는 고도로 높은 수준일 것이라고 가정된다)에 있을 것이기 때문에, 인간의 지식 수준이 이 외계인에게 노출될 때 우리는 하나의 종으로서 우리가 알지 못하는 것을 먼저 알고 있는 외부 행위자라는 개념 영역에 들어서게 된다. 즉 화성인이 인간 집단 전체의 대타자 역할을 맡게 되는 것이다. 대타자 화성인이라는 이 한계 사례는 사르트르식으로 말하면 "우리 오성의 깊은 불투명성이자 어둠, 우리 마음속 내면성에 대한 부정"이 된다.[7]

『더 박스』는 음모 영화에 대한 참조로 가득하다(나아가 리메이크된 『신체 강탈자들의 침입』[8] 이후로 가장 섬뜩한 편집증적 장면들을 포함하고 있다). 스튜어드와 관련 기관들이 맺은 결탁의 전모는 영화 말미에 이르러서도 여전히 불분명한 채로 남는다. 나사, 바이킹호, 스튜어드의 연구 프로젝트를 연결하는 실마리들은 너덜하게 풀려 소문과 추측으로 남는다. 미로는 끝이 없다.

---

7 니나 파워의 '인피니트 소트' 블로그는 더 이상 온라인에서 이용할 수 없다. 또한 다음을 참조하라. Jean-Paul Sartre, *Critique of Dialectical Reason*, Book III, Routledge, 2000, p. 320(『변증법적 이성 비판: 실천적 총체들의 이론』 3권, 박정자, 변광배, 윤정임, 장근상 옮김, 나남, 2009, 493~495쪽).

8 [옮긴이] 원작은 미국의 SF 및 스릴러 작가 잭 피니의 1955년 작인 『신체 강탈자들』로(한국어판은 『바디 스내처』, 강수백 옮김, 너머, 2004) 이듬해 『신체 강탈자들의 침입』(돈 시겔 연출)으로 영화화되었으며, 이후 1978년(필립 코프먼 연출, 『신체 강탈자들의 침입』), 1993년(아벨 페라라 연출, 『신체 강탈자들』), 2007년(제임스 맥티그 연출, 『인베이전』)에 세 차례 리메이크되었다.

사회에 기여한다는 것

『베니핏 버스터즈』Benefit Busters, 2009의 스핀 오프인『더 페어리 잡마더』The Fairy Jobmother, 2010는 원작보다 훨씬 더 유해한 프로그램이다.『베니핏 버스터즈』를 볼 때 시청자들은 제목[1]과 상관없이 '사람들을 다시 일하게' 하려는 정부 정책에 비판적인 판단을 내릴 수 있었다. 헤일리 테일러가 진행자로 출연한『베니핏 버스터즈』첫 화는 리얼리티 오디션 프로그램의 음침한 패러디처럼 보였다. 이 프로그램이 승자에게 수여하는 상이란 100만 파운드짜리 앨범 계약이 아니라 할인 매장인 파운드 랜드에 가채용되어 무보수로 일하는 것이었으니 말이다. 테일러는 냉소적인 이데올로기 창조자보다는 어수룩한 이데올로기 신봉자에 가까웠고, 하나 마나 한 충고("면접 전에는 이빨을 닦으세요")를 던지는가 하면 자신이 마구 내뱉은 뉴 에이지 심리학 용어들을 곧이곧대로 믿는 것처럼 보였다. 일부 여성은 6주간의 '과정'을 밟은 후 확실히 더 행복해했다. 하지만 그것은 그들이 파운드 랜드에 취직했기 때문이 아니라 더 이상 집에서 고립된 채 지내지 않아도 되었기 때문이다. 한편 이 프로그램은 테일러가 일하는 컨설턴트 회사 A4E[2]의 사장인 에마 해리슨의 집을 공개했다. 해리슨의 집을 저택이라고 말하는 것은 대단히 절제한 표현일 것이다.[3] 테일러 같은 A4E의 직원들은 '차 한잔과

---

* "Contributing to Society", k-punk, 4 August 2010, http://k-punk.org/contributing-to-society/.

1 〔옮긴이〕benefit busters를 우리말로 번역하면 '복지 수당을 막는 사람들' 정도가 될 것이다.

수다'를 목적으로 해리슨의 집에 초대받았는데, 해리슨이 *격식에* *전혀 얽매이지 않는 사람이며 직원들에게 피드백받는 것을 좋아하기* 때문이다. 극도의 부유함을 뽐내는 해리슨의 집을 보고 있으면 정부를 등치는 진짜 기생충이 누구인지 의문을 갖지 않을 수 없다. 훌륭한 블로그인 워칭A4E WatchingA4E는 A4E가 부리는 책략의 실상을 폭로하는 중요한 작업을 하고 있다. 이 블로그의 첫 화면에는 해리슨을 묘사한 인용문이 나온다. "에마의 접근 방식은 사람들과 함께 일하는 것입니다. '저는 사람들 곁에서 걸으며 그들의 손을 잡습니다. 우리는 그들과 함께 여행을 떠나고 이 여행에서 그들은 삶을 변화시킬 일자리를 얻게 됩니다.'"[4]

『베니핏 버스터즈』의 다음 화들은 시청자로 하여금 사람들을 다시 일하게 하려는 정부 계획에 더욱 부정적인 견해를 갖게 했다. 우리는 장기 실업자들이 실업 급여도 없이 며칠밖에 일할 수 없는 일자리에 강제적으로 참여하면서 냉소하는 모습을 지켜봤다. 또 창문에서 낙상한 후 심각한 허리 부상을 입은 가난한 청년이 업무 능력이 뛰어나다고 칭찬받는 모습도 봤다. 재취업 "여행"을 아무런 아이러니 없이 리얼리티 TV 형식으로 제작한 『더 페어리 잡마더』는 이런 비판적 시각을 완전히 결여하고 있었다. 디지털 벤Digital Ben은 이렇게 표현한다.

이 방송의 제목 자체가 마지막에 이르러 엄격히 한정된 결론들이 도출되리라는 것을 우리에게 알려 준다. 테일러의 조치는 실제로

---

2   예전에 '고용을 위한 행동'Action for Employment으로 알려져 있던 A4E의 상호명 '피플 플러스'PeoplePlus는 영국에 기반을 두고 '복지에서 노동으로' 정책을 추구하는 영리 기업이다.

3   Thornbridge Hall, http://www.thornbridgehall.co.uk/.

4   http://watchinga4e.blogspot.co.uk/2010/08/who-knows-best.html.

가족의 처지를 개선했다. 하지만 이런 '요정 같은 대모를 원하는 소망들'fairy godmother wishes은 기적적이고 예상할 수 없는 것, 정상적인 사물의 질서와 단절하는 것임이 분명했다. 그런 소망이 더 넓은 지평으로 퍼지거나 복지 체계의 일부로 구조화될 수 있으리라는 생각은 절대 고려되지 않는다. 노동 계급 실업자 대다수는 스스로의 노력으로 일어설 수 있을 것이라고, 아무런 외부의 도움 없이도 미니 헤일리가 될 수 있고 충분히 중요한 인간이 될 수 있을 것이라고 여겨진다. 그렇다면 이 방송의 교훈은 정확히 무엇일까? 우리를 도와줄 수 있는 유명하고 연줄도 든든한 채용 전문가가 있어야 일자리를 쉽게 구할 수 있다는 것일까? 충격적인 일이다. 심지어 우리는 만약 테일러가 다음 주에 가족을 위한 일자리를 구하지 못한다면 비난의 화살이 그 가족을 향할 것이라고 예상할 수 있다. 체계에 대한 분석은 전혀 없다. 비난은 전적으로 개인들(과 그 가족)에게 쏟아진다.[5]

알렉스 윌리엄스가 부정적 연대라고 부르는 것의 이면을 이루는 이 같은 복권 추첨식 사고 방식을 생산함에 있어 리얼리티 TV가 담당한 역할을 과소 평가하지 않아야 한다. 이런 프로그램이 끈질기게 던지는 메시지는 자기 계발에 오롯이 전념함으로써 *어떤* 상황이든 바로잡을 수 있다는 것이다(채널 4는 이런 방침에 저항하는 몇몇 프로그램을 내놓았다는 점에서 얼마간 인정받아야 한다. 가령 채널 4의 『병원』The Hospital, 2010이나 『우리의 마약 전쟁』Our Drugs War, 2010 같은 시리즈는 국민 보건 서비스NHS나

---

5   Digital Ben, "Fairy Jobmother Deconstructed", Third Class on a One Class Train, 24 July 2010, http://ridingthirdclass.blogspot.co.uk/2010/07/fairy-jobmotherdeconstructed.html.

마약과의 전쟁이 얼마나 절망적인 상태에 처해 있는지를 보여 준다. 『병원』은 영국 청년들의 암울한 초상을 전한다. 여기서 계급은 숨겨진 요인이다. 임신하거나 HIV에 감염되거나 칼부림 범죄에 연루되어 병원에 온 아이 중에 중간 계급은 없으니 말이다. 안전하지 못한 섹스의 영향을 다룬 첫 화에서는 반권위주의적인 반항이 자기 파괴적인 불신으로 표출되었다. "저 사람들은 저한테 이래라저래라 할 권리가 없어요", "전 이런 걸 해야 하는 사람이에요". 의무적으로 쾌락을 추구하지만 아무 즐거움도 느끼지 못하는 이런 자포자기 상태는 내가 『자본주의 리얼리즘』에서 말한 쾌락주의적 우울증의 이면이다).

『더 페어리 잡마더』 마지막 화에서 짜증을 불러일으킨 장면 중 하나는 테일러가 어떤 사람에게 재취업했으니 다시 "사회에 기여"할 수 있게 되었다고 말하는 순간이었다(트위터에서 이를 언급한 것이 계기가 되어 나는 이 출연자[6]와 짧게 언쟁을 주고받았다. 그는 이렇게 말했다. "당신은 원하는 것을 할 수 있지만 내 돈으론 어림도 없어요. 당신은 일할 생각이 없나 보군요. 그럴 수 있죠. 다만 내게 기여를 기대하지는 마세요"). 마치 유급 노동이 아니면 "사회에 기여"할 다른 방법이 전혀 없다는 듯이(무보수로 이루어지는 기여들의 가치에 관한 것이 아니라면 **큰 사회론**Big Society이란 무엇인가?), 직업을 가진 사람들이 여러 방면에서 무보수 노동을 하는 사람들에게 의존하고 있는 것이 사실이 아니라는 듯이…

내가 아는 많은 사람과 마찬가지로 나는 20대를 대학원과 실업 상태를 오가며 보냈다. 그 과정에서 무의미하고 의욕을 꺾는 수많은 '재취업 지원' 정책을 만났다. 학생이었을 때 평상시에 하던 일과 실업 상태에서 하던 일 사이에는 별 차이가 없었고,

---

6 다음을 참조하라. http://theviewfromcullingworth.blogspot.co.uk/.

당시에 하던 일과 지금 하는 일 사이에 엄청난 차이가 있는 것도 아니다. 그런데 이제 나는 '기여하고 있음'을 상당히 자신하고 있다. 그때는 아니었지만 말이다. 여러 이유로 20대 때 나는 취업하지 못할 것이라고 생각했다. 육체 노동을 하거나 매장에서 일하기에는 너무 허약했고, 대학 졸업 후 많이들 하는 일을 할 자신감도 없었다(졸업생을 상대로 한 채용 광고물은 나를 절망에 빠뜨리곤 했다. 분명 초인적인 사람만이 거기서 묘사되는 일을 할 수 있을 터였다). 어쨌든 일자리를 구하는 것이 중요함을 부인할 수는 없다. 내가 지금처럼 살 수 있는 것은 상당 부분 교사로 일하고 있는 덕분이다. 하지만 또한 중요한 것은 취업한 덕분에 노동을 *탈신비화*할 수 있었다는 점이다. 말하자면 '노동'은 나와 다른 존재론적 범주에 속한 사람들에게만 허용된 어떤 것이 아니었다(그렇지만 직업을 가졌다고 해서 그런 느낌이 바뀌지는 않았다. 우울한 일화가 많은데 당시에 나는 내가 *교사가 될 수 있는 사람이 아니라고* 확신했다).

파올로 비르노와 안토니오 네그리의 작업은 어떻게든 노동과 비노동의 구별을 약화시켰다는 점에서 확실히 중요하다. 포스트포드주의에서는 정확히 무엇이 비노동으로 여겨지는가? 조너선 벨러의 말을 빌려 "보는 것이 노동하는 것"이라면, 즉 주목attention이 곧 상품이라면 우리 모두 좋든 싫든 '기여하고' 있는 것 아닌가? 니나 파워는 이렇게 주장한다. "고용주들이 과거 여성 노동의 최악의 측면들—보수가 적고, 불안정하고, 복지 급여가 없는—을 가져와 최상위층—압도적으로 남성이며 불가사의할 정도로 부유한—을 제외한 거의 모든 이에게 적용한 것이나 마찬가지다." 실업/불완전 고용/영구적 불안정성이 우발적인 사태가 아니라 구조적으로 필연적인 이런 상황에서 복지 안전망이 필요한 이유는 어느 때보다 많다.

이쯤에서 곧 출간될 아이버 사우스우드의『끝없는 무기력』을
소개해도 좋겠다. 이 책은 '구직 활동'의 고통을 다루고 있다.
경험에서 나온 유머러스하고도 가슴 아픈 관찰 내용을 이론적
명민함과 결합하고 있는 이 책은 내가 가장 좋아하는 제로 북스
도서 중 하나다.『자본주의 리얼리즘』을 좋아하는 사람이라면
대부분 흥미롭게 읽을 수 있을 것이다(사실 아이버는 내가 건드리지
않은 자본주의 리얼리즘의 전반적인 차원에 관해 쓰고 있다). 두
단락만 살펴보자.

거의 달인이 된 구직자에게 끝없이 요구되는 무보수 의무
사항들은 1980년대에 '일자리를 달라'고 외치던 인물형—이들은
고용주를 예비 노동자와 가족의 물리적인 현실과 직접
대면시켰다—이 포스트모던하게 전도된 모습을 그에게
부여한다. 오늘날 구직자는 자신의 실업 상태를 선언하는 것이
아니라 오히려 무슨 외설적인 일이라도 되는 양 숨긴다. 직업
훈련 과정이나 자원 봉사 또는 어색한 미소로 나타나는 긍정성의
표출이라는 장막 뒤로 말이다. 그는 절박함에 비례해 점점 더
이런 은폐 작업에 공모하게 된다. 구직자는 자신의 취업 이력에서
비어 있는 모든 시간을 해명할 수 있도록 알리바이를 갖고 있어야
한다. 다른 한편으로는 가장 일상적인 경험이 개인적인 깨달음의
계기—"붐비는 카페에서 일한 덕분에 고객 서비스의 중요성을
제대로 배웠어요"—가 된다. 기술은 지식보다 더 값지다고
여겨진다. 직업과 무관한 자질은 내용이 비어 있지 않으면 오히려
약점이 된다. 가령 문학 학위가 값지게 여겨지는 것은 비판적
사유의 근거가 되기 때문이 아니라 지원자가 문서 작성 경험을
갖고 있음을 뜻하기 때문이다.
구직, 인적 네트워크 형성, 이력서 작성에 온 시간을 투자하느라

우리가 생각하지 못하고 있는 것은 무엇인가? 이런 것들 말고 우리는 어떤 흥미, 걱정, 환상을 갖고 있는가? 우리는 (자기 계발 매뉴얼 외에) 무슨 책을 읽어야 하며, 일 이외의 주제에 관해 동료나 친구와 어떤 대화를 나눌 수 있을까? 끝없이 신경을 건드리는 불안정한 상황에서 벗어난다면 현재의 일자리를 얼마나 다르게 인식하게 될까? 만약 우리가 구직자라는 우리 일을 그만둔다면 어떤 종류의 위험 공간이 열릴 것이며 우리 자신과 이 역동적인 체계를 어떤 위험에 빠뜨릴까?[7]

---

7   Ivor Southwood, *Non-Stop Inertia*, Zer0, 2010.

"긴장 풀고 그냥 즐겨라"
BBC에 내던져져 있음

나는 1981년 12월에 『아르테미스 81』Artemis 81이 처음이자
유일하게 방영되었을 때 이 영화를 봤다. 일관되지 않고 이해하기도
어렵게 느껴졌지만 기꺼이 세 시간 동안 자리를 지켰다.
『아르테미스 81』에 대한 인터넷 반응으로 미루어 볼 때 내 경험은
방학 때 방영된 이 영화를 나처럼 늦게까지 자지 않고 시청했던
아이들과 공통된 것이었다.

『아르테미스 81』은 『자본주의 리얼리즘』말미에서 내가
생각하고 있던 것 중 하나와 잘 맞아떨어지는 작품일 것이다.
거기서 나는 이른바 부성주의적인 미디어 시대가 음울하고 따분한
것과는 거리가 멀었으며 오히려 기이한 것의 온상이 될 수 있었다고
주장했다(고스트 박스가 중등 학교 교과서를 기이한 허구와 혼합한
것도 동일한 직관에 기반을 두고 있다).

『아르테미스 81』은 더 유명한 TV 드라마 『펜다의 늪지대』Penda's
Fen, 1974의 작가인 데이비드 러드킨이 썼다(『펜다의 늪지대』는
조만간 다른 게시물에서 다룰 생각이다). 거의 30년이 지나 다시
이 TV 영화를 보니 그렇게 어렵다는 인상은 아니었다. 단순한
마니교적 이분법(마니교는 『펜다의 늪지대』에서도 핵심 이정표
역할을 하는 주제 중 하나다)을 중심으로 구조화되어 있으며,
무사안일주의와 자기 몰입에서 벗어나 일종의 예언가적 신념으로

---

* "'Just Relax and Enjoy It': *Geworfenheit* on the BBC", k-punk, 4 August
2010, http://k-punk.org/just-relax-and-enjoy-itgeworfenheit-on-the-bbc/.

나아가는 신화적 여정을 보여 준다(『아르테미스 81』은 '신념으로의 도약'을 내내 강조한다는 점에서 『인셉션』2010과 흥미로운 병렬 관계를 이룬다. 한 장면에서 주인공은 성당 종소리에 몹시 긴장한 여성에게 "매달려 있지 말고 떨어져요"라고 말한다). 『아르테미스 81』시청이 여전히 생경하게 느껴지는 이유는 그것이 결여하고 있는 요소 때문이다. 이 영화는 시청자의 동일시를 낳기 위한 저 모든 전략—이제는 우리가 완전히 길들여져 있는—을 결여하고 있다. 연기 스타일은 장-마리 스트로브와 다니엘 위예의 영화에서 볼 법한 것만큼이나 브레히트적이다. 대화는 자연스럽지 않고 고도로 양식화되어 있다(이는 텔레비전 각본보다는 오페라를 떠올리게 한다. 게다가 여러 상호 텍스트 중에는 바그너도 있다).

DVD 해설에서 러드킨은 우리가 영화 시작 부분에 보고 있다고 여기게 되는 외계 행성이 내면 공간이라고 말한다. 우리가 내면 공간에서 언제 **빠져나가는지**는 전혀 명확하지 않다. 그렇지만 영화는 이 내면 공간을 발굴된 장소라고 부를 만한 곳들—가령 하리치의 여객선 터미널, 영화 촬영 기간에는 건설 중이었고 이제 지옥으로 가는 길목이 된 북웨일스의 발전소, 그리고 아마 가장 기념비적이라고 할 만한 리버풀 성공회 성당 내부(BBC 제작진은 이곳에 대한 사용 허가를 받았을 뿐 아니라 성당의 모든 좌석을 치울 수 있었고, 이에 힘입어 놀랄 만큼 몽환적인 이미지를 만들어 냈다)—안에 정초함으로써 엄청난 힘을 획득한다.

특히 한 시퀀스가 다른 모든 시퀀스보다 돋보인다. 내가 이제껏 영화에서 본 가장 충격적일 정도로 효과적인 꿈—혹은 악몽—시퀀스 중 하나며(확실히 이 장면은 『인셉션』에 등장하는 어떤 장면보다도 꿈의 지형들을 훨씬 잘 포착하고 있다) 또한 깊은 반향을 일으키는 디스토피아 이미지이기도 하다. 통속 소설 작가인 주인공 기디언 할랙스(하이웰 베넷)는 문득 자신이 정체불명의 도시에 와 있음을 깨닫는다. 전차에 탄 그는 스카프에 피를 토하는 폐결핵 환자들에게 둘러싸여 있다. 안개 낀 도시는 길거리 시장 같은 상업 활동으로 분주하지만 무장되어 있다. 누구도 영어를 쓰지 않는다. 그가 자신을 버린 수호 천사 헬리스(스팅이 연기했으나 집중하는 데 방해가 되지는 않는다)에 관해 물어보자 사람들은 웃음을 터뜨리거나 그를 책망한다. 확성 장치에서는 동유럽 언어처럼 들리는 안내 방송이 끊임없이 흘러나온다(사실 그것은 거꾸로 말해진 에스토니아어다). 지금 와 다시 보니 이 영화는 『블레이드 러너』와 『칠드런 오브 맨』을 예고하고 있었다. 해설에서 러드킨은 영화의 이 부분에서 하이데거의 '내던져져 있음'(피투성)Geworfenheit, throwness 개념을 조명하려 했다고 말한다. 그가 밝히길 영화에서 언급되지는 않지만 촬영장에서는 이 도시—실제로는 버밍엄과 리버풀을 합친—를 게보르펜하이트라 불렀다고 한다. 신화, 음악, 문학에 대한 명시적인 참조들 외에 숨겨져 있는 추가적인 상호 텍스트적 층위들도 있다. 『아르테미스 81』에 대한 다음의 논평 기사에서도 그런 예를 찾아볼 수 있다.

러드킨의 접근 방식과 (…) 관련해 많은 것을 알려 주는 한 가지 사소한 사실이 있다. 이 작품을 주도하는 신은 마고그Magog로 알려진 스칸디나비아의 여신이다. 하지만 눈썰미 좋은 시청자라면 주인공의 책상에 잠깐 등장하는 영국 지도에서 '고그 마고그 언덕'Gog Magog Hills을 볼 수 있을 것이다. 평범한 드라마 작가라면 아마 영국 신화에서 발견되는 이 다른 '마고그'를 중심으로 한 장황한 우회로를 포함시켰을 것이다.[1]

『아르테미스 81』이 그처럼 인상 깊은 까닭은 자신감 넘치는 태도로 *시청자를 내던져져 있음*의 자리에 서게 만들었기 때문이다.

『아르테미스 81』을 시청하고 그 뒤로도 결코 잊지 않았던 그 모든 아이가 입증해 주듯 우리가 이해할 수 없고 따라서 나름의 방식으로 이해할 수밖에 없는 것들 한가운데에 내던져짐으로써 얻게 되는 *향유*가 있다.

오늘날 BBC가『아르테미스 81』같은 작품의 제작을 의뢰하는 것—방영하는 것은 말할 필요도 없고—은 거의 상상도 할 수 없는 일이 되었음이 분명하다. 나는 다음과 같은 필립 챌리너의 생각에 전적으로 동의한다. "『아르테미스 81』은 견고한 전문성이나 좋았던 옛날의 스토리 텔링보다 흥미로운 허세가 훨씬 만족스러울 수 있음을 보여 주는 찬란한 사례다."[2] 70년대의 많은 문화처럼(실제로 『아르테미스 81』은 1982년경에 끝난 '장기 70년대'에 속한다) 『아르테미스 81』은 허세를 예언가적 힘으로 사용한다. 음악에 비유하면『아르테미스 81』은 프로그레시브 음악의 과도한 야심을 포스트펑크의 무정한 밸러드주의와 결합한다. 이 영화는 본질적으로 펄프 모더니즘적이다.『제7의 봉인』1957이나 칼 테오도르 드레이어뿐 아니라『더 데블 라이즈 아웃』도 참조되고 있다.

우리가 되찾고 방어해야 할 것은 현재 운영되고 있는 그 기관이 아니라 바로『아르테미스 81』을 제작하고 방송했던 BBC다. 포퓰리즘과 엘리트주의의 대립은 신자유주의가 조장한 것이며 둘 중 어느 한편에 서는 것은 잘못이다. *문화적* '엘리트'에

---

1   Neil Young, "Down At The World's End: David Rudkin's *Artemis 81*", Neil Young's Film Lounge, 20 October 2007, https://www.jigsawlounge. co.uk/film/reviews/down-at-the-world-s-end-david-rudkin-s-artemis-81- tv-1981-8-10/.

2   Phillip Challinor, "*Artemis 81*", The Curmudgeon, http:// thecurmudgeonly.blogspot.co.uk/2007/12/artemis-81.html.

대한 신자유주의의 공격은 *경제적* 엘리트의 권력 강화 및 확장과
함께 전개되어 왔다. 하지만 시청자의 지성을 전제하는 태도에
'엘리트주의적인 것'은 없다(욕망은 자연스럽게 주어지지 다양한
층위를 통해 매개되는 것이 아니라는 듯이 '사람들에게 원하는 것을
주는' 방식에 바람직한 것이 전혀 없는 것과 마찬가지로). 중요한
것은 다음과 같다. 1970년대와 1980년대 초의 문화적 상황에
애도되어야 할 것이 많다고 해서 그 시기와 관련된 모든 것이
상실되었다는 뜻은 아니다. 이런 단서를 꼭 달 필요는 없겠지만,
나는 과거를 호의적으로 대하며 현재와 비교하는 비판적 판단이
'향수'로 비난받을 수 있음을 유념하고 있다. 현 정세에 고유한
기회들이 있지만, 현재에 대한 얼빠진 긍정이 아니라 어떤 부정을
통해서만 이 기회들에 접근할 수 있다.

물론 1981년에 BBC를 둘러싸고 있던 담론 네트워크는 오늘날
BBC가 처한 상황과 크게 달랐다. 그 사례로 『데일리 미러』에 실린
『아르테미스 81』 프리뷰를 보자.

『아르테미스 81』(BBC 1, 9.0)은 극히 당혹스러운 휴일 프로그램일
수 있지만 또한 올해 최고의 프로그램 중 하나이기도 하다. 팝
가수 스팅에게 처음으로 비중 있는 텔레비전 역할을 맡긴 이
세 시간짜리 스릴러는 시청자를 녹다운시킨다. 하지만 가장
면밀하게 몰입해 보는 사람조차도 이것이 정확히 무엇에 관한
이야기인지 온전히 확신하기는 어려울 것이다. 감독 알래스테어
레이드는 이 프로그램을 TV판 루빅스 큐브라 부른다. 연기의
중심에 있는 배우 하이웰 베넷은 이 작품을 이해하지 못하겠다고
말한다. 『아르테미스 81』은 **정말**이지 아주 복잡하다. 이 작품은
인류의 미래에 대한 위협, 일련의 미스터리한 죽음, **사랑의 천사와**
위대한 오르간 연주자—정확한 (혹은 틀린) 음을 치면 세상을

폭파할 수 있는—가 휘말리는 이상한 사건 등을 보여 준다. 내 조언은 이렇다. 이해 못 할 것이라는 걱정은 접어 두라. 긴장 풀고 그냥 즐겨라.

『스타 워즈』는 처음부터 품절이었다

　디즈니의 루카스 필름 인수는 『스타 워즈』가 품절되었다는 뜻일까? 『스타 워즈』 프랜차이즈는 거대 복합 기업에 흡수되고 나서도 본연의 정신을 유지할 수 있을까? 이런 물음이 진지하게 제기되고 있다고 믿기는 어렵다. 『스타 워즈』는 처음부터 품절이었으며, 이 사실이야말로 우울할 정도로 범속한 이 프랜차이즈에서 유일하게 주목할 만한 점이다.

　『스타 워즈』의 도착은 이전의 대항 문화가 새로운 주류 문화에 완전히 흡수되었다는 신호였다. 스티븐 스필버그처럼 조지 루카스는 1970년대에 위대한 미국 영화들을 제작했던 마틴 스코세이지, 프랜시스 포드 코폴라 등의 동료 감독이었다. 루카스 자신의 초기 영화 중에는 디스토피아의 골동품이라 할 『THX 1138』1971도 있지만, 가장 유명한 『스타 워즈』는 도래할 상황을 예고하는 전령이었다. 이후 미국의 주류 영화는 점점 단조로워지고, 『대부』 3부작1972~1990이나 『택시 드라이버』1976처럼 훌륭한 영화가 다시 만들어질 수 있을 것이라고는 상상할 수도 없게 될 터였다.

　『지옥의 묵시록』의 편집 감독 월터 머치에 따르면 루카스는 애초에 『지옥의 묵시록』을 만들기를 원했으나 너무 논쟁적이라는 말에 설득되었다. 그래서 그는 "이야기의 정수를 우주에 두고 멀고

---

*　"*Star Wars* Was a Sell-Out from the Start", *Guardian*, 1 November 2012, https://www.theguardian.com/commentisfree/2012/nov/01/star-wars-disney-sell-out.

번 은하계에서 오래전에 벌어진 이야기를 만들기"로 결정했다.
『스타 워즈』는 루카스가 "실체 변환을 일으킨 『지옥의 묵시록』이라
할 수 있다. 반란군은 북베트남인이었고 제국은 미국이었다".
물론 이 영화가 로널드 레이건에 의해 이데올로기적으로 악용될
때쯤에는 모든 것이 뒤집혀 있었다. 이제 미국이 '악의 제국' 소련에
맞서는 용감한 반란군 자리를 차지했다.

영화 자체만 보면 『스타 워즈』에 아주 새로운 것은 별로
없었다. 『스타 워즈』는 동질적인 할리우드 블록버스터 문화에서
표준으로 자리 잡은 혼성 모방의 기념비적 선구자였다. 아마도
그런 블록버스터 문화를 창출함에 있어 『스타 워즈』보다 중요한
역할을 한 영화는 없을 것이다. 프레드릭 제임슨은 『스타 워즈』를
포스트모던 향수 영화의 사례로 인용한 바 있다. 그에 따르면 이
영화는 "벅 로저스풍 토요일 오후 연재물"이 부활한 것이다. 젊은
사람들은 그것이 마치 새로운 것인 양 경험할 수 있었고, 나이 든
관객들은 젊은 시절에 접했던 친숙한 형태를 다시 체험하려는
욕망을 충족할 수 있었다. 『스타 워즈』가 이 공식에 추가한 것은
일종의 스펙터클이었다. 첨단 특수 효과를 동원한 테크놀로지의
스펙터클, 그리고 물론 이 영화에 대한 체험의 일부가 된 성공의
스펙터클도.

특수 효과에 대한 강조가 SF에는 하나의 재앙이 되었지만
자본주의 문화—『스타 워즈』는 이 문화의 상징이 되었다—는
그 덕분에 한숨 돌릴 수 있었다. 후기 자본주의는 더 이상 새로운
발상을 낳기 어려우나 테크놀로지는 안정적으로 업그레이드할 수
있다. 하지만 어쨌든 『스타 워즈』가 정말로 SF 장르에 속했던 것은
아니다. J. G. 밸러드는 『스타 워즈』가 "우주의 호빗족 이야기"라며
신랄하게 묘사했다. 이 영화가 톨킨의 마니교적 광대극에 공감을
표하고 그리하여 피터 잭슨이 연출한 『반지의 제왕』2001~2003의

서사시적 지루함으로 이어지는 길을 열었다는 듯이 말이다.

『스타 워즈』가 실제로 발명한 것은 새로운 종류의 상품이다. 팔려 나간 것은 한 편의 특수한 영화가 아니라 하나의 세계 전체, (속편, 전편, 소설, 여타 수많은 결합 상품이) 영원히 추가될 수 있는 어떤 허구적 체계였다. 그런 우주를 발명한 것은 톨킨이나 H. P. 러브크래프트 같은 작가였지만, 이렇게 발명된 세계를 거대한 상업적 규모에서 자기 의식적으로 상품화한 것은 『스타 워즈』 프랜차이즈가 처음이었다.

『스타 워즈』 영화들은 『스타 워즈』의 우주로 들어가는 문턱이 되었고, 그 우주는 곧바로 영화들 자체만큼이나 영화를 둘러싼 상품화 기획에 의해서도 정의되었다. 관련 완구의 성공은 이 영화 관계자들마저 깜짝 놀라게 만들었다. 당시 작은 회사였던 케너는 『스타 워즈』가 1977년 여름에 개봉하기 몇 달 전인 1976년 말에 액션 피규어 판권을 구매했다. 예기치 못했을 뿐 아니라 전례 없이 높았던 수요는 곧 공급을 앞질렀고, 부모와 아이 들은 1977년 크리스마스 때까지 완구점에서 액션 피규어를 볼 수 없었다. 블록버스터 영화를 둘러싼 상품화 기획이 군대 수준의 조직과 연동되고 대대적인 광고와 홍보로 증폭되는 오늘날 시점에는 이 모든 것이 다소 예스러워 보인다. 하지만 과포화 상태의 결합 상품을 우리에게 처음 맛보인 것이 바로 『스타 워즈』 현상이었다.

이것이 『스타 워즈』가 품절되었냐는 물음이 우스꽝스러운 이유다. 품절이 실제로 무엇을 의미하는지를 우리에게 가르쳐 준 것이 『스타 워즈』다.

질리언 웨어링의 『셀프 메이드』

평범해 보이는 30대 남자가 쇼핑 봉지를 들고 카메라 쪽으로 걸어오고 있다. 그 사람은 당신일 수도 있고 나일 수도 있다. 그가 지나가는 거리, 그곳의 술집과 가게 또한 어디에나 있을 법하다. 영국에 사는 사람이라면 이런 거리를 걷기 위해 멀리 나갈 필요가 없을 것이다. 하지만 모든 것이 자연스럽지는 않다. 남자의 표정은 산만하면서도 곤혹스러워 보이고, 윙윙거리는 전자음에 간간이 외침 소리가 끼어드는 음악은 불안한 분위기를 자아낸다. 길 한복판에서 그는 갑자기 발걸음을 멈추고 돌아서더니 봉지를 떨어뜨린다. 마치 내면에 있는 무언가가 무너지고 더 이상 그것을 붙잡을 수 없게 된 것처럼…

강력한 오프닝이지만 곧바로 『셀프 메이드』2010는 그 강렬함에서 후퇴한다. 우리는 『셀프 메이드』가 터너상 수상 예술가인 질리언 웨어링이 낸 광고와 더불어 시작된 것을 알게 된다. "영화에 출연하시겠습니까? 자신을 연기해도 되고 허구적 인물을 연기해도 됩니다. 질리언에게 연락 주세요." 수백 명이 지원하고 일곱 명만이 실험을 완수한다. 이 과정에는 참가자의 기억과 감정을 탐구하게 될 '마이크로 드라마'에 필요한 연기를 위해 메소드 연기 전문 배우 샘 럼빌로에게 받는 훈련도 포함된다.

곧바로 의구심이 든다. 이들은 정말 배우가 아닌 일반인인가? 럼빌로가 시키는 일부 과제는 비연기자에게 다소 당황스러울 법한데도 이들은 놀라울 정도로 평정심을 유지한다. 나는 내 의심을

---

* "Gillian Wearing: *Self Made*", *Sight and Sound*, June 2012.

의심한다. 이것이야말로 내게 기대하는 바로 그 반응 아닐까?
일련의 물음이 뒤따른다. 연기와 일상 생활을 나누는 경계는
무엇일까? 우리 모두 자신의 정체성을 연기하고 있는 마당에
배우가 아닌 일반인 같은 것이 있을까?

　　우리는 경계들—이 경우에는 '허구'와 '다큐멘터리' 사이의—이
모호해지는 저 친숙한 (예술) 공간에 들어선다. 대부분의 상영 시간
동안 영화는 수많은 작품 도록에 적힌 틀에 박은 언어가 들먹이는
아류 브레히트적인 맥없는 물음으로 우리를 끌고 간다. 이런 물음이
의도하는 것은 탈구축, 탈신비화다(혹은 이 둘의 시뮬라시옹이다).
우리는 마이크로 드라마들을 보지만, 그 안으로 들어갈 모든 준비
작업을 접한 후에 본다. 또 나중에는 영화를 촬영하는 제작팀이
나오는 장면도 있다.

　　럼빌로는 매우 짜증 나고 오싹한 인물이라는 인상을 준다.
연기 코치가 아니라 치료사-구루처럼 보이는 그는 크로넨버그의
영화『브루드』1979에서 환자들에게 감정적 트라우마를 "철저하게
겪으라고" 부추겨 치명적인 결과를 초래하는 과학자-치료사인
핼 래글런(올리버 리드)을 연상시키며 우리를 소름 끼치게 만든다.
어쩌면 착취는 메소드 연기의 필수 요소일지도 모르며, 어쩌면
『셀프 메이드』의 주안점 중 하나가 이를 검토하는 것일지도
모른다… 또 어쩌면 샘 럼빌로는 짜증 나는 **메소드** 연기 전문가인
'샘 럼빌로'를 연기하는 중인지도 모른다…

　　언젠가 웨어링은 폴 왓슨의 리얼리티 TV 다큐멘터리인
『가족』The Family, 1974에서 영감을 받았다고 말했다. 또『셀프
메이드』가 매개된 '드러남'revelation이라는 문제—정확히 여기서
쟁점은 우리가 온전히 '드러남'을 다루고 있는지 아니면 우리가
목격하는 것이 촬영 과정 자체의 효과인지다—를 제기하는
『비디오에 모든 걸 고백하세요. 당신은 변장할 것이니 걱정

마세요. 흥미로운가요? 질리언에게 연락 주세요」Confess all on video. Don't worry, you will be in disguise. Intrigued? Call Gillian, 1994나 『가족사』Family History, 2006 같은 작품을 뒤따르고 있다고도 밝혔다(장 보드리야르도 동일한 물음을 제기한다. 시뮬라시옹에 관한 그의 고전적인 에세이 일부가 리얼리티 TV에 초점을 두고 있는 것은 우연이 아니다). 확실히 웨어링의 작품은 21세기 리얼리티 TV의 거침없는 태도를 닮기보다는 드라마, 심리 치료, 사회 실험을 합쳐 놓은 프로그램—1970년대에 생겨나 1980년대까지 유지된—과 공통점이 더 많다.『셀프 메이드』의 몇몇 지점에서는 반쯤 잊힌 1980년대 중반의 BBC 프로그램이 떠올랐다. 내 기억에 그 프로그램 제목은『사이코 드라마』였고, 『셀프 메이드』와 유사하게 참가자들이 드라마적 시나리오를 구성해 자기 삶의 트라우마적인 순간들을 탐사하도록 유도했다. 어쨌든 럼빌로가 참가자들의 감정을 '잠금 해제'하기 위해 사용하는 기법들에는 나쁜 의미에서 포스트60년대적인 끔찍한 무언가가 있다. 웨어링의 작품이 검토하는 고백주의confessionalism 정신과 관련해 내가 개인적인 이유로 이런 양식에 적대감을 갖는다는 것을 인정해야겠다. 80년대 초의 학창 시절에 우리는 '사회와 인성 교육'이라는 수업을 감내해야 했다. 이 수업에서는 '신뢰 게임' 같은 감정적으로 끔찍한 활동—럼빌로가 여기서 참가자들과 시도하고 있는 것과 유사한—을 해야 했다. 아이러니하게도 그런 활동은 그것이 몰아내고자 한 경험들 이상으로 불편함과 불안감을 안겼으며, 게다가 당시의 교사들은 더 '억압적'이었던 앞선 감정 관리 체제의 대리인들만큼이나 나름의 방식으로 압박감을 주었다. 『셀프 메이드』가 럼빌로의 실천이나 이 영화의 가장 심란한 장면들—둘 모두 폭력과 관련 있는—근저에 있는 담론들을 지지하는 것 같지는 않으며, 적어도 묻혀 있는 감정을 끄집어 내

조작하면 파국을 초래할 가능성이 있음을 시사한다. 한 지점에서 웨어링은 눈에 띄게 몽타주를 활용해 고조된 감정 효과를 창출하며 매개되지 않은 진실verité이라는 인상을—가상을—약화시킨다. 참가자인 제임스는 기차에서 벌어진 장면을 재연/재상상하고 있다. 그는 어린 시절에 자신을 괴롭혔던 남자 중 하나에게 싸움을 건다. 거의 곧바로 폭풍 같은 분노에 휩싸이는 것처럼 보이는 그는 상대 (비)배우를 치기 위해 주먹을 쳐들고, 한순간 우리는 그가 온 힘을 다해 상대의 머리를 때렸다고 생각한다. 그런 다음 우리는, 안도감을 느끼지만 여전히 공포를 누그러뜨리지 못한 상태로, 대역 인형에 주먹을 날리는 제임스의 모습으로 장면이 전환되었음을 깨닫는다. 클라이맥스 장면은 더 충격적이다. 그 장면은 영화의 오프닝 숏으로 우리를 데려간다. 이제 우리는 거리를 걷고 있던 남자의 이름이 애시라는 것을 안다. 그런데 이번에는 그가 뒤돌아서 임신한 여성의 배를 발로 차려고 하는 모습을 보게 된다. 우리는 이것이 하나의 가상임을 알지만—어쨌든 이 장면이 구성되는 과정을 봐 왔으니까—이미지 자체가 역겨우리만치 위반적이기에 아무리 많은 소격 효과도 그것의 힘을 소멸시키지 못한다.

『배트맨』의 정치적 우경화

"이 모든 게 얼마나 갈 것 같아요?"『다크 나이트
라이즈』2012에서 상류층이 모인 화려한 자선 무도회 중에 셀리나
카일(앤 해서웨이)이 크리스천 베일이 연기한 브루스 웨인에게
묻는다. "폭풍이 몰려오고 있어요." 금요일 덴버에서 벌어진
처참한 학살과 더불어 다소 예기치 못한 종류의 폭풍이 이 영화에
불어닥쳤다.[1] 하지만 미국에서 이 영화는 이미 정치적 논란에
휩싸여 있었다. 보수적인 미국 라디오 진행자 러시 림보가 배트맨의
적수인 베인Bane이 대통령 후보인 밋 롬니와 그의 예전 회사 베인
캐피털Bain Capital을 가리킨다고 주장했기 때문이다.

하지만 림보도 주목했듯 롬니를 가장 닮은 사람은 베인이
아니라 억만장자 브루스 웨인이며, 반면에 베인의 수사법은
월스트리트 점령 시위에 부응하는 것처럼 보인다. 우익 논평가인
존 놀테는 이 영화가 월스트리트 점령 시위를 강제로 "수습하게"
만들었다고 주장하고, "예술적으로 파산한 대부분의 할리우드
영화가 더 이상 가까이 하지 않는 보수적 주제들을 다루고 있다"며
감독인 크리스토퍼 놀런을 칭송한다.[2] 동료 우익 인사인 크리스천
토토는 이 영화를 월스트리트 점령 시위에 반대하는 논설 아닌 다른

---

* "Batman's Political Right Turn", *Guardian*, 22 July 2012, https://
www.theguardian.com/commentisfree/2012/jul/22/batman-political-right-
turn.

1   2012년 7월 20일 콜로라도 오로라 지역의 한 극장에서『다크 나이트
라이즈』심야 상영 중 발생한 총기 난사 사건. 총격범인 제임스 이건 홈스는
12명을 살해하고 70명에게 부상을 입혔다.

무엇으로 독해하기란 불가능하다고 주장한다. "베인의 심복들은 문자 그대로 월스트리트를 공격하고, 부자를 야만적으로 두들겨 패며, 고담의 선량한 시민에게 '내일이면 정당한 당신 몫의 권리를 주장할 수 있을 것'이라고 약속한다."

이런 독해는 월스트리트 점령 시위의 반자본주의를 베인과 추종자들이 사용하는 무차별적인 폭력과 무분별하게 뒤섞는다.

2005년에 놀런이 『배트맨』 프랜차이즈를 부활시켰을 때, 경제적 불황 한가운데 있는 고담이라는 설정은 이 슈퍼 히어로가 처음 등장한 1930년대를 시대 착오적으로 참조하는 것처럼 보였다. 2008년의 『다크 나이트』는 금융 위기의 충격을 담아내기에는 너무 일렀다. 하지만 『다크 나이트 라이즈』는 분명 2008년 이후 상황에 대응하려는 작품이다. 이 영화는 단순히 우익이 좋아할 만한 보수적인 우화가 아니지만 궁극적으로 반동적인 전망을 갖고 있다.

해서웨이 캐릭터가 예고하는 폭풍은 부자들을 심판하는 시간을 뜻한다. 놀테와 토토가 원하는 것과 달리 영화가 보수적 가치에 대한 노골적인 찬양이 되지 못하는 까닭은 부자를 공격하는 장면이 즐거움을 주기 때문이다. 카일은 이렇게 말한다. "당신과 친구들은 단단히 각오하는 게 좋을 거예요. 폭풍이 몰려오면 어째서 이렇게나 호화롭게 살면서 다른 사람들에게 베풀지 않아도 된다고 생각했는지 의아해질 테니까." 증권 거래소가 등장하는 초반 장면에서 베인이 몇몇 약탈적인 트레이더를 거칠게 다루는 모습을 보며 우리는 쾌감을 느낀다. 또 나중에 웨인이 파산했지만 집은 건졌다고 말하자 카일은 신랄하게 받아친다. "부자라 우리처럼

---

2   John Nolte, "Occupy Wall Street in Damage Control Mode Over Dark Knight Rises", *Breitbart*, 19 July 2012, http://www.breitbart.com/big-hollywood/2012/07/19/occupy-damage-control-dark-kinght/.

쫄딱 망하지는 않는군요."

할리우드에서 반자본주의는 전혀 새로운 것이 아니다. 『월-E』부터 『아바타』까지 기업들은 판에 박은 듯 악으로 묘사된다. 기업의 자금 지원을 받아 만들어지는 영화들이 기업을 규탄하는 이런 모순은 자본주의가 흡수할 수 있을 뿐 아니라 즐겨 활용하기도 하는 아이러니다. 그런데 이런 반자본주의는 일정한 한계 안에서만 허용된다. 『다크 나이트 라이즈』는 분명하게 선을 긋는다. (카일이 하는 것 같은) 반자본주의적 논평은 괜찮지만, 부자들에 맞선 직접 행동이나 재산 재분배를 향한 혁명적 움직임은 디스토피아적인 악몽으로 이어질 것이라고 말이다.

베인은 고담을 '인민'에게 돌려주고 '압제자들'에게서 해방하겠다고 이야기한다. 그러나 영화에서 인민은 아무런 행위 능력도 부여받지 못한다. 빈곤과 노숙이 고질적인 병폐를 이루고 있지만 베인이 도착할 때까지 고담에서는 자본에 맞서는 조직적인 행동이 벌어지지 않는다.

『다크 나이트』 말미에 배트맨은 도시를 구하려 명성을 희생했다. 이는 이 영화를 금융 위기 이후 입지를 재건하려는—적어도 적당히 겸허해지기만 하면 자본주의를 최악의 과도함에서 구할 수 있는 선한 부자들이 있다는 생각을 보존하려는—엘리트층의 노력에 대한 알레고리로 독해하도록 유혹했다.

놀런의 『배트맨』 시리즈를 떠받치는 환상—불편하게도 롬니와 조화를 이루는—은 박애주의, 비공식적 폭력, 상징주의의 조합을 통해 금융 자본의 과도함을 억제할 수 있다는 것이다. 『다크 나이트』는 적어도 허구들—우리가 믿기를 보수주의자들이 바라는—을 보존하는 데 필요한 폭력과 표리부동을 폭로했다. 그런데 새 영화는 자본에 맞선 집단 행동을 악마화하는 한편 잘못을 깨달은 부자에게 우리의 희망과 믿음을 걸라고 주문한다.

적이 누구인지 기억하라

영화『헝거 게임: 캣칭 파이어』2013에는 기이할 만큼 때맞춰
도착한 무언가가 있다. 지난 몇 주간 영국에서는 지배적인 리얼리티
시스템이 요동치면서 상황이 변하고 있다는 인상이 확연했다.
쾌락주의적 우울증의 잠에서 깨어나고 있었던 것이다.『헝거
게임: 캣칭 파이어』는 이 상황과 보조를 맞출 뿐 아니라 그것을
증폭시키고 있다. 상품 세계 심장부에서의 폭발? 그렇다. 그리고
불길은 더 많은 불길을 일으킨다…

내가 '혼미'delirium라는 단어를 과하게 사용하는 것인지도
모르겠지만, 지난주의『캣칭 파이어』관람은 *진정으로 정신이
혼미해지는* 경험이었다. 몇 번이고 이렇게 생각했다. *어떻게 내가
이걸 보고 있을 수 있는 거지? 이런 일이 어떻게 가능해진 거지?*
원작자인 수잔 콜린스는 우리가 최근의 후기 자본주의에서
향유하고 있는 '자유'의 빈곤함과 협소함, 타락을 폭로한다.
사람들을 사로잡기 위해 동원되는 양식은 쾌락주의적 보수주의다.
우리는 어떤 것에 대해서든 논평할 수 있고 (그리고 우리의
트윗이 텔레비전에서 떠들썩하게 소개될 수도 있고) 원하는 만큼
포르노를 볼 수도 있다. 하지만 스스로의 삶을 통제하는 능력은
아주 미약하다. 자본은 우리의 노동뿐 아니라 우리의 쾌락과
꿈을 비롯해 모든 곳에 스며들었다. 우리는 무엇보다 미디어의
선정성에 걸려들어 있고, 이것이 먹히지 않으면 그들은 기동 경찰을

---

* "Remember Who The Enemy Is", k-punk, 25 November 2013, http://
k-punk.org/remember-who-the-enemy-is/.

투입한다. 경찰이 발포하기 직전에는 텔레비전 중계도 중단될
것이다.

이데올로기는 관념들의 묶음 이상의 함의를 갖고 있다. 수잰
콜린스는 자본주의 리얼리즘에 대한 대항 서사를 생산한다는
점에서 높은 평가를 받을 만하다. 후기 자본주의의 지배를
분석한 21세기의 많은 작업—『더 와이어』2002~2008, 『더 식 오브
잇』2005~2012 그리고 『자본주의 리얼리즘』 자체도—은 체계가
완전히 닫혀 있다는 무기력한 감각만을 낳는 나쁜 내재성을,
자본주의 리얼리즘에 대한 모종의 현실주의〔리얼리즘〕를 제시할
위험이 있다. 콜린스는 우리에게 출구를, 나아가 동일시할 수 있는
인물—혁명적인 여전사 캣니스—을 제시한다.

아이를 팔아 식량을 구하라.[1]

신화의 무게는 그것이 얼마나 성공했는지와 결부된다. 영
어덜트 디스토피아Young Adult Dystopia는 하나의 문학 장르보다는
2008년 이후 갈피를 잡지 못한 채 소진된 세대가 삶을 살아가는
방식에 가깝다. 자본—지금은 신자유주의적 통치 양식보다는
니힐리즘적 자유주의를 활용하는—은 청년들에게 부채와
불안정성을 안길 뿐 아무런 해결책도 제시하지 못한다.
신자유주의의 장밋빛 약속은 물 건너갔지만 자본주의 리얼리즘은
계속된다. '미안하지만 대안이 없어요. 지난날엔 대안이 있었지만
당신들에겐 그렇지 않아요. 그냥 현재 상황이 그래요, 이해하죠?'
콜린스 소설들의 주요 독자는 10대 여성이었다. 콜린스는 기숙 학교
환상이나 뱀파이어 로맨스를 제공하는 대신 조용하지만 분명하게
이들을 혁명가로 훈련해 왔다.

어쩌면 『헝거 게임』에서 가장 주목할 만한 점은 혁명이

---

1 〔옮긴이〕 너바나의 1991년 노래 「피어난 채로」의 한 구절.

필연적임을 단순히 전제하고 있다는 사실일 것이다. 문제는
병참학적인 것이지 윤리적인 것이 아니다. 혁명이 일어나야 하는지
여부가 아니라 그저 언제 어떻게 일어나게 할지가 쟁점이다. *적이
누구인지 기억하라.* 이것이 영화가 우리에게 주문하는 메시지,
부름, 윤리적 요구다. 그것은 계급 의식을 통해서만 구축될 수
있는 집단성을 주문한다… (그리고 여기서 콜린스가 성취한 것이
계급, 젠더, 인종, 식민 권력이 결합하는 방식에 대한 교차 분석과
판독—뱀파이어 성[2]을 구축한 신성한 아카데미에서가 아니라
대중 문화의 신화학적 핵심부에서 이루어진—이 아니라면 달리
무엇이겠는가. 이는 더 많은 사유, 더 많은 죄의식이라는 탈리비도적
요구가 아니라 새로운 집단성을 구축해야 한다는 도발적인 요청으로
기능한다.)

　『캐칭 파이어』에는 한동안 어떤 문화적 생산물에서도 볼 수
없었던 펑크적인 내재성이 있다. 다시 말해 이 영화에는 자신의
틀을 이루는 상품 문화를 침식하는 전염성 강한 자기 반영성 같은
것이 있다. 이 영화에 대한 광고는 마치 영화 *안에* 속하는 것처럼
보인다. 그것은 공허한 자기 지시성을 예시하기보다는 지배적인
사회 현실을 판독할 수 있게 해 준다. 자본의 사이버 홍보 공세가
내는 음울한 광택이 갑작스레 탈자연화된다. 영화가 스크린을 통해
우리를 소리쳐 부른다면 우리 또한 그 세계로 건너간다. 결국 그
세계는 우리의 것으로 밝혀지고, 몇몇 오락용 장면을 치우고 나면
한층 분명한 모습을 드러낸다. 가령 부자는 화려한 화장과 옷으로

　2　〔옮긴이〕정체성 정치와 도덕주의적 공격이 지배하고 있는 문화적
지형을 비판적으로 가리키는 피셔 자신의 비유적 용어. 다음을 참조하라.
Mark Fisher, "Exiting the Vampire Castle", *The North Star*, 22 November
2013, http://www.thenorthstar.info/?p=11299. 이 글은 이후에 번역 출간될
이 책 6부에 수록되어 있다.

치장하고 빈민은 고된 노동에 시달리는 신로마풍 사이버 고딕 야만이 여기에 있다. 빈민은 '캐피톨'의 프로파간다 프로그램에 언제나 접속해 있을 만큼만 첨단 기술을 접한다. 사회 통제 형식으로서의 리얼리티 TV. 이것은 경쟁을 자연화하고 지배 계급의 재미를 위해 피지배 계급이 죽음에 이를 때까지 싸우도록 강제하는 오락distraction이자 예속의 스펙터클이다. 익숙하지 않은가?

콜린스의 상상이 지닌 정교함과 적실성이 돋보이는 부분은 매스 미디어의 양가적인 역할을 간파한 대목들이다. 캣니스는 일종의 토템인데, 그녀가 캐피톨에 저항하며 직접 행동—이런 상황에서 직접 행동이 어떤 형태를 취할 수 있겠는가?—을 벌이기 때문이 아니라, 미디어에서 그녀가 차지하는 위치가 그녀가 없었다면 원자화되었을 주민들을 결집하는 수단으로 기능하기 때문이다. 그런데 이 사실이야말로 그녀를 기폭제로 만들어 준다. 왜냐하면 사람들을 사로잡는 시스템 자체가 우선 상징적이기 때문이다. 불길 속의 소녀… 그리고 불길은 다른 불길로 번진다… 궁극적으로 그녀의 화살이 겨냥해야 할 대상은 개개인—이들은 모두 대체 가능하다—이 아니라 리얼리티 시스템이다.

콜린스는 자신의 세계에서 자본주의적 사이버 공간을 제거함으로써 웹 2.0(스펙터클에 대한 해독제가 아니라 스펙터클을 한층 만연하고 전체적인 것으로 연장하는 참여)의 오락 장치를 일소하며, 텔레비전—혹은 더 낮게 말하면 알렉스 윌리엄스가 "만인의 타블로이드"라 부른 것—이 어떻게 현실로 여겨지는 것을 여전히 생산하는지 보여 준다(웹 2.0이 수평주의적이라고 내세우는 수사가 있기는 하다. 하지만 트위터에서 트렌드로 올라오는 것이 주로 무엇인지를 보라. TV 프로그램들 아닌가). 만인의 타블로이드에는 우리 모두를 위해 영웅이나 악당 역할이—어쩌면 우리가 어떻게 영웅에서 악당으로 변했는지에 관한 이야기가—마련되어 있다.

플루타르크 헤븐스비가 캐피톨의 미디어-권위주의 권력의 본성은 채찍과 당근이라며 권력의 실행을 비즈니스처럼 묘사하는 장면은 압도적이며 통렬할 만큼 정밀하다. "더 많은 채찍질, 사형 집행, 웨딩 케이크… 〔그러면 이제〕 그녀의 결혼식이 어떻게 보일까요…"[3]

블로거 언임플로이드 네거티비티는 『헝거 게임』 첫 편에 대해 이렇게 썼다.

참가자들은 서로 죽이는 것으로는 충분치 않으며 그 과정에서 강렬한 페르소나와 이야기를 제공해야 한다. 그렇게 할 때 참가자들은 유리한 입장에 설 공산이 크다. 이들의 승리에 내기를 건 사람들에게 도움을 받을 수 있기 때문이다. 시합장에 들어가기 전에 그들은 몸치장을 하고 『아메리칸 아이돌』의 경쟁자들처럼 인터뷰를 한다. 청중의 지지를 얻는 것은 죽음 속에서 살아남을 수 있느냐를 결정하는 문제다.[4]

이것이 바로 **제물**로 바쳐진 참가자들이 리얼리티 TV가 규정하는 꼭두각시 역할에 계속 매달리는 이유다. 다른 선택지는 죽음뿐이다.

그런데 죽음을 선택하면 어떻게 될까? 이것이 첫 편의 가장 중요한 쟁점이다. 관련 글을 쓰면서[5] 나는 프랑코 비포

---

3 〔옮긴이〕 '헝거 게임'의 기획자인 헤븐스비가 대통령인 스노우에게 희망의 상징이 되어 있는 캣니스의 이미지를 어떻게 조작할지 설명하는 대목이다.

4 "Primer for the Post-Apocalypse: The Hunger Games Trilogy", Unemployed Negativity, 5 September 2011, http://www.unemployednegativity.com/2011/09/primer-for-post-apocalypse-hunger-game.html?spref=fb.

베라르디에게 의지했다. "자살은 우리 시대의 가장 결정적인
정치적 행위다."[6] 자살하겠다는 캣니스와 피타의 위협은 『헝거
게임』에서 유일하게 가능한 불복종 행위다. 다시 말하지만 저항이
아니라 불복종이다. 통제 사회를 가장 날카롭게 분석한 두 사람인
윌리엄 버로스와 미셸 푸코 모두 인식하고 있었듯 저항은 권력에
대한 도전이 아니다. 오히려 저항은 권력이 필요로 하는 것이다.
자신에게 저항하는 무언가가 없으면 권력도 없다. 자신의 대상인
살아 있는 존재 없이는 권력도 없다. 우리를 죽인다면 그들은 더
이상 우리를 예속된 존재로 생각할 수 없다. 신음으로 환원된
존재, 이것이 권력의 한계다. 그 너머에는 죽음이 놓여 있다.
그렇기에 우리는 마치 죽은 자인 양 행동할 때만 자유로울 수 있다.
이것이 혁명가로 변해 가는 캣니스의 결정적인 일보다. 죽음을
선택함으로써 그녀는 승리하고 자신의 삶으로, 혹은 더 이상 예속된
노예가 아니라 자유로운 개인으로 살아갈 가능성으로 복귀한다.

　이 모든 것에 있어 감정적 차원들은 결코 부수적이지 않다.
콜린스—영화는 대부분의 측면에서 그녀의 소설을 충실하게
따르고 있다—는 통제 사회가 정동적 감염과 감정적 속박을 통해
작동하는 방식을 잘 이해하고 있다. 캣니스는 여동생을 구하기
위해 헝거 게임에 참가하고, 가족이 자기와 같은 운명에 처할까
봐 두려워한다. 이 소설과 영화가 그처럼 강렬한 이유 중 하나는
리얼리티 TV 또는 눈물을 짜내는 광고나 연속극 등이 부과하는

5　Mark Fisher, "Precarious Dystopias: The Hunger Games, In Time, and
Never Let Me Go", *Film Quarterly*, Vol. 65, No. 4, Summer 2012, pp. 27~33.

6　Franco Bifo Berardi, *Precarious Rhapsody: Semiocapitalism and
the Pathologies of the Post-alpha Generation*, Minor Compositions, 2009,
p. 55 (『프레카리아트를 위한 랩소디: 기호 자본주의의 불안정성과 정보 노동의
정신 병리』, 정유리 옮김, 난장, 2013, 105쪽).

합의적 감성의 정동 체제consentimental affective regime를 뛰어넘기 때문이다. 캣니스 역을 맡은 제니퍼 로런스의 연기가 훌륭한 것은 개인화된 감정이 아니라 정치적 등록부를 가진 감정—분노, 공포, 단호한 결의 등—을 표현하는 그녀의 능력과 부분적으로 맞닿아 있다.

개인적인 것이 정치적인 이유는 개인적인 것이 없기 때문이다. 숨어들 수 있는 사적인 영역이란 없다.

헤이미치는 캣니스와 피타에게 결코 기차에서 내릴 수 없을 것이라고 말한다. 이 말은 리얼리티 TV에서 맡은 역할이 죽을 때까지 계속될 것임을 의미한다. 그것은 모두 연기지만 무대 바깥은 없다.

캐피톨의 추적을 따돌리고 도망칠 숲은 없다. 우리가 도피하면 그들은 언제든 우리 가족을 체포할 수 있다.

그들이 폐쇄하지 않을 임시 자치 구역 따위는 없다. 그저 시간 문제다.

모두가 캣니스가 되기를 원한다. 캣니스 자신만 제외하고.

내 활을 가져오라, 불타는 황금의 활을.[7]

때가 왔을 때 그녀가 할 수 있는 유일한 일은 리얼리티 시스템을 정조준하는 것이다.

그런 다음 우리는 인공 하늘이 무너지는 것을 본다.

그런 다음 우리는 깨어난다.

그리고.

이것은 혁명이다…

---

7 〔옮긴이〕윌리엄 블레이크의 시 「그 옛날 그들의 발자취」And did those feet in ancient time 한 구절. 이 시는 「예루살렘」이라는 곡으로도 만들어졌다.

선악의 저편
『브레이킹 배드』

텔레비전이 있는데 누가 종교를 필요로 하겠는가? 삶과 달리
연속극에서 악역은 거의 언제나 대가를 치른다. 오늘날 TV 속 경찰
캐릭터는 '복잡한' 사적인 삶과 의심스러운 개인 윤리를 갖도록
요구받고 있을지도 모르지만, 우리가 선악의 차이를, 또 독불장군
같은 경찰이 궁극적으로 선악 가운데 어느 편에 속하는지를
진지하게 의심하는 일은 거의 없다. 정의가 구현되리라는
환상―일종의 종교적 환상―의 끈질긴 존속이 근대성의 위대한
사상가들을 놀라게 하지는 않았을 것이다. 스피노자, 칸트, 니체,
마르크스 같은 이론가들은 무신론을 실천하기가 극도로 어렵다고
주장했다. 신에 대한 믿음이 없음을 공언하기는 쉽다. 하지만 섭리,
신적 정의, 확실한 선악 구별을 가정하는 사고 습관을 버리는 것은
생각보다 훨씬 어렵다.

미국 TV 시리즈로 올가을 마지막 에피소드가 방영된 국제적인
히트작『브레이킹 배드』2008~2013는 이런 난관을 벗어난다.
그런데 여기서 우리는 신중해져야 한다. 이 시리즈는 평범한 하위
중간 계급 남자가 어떻게 악해지는지를 그린 이야기로 이해되어
왔다(제목이 이런 해석을 유도한다). 이야기의 구성은 단순하다.
뉴멕시코주에 있는 어느 학교의 화학 교사인 월터 화이트(브라이언
크랜스턴이 연기한)는 폐암 진단을 받는다. 치료비를 감당할 수

---

* "Beyond Good and Evil: *Breaking Bad*", *New Humanist*, 18 December
2013.

없는 월트는 화학에 대한 전문 지식을 이용해 메스암페타민, 즉 크리스털 메스를 제조하기로 결심하고 무책임한 옛 제자인 제시의 도움을 받는다. 초반부만 해도 살인이 옳은 일인지를 두고 고뇌에 찬 결정을 내리던 월트였지만 시리즈가 진행됨에 따라 무자비한 범죄왕으로 변모한다. 그런데 이것이 이야기의 전부는 아니며, 이 시리즈를 점점 악해지는 월트의 서사로 읽는 것은 그에 정면으로 맞서는 다른 독해의 가능성을 가로막는다.

미국 바깥에서도 이 프로그램이 성공하면서 몇몇 재밌는 패러디가 만들어졌다. 영국이나 캐나다를 배경으로 한 『브레이킹 배드』를 상상해 보자. 첫 장면. 의사가 월트에게 암에 걸렸다고 말한다. 다음 주에 치료가 시작된다. 시리즈 끝. 이것이 가리키는 것은 드라마에서 결정적이었던 대립, 즉 신체의 취약성과 사회적 관계가 야기한 불안정성 간의 대립이다. 자연이 신체에 초래하는 불가피한 고통을 인간이 어느 정도까지 억제해 왔는지는 진보를 측정하는 한 가지 방법이 될 수 있다. 이런 의미에서 『브레이킹 배드』는 영국 복지 국가의 토대를 묻는 켄 로치의 최근 다큐멘터리 『1945년의 시대 정신』Spirit of '45, 2013과 비교될 수 있다. 로치가 환기하는 노동 계급 진보주의의 파괴를 배경으로 보면 『브레이킹 배드』에 등장하는 새로운 서부의 야만성이 초래한 고통이 한층 뚜렷하게 드러난다. 월트가 수없이 많은 '나쁜' 짓을 하는 것은 프로테스탄트 노동 윤리가 정의하는 '선한' 남편으로 남고자 하기 때문이다. 이 시리즈의 통렬한 유머 대다수는 월트가 노동에 대한 이런 이데올로기를 극단적으로 추구하는 데서 온다. 다른 사람들에게 빌붙거나 도움을 청하기보다는 어떻게든 '혼자 힘으로' 돈을 버는 것이 더 낫다는 태도 말이다.

마지막 화에서 월트는 자신의 마약 제국을 건설하려는 욕망이 자신에게 강력한 리비도적 만족감을 주었음을 인정하게 된다.

이 만족감은 처음에 메스를 제조하도록 그를 내몰았던 표면적인 목적—자신이 죽은 이후 가족 부양을 위한 대비책을 마련하는 것—으로부터 자율화된 지 오래된 것이었다. 그러나 시리즈 내내 월트는 마약 제조, 살인, 조작, 테러 등 모든 일을 가족을 위해 벌였다는 생각에 매달린다. 아이러니하게도 가족이 견딜 수 없었던 단 한 가지가 바로 월트가 끝까지 추구한 그 일련의 행동이었다. 아마도 가난이나 빚이 문제였다면 견뎠을 것이다. 월트의 육체적 죽음도 견뎌 냈을 것이다. 하지만 삶에 쪼들리고 자기 능력만큼 성공하지 못했을 수는 있으나 여전히 '올바르게 사는 반듯한' 사람이라는 평범한 아버지로서 월트의 이미지를 상실하는 것만큼은 극복할 수 없었다. 가족을 구하려는 월트의 노력이 오히려 가족을 파괴해 버린 셈이다.

시리즈 전체에서 가장 복잡하고도 강력한 캐릭터는 애나 건이 연기한 월트의 아내 스카일러일 것이다. 이 배우는 스카일러를 연기하는 동안 온라인에서 일부 『브레이킹 배드』 팬에게 당한 여성 혐오에 관한 글을 썼다. 『뉴욕 타임스』 기고문에서 그녀는 이 캐릭터가 "강하고 순종적이지 않으며 혹사당하는 여성을 대할 때 많은 사람이 느끼는 감정의 인화점"이 된 것 같다고 묘사했다. 이 일이 유달리 우울한 것은 스카일러가 미묘한 뉘앙스를 가진 캐릭터로서 단순히 기회가 생기자마자 월트를 내치는 사람이 전혀 아니기 때문이다. 그녀는 월트의 범죄 행각을 비난하지만, 이는 월트의 행동이 자신의 가족에게 재앙을 초래했음이 명백해지고 그녀가 그와 최종적으로 이별하는 이 드라마 말미의 일이다. 그때까지 그녀는 아내, 엄마 그리고 책임감 있는 시민의 역할을 화해시키기 위해 믿기 어려울 만큼 영웅적으로 분투한다. 마지막에 우리는 그녀가 엄청난 트라우마를 입었지만 무너지지는 않았다고 느낀다. 월트가 자신의 삶에 초래한 공포로부터 결국엔 벗어날 수 있을 사람이며, 남편의 자존심, 오만, 발버둥 때문에 자신과 두 아이의 삶이 파괴될지도 모를 위험에 처했지만 놀랍게도 여전히 그런 남편에 대한 어떤 사랑을 간직할 수 있는 사람이라고 말이다.

그렇다면 『브레이킹 배드』의 핵심에는 가족 정치학, 그리고 이것이 스스로 벌어 알아서 쓴다는 미국식 이데올로기와 결합되는 방식이 자리하고 있다. 「오지맨디아스」Ozymandias 화—이제껏 텔레비전을 시청하면서 경험한 가장 강렬하고 고통스러우면서도 이따금 웃을 수 있었던 시간 중 하나인—에서 스카일러는 마침내 월트와 완전히 이별한다. 아들인 월트 주니어는 월트가 메스 제조자라는 사실을 막 알게 되었다. 아찔한 현기증과 공포. 월트 주니어의 세계 전체가 한순간에 사라진 셈이다. 월트 주니어는 이 사실을 믿고 싶어 하지 않으며 스카일러와 월트에게 화를 낸다. 도저히 그것을 이해할 수 없는 그의 눈은 가장 깊은 고통과 혼란, 충격을 보여 준다. 부엌칼을 움켜쥐는 스카일러는 『샤이닝』의 웬디 토런스를 상기시키지만 그녀와 달리 강경한 자세를 취한다. 스카일러는 키가 크고 힘도 세다. 더는 움츠리지도 두려워하지도 않는다. 그녀는 자신과 월트 주니어를 보호하기 위해 무엇을 해야 할지 갑작스레 알게 되고 월트를 집 밖으로 쫓아낸다. 하지만 그 전에 스카일러와 월트는 바닥에서 서로 붙잡고 몸싸움을 벌인다. 엉겨 붙었다 떨어져 비틀거리며 일어난 월트는, 웃기면서도 애처롭게, 자신의 가부장적 권위를 내세우려 하고 가족의 화합에 호소하려 한다. "그만해! 우리-는-한-가족이야!"

『브레이킹 배드』가 넋이 나갈 듯 강력한 것은 이런 장면 덕분이다. 여기서도 스카일러는 아직 월트를 사랑하며 우리는 그 사실을 알아차린다. 그녀가 속고 있어서가 아니라 월트가 '괴물'이 되었음에도 불구하고 이것이 그의 전부가 아님을 그녀가 깨닫고 있기 때문이다. 어떤 의미에서는 월트도 여전히 스카일러와 월트

주니어를 사랑한다. 마지막 화에서 월트가 스카일러에게 작별 인사를 하러 돌아오고, 마지막으로 자신의 아기를 안아 보고, 멀리서 월트 주니어를 지켜보며 아들이 다시는 자신에게 말을 걸지 않을 것임을 알게 되는 장면들은 가슴이 미어질 듯 슬프다.

내 기억이 정확하다면 선악의 초월에 관해 말할 때 일반적으로 우리가 의미하는 것은 선의 초월이라고 언급한 이는 라캉이다. 현대 세계는 반영웅, 어두운 면을 지닌 사람, 한니발 렉터의 광대극 같은 광기와 '악'에 매료되어 있다. 여기에는 얼마간 불편한 측면이 있다. '선'과 '악'이 세계에 새겨져 있는 것이 아니라 오직 우리 자신 안에, 우리의 욕망 및 이해 관계와 관련해 실존한다는 무신론적이며 실존주의적인 전제 때문이다. 멜로 드라마 연속극은 '악'을 자발적인 선택의 문제로 계속 믿게 만든다. 사람들이 나쁜 짓을 하는 이유는 그들이 악하기 때문이라는 것이다. 그런데 『브레이킹 배드』에서는 이런 의미의 악을 어디서도 찾아볼 수 없다.

분명 이 드라마에는 '나쁜' 짓을 하는 사람, 말하자면 직접적이든 간접적이든 다른 사람을 해치거나 파괴할 것임을 알고 있는 행동을 추구하는 사람이 가득 등장한다. 그런데 악하기 때문에 이들이 그런 짓을 하는 것은 아니다. 저순도 마약을 다루는 조직의 우두머리로 첫 시즌에서 월트 및 제시와 얽히는 투코가 제정신이 아니며 폭력적인 것은 범죄 조직 출신의 메스 중독자이기 때문이다. 둘째 시즌에 처음 모습을 드러내는 능수능란한 메스왕 거스 프링은 소규모 패스트 푸드 체인을 운영하는 겸손한 인물로 위장하고서 평생 정체를 숨기고 살아갈 정도로 대단히 실용적인 사업가다. 그는 무자비하게 살해하지만 도움이 될 때만 그렇게 한다. 시리즈 막바지에 이르러 목에 나치 문신을 새긴 힐빌리들이 적수로 떠오를 때도 이야기는 그들 중 가장 혐오스러운 몇몇조차 완전한 '악한'으로 보지 않게 한다. 이들 또한 자비와 친절을 베풀 수 있기 때문이다.

그리고 월트 자신이 있다. 이 시리즈의 전복적인 성취 중 하나로 우리의 이목을 끄는 사실은 캐릭터에 대한 공감과 동일시가 구조적 효과, 즉 장르의 필요와 한층 포괄적인 사회의 계급 구조 모두에 의해 창출된 효과라는 점이다. 처음에 우리는 월트에게 공감한다. 부분적으로 이는 대중적인 TV 시리즈에서 혹사당하는 설정으로 등장하는 다른 아버지들—『말콤네 좀 말려 줘』Malcolm in the Middle, 2000~2006에서 브라이언 크랜스턴이 연기한 캐릭터 같은—을 우리가 기억하기 때문이기도 하고, 미디어가 '열심히 일하는' 하위 중간 계급의 가정적인 남자와 동일시하도록 우리를 끊임없이 유도하기 때문이기도 하다. 그런데 『브레이킹 배드』는 '선하고' '평범한' 남자와 무자비한 범죄자 간에 아주 미세한 차이가 있을 뿐임을 보여 준다. 사회 보장 제도와 국민 보건 서비스의 은총이 없다면 우리가 그곳에 있을 것이다.

계급이 사라진 방송

『베니핏 스트리트』

2014년 1~2월에 방영된 채널 4의 『베니핏 스트리트』가 격분을 불러일으킨 이유가 아주 분명치는 않다. 실업자나 복지 급여 대상자를 다룬 수많은 프로그램 중에서 이 프로그램이 유독 노골적으로 그들을 이용해 먹은 것은 아니었다. 하지만 버밍엄의 제임스 터너 스트리트 주민들을 따라다닌 이 시리즈의 무언가가 신경을 건드렸다. 『베니핏 스트리트』는 즉각 우파 이데올로기에 이용되었다. '복지 국가를 개혁할 필요성'을 설파하는 기존의 이야기와 잘 맞아떨어진 것이다. 『데일리 메일』의 리처드 리틀존은 재빨리 이 시리즈의 몇몇 참가자를 자신의 혐오증적 망상으로 끌어들였다. 하지만 대부분의 좌파에게 이 시리즈는 평소와 다를 바 없는 것이었다. 『차브』의 지은이 오언 존스가 보기에 이 프로그램은 노동 계급을 악마화하는 또 하나의 사례에 불과했다. 블로그 '낫 텔레비전'Not Television에서 글을 쓰는 벤 월터스에게 그것은 대처리즘 다큐멘터리의 한 사례였으며, 『허핑턴 포스트』에 기고하는 영화 제작자 캐서린 라운드에게는 다큐멘터리가 "목소리 없는 자들을 걷어차는" 데 이용되는 방식을 보여 주는 우울한 사례였다.

내용 면에서 보면 『베니핏 스트리트』가 완전히 반동적이지는 않았다. 복지 급여보다는 '공동체'를 다룰 것이라는 다소 솔직하지

---

* "Classless Broadcasting: *Benefits Street*", *New Humanist*, 17 February 2014.

못한 자기 주장도 전적으로 거짓은 아니었다. 범죄 문제를
늘어놓으며 센세이션을 일으킨 첫 화만 해도 거리의 빈민들
사이에서 다져진 동지애와 연대를 얼마간 강조하고 있었다.
필사적으로 일자리를 구하는 루마니아인들에게 초점을 맞춘 둘째
화는 이민자들이 처한 곤경에 확실히 동정적이었으며, 심지어는
동유럽인들이 '우리의 일자리와 복지 급여를 훔치러 오고 있다'는
지배적인 미디어 서사에 일부분 도전하는 것처럼 보이기도 했다.
셋째와 넷째 화에 이르자 센세이션은 타성으로 바뀌었고 복지
급여를 받는 삶을 바라보는 시야도 철저하게 협소해졌다. 이 약간의
시청 경험이 복지 급여에 의존하는 삶이 편안하기만 하다는 편견을
깨뜨릴 수 있었다면 좋았을 것이다. 하지만 가차 없는 미디어
프로파간다가 뒷받침하고 있는 만큼 이런 믿음이 곧바로 포기될 것
같지는 않다.

　『베니핏 스트리트』가 다큐멘터리 제작의 음흉한 경향의
일부라는 데는 의심의 여지가 없다. 지난해 저널『소시올로지컬
이매지네이션』에 기고한 글에서 트레이시 젠슨은『임대 주택 얻는
법』How to Get a Council House, 2013~2016,『영어로 말하지 그래요?』Why
Don't You Speak English?, 2013,『복지 급여의 영국 1949』Benefits Britain
1949, 2013(이상 채널 4),『우리가 당신의 복지 급여를 낸다』We All
Pay Your Benefits, 2013(BBC 1) 같은 프로그램을 언급하며 "빈곤
포르노의 여름"을 예고한 바 있다. 이 글에서 젠슨은 때때로 복지
급여 신청자에 대한 공감을 내비치는 순간이 있음에도 불구하고
"이 프로그램들의 이데올로기적 메시지는 명확하다"고 주장했다.
"가치는 양육이나 자원 봉사가 아니라 유급 노동에서 오는 것이고,
실업은 의지나 결단의 문제지 구조적 장해물의 문제가 아니며, 사회
보장은 그 자체로 복지에 대한 의존이라는 '문제'를 발생시킨다는
것이다."[1]

궁극적으로『베니핏 스트리트』도 이 공식에 잘 들어맞았다. 여기서 빈민과 실업자에 대한 간헐적인 공감은 부정적인 이미지들을 조잡하게 재현하는 데 쓰이는 양념으로 사용되었다. 촬영된 사람들을 이용해 먹었다는 의심도 반복해 제기되고 있다. 제임스 터너 스트리트의 주민을 비롯한 일부 사람은『베니핏 스트리트』에 항의하면서 이 시리즈가 실제로 다루려 한 것을 제작진이 잘못 전했다고 주장했다. 가령 주민들은 이 시리즈가 그처럼 도발적이고 저의가 깔린 제목으로 나올 것이라는 말을 듣지 못했다(프로그램 제작진은 마지막 순간에 제목이 결정되었다고 항변했으나 믿을 만한지 확신하지는 못하겠다).

『베니핏 스트리트』같은 프로그램의 심각한 문제는 내용보다 형식에 있다. 10년 전에 연구자 존 코너는 리얼리티 TV가 '포스트다큐멘터리' 텔레비전 장르로 이어졌으며, 그리하여 다큐멘터리 요소들이 게임 프로그램, 메이크 오버 프로그램, 여타 엔터테인먼트 형식과 통합되었다고 주장했다.[2] 이제 우리는 훨씬 더 해악을 끼치는 장르라 할 수 있는 포스트리얼리티 TV 다큐멘터리 시대를 살고 있다. 가장 순진한 시청자라도 리얼리티 TV는 구성된 것임을 알 수 있었다. 참가자들은 자신이 어떻게 '그려질까'를 걱정하거나 불평했고 시청자들은 편집에 의해 서사가 생산되는 방식에 금방 익숙해졌다(부분적으로 이는『빅 브러더』같은 프로그램을 통해 시청자들이 편집되지 않은 영상, 서사로

1　Tracey Jensen, "A Summer of Television Poverty Porn", *Sociological Imagination*, 9 September 2013, http://sciologicalimagination.org/archives/14013.

2　다음을 참조하라. John Corner, "Performing the Real: Documentary Diversions", *Television & New Media*, 1 August 2002, http://journals.sagepub.com/doi/abs/10.1177/152747640200300302.

다듬어지기 전의 지루한 부분과 별다른 사건 없는 일상적인 시간을 접할 수 있었기 때문이다). 포스트리얼리티 TV 다큐멘터리에서는 이런 반성성을 거의 찾아볼 수 없다. 이 장르는 리얼리티 TV의 기법을 다수 사용하지만, 윙크나 과한 치장 같은 엔터테인먼트의 면모보다는 다큐멘터리의 모사된 냉철함을 이 기법들에 부여한다. 그렇다고 포스트리얼리티 TV 다큐멘터리가 전적으로 딱딱한 것은 아니며, 그것을 규정하는 특징 중에는 다소간의 유머와 경쾌함도 있다. 하지만 그것은 리얼리티 TV와 달리 엔터테인먼트로 자리매김되기를 원하지 않는다.

비벌리 스케그스와 헬렌 우드가 중요한 연구서인 『리얼리티 텔레비전에 반응하기: 연기, 시청자, 가치』에서 주장하는 바에 따르면 상당수 리얼리티 TV는 암묵적으로 부르주아적 시선을 받아들여 노동 계급 참가자가 중간 계급과 비교해 무언가를 결여하고 있다고 판단한다.[3] 게다가 이런 결여는 극히 도덕적인 측면에서, 즉 노동 계급에게 주어지는 자원이나 기회의 결여가 아니라 의지와 노력의 부족으로 설명된다. 이런 암묵적인 관점—공개적으로 표명되는 경우는 거의 없지만 프로그램이 제작되는 방식 전반을 이끄는—이 포스트리얼리티 TV 다큐멘터리의 전형적인 특징이다.

『베니핏 스트리트』에서도 도덕화하는 이런 프레임이 작동했다. 이 프로그램은 자신이 보여 준 것을 맥락화하려는 거의 아무런 시도도 하지 않았다. 참가자들이 복지 급여에 의존할 수밖에 없었던 이유는 조금도 논의되지 않았다. 초점을 복지 급여 청구자에게 맞추는 정치적 의제들에 아무런 문제 제기를 하지 않은 것처럼

---

3   Beverley Skeggs and Helen Wood, *Reacting to Reality Television: Performance, Audience and Value*, Routledge, 2012.

실업의 사회적 원인에 대한 언급도 없었고, 긴축 정책에 대한 검토도 전혀 없었다. 포스트리얼리티 TV 다큐멘터리는 개개인과 친밀성이라는 근본적으로 탈정치화된 세계를 비춘다.『베니핏 스트리트』에서 우리는 복지 급여가 삭감되었다는 말을 듣지만, 이 삭감은 정치적 결정의 결과보다는 자연 재해처럼, 신의 행위처럼 다루어진다.

여러 방면에서 포스트리얼리티 TV 다큐멘터리는 이전의 리얼리티 TV와 마찬가지로 프로그램 제작진과 프로그램 참가자들의 계급 차이를 감추기 위해 각별히 애쓴다. 타블로이드 신문처럼 대본은 노동 계급 특유의 언어를 흉내 낸다. 전형적이게도 보이스 오버가 중요한 역할을 맡는데 이는 노동 계급 시청자에게 동료 집단이 제작한 프로그램처럼 보이기 위해서다. 오늘날에는 보이스 오버를 프로그램 제작진이 직접 맡지 않을 것이다. 제작진의 목소리가 들린다면 화면 밖 프롬프트나 노동 계급 참가자들에게 던지는 질문에서나 그럴 것이다.『베니핏 스트리트』의 보이스 오버는 최근 출연 중이던『코로네이션 스트리트』Coronation Street, 1960~에서 하차한 배우 토니 허스트가 맡았다. 허스트의 말투는 북잉글랜드 노동 계급의 말투와 비슷하다. 포스트리얼리티 TV 다큐멘터리의 이른바 '진지하면서도 유머러스한' 음역을 완벽하게 유지하는 그의 어조는 간단명료하며 풍자적이다. 알려진 바에 따르면 처음에 보이스 오버를 제안받은 사람은 버밍엄의 코미디언 프랭크 스키너였으나 그는 이 역할을 거절했다고 한다.

노동 계급 배경을 가진 배우나 코미디언에게 보이스 오버 역할을 맡기는 것은 프로그램 제작진의 출신 계급을 모호하게 할 뿐 아니라 프로그램의 진정성 주장도 강화한다. 덧붙여 가장 중요한 것은 보이스 오버가 특수한 방식으로 소재가 구성된다는 사실을 은폐하는 전략의 일부라는 점이다. 대본을 쓴 사람이 보이스 오버를 맡고 카메라 앞에 나타나기도 했던 예전의 한층 에세이적인 다큐멘터리에서는 특수한 논거가 제시되었으며 누가 그것을 만들고 있는지가 더 명확했다. 어떤 주장에 명시적으로 책임을 지는 저널리스트나 프로그램 제작자가 부재하면 시청자는 자신이 보고 있는 것을 순수하고 무매개적인 진실로 여기도록 유도된다. 〔우리가 보고 있는〕 이것이, 우리가 설득당해 믿게 되는 이것이 진짜 사람들의 참모습이라고 말이다. 나아가 명시적인 주장을 내놓지 않거나 못하면 지배 이데올로기—프로그램이 도전하기는커녕 인정하지조차 않는—가 개입할 여지를 허용하게 된다.

『베니핏 스트리트』는 아마도 최근의 다큐멘터리에서 가장 진지한 시도 중 하나로 여겨질 것이며 이는 오늘날 채널 4의 프로그램 편성이 얼마나 형편없는지를 알려 준다. 신자유주의가 영국 문화에 불러온 재앙에 가까운 충격을 가늠해 보고 싶다면 채널 4보다 나은 사례는 없으리라. 유럽 예술 영화, 진지한 철학 토론 프로그램, 정치적으로 섬세한 다큐멘터리가 포함된 편성으로 출발했던 채널이 이제는 속속들이 창피할 정도로 장사꾼 같고 겁쟁이 같은 얄팍함으로 퇴보해 패러디할 가치조차 상실했다. 채널 4는 커스티 올소프처럼 거들먹거리는 상류층 보수주의자들을 프로그램 전면에 내세워 집을 사려는 사람이라면 100만 파운드는 있어야 정상이라는 듯이 구는 채널이 되었다. 또 정신 질환이나 여타 극단적인 불행을 무자비하기 이용해 먹기 위한 얄팍한 구실로 악어의 눈물을 흘리는 채널이 되었다. 이런 퇴보가 돌이킬 수 없는 것은 아니라고 믿고 싶지만, 현재로서는 희망을 가질 근거가 별로 없다.

적을 응원하다
『디 아메리칸즈』

　　『디 아메리칸즈』2013~2018 첫 시즌(영국에서는 최근 ITV에서
방영된)은 피터 게이브리얼의 노래「국경 없는 게임」이 흘러나오는
시퀀스와 함께 막을 내렸다. 이 시리즈는 음악을 영리하게
사용한다는 마땅한 찬사를 받아 왔고, 시리즈 초반의 배경이 되는
해인 1980년에 발표된「국경 없는 게임」은 클라이맥스에 완벽히
어울리는 선곡이었다. 분위기상으로 이 노래는 왠지 불안하면서도
운명론적이다. 감정 굴곡을 억제한 게이브리얼의 목소리는 긴장증
상태에 있는 것처럼 들리며 음악은 차갑고 으스스하다. 트라우마
이후보다는 트라우마 이전을 들려주고 있다는 느낌을 받게 된다.
게이브리얼이 곧 도래할 파국의 충격을 표현하고 있는 것만 같다.

　　특히 냉전 스릴러인『디 아메리칸즈』의 맥락을 염두에 두고 지금
들어 보면 이 노래는 냉전의 두려움이 주위를 에워싸고 있고 피할
수 없는 듯이 보이는 종말의 유령이 일상에 스며들어 있던 때를
상기시킨다. 그런데「국경 없는 게임」은『디 아메리칸즈』의 배경을
이루는 포괄적인 역사적 순간을 환기할 뿐 아니라 이 시리즈 고유의
음모 활동도 논평한다.『디 아메리칸즈』는 평범한 미국 가족인
척하는 소련 스파이들을 그린 이야기다. 냉전기의 스파이 활동은
사적인 것과 공적인 것의 경계, 가정 생활과 대의에 대한 의무의
경계를 무시했다. 실제로 국경 없는 게임이었던 셈이다.

　　＊　"Rooting for the Enemy: *The Americans*", *New Humanist*, 1 October
2014.

한때 CIA 요원이었던 조 와이스버그가 제작한 『디
아메리칸즈』는 워싱턴에서 미국인으로 위장해 첩보 활동을 하며
살아가는 두 명의 KGB 요원 엘리자베스 제닝스(케리 러셀)와
필립 제닝스(매슈 리스)를 중심으로 전개된다. 소문에 따르면
와이스버그는 1970년대를 배경으로 이 시리즈를 구상했지만 결국
1980년을 선택했고, 그 결과 대단히 드라마틱한 작품이 탄생했다.
소련이 아프가니스탄을 막 침공한 직후이자 **악의 제국**에 맞선
마니교적 투쟁을 열정적으로 추진한 로널드 레이건이 대통령으로
당선된 해인 1980년에는 냉전이 격화되고 있었다.

　침울한 자연주의와 스릴러가 안기는 짜릿한 강렬함이라는 양극
사이의 진동이 이 드라마의 특징이다. 『디 아메리칸즈』에 자동차
추격전이나 총격전은 조금도 부족하지 않다—현재 TV에서 이보다
더 흥미진진한 프로그램은 없을 것이다. 그런데 이런 요소들은
완전히 다른 종류의 긴장감이 감도는 가정 생활 장면들 사이사이에
삽입되어 있다.

　제닝스 부부의 가정 생활은 냉전 상황에서 일시적으로 벗어날
수 있는 휴식 공간과는 거리가 멀다. 오히려 이들의 속임수가
감정적으로 최고조에 이르게 되는 지대다. 결혼 생활 자체가
가짜다. 적어도 초반에 엘리자베스와 필립은 연인이 아니라 임무를
수행 중인 요원이며, 시리즈는 부분적으로 이 난처한 감정 지형을
헤쳐 나가고 또 자신들의 역할이 가져올 결과에 대한 서로 다른
기대를 조화시키려는 두 사람의 노력을 그린다. 엘리자베스와
필립은 적어도 자신들이 어떤 일을 하고 있는지 안다. 그런데
자녀인 페이지와 헨리는 당연히 그렇지 못하다. 아이들은 부모가
KGB 요원이라는 것을 모른다(아이들의 무지는 제닝스 부부가
이용할 수 있는 최고의 위장 형태 중 하나다).

　이는 발각될 위험을 야기할 뿐 아니라 아이들에게 알려야

할지를 둘러싼 도덕적 딜레마도 제기한다. 이런 딜레마는 동료 KGB 커플과 그들의 자녀 중 한 명이 살해되는 이야기가 전개되는 둘째 시즌에서 정점에 이른다. 살아남은 아이인 재러드가 KGB에 영입된 사실이 밝혀지면서 불가피하게 페이지의 KGB 영입이라는 문제도 불거져 나온다. 제닝스 부부의 KGB 책임자 클라우디아는 이렇게 말한다. "페이지는 당신들 딸이에요. 하지만 당신들 것은 아니죠. 그 아이는 대의에 속하고 세상에 속해요. 우리 모두 그래요."

이쯤에서 『디 아메리칸즈』를 존 르 카레의 작품 같은 가장 정치한 스파이 소설들과 대조해 볼 수 있다. 르 카레의 작품에서 조지 스마일리의 적은 KGB의 스파이 지도자 카를라다. 르 카레가 냉전기 프로파간다가 조장한 대체적인 선악 이분법을 복잡하게 만들었음에도 불구하고 카를라는 거의 악마적인 인물로 남아 있었으며 그의 헌신적 태도는 스마일리와 그의 자칭 자유주의적 실용주의로는 이해할 수 없는 것이었다. 이와 달리 『디 아메리칸즈』에서 소련인은 우리와 비슷한 모습으로 변형된다. 이는 무엇보다 엘리자베스와 필립을 전면에 내세우는 과정을 통해 이루어지지만, 레지덴투라(KGB 주둔지)에 있는 풍부한 캐릭터들이 두 사람을 뒷받침한다. 가령 연약하지만 회복이 빠르고 지략이 뛰어난 이중 스파이이자 나중에는 삼중 스파이가 되는 니나 크릴로바, 실용적인 전략가 아르카디 이바노비치, 야심 차고 수수께끼 같은 올레그 부로프 등이 있다. 대사관에 있는 인물들이 러시아어를 쓰게 한 결정도 중요하다. 덕분에 이들과 서구인의 차이가 유지되며, 또 연극조로 러시아어 억양을 섞은 이상한 영어를 서구인들이 듣게 되는 어처구니없는 관행을 피하기 때문이다.

전형의 역전을 통해 『디 아메리칸즈』에서 소련인은 맞상대인 미국인보다 훨씬 매력적으로 보이게 된다. 제닝스 부부의 주요 적수인 FBI 요원 스탠 비먼(노아 에머리히)—연속극의 전개를 위해

이웃집으로 이사 오는—은 역동적이고 매력적인 엘리자베스와
필립에 비하면 무미건조한 느낌이고, 레지덴투라의 음모 활동과
대조되는 FBI 사무실은 칙칙하고 초라해 보인다.

　이런 점이 이 시리즈의 전복적인 풍요로움에 기여한다는 데는
의심의 여지가 없다. 시청자는 제닝스 부부에게 공감할 뿐 아니라
능동적으로 이들을 응원하고, 이들이 발각될까 봐 걱정하며, 이들의
모든 계획이 결실을 맺기를 희망한다.『디 아메리칸즈』의 메시지는
제닝스 부부가 미국인 적이나 이웃과 공통된 인간성을 공유한다는
것이 아니라 그들이 우연히 다른 편에 서게 되었다는 것이다.
이들이 처한 상황의 극단성을 감안할 때 필립과 엘리자베스가
'우리와 똑같다'고 생각하기는 불가능하다. 하지만 동시에 이
시리즈는 이들의 타자성이 보존되는 바로 그 순간에 이들과
동일시하지 않을 수 없도록 만든다.

　주요 장면들에서 '진짜' 미국인과 다른 이들의 차이가
강조된다. 필립이 때때로 동요하면서 미국적 삶의 일부 측면을
높이 평가한다면, 엘리자베스는 흔들림 없이 미국 자본주의를
파괴하는 데 헌신한다. 둘째 시즌의 어느 시점에는 페이지가 교회
모임에 나가기 시작한다. 이런 변화에 엘리자베스가 보이는 격렬한
적대감은 그녀가 미국적 삶에—그리고 미국 TV 드라마의 관행
다수에—완전히 이질적인 인물임을 극명하게 드러내 준다. 분노한
엘리자베스가 이 모든 일로 페이지와 대치하는 장면은 이상하게도
유쾌하다. 그리스도교가 이처럼 격렬하게 공격받는 장면을 미국의
어느 TV 드라마에서 또 볼 수 있겠는가.

　엘리자베스 캐릭터의 복잡함—그리고 케리 러셀의 섬세한
연기—이 이 시리즈의 가장 흥미로운 부분일지도 모르겠다.
그녀와 필립은 둘 다 필요할 때면 무자비하게 다른 사람들의
목숨을 빼앗지만, 한층 모호한 필립과 달리 엘리자베스는

감상적이지 않은 냉정함과 침착함을 갖추고 있다. 이런 냉정함을 도덕적 결함으로 규정하지 않는 것이, 달리 말해 목적을 향한 엘리자베스의 신념과 필립의 반신반의하는 태도에 각각 가치를 부여하는 두 가지 갈등하는 세계관을 긴장 속에서 유지하는 것이 이 시리즈의 자랑거리다. 가령 엘리자베스가 아이들을 사랑하는 것은 분명하지만(그렇지 않았다면 그녀는 너무 쉽게 소련이 낳은 괴물이라는 전형으로 전락하고 말았을 것이다), 문제는 이 사랑을 의무의 서열 어디에 위치시켜야 하느냐다. 엘리자베스에게 그것은 분명한데, 언제나 대의가 우선이라는 것이다.

자본주의가 반목하는 상대 없이 일방적으로 지배하는 상황에서 사라진 것이 바로 그 대의라는 관념이다. 대체 누가 자본주의를 위해 목숨 바쳐 싸우겠는가? 자본주의 사회를 위해 투쟁하는 누구의 삶이 의미 있게 여겨지겠는가(아마도 대의에 대한 이 헌신이 『디 아메리칸즈』에 등장하는 소련 캐릭터들을 매력적으로 만드는 요소일 것이다)? 승리한 자본주의가 소비 상품이나 의회 민주주의로는 달랠 수 없는 실존적 목적을 향한 갈망에 시달릴 것이라고 경고했던 이는 다름 아닌 프랜시스 후쿠야마다. 『디 아메리칸즈』의 호소력은 상당 부분 자본주의가 완전히 승리하기 이전의 시기를 배경으로 삼고 있다는 사실에 기대고 있다. 이 시리즈의 배경이 되는 시기로부터 10년이 채 지나기 전에 소련의 실험이 실패했음을 우리가 알고 있기 때문에 공산주의적 대의에 관한 이 드라마의 그 모든 언설이 멜랑콜리한 특질을 띠게 된다. 1980년에는 냉전이 영원히 지속될 것처럼 느껴졌다. 현실에서는 불과 9년 만에 엘리자베스와 필립이 대변했던 모든 것이 무너졌고, 역사의 종말이 우리에게 닥쳐 왔다.

떠나보내는 법
『레프트오버』, 『브로드처치』, 『더 미싱』

지난해 방영된 최고의 텔레비전 시리즈 일부의 주제는
상실이었다. 프로이트는 애도와 우울증을 구별했는데, 이에 따르면
애도는 상실한 대상의 포기와 관련되고 우울증은 그 대상에 대한
병적인 집착을 수반한다. 지난해의 시리즈들은 우울증에서 애도로
이어지는 고통스러운 과정, 아마도 영구적으로 방해받을 그 과정을
추적한다.

우리를 매혹시키는 HBO 시리즈 『레프트오버』2014~2017에서
등장 인물들이 안고 있는 문제는 애도를 적절하게 시작할 수
없다는 것이다. 이 시리즈는 '서든 디파처'Sudden Departure라 불리는
재앙—경고나 흔적 없이 세계 인구의 2퍼센트가 사라진 불가해한
재앙—이 야기한 결과에 관한 이야기다. 톰 페로타가 자신의
소설을 『로스트』2004~2010의 공동 제작자인 데이먼 린델호프와
함께 각색했다. 어떤 면에서 『레프트오버』는 거꾸로 된 『로스트』라
할 수 있다. 『로스트』가 다른 쪽으로 넘어간 사람들에게 초점을
맞추는 반면 『레프트오버』는 뒤에 남겨진 이들에게 집중한다.
'뒤에 남겨진'left behind은 당연히 중립적인 표현이 아니다.
그것은 그리스도교 천년 왕국설에 등장하는 종말의 시간을
다룬 베스트 셀러 소설 시리즈의 제목이기도 하다. 첫째 유혹은
'서든 디파처'를 종교적 사건으로, 가장 위대한 종교적 사건인

---

* "How to Let Go: *The Leftovers*, *Broadchurch* and *The Missing*", *New Humanist*, 2 March 2015.

휴거Rapture로 이해하는 것이다. 하지만 '서든 디파처'는 학대자와 이타주의자, 셀러브리티와 범인, 신도와 비신도를 가리지 않고 사람들을 무작위로 데려간다. 이 시리즈에서 가장 통렬하고 재밌는 에피소드 중 하나는 맷 제이미슨 목사—비통함, 연민, 견고한 믿음이 불안정하게 뒤섞인 복잡한 인물로 크리스토퍼 에클스턴이 빼어나게 연기한—가 손수 가십지를 만든 이야기였다. 그의 유일한 목적은 서든 디파처가 휴거가 아니었음을 증명하기 위해 사라진 사람들의 평판을 더럽히는 것이었다. 그렇다면 서든 디파처는 휴거가 뒤에 남겨진 사람들에게 일어날 것임을 암시하는 형식일까? 아마도 그것은 즉각적이고 분명한 의미를 가진 사건이 아니라 슬픔만큼이나 혼란과 분노를 초래하는 불가해한 트라우마적 침입일 것이다.

그런데 『레프트오버』는 서든 디파처라는 수수께끼에 과도하게 관여하지 않는다. 『로스트』는 그것에 내재된 미스터리들의 미친 듯이 증식하는 연결망—끝에 가서는 단순히 음모를 계속 이어 가기 위해 발명된 것 같았고 결코 만족스럽게 해결될 수 없을 듯이 보였던—에 자기 패러디를 하듯 얽혀 들었다. 『레프트오버』는 핵심 미스터리가 언젠간 설명될 것이라는 아무런 암시도 주지 않는다. 첫 시즌이 길잡이 역할을 하는 시즌이라면 이 같은 설명의 부재는 핵심적이다. 이 시리즈는 서든 디파처가 일어난 지 3년 후를 그리며 이제 그 사건은 등장 인물들의 삶의 배경을 이루고 있다. 이들이 언제나 무시하면서도 협상하고 있는 거대한 인식적 공백 상태가 만들어진 것이다. 따라서 서든 디파처는 트라우마 자체와 비슷하다. 헤아릴 수 없는 의미의 구멍, 순전한 우연의 무의미한 발작.

서든 디파처의 본성을 직접적으로 대면할 수 없다는 사실은 이 시리즈가 어떤 장르에 속하느냐는 물음—종교 드라마? SF? 형이상학적 허구?—을 유예시킨다. 주된 양식은 대체로 잔인한 자연주의지만, 이 자연주의는 자신이 동화시킬 수 없는 무언가에 끊임없이 시달리고 또 좌우된다. 혹자는 서든 디파처를 9/11의 알레고리로 보았지만 그런 유추는 설득력이 없다. 『레프트오버』에는 테러와의 전쟁을 이끈 자들이나 그 적이 가진 확신이 없다. 탓할 사람도 애도할 시신도 없다. 주민들은 분노와 내리덮은 우울증에 잠겨 있다. 가족은 와해되어 있으며, 심지어 주인공인 가비 가족처럼 디파처로 아무도 잃지 않은 가족조차 그렇다. 사회적 결속은 언제 풀어질지 모를 위험에 처해 있다. 새로운 믿음 체계가 버려진 정원의 잡초처럼 싹트기 시작한다. 의미가 사라진 세상에서 누가 신뢰할 만한 사람과 어리석은 사람을 구별할 수 있겠는가.

어떤 면에서 서든 디파처에 가장 진심 어린 반응을 보이는 것은 '남겨진 죄인들'Guilty Remnant이라는 '컬트 집단'이다. 구성원들은 컬트 집단답게 으스스한 자의성과 몽환적 몽타주 논리에 입각한 규칙을 따른다. 이들은 온통 흰색인 옷을 입고, 침묵을 지키며, 생존 가능한 미래에 대한 믿음이 없음을 상징하기 위해 공공 장소에서는 언제나 담배를 피워야 한다. 하지만 이 집단은 터무니없는 믿음에 매달리지 않는다. 실제로 구성원들은 긍정적인 믿음이라곤 전혀 갖고 있지 않아 보인다. 이들의 목적은 그저 디파처라는 무의미한 사건에 대한 충실성을 유지하는 것이다. 쓸쓸한 흰색을 통해 이들은 디파처가 잊혀선 안 된다고 끊임없이 주장하는 무언의 유령이 된다. 이들의 요점은 도덕적인 것—떠난 사람들을 기억해야 한다—이 아니라 철학적인 것이다. 즉 현실이 근본적으로 변경되었으며 이를 부인하지 않고 직면해야 한다는 것이다.

영국 ITV에서 방영된 『브로드처치』2013~2017는 형이상학으로 가득한 방식이 아니라 한층 내밀한 방식으로 상실을 마주한다. 이 시리즈는 가상의 해변 마을에서 발생한 대니 래티머라는 아이의 죽음을 중심으로 진행된다. 『브로드처치』의 첫 시즌은 분명 『더 킬링』2007~2012 같은 차가운 스칸디나비아 스릴러에 대한 영국 텔레비전의 반응이었지만 단순한 혼성 모방은 아니었다. 첫 시즌은 전통적인 스릴러의 추리극적인 음모와 마을에서 일어난 죽음의 충격을 한층 차분하게 추적하는 과정을 균형 감각 있게 결합했다. 또 지역 공동체를 감상적으로 다루는 방식과 어디서나 잠재적 살인자를 발견하는 방식 사이의 경계도 솜씨 좋게 절충했다. 살인 사건 이후 한데 모여 만들어진 '긴밀한 공동체'는 조사가 진행되는 과정에서 곧 폭도로 변하고, 타블로이드 신문의 암시에 자극된 이들은 지역의 한 가게 주인을 집요하게 괴롭혀 죽음으로 내몬다.

이 글을 쓰는 시점에 절반 정도 방영된 『브로드처치』 둘째 시즌은 살인범이 밝혀졌을 때 어떻게 시리즈를 계속 이어 갈 것이냐는 아주 까다로워 보이는 문제를 영리하게 해결했다. 마을에 또 다른 살인이 일어나면 결정적으로 시리즈는 망가지고 멜로 드라마로 전락할 것이다. 반면 추리극적인 요소를 포기하면 『브로드처치』의 서사적 동력 중 하나를 박탈하게 될 것이다. 나중에 밝혀지듯 추리극적 요소는 형사 팀장인 하디(데이비드 테넌트)가 해결하지 못한 오래전 사건—첫 시즌에서 그를 괴롭혔던—이 제공한다. 그리고 대니 래티머 살인 사건의 결과에 대한 진행 중인 조사는 살인자 조 밀러가 자백을 철회함으로써 촉발된 재판으로 계속 이어진다. 그러나 둘째 시즌은 첫 시즌의 단단한 이야기 구조를 결여하고 있으며 불필요한 군더더기가 많다는 인상을 준다.

『브로드처치』가 『더 킬링』에 대한 ITV의 대답이었다면 『더 미싱』2014~2016은 『브로드처치』에 대한 BBC의 응답이었다. 『브로드처치』에서 슬픔에 빠진 가족은 우울증에서 벗어나 애도를 시작하기 위해 아이의 죽음에 점차 적응해야 한다. 『더 미싱』에서

이 과정은 무기한 멈춰 있다. 아이의 사라짐이 시리즈의 중심을
이루지만, 이 아이는 아직 (확실히) 죽은 것이 아니며 정확히
말해 실종 상태다. 2006년 프랑스에서 휴가를 보내던 중 다섯
살의 올리 휴스가 어느 바에서 사라진다. 이 시리즈는 아이의
사라짐 뒤에 있는 진실을 뒤쫓는 과정에서 우리를 여러 번 막다른
골목으로 몰아넣는다. 용두사미의 결론—올리의 실종은 결국
의도적인 악의에 의한 것이 아니라 알코올 중독자에 의한 사고임이
밝혀진다—이 나기 전까지 이 시리즈는 소아 성애자, 부패한
정치인, 마약 중독자, 동유럽 범죄 조직 등 실질적인 사회악을 두루
보여 준다.

이론적으로 이 의도된 김 빼기에는 감탄할 만한 무언가가
있었다. 하지만 실제로 이를 다루는 방식에는 불만족스러운
무언가가 있었는데, 그로 인해 이 시리즈는 장황하고 지루한
이야기처럼 느껴질 뿐 어느 대목에서도 강한 흥미를 이끌어 내지
못했다. 중간에 일부 기억에 남는 연기—현명함과 연민, 끈기를
카리스마 있게 결합한 형사 쥘리앵 바티스트 역의 체키 카료가
발군이었다—가 펼쳐지기도 했지만 가장 잊히지 않는 장면은
시리즈 시작과 끝에서 나왔다. 우선 토니 휴스(제임스 네즈빗)가
올리를 잃어버리는 쓰라린 순간이 있다. 이 장면의 힘은 일부분
그것의 진부함에서 나왔다(이 시리즈의 가장 주목할 만한 측면 중
하나는 특징 없는 배경으로, 이는 『브로드처치』의 인상적인 풍경과
대조를 이룬다). 가령 어디서나 볼 수 있는 술집, 순간의 방심, 잠깐
놓은 손, 바꿀 수도 돌이킬 수도 없도록 삶을 변화시키며 올리의
부모를 지옥으로 내던진 갑작스러운 우연 등이 그렇다. 마지막
장면은 이제 극심한 강박 관념에 휩싸여 만신창이가 된 토니가
결코 그 지옥을 벗어날 수 없을 것임을 보여 준다. 올리의 시신을
찾지 못했기에 죽었다는 사실도 받아들일 수 없는 토니는 러시아에

살면서 눈에 띄는 아이가 잃어버린 아들이라고 확신하며 아이들을 괴롭히고 있다. 이는 소름 끼치는 세속적 연옥의 이미지다. 애도는 결코 시작되지 않을 것이며, 토니는 끝이-없는-우울증자가 될 운명에 처한 채 그로부터 탈출하기를 원하지 않는다.

영국 풍자의 이상한 죽음

『데일리 폴리틱스』나 『디스 위크』(둘 모두 앤드루 닐이
진행하는) 같은 BBC의 정치 프로그램을 보면 특수한 어조를
만나게 된다. 영국의 텔레비전 시청자들은 이런 어조를 당연한
것으로 받아들이기 때문에 특별히 주의를 기울일 것 같지 않다.
그러나 거리를 두고 들으면 이런 어조가 정말로 기이하다는 것을
알아차리게 된다. 표면적으로 진지해 보이는 이런 프로그램들은
가벼운 조롱을 주고받으며 진행되는데, 끊임없이 능글맞게 웃고
우쭐거리며 아는 체하는 닐이 전형적이다. 나는 이런 어조가
잉글랜드에서 널리 확산된 의회 정치로부터의 이탈에 관해 말해
주는 바가 있다고 믿는다(오늘날 스코틀랜드의 상황은 다소 다르다.
독립을 위한 국민 투표 이후의 대중 결집은 여전히 국경 이남을
지배하고 있는 정치에 대한 냉소주의 경향을 역전시켜 왔다).

『디스 위크』를 보자. 전체적으로 이 프로그램은 즐거움을
추구하는 분별 있는 존재를 상상하기란 어렵다는 듯이 시시껄렁한
코미디 스타일로 진행된다. 게스트는 얼빠진 차림으로 출연해야
하고, 시청자의 지능이 모자란다는 듯이 맥 빠진 촌극 형태로
자신의 주장을 펼친다. 분위기는 격식을 차리지 않고 허물없으며,
의회가 내리는 어떤 결정도 그다지 중요하지 않다는 인상을 강하게
풍긴다. 닐의 개가 세트장 주변을 돌아다니는 동안 보수당 대표
후보였던 마이클 포틸로는 소파에 앉아 직업적으로 붙임성 있는
블레어주의자 앨런 존슨과 담소를 나눈다. 여기에 계급 적대는

---

*　 "The Strange Death of British Satire", *New Humanist*, 24 August 2015.

없으며 가벼운 의견 차이만이 있을 뿐이다. 정치는 (대개의 경우) 모두가 친구 사이인 신사 클럽 활동처럼 보인다. 존슨 같은 노동 계급 출신도 클럽의 규칙을 받아들이기만 하면 입장할 수 있다. 그 규칙은 실제로 언명되지는 않지만 아주 명확하다. 의회를 너무 진지하게 여기지 말아야 한다는 것이다. 의회는 자기 잇속만 차리며 당선 말고는 그 무엇도 중요시하지 않는 개인들이 주인공으로 등장하는 지루한 드라마처럼 취급되어야 한다. 가식적인 허튼소리라는 비웃음을 사지 않으려면 무슨 일이 있어도 지적인 개념을 사용하지 말아야 한다. 정말 중요한 것은 절대 변하지 않을 것이라는 생각도 받아들여야 한다. 정치적 현실의 기본 좌표는 1980년대에 구축되었고 우리가 할 수 있는 일이라곤 그 안에서 운용하는 것이 전부라는 생각을 말이다.

사람들—특히 청년층—에게서 정치에 대한 관심을 앗아 가는 것이, 그리고 정치란 따분한 시간 낭비라고 확신시키는 것이 주된 목표인 프로그램을 계획하고 있다면 『디스 위크』보다 잘할 수는 없을 것이다. 이 프로그램은 말 그대로 누구도 겨냥하지 않는 것처럼 보인다. 당신이 정치 전문 프로그램을 시청하기 위해 늦게까지 깨어 있는 사람이라면 아마 정치를 상당히 진지하게 여기는 편일 테니까. 대체 누가 이런 우습지도 않은 허황된 프로그램을 원할까?

억지 웃음을 짜내는 이런 경박한 어조가 『디스 위크』에 한정된 것이어도 충분히 나쁘지만, 이런 경향은 BBC의 온갖 정치 보도 방송을 점점 더 지배하고 있다. 닐이 앵커를 맡은 올해의 BBC 선거 개표 방송에도 이런 어조가 속속들이 스며들어 있었다. 모든 것을 하찮게 만들어 버리는 이런 어조가 아마 편견보다 훨씬 성가신 문제일 것이다(잘 알려진 것처럼 과거에 루퍼트 머독의〔『선데이 타임즈』〕편집장이었던 닐은 대처의 치어 리더였고, BBC 정치부의 전 편집장인 닉 로빈슨은 옥스퍼드 대학 보수주의 연합 회장이었다).
그날 개표 방송은 보수당의 예상치 못한 승리로 많은 시청자가 느낀
충격 및 불안과 닐과 동료들이 깔깔거리며 던진 농담 간의 엇박자로
화젯거리가 되었다. 최근 로빈슨의 후임으로 BBC 정치부 편집장이
된 로라 쿠엔스버그는 트윗을 읽고 가십을 공유하면서 그날 저녁
내내 유쾌한 웃음을 터뜨리며 보내는 것 같았다. 그녀에게는 중요한
일이랄 게 별로 없을 것이다. 영국 4등급 훈장 수훈자와 3등급 훈장
수훈자의 딸이자 왕립 일반의 협회 설립자 겸 회장의 손녀로서
엄청난 특권을 갖고 태어난 인물이니 말이다.

　　그런데 중년과 청소년의 것이 이상하게 혼합된 이런 어조는
어디서 오는가? 간단한 대답은 계급적 배경이다. 가벼우면서도
가차 없는 조롱투 어조, 사태를 너무 심각하게 받아들이지 않는
것처럼 보이는 자세는 영국 기숙 학교에 뿌리를 두고 있다.
『가디언』에 기고한 글에서 닉 두펠[1]은 기숙 학교 학생이 일곱
살 무렵부터 "성인과 유사한" 인격을 갖도록 요구받고, 그 결과
역설적으로 "적절하게 성장하기 위해" 고군분투하게 된다고
주장한다. "왜냐하면 유기적으로 성장하지 못한 아이가 내면에
머문 채로 오도 가도 못하기 때문이다." 이어 그는 이렇게 말한다.

　　기숙 학교에서 생활하는 아이들은 언제나 방과 후에 보내는
　　오랜 시간을 견딜 수 있는 생존형 성격을 구축하고 전략적으로
　　처신한다. [⋯] 결정적으로 이들은 불행하거나 유치하거나
　　어리석어 보이지―어떻게든 약해 보이지―않아야 한다. 그렇지
　　않으면 또래에게 괴롭힘을 당할 것이다. 그래서 아이들은 이 모든

---

[1]　*Wounded Leaders: British Elitism and the Entitlement Illusion*, Lone
Arrow Press, 2014의 지은이다.

특징과 거리를 두고, 그것들을 타인에게 투영하며, 도피성 이중 인격을 발달시킨다.[2]

노동 계급의 관점이 영국의 지배적인 미디어와 정치 문화에서 무시되어 왔기 때문에 점점 더 우리는 이처럼 심리적으로 손상된 부르주아 남성 청소년의 정신으로 살아가게 된다. 여기서 표면상의 경박함은 깊은 공포와 불안을 감추고 있다. 자기 조롱은 파괴적인 굴욕의 위협을 막기 위한 일종의 동종 요법이다. 우리는 극심한 공부 벌레처럼 보이지 않아야 한다. 사회적으로 더 이상 인정받지 못하는 어떤 것을 좋아하거나 생각하는 것처럼 보이지 않아야 한다. 원해서 기숙 학교에 입학한 것이 아니라 해도 자진해 들어온 아이들의 감정 분위기에 맞추어 처신해야 한다. 노동 계급 출신으로 그래머 스쿨에 다닌 앤드루 닐은 사립 학교 출신 엘리트층의 관행을 모사함으로써 상석에 오를 수 있었다. 대처리즘은 닐 같은 사람의 두드러진 성공에 의지했다. 이들이 해낼 수 있다면 누구든 그럴 수 있다는 것이다.

가벼운 조롱 양식을 의무처럼 표준화함에 있어 『당신을 위한 뉴스』Have I Got News for You보다 더 공헌한 프로그램도 없다. 2013년 『런던 리뷰 오브 북스』에 실린 「낄낄거리며 침몰하기」라는 글에서 조너선 코는 『당신을 위한 뉴스』를 영국 풍자의 계보 안에 놓으며 1950년대로 거슬러 올라간다.[3] 코가 주장하길 당시에는

---

2   Nick Duffell, "Why Boarding Schools Produce Bad Leaders", *Guardian*, 9 June 2014, https://www.theguardian.com/education/2014/jun/09/ boarding-schools-bad-leaders-politicians-bullies-bumblers.

3   Jonathan Coe, "Sinking Giggling into the Sea", *London Review of Books*, Vol. 35, No. 14, July 2013, https://www.lrb.co.uk/v35/n14/jonathan-coe/sinking-gigglinginto-the-sea.

풍자가 유권자로부터 아무 생각 없는 존경을 기대했던 기득권 정치인의 권위에 위협을 제기했을지도 모른다. 하지만 정치인들이 일상적으로 비웃음을 사고 지긋지긋한 냉소주의가 어디에나 있는 오늘날 풍자는 기득권층이 자신을 보호하기 위해 사용하는 무기가 되었다.

이를 가장 잘 보여 주는 인물이 보리스 존슨이다. 코는 존슨의 성공이 결정적으로 그가 『당신을 위한 뉴스』에 가끔 게스트로 출연한 덕분이었다고 지적한다. 키득거림이 만연한 분위기에서 존슨은 "스스로를 조롱하지만 사랑스러운 어릿광대"라는 세심하게 다듬고 엄격하게 조정한 페르소나를 발전시켰다. 이 프로그램 덕분에 존슨은 자신을 유서 깊은 이튼 학교 출신의 엘리트가 아니라 붙임성 있는 평범한 사람으로 내세울 수 있었다. 이 과정에서 그는 한때 적수였던 이언 히슬롭의 지원을 받았다. 언제나 히슬롭은 조금 더 잘사는 집 아이들이 매점에서 물건을 슬쩍하는 현장을 적발한 반장처럼 자기 만족에 젖어 킬킬대는 분위기의 소유자였다. 무엇이 되었건 위반 행위를 접하면 히슬롭은 거만한 키득거림으로 반응했다. 하원 의원의 치부가 드러나거나 그들의 과도한 경비 처리가 들통났을 때는 이런 키득거림이 적절할지도 모른다. 그러나 금융 붕괴를 초래한 행동들은 말할 것도 없고 힐스버러 참사부터 주요 기득권 인물이 포함된 소아 성애 관련 전화 해킹 스캔들까지 지난 30년간 영국에서 발생한 체계적인 종류의 부패에 그런 식으로 반응하는 것은 그로테스크할 정도로 상궤를 벗어난 듯이 보인다. 『프라이빗 아이』Private Eye의 편집장으로서 히슬롭은 이런 악폐를 폭로하는 데 중요한 역할을 맡아 왔다. 그런데 텔레비전에서 그가 내보이는 조롱 대장 페르소나는 궁극적으로 이런 악폐의 극단성과 체계성을 희석하고 은폐하는 데 일조한다. 어떤 상황이 벌어지든 키득거리고 마는 것이다.

존슨에 대한 코의 논의는 이탈리아 철학자 프랑코 베라르디의 실비오 베를루스코니 분석과 대단히 유사하다. 베라르디에 따르면 베를루스코니의 인기는 "정치적 수사와 그것의 낡은 의례들을 조롱하는 것"에 기대고 있었다. 유권자들은 "자신을 닮은 이 약간 미친 것 같은 총리, 악당 같은 수상"과 동일시하도록 유도되었다.[4] 존슨처럼 베를루스코니는 "규칙이 더 이상 억누를 수 없는 자발적 에너지라는 미명하에" 법과 규칙을 무시하면서 권력의 자리를 차지한 바보였다.

영국에서 "규칙이 더 이상 억누를 수 없는 자발적 에너지"라는 발상은 좁은 의미의 정치를 넘어선다. 제러미 클라크슨이 『탑 기어』2002~ 진행을 그토록 오랫동안 맡은 것도 이런 에너지에 대한 우익 포퓰리스트들의 찬양 덕분이다. 클라크슨이 프로듀서의 얼굴을 가격한 사건 후 그가 계속 프로그램 진행을 맡을 수 있게 해 달라는 청원서에 100만 명 이상이 서명하도록 이끈 것도 분명 이런 발상의 호소력이다. 영국의 지배적인 미디어 문화는 사립 학교 출신의 클라크슨을 자신에게 재갈을 물리려는 억압적인 '정치적 올바름' 앞에서 용감하게 자기 생각을 말하는 직설 화법의 소유자로 치장한다. 『탑 기어』의 성공은 잉글랜드 지배 계급 남성의 사고 방식이 갖는 힘—그리고 슬프게도 국제적인 호소력—의 또 다른 증거다. 누가 중년과 청소년의 이 이상야릇한 혼합체를 클라크슨과 동료 진행자들보다 더 잘 예증하겠는가? 무엇보다 지배 계급 청소년 남성에게 차를 좋아하는 것보다 더 확실한 선택지가 뭐가 있겠는가?

클라크슨은 광대극의 악당을 연기하는 영국 텔레비전

---

4 Franco Berardi, *After the Future*, AK Press, 2011〔『미래 이후』, 강서진 옮김, 난장, 2013, 178~179쪽〕.

셀러브리티 가운데 한 명일 뿐이다. 그의 페르소나는 타인에 대한 연민을 완전히 결여하고 있다. 하지만 진짜 피해를 입히는 광대극도 있다. 『디 어프렌티스』의 스타였으며 지금은 『선』의 칼럼니스트인 케이티 홉킨스를 예로 들어 보자. 그녀가 난민을 "바퀴벌레"에 비유하자 UN 인권 고등 판무관 제이드 라아드 알 후세인은 그것이 명백히 나치의 수사를 반향하고 있다며 비난했다. 하지만 홉킨스는 영국 지배 계급의 선천적인 포스트모더니즘이라 부를 만한 것 덕분에 쉽게 상황을 모면할 수 있었다. 그녀와 클라크슨 모두 증오에 찬 말을 내뱉는다. 단 반짝거리는 눈빛에 [장난이라는 듯이] 눈썹은 살짝 추어올리고서 말이다.

지배 계급의 이런 가면극은 굉장히 복잡하게 작동한다. 유머를 통해 클라크슨과 홉킨스는 매우 현실적이고 비극적인 결과를 낳는 인종주의를 전파하지만, 또한 유머 덕분에 비난을 모면한다. 유머는 이들이 정말로 인종주의를 의도한 것은 아니라고 생각하게 만들면서 이들 자신과 시청자를 안심시킨다. 문제는 이들이 인종주의를 '의도'할 필요가 없다는 점이다. 해당 쟁점을 '정말로' 어떻게 느끼는지와 무관하게 이들은 논쟁의 용어를 정의하는 것을 돕고 이민자들이 비인간화되는 데 한몫하기 때문이다.

하지만 홉킨스가 올 초 『셀러브리티 빅 브러더』에 출연했을 때는 그녀의 페르소나가 말썽을 일으켰다. 그녀는 대부분의 시간 동안 심술궂고 냉담한 고집쟁이 역할에 머물러 있었지만, 불가피하게 외관에 균열이 생기는 순간에는 타인을 배려하는 모습을 보였다. 덕분에 인기가 상승하기는 했으나—그녀는 이 방송에서 우승했다—'케이티 홉킨스'라는 브랜드를 무너뜨릴 위험도 있었다.

인상적이게도 그녀가 가장 취약했던 순간은 다른 사람들의 친절을 받아들이도록 요청받은 때였다. 잉글랜드 지배 계급 남성의 가혹하고 정서적으로 미숙한 세계에서 살아남기 위해 그녀는 사립 학교에서 훈련을 받았다. 또한 샌드허스트 육군 사관 학교에서는 분명 타인의 온정과 친절을 선뜻 받아들이지 않도록 교육받았을 것이다. 슬프게도 이런 성격 갑옷으로 무장하는 사람은 이제 홉킨스나 여타 사립 학교 출신 엘리트에 국한되지 않는다.

자기 교육으로 건설된 노동 계급 문화는 근대 영국의 코미디, 음악, 문학 등의 분야에서 최고의 작품들을 산출했다. 지난 30년간 부르주아 계급은 사업과 정치뿐 아니라 엔터테인먼트와 문화까지 장악해 왔다. 영국에서 코미디와 음악은 점점 더 대학 졸업자의 전문직이 되었으며 사립 학교 출신들에게 지배되고 있다. 웃음과 지성, 진지함이 복합적으로 어우러진 노동 계급 문화의 세련됨은 무미건조한 부르주아적 상식으로 대체되어 왔고, 이제는 재치 없는 유머가 모든 것을 뒤덮고 있다. 정서적으로 손상된 부르주아 계급을 따라 키득거리는 것을 진작에 멈추고 노동 계급과 함께 웃고 돌보는 법을 다시 배웠어야 했다.

『터미네이터 제니시스』 리뷰

『애벗과 코스텔로, 터미네이터를 만나다』[1]를, 『터미네이터와 로빈』을 생각해 보자. 다시 말해 어떤 프랜차이즈 영화가 마침내 자기 패러디 속으로 함몰하게 되는 지점을 생각해 보자.

저평가된 『터미네이터: 미래 전쟁의 시작』2009이 시리즈의 첫 영화인 『터미네이터』1984를 가득 채운 기계들의 어두움에 의지하고 그것을 연장했다면, 『터미네이터 제니시스』2015는 『터미네이터 2: 심판의 날』의 장난스러운 포스트모던함으로 돌아간다. 실제로 『터미네이터 제니시스』는 자기 참조와 시리즈 내부에서만 통용되는 농담의 수렁에 빠지고 말았다. 작가들과 감독이 『포스트모더니즘, 혹은 후기 자본주의 문화 논리』에서 제임슨이 혼성 모방에 관해 언급한 내용을 세심하게 참고했음이 틀림없다는 의심이 들 지경이다.

돌이켜 보면 귀엽게 굴며 잘난 척하는 태도("잘 가, 베이비")와 종말론적 예감을 짜증 나게 결합한 『터미네이터 2』는 제임스 본드 영화들이 1960년대 스릴러들에 그랬던 것과 같은 방식으로 1990년대 포스트모던 스릴러를 위한 공식을 앞서 제시했다. 이 둘째 편은 희화화와 거창한 멜로 드라마(린다 해밀턴의 연기는 너무 과장되어 있어 '긴장 풀어, 그냥 핵 재앙 영화잖아'라고 말하고 싶을 정도였다)를 혼합하는 방식으로 두 마리 토끼를 다 잡으려 했다.

---

* "Review: *Terminator Genisys*", *Sight and Sound*, September 2015.

1 〔옮긴이〕 버드 애벗과 루 코스텔로는 1940~1950년대에 미국에서 활약한 코미디 듀오다. 『애벗과 코스텔로, ○○를 만나다』라는 포맷으로 여러 편의 호러 코미디 영화를 만들었다.

『터미네이터 2』특유의 유머는 효력이 다 떨어져 이젠 식상한 정도를 넘어선 것처럼 느껴진다. 그런데『터미네이터 제니시스』는 그보다도 훨씬 가볍다. 이 영화는『터미네이터: 미래 전쟁의 시작』이 없었던 것처럼 굴면서 그 스타일과 분위기를 단호하게 거부하고, 나아가 앞 영화가 부수적으로 다루었던 시간 여행의 모든 역설을 마구 쓸어 담는다. 설정은 첫 편의 시나리오와 동일하다. 미래에서 보낸 카일 리스가 1984년으로 넘어온다. 그런데 그는 예상과 전혀 다른 세라 코너를 만난다. 코너는 자신이 인류의 미래를 구원할 사람의 어머니가 될 것이라는 사실을 믿지 못하면서도 충격 속에서 받아들여야 하는 순진한 인물이 아니다. 코너는 이미 전투로 단련되어 있으며 리스보다 더 많은 것을 알고 있다. 대안적 타임 라인? 하지만 이는 레인지로 수없이 돌린 컴포트 푸드처럼 첫 두 편의 가장 유명한 장면들을 리믹스한 수많은 작품이 언제나 내놓았던 변명이다.

우리는 나이 든 터미네이터(편리하게도 터미네이터의 피부와 머리카락은 나이를 먹는 것으로 밝혀진다)가 날려 버리는 아널드 슈워제네거의 오리지널 1984년 모델 터미네이터를 이미 알고 있다. 코너가 아저씨Pops라 부르는 나이 든 터미네이터는 기본적으로 『터미네이터 2』에서 보호자 겸 가장 역할을 하는 터미네이터의 더 늙은 버전이다. 보다시피 그는 언제나 특유의 기계 언어로 말한다. 리스와 대화를 주고받으며 유머를 구사하려 하지만 전혀 웃기지 않고, 리스는 대화를 멈출 수 있는 스위치가 있는지 계속 묻는다.

이 영화의 다른 모든 것과 마찬가지로 여기서 중심이 되는 형이상학—어떤 것도 최종적이지 않고 모든 것이 재실행될 수 있는 총체적 가소성plasticity에 대한 전망—은 아주 친숙한 것이다. 첫 영화에 등장하는 터미네이터가 포드주의 시대 노동과 테크놀로지의 이미지였다면, T-1000을 통해서는 당시에 등장하고

있던 자본과 노동의 형태를 처음으로 맛볼 수 있었다. 어떤
형태로든 변할 수 있는 T-1000의 변화무쌍한 능력은 새로운 디지털
테크놀로지의 가능성과 막 소비에트 제국과의 갈등에서 벗어난
고삐 풀린 자본주의의 장래성을 반영하는 것처럼 보여 처음에는
흥미진진했다.

　그러나 2015년에 그런 흥분은 시들해진 지 오래다. 대부분의
동시대 문화와 마찬가지로 『터미네이터 제니시스』는 자기
만족적인 동시에 필사적이고, 광란적인 동시에 권태롭게 느껴진다.
이 영화는 시리즈의 과거에 대한 신성 모독이자 약탈이지만, 또한
애절할 정도로 그 과거를 숭배한다. 이런 퇴락 때문에 『배트맨과
로빈』1997과의 비교가 불가피해진다. 아널드의 아저씨 터미네이터
연기는 상징적일 만치 재앙이었던 미스터 프리즈 연기를 불편하게
떠올리게 한다. 바로크적으로 잘난 척하는 서사적 군더더기
같다고 느끼게 만드는 것은 최근 『닥터 후』에 출연한 맷 스미스[2]의
존재만이 아닌 것이다.

　궁극적으로 『터미네이터 제니시스』는 『백 투 더 퓨처』1985~1990
시리즈와 『나비 효과』2004를 교차해 만든 영화에 가장 가깝지만, 『백
투 더 퓨처』의 재치와 독창성이라곤 찾아볼 수 없으며 『나비 효과』의
암울한 숙명론도 거의 담아내지 못하고 있다. 사실 『터미네이터
제니시스』가 아무런 감흥도 주지 못하는 까닭은 숙명론을
절대적으로 거부하기 때문이다. 즉 이 영화는 어떤 것도 고정되어
있지 않고 모든 것이 재실행될 수 있는 모종의 근본적으로 열린
현실을 받아들인다. 첫 영화의 타임 루프—여기서 등장 인물들은
어떤 의미에서는 언제나 이미 일어났던 행위들을 분명 처음으로
수행한다—가 선사했던 언캐니한 흥분은 흩어져 사라진다. 여기에

2 　〔옮긴이〕2010~2013년에 『닥터 후』의 11대 닥터를 연기한 배우.

타임 루프는 없으며, 그저 어렴풋하고 맥없는 소용돌이 같은
시간만이 있다. 애써 주의를 기울여 본들 이 소용돌이는 앞뒤가
전혀 맞지 않는 뒤죽박죽 상태로 잦아들고 말 것이다.

　　그런데 바로 이것이 문제다. *이처럼* 형태를 바꿀 수 있고
요소들을 재조합할 수 있는 현실을 담은 영화는 어떤 층위에도
주의를 기울일 수 없다. 그래서 『터미네이터 제니시스』는 의도치
않게 후기 자본주의적 재구조화를 다루는 아둔한 우화가 된다. 어떤
것도 금방 변할 수 있고 변할 텐데 뭐 하러 지금 벌어지는 일에 굳이
신경 쓰겠는가? 영화 전체가 무의미한 노고에 대한 기념비처럼
느껴진다. 흥미로운 면이 거의 없고 보는 일이 분명 아주 고된
노동처럼 느껴지는 무언가가 되어 버린 방대한 디지털 노동의
결과물 앞에서 우리는 당혹해하며 망연자실 상태가 된다.

명성으로 지은 집
『셀러브리티 빅 브러더』

이번 여름의 『셀러브리티 빅 브러더』(채널 5)는 워홀적인 악몽
같았다. 초기 『빅 브러더』 시리즈의 지루했던 부분들은 옛날 얘기가
되었다. 그 전제의 단순함—한 무리의 사람들을 방에 모아 놓고,
외부 세계와 접촉하지 못하게 하고, 매주 출연진 투표로 한 명씩
내보내고, 그런 다음 무슨 일이 일어나는지 보는—도 마찬가지다.
이 프로그램에 대한 얄팍한 '과학적' 정당화, 즉 이것이 일종의 사회
실험이라는 주장도 잊힌 지 오래다. 2015년의 고조된 분위기는 더
이상 그런 객관성의 가상조차 허용하지 않을 것이다.

개별 동거인 간의 경쟁뿐 아니라 미국과 영국을 대표하는 '팀'
간의 경쟁이라는 틀도 갖춘 올해의 전반적인 구성은 예상대로
일찍부터 팽팽한 긴장감을 불러왔다. 동거인들 사이에 불만을
조장하도록 고안된 저 친숙한 '과제들'—어리석은 짓부터 굴욕감을
안기는 짓까지 아우르는 무의미한 활동들—도 있었다. 게다가
올해는 제작진이 하우스에 끼어들어 심리적 괴롭힘을 증대시켰고,
많은 동거인이 눈에 띄게 여린 편이라 그만큼 더 말썽을 일으켰다.
정신 건강 문제 이력이 있는 전직 TV 진행자 게일 포터는
하우스에서 나가는 것이 정신 병원에 수용되는 것보다 더 나쁘다고
'농담'하며 발버둥쳤다. 형의 죽음으로 집안이 풍비박산 나면서
덮친 분노와 슬픔을 생생하게 드러낸 모델 오스틴 아마코스트는

---

* "The House that Fame Built: *Celebrity Big Brother*", *New Humanist*, 16
December 2015.

격렬한 감정 기복에 시달렸고, 어느 순간부터는 리얼리티 TV
베테랑인 재니스 디킨슨에게 맹렬한 언어 공격을 가하기 시작했다.

신선한 구성을 유지하고자 도입한 '예상 밖의 전개'에 대한
집착은 영구적인 불안정이 유일한 상수가 되는 자기 패러디적
상황을 초래했다. 탈락자 지명과 관련된 규칙은 끊임없이 바뀌었다.
동거인들은 제작진과 시청자만 볼 수 있는 '다이어리 룸'에서
지명이 이루어진다고 생각했지만 곧 하우스 전체에 방송된다는
것을 알게 되었다. 이들은 모두가 마주보는 가운데 지명하도록
요구받았고, 이는 공공연하게 서로를 폄하하라는 것이나
다름없었다.

특별히 기만적이었던 프로그램 제작진의 속임수를 보자. 가장
공격적인 두 명의 미국인 동거인—리얼리티 TV 출신 유명인 파라
에이브러햄과 전직 포르노 스타 제나 제임슨—이 쫓겨나지만
제작진은 이들을 하우스의 숨겨진 공간으로 데려가 이곳에서 다른
동거인들을 몰래 지켜보게 될 것이라고 이야기한다. 그런데 사실
다른 동거인들은 에이브러햄과 제임슨의 퇴거가 가짜임을 이미
알고 있었고, 마지막에 가서는 폭소—공허하고 악의적인 폭소—가
이들에게 쏟아졌다.

이런 텔레비전 문화의 뿌리를 확인하려면 40년 전으로 돌아갈
필요가 있다. 안드레아스 킬런은 『1973년의 신경 쇠약: 워터게이트,
워홀, 포스트60년대 미국의 탄생』이라는 책에서 오늘날 우리의
리얼리티/셀러브리티 시대로 넘어오는 문턱이 1973년, 즉
워터게이트 청문회가 열린 해이자 최초의 리얼리티 TV 프로그램인
『아메리칸 패밀리』An American Family가 방영된 해였다고 설득력 있게
주장한다.[1]

셀러브리티라는 지위의 덧없음은 무엇보다 모든 사람이 15분
동안 유명해질 것이라는 앤디 워홀의 재담이 예견하고 있었다.

그러나 워홀의 가장 놀라운 선견지명은 셀러브리티의 특수성, 나아가 그것이 과거 할리우드 스타의 신비로움이나 매력과 어떻게 다른지를 이해한 데 있었다. 스타가 연초점의 대상이자 영화와 연관되었다면, 셀러브리티는 텔레비전이 약속하는 듯 보이는 새로운 접근 가능성을 통해 부상했다.

셀러브리티 문화를 극명하게 예증한 것은 워홀이 창간한 잡지 『인터뷰』였다. 워터게이트 사건과 마찬가지로 『인터뷰』는 테이프 녹음 덕에 세상에 나올 수 있었다. 해당 인물이 살아온 삶의 사소한 세부까지 아우른 인터뷰 내용은 그대로 글로 옮겨졌고, 따라서 이는 작가가 개입한 페르소나에 의해 구축된 것이 아니었다. 물론 워홀은 테이프 녹음이 무매개적 실재를 포착하지 못한다는 것을 이해하고 있었다. 워홀의 찬미자인 장 보드리야르가 인지했듯 어디에나 있는 테이프 녹음은 오히려 그런 실재가 실존한다는 모든 가상을 파괴했다. 대신에 이젠 답할 수 없는 불안한 물음이 있을 뿐이었다. 녹음되거나 녹화되고 있는 사람들이 테이프나 카메라 앞에서 연기하는 것은 아닐까(혹자는 기록 장치로 가득한 백악관의 심장부에 있었던 닉슨이 종종 테이프에 대고 이러니저러니 말하는 것처럼 느껴졌다고 했다)?

『아메리칸 패밀리』에서 갑자기 라우드 가족의 삶을 침범한 카메라는 불안을 드러내는 온갖 논의를 촉발했다. 가령 카메라는 그것이 기록하고 있는 대상에게 영향을 미치는가? 킬런이 지적하듯 이 시리즈는 '워홀적'이었을 뿐 아니라 실제로 워홀과 관계가 있었다.〔라우드 가족의 첫째 아들인〕랜스 라우드는 1960년대 말부터 워홀과 서신을 주고받았으며, 『아메리칸 패밀리』에는

---

1 Andreas Killen, *1973 Nervous Breakdown: Watergate, Warhol, and the Birth of Post-Sixties America*, Bloomsbury, 2008.

랜스가 첼시 호텔에서 워홀의 몇몇 슈퍼 스타, 즉 워홀이 널리 알린 뉴욕의 유명인 집단과 어울리는 장면들이 등장한다.

특히 자신이 피해자였기 때문에 워홀은 대중 문화의 풍경 속에서 폭력과 셀러브리티가 종잡을 수 없이 결합되는 방식에 민감했다. 『셀러브리티 빅 브러더』가 방영된 2015년 현재에는 이런 공격성이 압도적인 수준에 이르렀음이 분명하다. 『아메리칸 패밀리』이래 리얼리티 TV는 줄곧 시청자에게 죄책감과 공모 감정을 불러일으켰다. 우리가 보고 있는 고통에 우리는 얼마만큼 책임이 있는가? 올여름의 『셀러브리티 빅 브러더』와 더불어 이런 감정들은 한층 극심해져 참을 수 없는 지경이 되었다. 이 프로그램은 혹독한 잔인함을 끊임없이 연출하는데, 이에 비하면 『아메리칸 패밀리』는 말할 것도 없고 초기의 『빅 브러더』조차 고풍스럽고 품위 있어 보일 지경이다. 『빅 브러더』가 영국에서 처음 방영된 후 15년 동안 이토록 야만성이 증대한 현실을 어떻게 설명할 수 있을까?

간단한 대답은 밀접하게 연관된 두 요인, 즉 경제의 변환과 인터넷의 보편화를 끌어들이는 것이다. 이 둘의 합성물인 자본주의적 사이버 공간은 극단적인 불안정성(어떤 것도 영원하지 않으며 모든 것이 항상적으로 위협받고 있다는 감각), 경쟁적 태도, 무심한 공격성을 정상적인 것으로 만들었다. 그 결과 중 하나가 새로운 부류의 셀러브리티다. 최근 『셀러브리티 빅 브러더』의 비공식 스타라 할 스물네 살의 파라 에이브러햄이 대표적이다. MTV의 『틴 맘』Teen Mom, 2009~2021으로 유명해진 에이브러햄은 21세기 셀러브리티/리얼리티 TV의 가혹하고 끊임없는 스포트라이트가 만들어 낸 다윈주의적 산물이다. 에이브러햄은 말 그대로 증오심으로 경력을 쌓아 왔다. 이런 증오심이야말로 시청자가, 따라서 TV 제작진이 원하는 듯 보이는 그것이다. 그녀는 불쾌하고 적대적인 태도를 통해 가장 성공한 10대 엄마가 되었다.
그녀의 삶 전체가 일종의 행위 예술 작품이 되었는데, 여기서
그녀는 연민이라곤 모르며 거의 언제나 다른 사람들을 태연하게
무시하고 업신여기는 일차원적인 인물을 연기했다. 그러니
그녀가 행동거지를 바꿀 이유가 뭐가 있겠는가? 엄청난 보상을
받아 왔는데 말이다. 악착스러움을 연기하는 퍼포먼스는 그녀의
'브랜드'이자 생존 전략이다.

후기 자본주의의 텔레비전은 잡아먹느냐 먹히느냐의
싸움이 초래하는 불확실성으로 가득하다. 이런 분위기에서
타인을 신뢰하는 것은 누구도, 억만장자조차도 감당할 수
없는 사치다. 경멸조로 찡그린 에이브러햄의 표정—수술로
돋보이고 입술에서는 언제나 윤이 나는—은 자신을 보호하는
가면이자 그녀의 독특한 셀링 포인트다.『셀러브리티 빅 브러더』
하우스에서 비슷하게 냉혹한 제나 제임슨과 동맹을 맺은 그녀는
우스꽝스럽지만 누구도 면전에서 비웃을 수 없는 인물로 나왔다.
그녀의 단조로운 적개심과 기묘한 모욕—"당신은 사탄으로
가득 찼네요"—은 터무니없지만 정말이지 악의로 가득 차 있어
씁쓸함을 느끼지 않을 수 없게 만든다. 또 '부정적인 태도'를 이유로
다른 사람들에게 덤벼드는 등 가차 없이 공격적이고 무례한 태도를
보이는 제임슨과 에이브러햄에게는 블랙 코미디를 연상시키는
무언가가 있었다. 이 둘은 망상에 이를 정도로 자아를 드높이는 데
혈안이 된 치료 문화의 극단처럼 보였다.

소셜 미디어의 부상과 그것이 방송사 간부들에게 불러일으킨
두려움은『셀러브리티 빅 브러더』같은 프로그램을 불안—종종
예민한 성격이나 정신적 나약함 때문에 선택된 동거인들의 불안뿐
아니라 언제나 다음번에 유행할 분노의 해시 태그를, 입소문을 타고
퍼져 나갈 도발을 찾고 있는 제작진의 불안까지—으로 가득 채웠다.

이런 불안과 이를 낳는 주변의 사회 상황은 우리를 워홀의 미학이
담고 있었던 차가운 양가성 너머로 인도한다.

킬런이 지적하듯 확실히 워홀은 이디 세지윅이나 캔디 달링
같은 인물의 자기 파괴를 즐겼으며 심지어 조장하기도 했다. 하지만
워홀은 21세기 리얼리티 TV에서는 찾아볼 수 없는 부드러움과
비극적 웅장함을 이들에게 불어넣기도 했다. 이제 비극은 없다.
오직 금방 잊히고 말 분노의 분출들, 패스트 푸드처럼 그때그때
불타올랐다 이내 식고 마는 증오와 고통의 배출이 있을 뿐이다.

안드로이드들에 대한 공감
도덕성을 비튼 『웨스트 월드』

실제로 실존하는 모든 테마 파크의 문제는 테마를 온전히
구현하지 않는다는 것이다. 지금까지 조성된 테마 파크는 사실상
놀이 공원이며, 테마는 구식 스릴 기구에 불과한 것들을 장식하는
역할을 한다. 3D 영화관이 점점 더 놀이 기구의 감각 논리로
기우는 경향이 있는 것처럼 최근의 놀이 기구는 3D 디지털 장면을
포함함으로써 영화와 융합하는 경향이 있다. 대단할 것 없는 몰입은
놀이 기구를 탈 때로 한정되며, 각각의 기구는 출구와 입구가
명확하게 표시된 별개의 부분적인 세계로 남아 있다. 테마가 제법
잘 구현된 경우에도 유료 고객의 기대를 충족하지는 못한다. 어떤
세계나 역사적 시기에 입장해 있든 간에, 청바지 차림에 카메라를
들고 돌아다니는 파크 방문객들은 여전히 구경꾼이며 이들의
정체성은 관광객이다.

마이클 크라이튼의 1973년 영화 『웨스트 월드』[1]는 진정한 테마
파크가 있다면 어떤 모습일지를 상상하고자 시도한다. 이곳에는
별도의 '놀이 시설'이 없으며, 따라서 방문객이 자신의 정체성으로
돌아갈 수 있는 메타 구역도 없다. 웨스트 월드 파크에서는
그곳에 거주하는 안드로이드와 방문객을 한눈에 구별할 수 없다.
안드로이드와 마찬가지로 방문객도 자신이 옛 서부에 온 것처럼

---

*   "Sympathy for the Androids: The Twisted Morality of *Westworld*",
New Humanist, 30 November 2016.

1   〔옮긴이〕한국에서 이 원작 영화는 '이색 지대'라는 제목으로
소개되었다.

차려입고 행동해야 한다. 웨스트 월드 및 그것과 짝을 이루는 '로마 월드'와 '중세 월드'의 호소력은 동시대의 흔적이 완전히 지워진 어떤 환경으로 건너간다는 데 있다. 놀이 기구가 제한된 몰입을 제공하는 반면 이 파크는 하나의 온전한 세계를 선사한다. 불가피하게 메타적 차원이 개입하는 것은 방문객의 자기 의식, 즉 안드로이드와 자신의 차이(자신은 안드로이드를 '죽일' 수 있지만 그 반대는 안 된다는—적어도 처음에는 그러했다—비대칭성에서 가장 확실하게 표명되는)에 대한 자각을 통해서다.

크라이튼의 SF에서 되풀이되는 주제—가장 유명한 사례는 『쥬라기 공원』 소설들이다—는 새롭게 출현하는 현상에 대한 예측과 통제의 불가능성이다. 『웨스트 월드』는 그 이후에 나온 『쥬라기 공원』과 마찬가지로 오만에 빠진 경영의 본보기를 보여 준다. 예견할 수 없는 방식으로 스스로를 조직할 수 있는 시스템의 요소들이 지닌 역량이 치명적으로 과소 평가되는 것이다. 원작 『웨스트 월드』 영화의 주목할 만한 특징 하나는 기계 바이러스의 가능성을 주류 영화에 도입한 초기 사례라는 것이다. 검은 옷차림의 인정사정없는 율 브리너가 이끄는 안드로이드들이 프로그램을 이탈해 파크 방문객들을 죽이게 만드는 것이 이런 종류의 비생체적 감염이다.

『웨스트 월드』가 90분짜리 SF 영화에서 HBO의 텔레비전 시리즈로 확대되는 과정에서 리사 조이와 조너선 놀런은 영화의 핵심 요소를 대부분 그대로 유지했으나 강조점을 이동시켰다. 파크 설계자와 관리자 들이 걱정하기 시작하는 안드로이드들의 결함은 폭력에 대한 선호가 아니라 인지 실패—시리즈에서 안드로이드를 부르는 명칭인 '호스트들' 사이에서 생기기 시작한 일종의 안드로이드 치매로 의식의 징후일지도 모르는—다. 파크를 구상하고 창조한 설립자인 로버트 포드(앤서니 홉킨스)는 결함이 단순한 인지 실패 이상의 것임을 인식하고 있다. "오직 한 가지 도구 덕분에 이 지구의 지각 있는 생명 전체가 진화할 수 있었지. 실수 말이야"라고 그는 말한다. 포드는 호스트들의 인공 영혼에 새로운 변이의 물결이 일어날 것이라는 전망에 경악하기보다는 오히려 매료되는 것처럼 보인다.

새로운 버전의 『웨스트 월드』2016~2022에서 우리의 주의를 끄는 것은 인간을 향한 폭력의 위협보다는 호스트들에게 자행되는 일상적인 잔인성이다. 포드는 이를 정당화하면서 안드로이드들은 "진짜가 아니"며, "우리가 느끼라고 말하는 것만을 느낄 뿐"이라고 주장한다. 하지만 그가 어떤 기준으로 진짜와 가짜를 나누는지, 왜 감정이 프로그래밍되면 더는 진짜가 되지 않는지가 완전히 분명한 것은 아니다. 다른 사람들이 느꼈으면 하는 감정을 느끼도록 그들에게 강요하는 것이 바로 폭력의 정의 아닐까? 이 시리즈는 안드로이드도 고통을 경험할 수 있다는 증거를 충분히 제시하며, 이는 그들이 도덕적 고려의 대상이 될 수 있음을 암시한다.

파크의 매력 상당 부분은 고통을 느낄 수 있는 호스트의 능력과 단순한 기계로서의 그들의 법적 지위 사이의 간극에 기대고 있다. 습관적으로 공원을 다시 찾는 방문객 상당수—특히 에드 해리스가 훌륭하게 연기한 위협적 인물인 저 맨 인 블랙—는 안드로이드가 고통받고 발버둥치는 모습을 특별히 즐긴다. 맨 인 블랙은 사랑스럽고 건강한 농장 처녀 역할을 맡은 호스트인 돌로레스(에번 레이철 우드)에게 그녀가 자신에게 저항하지 않았다면 재미가 반감되었을 것이라고 말한다. 다른 방문객은 호스트의 고통에 무심함을 내보이면서 즐거워한다. 초반의 끔찍한 장면에서 한 게스트는 금광업자 호스트의 손을 칼로 찌르고는 동행에게 금 사냥 같은 매력 없는 이야기에 넘어가면 곤란하다고 책망한다.

사디즘의 기저에 놓인 환상은 끝없이 고통받을 수 있는

피해자 형상과 관련이 있다고 알려져 있다. 호스트들은 이 환상을 구현한다. 이들은 무한한 고통 속에서 반복해 짐승 취급을 받고 반복해 '살해'당할 수 있다. 권태는 언제나 직업상의 위험인 동시에 사드적 방탕아를 위한 명예 훈장이었다. 일부 단골 방문객은 아이러니와 권태감에 젖어 호스트들을 향해 양가적인 태도를 내보인다. 그들을 탈인간화된 학대 대상인 동시에 동류 의식을 공유하는 피조물로 대하는 것이다. 호스트가 텅 빈 메커니즘에 불과하다면 그들을 모욕하고 파괴한들 무슨 즐거움을 얻겠는가? 그렇지만 만약 호스트에게 게스트와 동등한 도덕적 지위를 부여한다면 그들에 대한 학대는 또 어떻게 정당화할 수 있겠는가? 호스트들은 기억 삭제 장치를 통해 자신이 느끼는 모든 공포로부터 보호받는다. 이 장치로 인해 이들은 리셋될 때마다 재생되어 더 많은 학대를 맞이할 준비를 마친다. 게스트들이 연속적인 시간 안에 실존하는 반면 호스트들은 타임 루프에 갇혀 있다.

호스트들이 결여하고 있는 것은 의식이 아니라—그들은 의도적으로 제한되거나 눈가림한 형태로 모종의 의식을 소유하고 있다—무의식이다. 꿈꿀 수 있는 능력과 기억을 박탈당한 안드로이드는 상처는 입지만 트라우마를 겪지는 않는다. 그런데 트라우마를 경험할 수 있는 바로 이 능력이 일부 호스트, 특히 돌로레스와 매음굴 마담인 메이브(탠디 뉴턴)에게서 발달하고 있다는 징후가 나타난다. 돌로레스는 점점 더 플래시백에 사로잡히는데, 이는 결함이 아니라 기억의 최초 각성, 예전에 반복했던 일에 대한 상기로 이해해야 한다. 반면 메이브는 두건을 뒤집어쓰고 자신의 반쯤 잠든 몸을 건드리는 인물들의 단편적인 이미지 때문에 괴로워한다. 이는 사실 망친 수리 과정에 대한 기억으로, 수리되는 동안 수면 모드로 제대로 전환되지 않았던 탓에 메이브는 이 광경을 목격했다. 가장 심란한 장면 중 하나에서

당황해 공황 상태가 된 메이브는 병원 겸 정비 구역을 탈출해
무균실 주변에서 비틀거린다. 퇴역해 벌거벗은 호스트들의 신체가
어지럽게 버려져 있는 현장을 보고 메이브는 이곳에서 잔혹
행위가 벌어졌다고 이해한다. 자신에게 출몰하는 설명할 길 없는
이미지들의 미스터리를 풀고자 하는 메이브는 영화『메멘토』2000에
등장하는 레너드(가이 피어스)와 외계인에게 납치된 어떤 피해자가
조합된 것 같은 모습이다.

소수의 예외를 제외하면『웨스트 월드』에서 인간은 매력 없는
집단이다. 인간이 하는 일이라곤 일부 게스트가 흉포함을 표출할
때 파크 설계자, 관리자, 엔지니어가 진부한 언쟁을 벌이거나 기업
경쟁력을 위해 애쓰는 것이 전부다. 대조적으로 자신의 정신이
어딘가 잘못되었다는 생각과 자신의 세계가 어딘가 잘못되었다는
생각을 오가며 자신이 누구인지를 이해하려는 돌로레스와
메이브의 분투는 일종의 형이상학적 서정성을 간직하고 있다.
이들이 의식을 갖는 것은 1973년 영화에서 일어났던 것과는 전혀
다른 안드로이드 반란을 위한 전제 조건인 것처럼 보인다. 이번에는
호스트들 편에 서지 않기가 힘들다.

지은이 소개

마크 피셔는 1968년 잉글랜드 레스터의 노동 계급 가정에서 태어나
작은 산업 도시인 러프버러에서 자랐다. 헐 대학에 진학해 영문학과
철학 전공으로 1989년에 졸업했으며, 철학자이자 문화 이론가인
세이디 플랜트의 지도하에 버밍엄 대학과 워릭 대학에서 공부했다. 워릭
대학에서 플랜트와 철학자 닉 랜드가 주도한 '사이버네틱 문화 연구회'에
참여했고 1999년에는 『평탄선 구축물들: 고딕 유물론과 사이버네틱
이론-허구』로 박사 학위를 받았다.

2003년 k-펑크라는 이름으로 블로그 활동을 시작해 당시 융성 중이던
블로그 공동체의 허브가 되었다. 연장 교육 학교의 교사와 프리랜서
생활을 오가며 생계를 유지하면서 병행한 블로그 활동으로 글쓰기에
대한 열의를 되찾고 새로운 동료들을 사귀었으며, 2009년 친구인 타리크
고더드와 제로 북스를 설립해 첫 책인 『자본주의 리얼리즘: 대안은
없는가』를 발표했다.

금융 위기가 발발하고 이에 항의하며 각종 저항 운동이 터져 나온
시점에 출간된 『자본주의 리얼리즘』이 성공을 거둔 뒤 다양한 매체에
정기적으로 기고하는 한편 노동당 좌파를 중심으로 현실 정치에도
관여했다. 2014년에는 『내 삶의 유령들: 우울증, 유령론, 잃어버린 미래에
관한 글들』을 제로 북스에서 출간했으며, 제로 북스의 모기업인 존 헌트
퍼블리싱의 압력과 갈등을 빚다 제로 북스를 떠나 타리크 고더드와 리피터
북스를 설립했다. 2016년 말에는 세 번째 책인 『기이한 것과 으스스한
것』을 리피터 북스에서 펴냈다. 그 외에 『마이클 잭슨의 저항할 수 있는
소멸』2009과 『포스트펑크 그때와 지금』2016 등을 (공동) 편집했다.

2007년에 연장 교육 학교를 그만두고 잉글랜드 남동부에 위치한
서퍽주로 이사했으며, 나중에는 골드스미스 대학 시각 문화학과의 초빙
교수로 임용되었다. 2017년 1월 서퍽의 펠릭스토에서 갑작스럽게 생을
마감했다. 사후에 리피터 북스에서는 그의 블로그 게시물과 매체 기고문,

인터뷰, 미발표 원고 등을 다수 모은 『k-펑크』2018와 마지막 강의를 엮은 『포스트자본주의 욕망』2020을 발간했다.

마크 피셔의 작업에는 노동 계급이라는 배경, 생애 내내 뒤따라 다닌 우울증과 부적합하다는 감각, 청소년기에 자신을 교육했던 대중 모더니즘적 작품과 잡지, 계급 이동 경험, 교육자로서 맞닥뜨린 관료주의와 정신 건강 문제, 새로운 집단성에 대한 갈망 등이 깊이 새겨져 있다. 이런 사적인 서사를 사회적이고 문화적인 변동과 꿰어 엮은 글을 통해 '대안 없음'이라는 만연한 정서를 해부하고 가능성의 지평을 확장하고자 한 그는 동시대 비평과 이론을 혁신한 작가 중 한 명으로 꼽힌다.

k-펑크

마크 피셔 선집 2004~2016

1
책
영화
텔레비전

1판 1쇄 2023년 9월 5일 펴냄
1판 2쇄 2023년 10월 5일 펴냄

지은이 마크 피셔. 엮은이 대런 앰브로즈.
서문 사이먼 레이놀즈. 옮긴이 박진철 임경수.
펴낸곳 리시올. 펴낸이 김효진. 제작 상지사.

리시올. 출판등록 2016년 10월 4일 제2016-000050호.
주소 경기도 고양시 화신로 298, 802-1401.
전화 02-6085-1604. 팩스 02-6455-1604.
이메일 luciole.book@gmail.com. 블로그 playtime.blog.

ISBN 979-11-90292-18-4 04300
       979-11-90292-17-7 (세트)